国家出版基金项目
NATIONAL PUBLICATION FOUNDATION

"十三五"国家重点图书

网络信息服务与安全保障研究丛书

丛书主编　胡昌平

国家创新发展中的信息资源服务平台建设

Construction of Information Resource Service Platform
in National Innovation

▥ 贾君枝　胡昌平　曾建勋　邰杨芳　著

WUHAN UNIVERSITY PRESS
武汉大学出版社

图书在版编目(CIP)数据

国家创新发展中的信息资源服务平台建设/贾君枝等著.—武汉:武汉大学出版社,2022.1
"十三五"国家重点图书　国家出版基金项目
网络信息服务与安全保障研究丛书/胡昌平主编
ISBN 978-7-307-22896-2

Ⅰ.国…　Ⅱ.贾…　Ⅲ.①国家创新系统—研究—中国　②信息服务业—研究—中国　Ⅳ.①F204　②F492.6

中国版本图书馆 CIP 数据核字(2022)第 017976 号

责任编辑:胡国民　　　责任校对:李孟潇　　　版式设计:马　佳

出版发行:**武汉大学出版社**　(430072　武昌　珞珈山)
　　　　　(电子邮箱:cbs22@ whu.edu.cn　网址:www.wdp.com.cn)
印刷:武汉中远印务有限公司
开本:720×1000　1/16　印张:23.5　字数:432 千字　插页:5
版次:2022 年 1 月第 1 版　　2022 年 1 月第 1 次印刷
ISBN 978-7-307-22896-2　　　定价:96.00 元

作者简介

贾君枝，中国人民大学信息资源管理学院杰出学者，教授，博士生导师；武汉大学情报学博士。《中国图书馆分类法》编委会委员，兼任中国图书馆学会学术研究委员会信息组织专业组委员、国际知识组织学会科学技术咨询委员会（ISKO，STAC）委员、《数字图书馆论坛》编委。先后主持国家社科基金项目多项，参与教育部重大项目、国家自然基金项目等项目。在专业核心刊物上共发表论文120余篇，出版著作2部。在词表、元数据、本体等等数字资源管理方面颇有研究，在信息组织领域具有较高影响力。

网络信息服务与安全保障研究丛书
学术委员会

网络信息服务与安全保障研究丛书

主　编：胡昌平

副主编：曾建勋　胡　潜　邓胜利

著　者：胡昌平　贾君枝　曾建勋

　　　　胡　潜　陈　果　曾子明

　　　　胡吉明　严炜炜　林　鑫

　　　　邓胜利　赵雪芹　邰杨芳

　　　　周　知　李　静　胡　媛

　　　　余世英　曹　鹏　万　莉

　　　　查梦娟　吕美娇　梁孟华

　　　　石　宇　李枫林　森维哈

　　　　赵　杨　杨艳妮　仇蓉蓉

总　　序

　　"互联网+"背景下的国家创新和社会发展需要充分而完善的信息服务与信息安全保障。云环境下基于大数据和智能技术的信息服务业已成为先导性行业。一方面，从知识创新的社会化推进，到全球化中的创新型国家建设，都需要进行数字网络技术的持续发展和信息服务业务的全面拓展；另一方面，在世界范围内网络安全威胁和风险日益突出。基于此，习近平总书记在重要讲话中指出，"网络安全和信息化是一体之两翼、驱动之双轮，必须统一谋划、统一部署、统一推进、统一实施"。① 鉴于网络信息服务及其带来的科技、经济和社会发展效应，"网络信息服务与安全保障研究丛书"按数字信息服务与网络安全的内在关系，进行大数据智能环境下信息服务组织与安全保障理论研究和实践探索，从信息服务与网络安全整体构架出发，面对理论前沿问题和我国的现实问题，通过数字信息资源平台建设、跨行业服务融合、知识聚合组织和智能化交互，以及云环境下的国家信息安全机制、协同安全保障、大数据安全管控和网络安全治理等专题研究，在基于安全链的数字化信息服务实施中，形成具有反映学科前沿的理论成果和应用成果。

　　云计算和大数据智能技术的发展是数字信息服务与网络安全保障所必须面对的，"互联网+"背景下的大数据应用改变了信息资源存储、组织与开发利用形态，从而提出了网络信息服务组织模式创新的要求。与此同时，云计算和智能交互中的安全问题日益突出，服务稳定性和安全性已成为其中的关键。基于这一现实，本丛书在网络信息服务与安全保障研究中，强调机制体制创新，着重于全球化环境下的网络信息服务与安全保障战略规划、政策制定、体制变革和信息安全与服务融合体系建设。从这一基点出发，网络信息服务与安全保障

---

① 习近平. 习近平谈治国理政[M]. 北京：外文出版社，2017：197-198.

作为一个整体，以国家战略和发展需求为导向，在大数据智能技术环境下进行。因此，本丛书的研究旨在服务于国家战略实施和网络信息服务行业发展。

大数据智能环境下的网络信息服务与安全保障研究，在理论上将网络信息服务与安全融为一体，围绕发展战略、组织机制、技术支持和整体化实施进行组织。面向这一重大问题，在国家社会科学基金重大项目"创新型国家的信息服务体制与信息保障体系""云环境下国家数字学术信息资源安全保障体系研究"，以及国家自然科学基金项目、教育部重大课题攻关项目和部委项目研究成果的基础上，以胡昌平教授为责任人的研究团队在进一步深化和拓展应用中，申请并获批国家出版基金资助项目所形成的丛书成果，同时作为国家"十三五"重点图书由武汉大学出版社出版。

"网络信息服务与安全保障丛书"包括 12 部专著：《数字信息服务与网络安全保障一体化组织研究》《国家创新发展中的信息资源服务平台建设》《面向产业链的跨行业信息服务融合》《数字智能背景下的用户信息交互与服务研究》《网络社区知识聚合与服务研究》《公共安全大数据智能化管理与服务》《云环境下国家数字学术信息资源安全保障》《协同构架下网络信息安全全面保障研究》《国家安全体制下的网络化信息服务标准体系建设》《云服务安全风险识别与管理》《信息服务的战略管理与社会监督》《网络信息环境治理与安全的法律保障》。该系列专著围绕网络信息服务与安全保障问题，在战略层面、组织层面、技术层面和实施层面上的研究具有系统性，在内容上形成了一个完整的体系。

本丛书的 12 部专著由项目团队撰写完成，由武汉大学、华中师范大学、中国科学技术信息研究所、中国人民大学、南京理工大学、上海师范大学、湖北大学等高校和研究机构的相关教师及研究人员承担，其著述皆以相应的研究成果为基础，从而保证了理论研究的深度和著作的社会价值。在丛书选题论证和项目申报中，原国家自然科学基金委员会管理科学部主任陈晓田研究员，国家社会科学基金图书馆、情报与文献学学科评审组组长黄长著研究员，武汉大学彭斐章教授、严怡民教授给予了学术研究上的指导，提出了项目申报的意见。丛书项目推进中，贺德方、沈壮海、马费成、倪晓建、赖茂生等教授给予了多方面支持。在丛书编审中，丛书学术委员会的学术指导是丛书按计划出版的重要保证，武汉大学出版社作为出版责任单位，组织了出版基金项目和国家重点图书的论证和申报，为丛书出版提供了全程保障。对于合作单位的人员、学术委员会专家和出版社领导及詹蜜团队的工作，表示深切的感谢。

　　丛书所涉及的问题不仅具有前沿性，而且具有应用拓展的现实性，虽然在专项研究中丛书已较完整地反映了作者团队所承担的包括国家社会科学基金重大项目以及政府和行业应用项目在内的成果，然而对于迅速发展的互联网服务而言，始终存在着研究上的深化和拓展问题。对此，本丛书团队将进行持续性探索和进一步研究。

胡昌平
于武汉大学

前　言

　　网络化、数据化、智能化的新业态，引发产业体系、经济发展方式和社会生活的深刻变革，并促使全球竞争转化为创新能力的竞争。2020年9月2日，世界知识产权组织(WIPO)在日内瓦发布了以"谁为创新出资?"为主题的《2020年全球创新指数(GII)》，我国创新指数位居世界第14位，成为迈入创新性国家的重要标志。为进一步推动我国从创新型国家发展到大国、强国的发展战略目标，各创新主体之间如何有效形成相互协同、相互交流的国家创新体系，快速提升创新主体科技创新知识的生产、传播、扩散和转移能力显得尤为紧迫。而这一切离不开现代化信息资源服务体系建设及支撑，依赖于广泛而深入信息资源服务手段和方法，依赖于信息资源服务平台的高效率运作。尤其是随着大数据、人工智能、语义网信息技术的快速发展，很大程度提升了数据处理效率，改变了传统信息服务低效率、被动、手段单一的现状，导致信息和知识及其信息服务平台日益成为企业科技创新驱动发展的基础。

　　当前信息资源服务旨在综合运用网络、云计算、大数据、语义网等先进技术，采集、加工、整理社会生产活动中产生的一切具有价值的信息，并借助信息资源服务平台，针对不同用户需求组织信息资源服务模式，从而提供有序的、可利用的信息资源集合。本书采用从总到分、从理论到实践的顺序，对面向国家创新的信息资源服务系统发展进行描述，依次对其基本构成要素如科技资源、服务平台、信息技术、信息服务类型进行分析，最后以各大科技资源服务平台为例，系统展示其如何开展面向科技创新的信息服务。

　　全书共分为九章。第一章面向国家创新的信息资源服务发展与变革，对信息资源、信息资源管理及信息资源服务进行了明确的界定，梳理了信息资源对创新型国家发展的作用及其信息资源服务战略、服务形态及制度，对当前国内外信息服务发展动态研究进行了分析。第二章面向创新的科技文献体系建设，充分分析我国科技情报工作所面临的现实机遇与挑战，提出多维立体化科技情报资源体系及科技情报发展战略，形成服务于自主创新的科技文献共享服务体系，以支撑国家科技创新体系；建立以科技资源共享平台为中介的平台资源和资源用户双向配置的科技资源共享模式，实现供需的共享；构建基于语义的国家科技信息发现服务体系，既包含多渠道、多媒体、多类型海量元数据的集成与聚合，又包含用户体验的多层次、多模式服务功能的一站式融合，还包括资源采集、编目、流通、原文传递，以及用户认证和用户管理等相关系统的一体化对接。第三章创新环境下信息资源服务系统构成分析，将信息资源服务看作一个系统，有助于全面认识信息资源服务所处的外部环境及其内部要素。从创新建设的制度环境、信息环境、技术环境和主体间合作环境建设出发，分析了政府、企业、科研机构、高等院校、科技中介机构和各类信息服务组织、用户等各创新主体在国家创新系统中的地位和作用，理顺信息流，明确信源、信宿、信道，确保信息流顺畅，将适当的信息在恰当的时间传递给最需要的用户，加速物流、资金流、业务流的运转，提升创新主体的核心竞争力。将信息资源系统作为信息资源服务系统的子系统，围绕信息资源的获取与组织、开发与服务要素分析了系统的结构形式及其彼此间协调，以充分发挥系统整体协同功能，提高信息资源建设质量。明确制定了信息资源协调共建战略、信息资源集中化开发战略，基于用户的多层次信息服务战略。第四章信息资源服务平台的建设，对国内外信息服务平台进行了介绍，分析各创新主体的信息需求，分别对信息资源服务平台的信息采集、信息标准化、信息组织、信息存储、信息检索以及用户反馈六大基本功能进行详细说明，从信息资源的汇聚与整合、技术协同支持、服务集成整合、平台安全维护四个方面为信息利用者提供专业化的信息资源配置服务，旨在建立完善的信息资源配置服务平台。第五章语义网技术发展及应用，对信息资源服务平台所涉及的语义网技术进行讨论。语义Web是在当前Web基础上所增加的语义（知识）层，通过所定义的语义规范语言及其构建的知识概念结构，赋予信息以描述良好的含义，成为机器可以识别、交换和处理的语义信息。对语义Web体系结构的构成要素URI和Unicode、XML和RDF/RDFS、Ontology、Logic、Proof、Trust分别进行了说明，并讨论了语义网环境下知识组织的演变与发展，认为当前知识组织呈现出描述对象概念化、语义关系多样化、描述语言形式化、数据开放关联性等特点，对本体及本体描述语言OWL进行详述，进一步讨论了本体在语义检索的应用，旨在准确地理解用户意图，提升信息检索的效率。第六章跨系统信息资源服务平台构建，在信息资源服务平台建设中进行跨系统服务协同，对跨系统信息服务平台的网络架构、结构模型、功能模块进行了论述，详细分析了跨系统协同服务遇到的各种障碍，从平台技术、平台的不同层次结构以支持跨系统信息服务协同；对云存储技术、互操作技术进行了探讨，以实现不同信息服务系统之间的资源共享和服务互通。第七章跨系统信息服务协同推进，从信息集成及服务协同角度研究出发，推动知识创新信息在跨系统的传递、沟通、处理及利用，以信任为合作基础，多个合作者之间确立稳定的协同关系，以此形成信息组织规范、服务内容和技术支持上的规范。构建服务联盟，根据知识创新价值链的价值实现过程，组织跨系统全程化信息服务，将信息资源系统、服务业务系统和用户系统融于同一网络空间中，按知识创新价值实现过程来组织、集成、嵌入服务，实现各类信息资源之间的链接、交换、互操作、协作和集成。第八章面向用户的平台服务拓展，旨在明确各创新主体的知识创新需求下，向用户提供更深层次的知识服务或产品，包括信息集成检索、网络导航和跨系统个性化定制服务、信息互动与咨询服务以及基于知识图谱和可视化的知识导航服务。第九章科技资源管理平台发展，选取中国科技资源共享网、国家科技图书文献中心、国家科技管理信息系统公共服务平台三个影响力强的信息资源服务平台，这些平台充分运用当前先进的信息技术手段，共同推动了我国面向创新的信息资源服务的发展；分别从平台的基本结构、功能、服务类型、成效、未来发展进行分析，以此系统把握我国各大科技资源服务平台如何综合运用新的管理理念及技术手段有效地支持科技创新服务。

在《网络信息服务与安全保障研究丛书》项目中，我们以国家自然科学基金项目"国家创新发展中的信息服务跨系统协同组织"（71073119）成果和中国科学技术信息研究所信息资源中心的实践探索为起点，进行了信息资源服务平台建设环境、体系结构、技术实现和服务组织研究，由团队合作完成了本书的撰写。与此同时，本书借鉴了相关研究成果，引用了有关论著。在本书撰写中，感谢博士生崔西燕、张贵香及吕美娇、石宇所给予的修改建议。感谢本书所引用的参考文献作者，感谢书稿的审阅人员，为本书提出了高质量建议。由于专业水平、理解能力等有限，本书有诸多不足，敬请读者能不吝提出宝贵建议。

贾君枝

目　　录

1 面向国家创新的信息资源服务发展与变革

信息经济是建立在广泛应用信息资源基础上的经济，信息资源的战略作用带动了信息经济的快速发展，它克服了物质资源经济发展相对有限的弱点，让人类从赖以生存的有限的自然资源中走出来，逐步转换为以信息资源为主的信息经济模式。信息经济带动了信息资源服务的发展，随着我国创新型国家发展战略的提出，信息资源服务的内涵、形态及制度建设也相应地做出调整与变化。

1.1 信息资源服务及其重要意义

信息资源的网络化组织与基于数字技术的深层次发掘和利用，直接关系到科技与经济的发展，决定了信息资源服务的社会化组织机制和产业发展形态。

1.1.1 信息产业的出现与发展

人类经济发展的历史表明，社会生产从低级阶段向高级阶段发展。当人类社会的农业发展到一定程度后，出现了工业，工业发展到相当发达程度后，服务业和信息产业以相当高的速度发展起来。工业经济是以物质、能源生产为主要内容的经济形态，它强调大规模生产，鼓励物质、能量的大量消耗，从而导致整个世界市场竞争和国际间的资源掠夺与分配，同时这种追求经济高速增长的发展模式以传统资源和能源的高投入、高消耗以及生态环境的高污染为代价，这在一定程度上制约了经济的发展。

信息适时地展示给人们，给可持续增长带来了无限的希望。人们意识到信息资源在经济发展中的战略地位：它不仅储量无限，而且在其开发利用过程中还会产生增值；人们把物质生产和知识生产有机地结合起来，以知识的方式渗透到其他物质产品生产中，从而减少资源的浪费，提高资源的利用率，一定程

1

度上实现了经济的可持续发展。因此首先在发达国家，其次在世界范围内开始大力推行"信息资源化"政策，旨在把信息作为一种投入要素，广泛地应用于经济活动的所有领域，从而有力地推动信息产业的形成与发展。20世纪60年代微电子技术和计算机技术的发展，使信息产业作为一个独立的部门从第一、二、三产业中分离出来，形成自成体系的独立产业。它以其他任何产业无法比拟的速度迅猛发展，并且日益广泛地向工业、农业、交通运输、文教卫生、金融、商贸、国防、气象、科研及社会生活各个领域扩展与渗透，使传统产业的面貌发生了深刻的变化。此外，信息产业的发展对于经济的可持续增长、社会整体效益的提高、人们生活质量的提高都有深刻影响。

1.1.2　信息资源界定

信息资源是指人类在社会生活、生产活动中产生的以信息为核心的各类信息活动要素的集合，包括信息技术、设备、信息生产者。信息与物质、能量是构成现实世界的三大要素，信息具有使用价值，可以满足用户的需要并为社会发展提供服务。

信息是普遍存在的，但并非所有的信息都是信息资源，只有满足一定条件，在特定的环境中具有服务性价值的信息才能被称为信息资源。狭义的信息资源是指信息本身，即经过加工处理、对决策有用的数据，开发利用信息资源服务平台，目的就是为了综合信息资源，尽最大可能发挥信息的价值，为社会、企业、用户决策提供服务。广义的信息资源指信息活动中存在的各种要素，包括信息、信息技术、信息传播介质及用户和生产者。总的来说，信息资源由信息生产者、信息、信息技术三大要素组成。信息生产者是为了某种目的生产信息的劳动者，包括信息生产者、信息加工者；信息既是信息生产的原料，也是产品，它是信息生产者的劳动成果，对社会各种活动直接产生效用，是信息资源的目标要素；信息技术是指扩展人们生产、收集、使用信息的能力，对声音、图像、文字等数据进行加工、整理、存储、利用的一系列技术。信息技术贯穿信息的所有过程，为信息资源的服务提供了便利与保障。

一般认为，信息资源是人类生产及管理过程中所涉及的文件、资料、图表和数据等信息的总称。信息资源广泛存在于经济、社会各个领域和部门，是各种事物形态、内在规律以及与其他事物的联系等各种条件、关系的反映。随着社会的不断发展，信息资源对国家和民族的发展，对人们的工作、生活至关重要，成为国民经济和社会发展的重要战略资源。它的开发和利用是整个信息化体系的核心内容。

1.1.3 信息资源管理的发展阶段

信息资源是社会发展的产物,它随着社会经济水平及社会生产力的发展呈现不同特点。信息资源的发展过程是信息资源与社会发展相互作用的结果,一方面,信息资源的建设发展推动了社会的进步;另一方面,社会的发展为信息资源的组织与开发提供了大量有利的技术、人力、财力,使信息产业日益发展成为国民经济的重要构成部分。信息资源的作用演变阶段同信息管理阶段具有很强的相关性,信息管理依据不同的管理对象、目标、方法、手段和思想等因素,主要划分为三个阶段:传统的、手工方式的信息管理阶段,信息技术管理阶段,信息资源管理阶段。①

①20 世纪 50 年代中期以前属于传统的信息管理阶段。该阶段以物质和能源为主导地位,信息产业处于从属地位,服务范围小、信息资源数量小、加工能力弱、传播速度慢,主要产生和服务于科学研究、社会文化传播的过程中。

②20 世纪 50—70 年代末进入信息技术管理阶段。信息技术是信息资源普遍应用的先决条件,现代信息技术的迅速发展不仅使信息资源的可复制性、共享性、可传递性、可存贮性等基本属性得以充分体现,同时使其具有的知识性、价值性、增值性、高渗透性等经济属性得以显化,信息资源积累由量变阶段进入质变阶段,信息资源总量的增加和信息需求的提高促使信息资源应用范围扩大,尤其是信息资源在企业业务流程中如办公自动化、管理信息系统、决策信息系统中的广泛应用,进一步提升了信息资源的经济价值。

③20 世纪 80 年代以后为信息资源管理阶段。计算机网络及通信技术的发展促使信息资源的数量以指数级的速度增长,信息资源的战略价值得以体现,其广泛应用于人们生活、工作、学习的各个层面。企业通过信息资源的开发及应用提升其竞争优势,同时具有价值的信息资源已经作为一种商品进入市场,从而为信息资源的价值实现提供了场所,导致信息资源开发利用的产业化及信息产业的兴起与发展。

1.1.4 信息资源服务及其重要意义

人类社会已经进入信息化时代,信息资源在经济社会发展中扮演着日益重

---

① 贾君枝.信息资源在国家可持续发展战略中的作用[J].情报科学,2006(3):338-341.

3

要的角色。开发利用信息资源的意义在于更好地提供信息资源服务,通过不断采用现代信息技术装备,国民经济各部门和社会各领域可以有效减少物质与能量的消耗,扩大物质与能量的作用,从而极大地提高社会劳动生产率,有利于实现国民经济的可持续发展。因此,信息资源服务是以用户(政府、企业、机构、普通用户)需求为导向,通过计算机网络、云计算等现代化技术手段,采集、加工、整理社会生产活动中产生的一切具有价值的信息资源,并借助信息资源服务平台针对不同用户需求,组织信息资源的服务模式,从而为人们提供有序的、可利用的查询、问答、分析、决策等满足人们关于信息资源需求的一系列服务。信息资源服务建设实现了信息资源的整合和共享,为用户提供一切信息服务,具有以下重要意义。

就信息资源服务的本质而言,信息资源服务旨在向用户提供有价值的信息资源,以帮助用户解决问题。信息时代的到来,使包括资料、数据、技术、消息、信誉、形象等在内的信息资源作为一种重要的生产要素和无形资产,在财富创造中的作用越来越大。而信息资源服务的根本目的就是为用户提供一系列的信息服务,其通过将繁杂的信息资源利用相应的资源管理手段进行有效的信息组织,实现内部整理和重组,并通过信息资源服务平台以更加有序、易获取的方式为人们提供快捷的信息资源,节省用户的时间和精力。因此,信息资源已成为当今社会的核心资源。

就企业、研究机构等单位机构而言,信息资源服务能够协调企业单位与信息市场环境的信息流通,促进企业的信息发展。信息资源服务通过将当前社会庞杂的信息资源进行搜集,并针对不同的服务对象进行信息内容的整理和归类,便于不同角色的组织机构获取其对应的信息资源,为实现供需双方的有效对接搭建了平台。如企业通过信息资源服务平台可获得全球的市场信息,包括技术、产品、需求等,使新产品的开发从掌握市场信息、确定产品概念到开发、设计、制造同步进行,大大缩短了开发周期,提高了企业的竞争力。

就信息资源服务于信息资源本身而言,它能避免信息爆炸造成的信息生态环境的不稳定情况,促进信息市场流通顺畅。

信息资源服务能够有效维护信息生态环境,促进信息生态环境良好发展。在大数据时代,无论是有用的还是无用的、价值高的还是价值低的信息资源都不断产生并衍生,爆炸式增长的信息资源为信息市场环境造成了巨大的信息负担,对信息生态环境造成了严重的负面影响。为了改善信息生态环境,使其能够平衡发展,信息资源服务的重要作用由此体现。信息资源服务通过采用先进的信息技术有效整合了社会生产活动产生的信息资源,能够有效地建立并维护信息生态环境的良性发展，能够快速准确地响应用户需求，根据用户的反馈实时调整服务策略。

信息资源服务建设通过整合信息市场协调有序发展，促进信息资源共享与合作。信息资源从建设开发到最终提供服务，可以完善市场经济，提高政府运作效率，实现可持续发展。完善的市场要求信息畅通，而信息资源服务的建设通过实现资源的整合和共享，有助于消除信息堡垒或信息不对称，使信息市场更有效。因此可充分利用信息资源，有效地提升管理能力，降低运作成本，提高公共服务效率。

1.2 创新型国家发展与信息资源服务

国家科技创新体系主要由创新主体、创新基础设施、创新资源、创新环境、外界互动等要素组成，《国家中长期科学和技术发展规划纲要(2006—2020年)》指出：国家科技创新体系是以政府为主导、充分发挥市场配置资源的基础性作用、各类科技创新主体紧密联系和有效互动的社会系统。

1.2.1 国家创新体系构成与要素结构

当前，我国基本形成了政府、企业、科研院所及高校、技术创新支撑服务体系四角相倚的创新体系；我国科技体制改革紧紧围绕促进科技与经济结合，以加强科技创新、促进科技成果转化和产业化为目标，以调整结构、转换机制为重点，取得了重要突破和实质性进展。

国家创新体系是由一组相对独立且功能相关的机构和部门之间相互作用而形成的开放的网络系统，其构成要素包括创新活动的行为主体，以及各行为主体间的相互作用，其相互关系如图1-1所示。

企业作为技术研发的主要力量，是国家创新系统的行为主体。企业的创新活动是市场驱使的经济活动，其创新活动以创造收益、扩大市场占有率为主要动机，受市场需求的引导。因此，大部分企业的技术研发主要集中于应用技术和新产品研发。可以说，企业是连接创新成果与市场的桥梁。企业的创新不仅包括技术创新，也包括管理创新、制度创新、组织创新和文化创新，在发达国家的企业往往还参与知识创新，特别是技术知识创新。① 既然企业是国家创新

---

① 胡潜. 面向企业创新发展的行业信息服务重组研究[D]. 武汉：武汉大学, 2009.

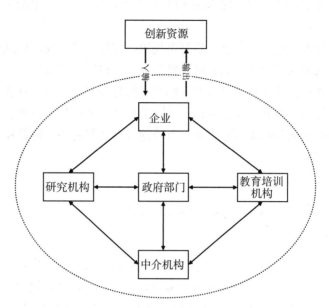

图 1-1　国家创新体系构成

系统的主体,其创新能力也影响着一国的创新能力,而创新的不确定性决定了企业在创新过程中必然要承担各种风险,这成为阻碍企业创新的瓶颈。因此,政府应制定相关政策来促进并引导企业创新。

研究机构包括大学研究机构、国家科研机构以及民间非营利性科研机构。研究机构与企业性质不同,其创新活动一般属于非营利性,注重基础研究。国家科研机构则主要开展与国家利益紧密相关,涉及国计民生的高风险、耗资大、企业无力承担或不愿开展的技术研究。研究机构的主要职能是实现知识传播、人才培养、提高人民生活质量。

教育与培训机构主要包括各大中院校、继续教育体系和职业培训系统等。教育培训机构的主要职能是为国家创新体系提供各种高素质人才,包括技术人才以及各种管理人员。人才的培养可以使创新充满活力,也促进技术的扩散和转移。部分教育机构在培养人才的同时也开展科研,这种教学与实践模式相结合的教育模式有利于人才的培养。

在国家创新系统中政府的主要作用是制定政策、提供支持、实施保证和配置资源等。创新政策可以分为供给、需求和环境三大方面,其主要任务是规范创新主体行为、保护创新主体利益、维护国家和公众利益,为创新活动提供良好的环境。

中介服务机构包括生产力促进中心、技术咨询机构、工程技术研究中心、高科技园区、创新中心、孵化器及风险投资机构等，它是创新体系主体相互作用的纽带，其主要职能是提供信息服务、交易场所、资金和保险服务等。中介服务机构是创新活动分工的产物，它的存在促进了技术转移，为中小企业的技术创新提供了支持，减少了创新成本，降低了创新风险。

各行为主体的协同合作是完善国家创新系统的重要因素。国际经合组织（OECD）认为在国家创新系统中各创新要素间的相互作用对技术创新起着至关重要的作用。各行为主体的相互作用主要包括：企业之间的合作，主要是技术合作；企业与研究机构的合作，企业可以促使研究机构的科技成果商业化，而研究机构的一些基础研究成果也为企业的技术创新提供了基础和平台，二者之间的技术交流和人才流动促进了技术扩散和转移；① 中介服务机构与其他行为主体的合作，中介服务机构为各行为主体的相互联系减少障碍，促进知识的传播和技术创新活动的开展；政府与其他行为主体的合作，政府通过创造良好的环境、规范行为主体活动、提供政策和资金上的支持，促使各行为主体的健康发展和相互协调。

1.2.2 信息资源在建设创新型国家中作用的具体体现

党的十九大提出，创新是引领发展的第一动力，是建设现代化经济体系的战略支撑。创新型国家是指那些将科技创新作为基本战略，大幅度提高科技创新能力，形成日益强大竞争优势的国家，以技术创新为经济社会发展核心驱动力的国家。创新型国家主要表现为：整个社会对创新的重视程度及投入程度较高，提升高新科技产业在国际的竞争力，以科技进步和技术创新带动国家各项产业发展。在建设创新型国家的进程中，要把握信息化的整体发展，以信息化促进工业化，以工业化带动信息化。

国务院2016年印发《国家创新驱动发展战略纲要》，明确我国到2050年建成世界科技创新强国"三步走"的战略目标。第一步，到2020年进入创新型国家行列，基本建成中国特色国家创新体系，有力支撑全面建成小康社会目标的实现。第二步，到2030年跻身创新型国家前列，发展驱动力，实现根本转换，促进经济社会发展水平和国际竞争力大幅提升，为建成经济强国和共同富裕社

---

① 乐庆玲，胡潜. 面向企业创新的行业信息服务体系变革[J]. 图书情报知识，2009
(2)：33-37.

会奠定坚实基础。第三步，到2050年建成世界科技创新强国，成为世界主要科学中心和创新高地。在创新型国家建设中，创新环境的优化、创新体系协同高效、自主创新能力提升都离不开信息资源。

（1）信息的保障与支持作用

在建设创新型国家中，信息资源继续发挥资源保障与支持的基本作用。从人类开始有意识地对信息资源进行收集、加工及利用开始，信息保障功能就已经在发挥作用了，其适用于人类社会经济生活的各个领域。信息资源在建设创新型国家中的信息保障与支持作用主要表现在以下两个方面。

①信息的决策作用。创新型国家战略的制定、实施与评估是一个长期、动态的发展过程，在实施战略管理的每一步，都离不开决策者利用及时准确的信息资源进行战略决策与规划。由于创新型国家战略是综合性发展战略，它既有战略性决策，又有战术性决策、日常业务决策；它既需要本行业、本部门、本地区的信息，又要获取其他相关部门或地区的信息。因此，对信息资源的准确性、集成性、规范性要求较高。信息资源本身质量的好坏、加工深度、标准化程度等决定着创新型国家战略决策的每一步，是决定创新型国家是否成功建设的关键。

②信息的保障作用。经济发展离不开技术进步，技术进步是提高经济增长质量、实现可持续发展的根本途径，而信息资源是技术进步的基础。在建设创新型国家目标的实现过程中，信息的保障作用得以充分发挥，如科学研究中围绕科研课题展开的信息搜集、分析等工作；科技成果转移中有关成果拥有者和科技成果的详细信息搜集；围绕开发项目及引进项目实施的可行性所做的信息分析；新产品的构思、市场分析与论证、产品设计到产品试制、试销所需信息的调查与分析等。

（2）信息的黏合作用

创新型国家战略注重社会、经济、生态三个方面的协调发展，而社会与经济之间、社会与生态之间，经济与生态之间所发生的一切联系都源于信息，信息的黏合作用使这三方面趋于动态平衡。① 信息资源内容很丰富，包括经济的、社会的、生态的、环境的等各方面的信息，且分布在各部门、行业、地区，它不但可以反映创新型国家战略在各个领域内的客观实施情况，同时可及时反映这三者之间平衡协调的状况。因此部门与部门、地区与部门以及地区之间的信息沟通与交流可以实现它们之间的协调发展，信息共享范围扩大可以节

---

① 程鹏. 社会信息化与可持续发展关系分析[J]. 情报学报, 1997(6): 471-475.

省大量的资源，促进信息的有效交流，加强它们之间的协作。

（3）信息资源对自然资源的替代作用

信息资源本身具有可持续发展的特点，它不同于自然资源的产生过程，自然资源是自然界自然演化的结果，是自然界存在的天然物质资源，其总量是一定的，且随着人类的不断使用而减少。信息资源是人类社会经济活动中经过加工处理且有序化的有用信息集合，随着信息技术及社会经济的高速发展，人们开发利用信息资源的能力加强，信息资源总量会愈来愈丰富，且信息资源的消费过程并不是数量的增减问题，而是发生价值转移和价值增值的过程，它以知识的方式作用于人的大脑，从而更新人的知识结构，并通过人的主观行为作用于客观世界。信息资源作为再生性资源，其本身的可持续发展特点，比物质和能量等非再生资源更具有先天优势。因此以开发、消费再生性信息资源的方式减少不可再生的物质、能量资源的消耗，是解决当今世界资源危机、保持经济持续发展的有效途径。在经济发展过程中，只有通过增加信息资源含量、减少传统资源投入来迅速、合理地发展生产和科学技术，放大劳动生产的经济效益，才能实现经济发展的目标。

（4）信息资源对人力资源的促进作用

提高人口素质是创新型国家战略的主要构成部分，在现代经济增长模式转变过程中，人力资本成为主要动力和决定性因素，对人的投资不仅能使人力资本自身形成递增收益，而且也能使劳动和资本等要素的投入产生递增收益，从而能使整个经济产生递增的规模收益；而信息资源具有传播文化、提高人口素质水平的作用，它通过改善和更新人们的知识结构，提高人们对知识信息的选择能力和吸引能力来提高人的基本素质，同时它又为有关创新型国家知识的传播和普及提供了有利条件，确立了在创新型国家建设中更好地发挥人力资源优势。

1.2.3 数字信息资源服务形态

大数据时代的标志是用数据引领创新，用数据驱动发展，大数据挖掘分析策略也推动了社会发展创新与现代化治理体系的构建。大数据在搜索引擎、电子商务、金融保险、公共交通以及城市综合治理等领域取得了成功应用。如，对多源异构的大数据资源进行深入的分析与挖掘，以实现面向用户需求场景的精准服务。在全球信息化快速发展的大背景下，大数据已成为国家重要的基础性战略资源，其价值重要性已等同于自然资源和人力资源，大数据及其应用已经成为众多行业在当今社会及科技领域的重要竞争力。

从信息规模来看，一般认为PB以上的数据才称为大数据；从技术方法来看，大数据是无法用传统数据库全部存储和处理的海量或非结构化的数据集；从应用价值来看，大数据是基于多源异构、跨域关联的海量数据分析所产生的决策流程、商业模式、科学范式、生活方式和观念形态上的颠覆性变化的总和。大数据资源是现代科技情报工作的基础，要想实现信息资源价值的最大化，在技术方面，除了分布式并行计算、多维数据关联技术分析、数据可视化展示技术等通用大数据技术外，还需要重点关注多源异构数据融合技术、情报用户画像与需求探测技术、以属性计算与情景计算为主的新型计算技术、以知识抽取与本体构建为主的知识体系技术。在大数据环境下，以数字资源为主要处理对象，不仅要借助大数据的理论方法，更要从实际应用中践行大数据的理念，对信息资源进行各种分析与挖掘，充分结合科技信息大数据的特点，扩展实现一些新的技术，在不同领域，为各类信息需求用户提供及时全面、客观准确的信息服务。

数字信息资源的服务形态可以概括为基于信息资源的服务形态、基于信息集成的服务形态和基于用户活动的服务形态三种类型。基于信息资源的服务形态是以特色数字化资源为核心而开展的，跨越时空的特定资源检索、浏览和存取服务。基于信息集成的服务形态是将来自不同的信息源(无论其地理位置、数据结构和通信要求)有机地链接成一个整体，借助于网络技术和应用软件的支持，提供用户集成访问与检索。基于用户活动的服务形态是一种以用户为中心来聚合资源、服务、信息利用活动的动态机制，其目标和功能都着力于支持用户利用信息、提炼知识、解决问题，成为用户工作环境和流程的有机部分。特点主要表现为：用户需求驱动、交互性、知识性、开放性。①

目前，数字信息资源的服务形态大体存在两种类型，一种是国家或部门投入的公益性平台，另一种是企业为了自身的发展而形成的产业化平台。公益性平台主要包括政府出资兴办的各类型图书馆、档案馆、信息中心，以及为了传播文化所举办的博览会、博物馆，为特殊人群提供的公益性信息服务。公益性经营模式强调信息服务的社会效益和经济效益，充分运用多种先进技术进行信息资源的集成开发利用，充分利用图书馆联盟、联合目录编制、合作参考咨询服务、馆际互借、电子文献传递等方式提高和扩大数字资源的共享和利用效益。产业化平台包括数据库生产商、信息内容服务商和出版商，投资的主体主

①　黄连庆，肖希明. 数字信息资源的服务形态与经营模式[J]. 大学图书馆学报，2008(2)：59-63.

要是企业和专业化机构，借助于信息资源、信息技术及专业化信息加工能力等优势，面向团体或个人提供收费服务。

1.2.4 创新型国家的信息资源服务发展战略

在创新型国家建设中，以科技创新、管理创新和制度创新为主体内容的知识创新体系创建处于中心位置。我国的国家创新体系是指知识创新相关机构和组织，如政府、研究机构、高等院校、企业，以及包括公共信息服务在内的相关支撑机构等构成的网络，主要包括知识创造系统、知识传播系统和知识应用系统，其中知识创造是基础，知识传播是途径，知识应用是目的。在现代社会发展和国家知识创新体系中，公共信息服务作为一种基本知识信息保障，其社会性、公用性和对全方位知识创新的支撑，决定了服务的重要性。创新是我国发展的必由之路，而信息化是自主创新的重要保障。事实上，社会发展中经济增长方式的转变和知识产业的成长，需要实现公共信息服务的变革。新型信息服务战略的形成与发展是创新型国家建设发展的重要任务。我国传统信息服务战略是面向各系统的信息服务，其与计划经济体制下的社会化发展与需求相适应，各信息服务系统承担其各自的定位和分工，系统内的合作成为提升信息服务水平的重要途径，如中国高等教育文献保障系统（CALIS）极大程度地实现了高校图书馆之间资源共建共享。① 然而，在创新型国家建设中，随着国际信息环境的变化和国际经济整体化发展，信息需求向多样化、专业化、标准化转变，条块分割的信息服务模式严重影响了信息服务的效率，主要表现为规模小、专业化程度低等。开放化的公共信息服务作为一种新型服务战略，强调国家规划下的协同管理，从信息服务的系统之间合作向整体化重构转变，打破信息生产者、信息拥有者、信息提供者之间的藩篱，以用户需求为导向，重视信息的深加工与高质量建设，构建以知识创新为基础的信息服务模式。基于系统外部的合作与共享成为信息服务中必不可少的手段，形成一个有益于信息服务的良性生态系统也成为信息服务发展战略的目标。

1.3 创新型国家的信息资源服务制度建设

创新型国家的建设与发展，离不开信息化环境，需要在分布、异构和动态

① 乐庆玲. 国家创新发展中的信息服务制度建设研究[D]. 武汉：武汉大学，2010.

11

的资源与技术环境中，创建与创新型国家相适应的信息资源服务制度。

1.3.1　信息服务制度建设的意义

21 世纪以来，信息化、市场化引起了各社会领域层面的变革，个人、企业、政府之间的关系更加紧密，国家的发展依赖科学技术的创新与研究，而科学技术的进一步发展依赖信息服务的保障。在基于信息化的国家创新发展中，信息服务业已成为支持自主创新和科技、经济、文化发展与社会进步的先导行业。从知识创新的社会化推进，到创新型国家的建设，不仅需要进行信息服务技术、网络手段与方法更新和信息服务业务拓展，更重要的是，要求创建与创新型国家制度相适应的信息服务制度。

信息服务制度的建设是创新型国家建设和发展的需要，信息服务对国家创新的作用早就引起了国际和地区性组织的关注。我国改革开放 40 多年来，科技事业取得了很大的进步，国家创新能力有了较大提高，但是创新能力与国家发展需求以及国际先进水平相差较大。为了提高国家竞争优势，提高自主创新能力，缩小与发达国家间的发展差距，早在 1997 年 11 月，中国科学院就向国务院递交了《迎接知识经济时代，建设国家创新体系》的研究报告，该报告明确提出我国的国家创新体系是由知识创新相关机构和组织以及包括信息服务在内的相关支撑机构等构成的网络。这表明国家创新体系建设需要一个收集、加工、传播和应用知识的服务网络来支撑，需要完善而充分的信息服务支持。

信息服务制度的建设是信息服务转型发展必须面对的现实课题，在创新型国家建设和发展中，各国经济逐步从依赖物质资源的低效运行转变到依赖知识创新资源的高效运行发展轨道。随着科技的进步，这些国家的信息服务业从服务方式方法到服务内容都发生了根本性变化，呈现出网络化、数字化、专业化、合作化、系统化的转型特征。创新型国家的信息服务体制的基点是面向国家信息化建设与创新发展，因此，以创新需求为导向，传统的信息服务体制有待变革重构，使之与国家自主创新要求相适应。在此背景下，我国创新发展中的信息服务转型及制度研究对解决社会化、全程化、高效化的信息服务体系建设与制度保障问题，具有重要的实践与理论意义。

信息服务制度的建设是信息服务机构改革和行业良性发展的要求。信息服务业作为支持自主创新和科技、经济、文化发展的先导行业，在创新型国家建设中发挥着重要作用。随着信息服务的业务拓展，信息服务技术、网络手段与方法的更新，信息服务制度变革的要求越来越凸显出来。当前，我国信息服务转型与变革正在由浅层次向深层次深化，现已步入结构性调整、战略化改组、功能全面转变的攻坚阶段。现阶段的信息服务制度建设要解决好信息服务需求与供给、投入与产出、效率与公平、冲突与互动等突出问题，仅仅简单地将一些信息机构推向市场，不能解决根本问题，必须从国家经济建设、科技进步、社会发展的视角，寻求制度化的解决方案。

1.3.2 信息服务制度及其运行机制

信息服务制度是信息服务产品和特定服务的生产、交换、分配和消费中的行为规范，信息服务制度规范对象有信息内容、信息服务、信息主体及客体。信息服务制度作为庞大复杂的社会制度系统的子系统，只有有效地运行起来才能发挥其功能和作用。信息服务制度的运行主要涉及运行环境、运行实体、运行过程和实施机制四个方面。运行环境分为内部环境和外部环境，内部环境指信息法律政策、业务规范，外部环境指宪法秩序、法律规范；运行实体包括制定信息法律法规、政策的国家机关和具体执行的行业实体，如企事业单位、利益集团、非政府组织以及个人，进一步细化包括管理者、员工、股东、消费者、社会公众等。

对信息服务行为实施约束的一系列政策、法律、规章和标准所构成的体系称为信息服务制度体系。按照信息服务活动的主体构成，信息服务制度体系主要包括管理层、操作层、意识层三个层次。① 如图 1-2 所示，信息服务法律、政策、管理体制属于管理层，其特征是要运用强制性手段对信息服务参与主体进行规范。而信息资源制度、技术制度和市场制度等涉及具体的业务环节，因此属于操作层，需要对相关行为和关系设定具体的行为规则和操作规范。服务观念则属于意识层，通过习惯和惯例影响信息服务参与主体的行为。

信息服务法律在信息服务制度中处于主导地位，高度形式化且具有强制性，可以调节和维持信息服务秩序，维护信息服务机构和用户权益，保护国家利益。信息服务政策由政府部门制定，用于指导信息资源建设和服务的开展。信息服务管理体制与社会性质、社会政治体制、经济体制密切相关。信息资源制度，即对信息资源的统一规划和协调，从资源开发、交流、获取、利用、共享、合理布局、分工协调等各个环节，控制各类信息机构、组织和个人对信息资源的占有和利用。信息技术制度由相关业务部门组织制定，包括信息技术的标准、信息技术设备选用等规定。信息市场是信息服务活动的实现场所，也是

---

① 胡昌平，张敏，张李义. 创新型国家的信息服务体制与信息保障体系构建(3)——知识创新中的跨系统协同信息服务组织[J]. 图书情报工作，2010，54(6)：14-17.

市场体系中不可缺少的有机整体。因此建立一套完善的市场管理体制和运行机制，才能保证信息服务业持续发展。信息服务市场制度包括信息服务市场经营范围、规模、服务价格、服务要求、市场分类与监管、竞争与合作等。意识层的信息服务观念，是人们在社会发展中形成的对信息、信息服务、地位、价值、功能的认知和态度。其内容主要包括信息服务价值、信息服务道德、伦理、信息所有权认识等方面。

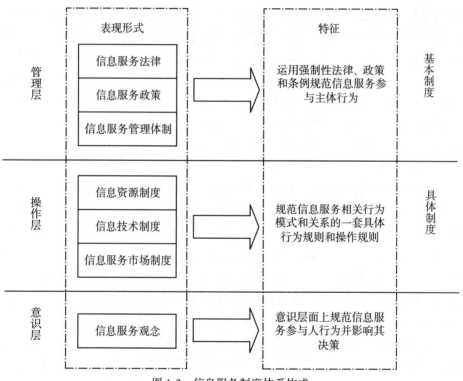

图 1-2　信息服务制度体系构成

1.3.3　以创新为导向的信息服务制度设计

在制度创新过程中，制度的创新往往由制度创新需求所驱动。信息服务制度设计是在一定的环境和基础上进行的，构成信息服务制度设计的现实基础，一是信息服务业的发展基础，二是各类信息服务机构建设与改革的基础。信息服务制度设计是把信息服务组织置于知识全球化和经济全球化的国际背景下，将信息、知识看作组织乃至国家的重要经济资源，从全局的、长远的战略高度来思考如何实现经济效益与社会效益的优化以及提高国际竞争力。信息服务制度应具备信息功能、保障功能、激励创新功能以保证这一最终目标的实现。

信息服务制度设计的方法主要包括：①基于网络系统方法的信息服务政策设计，其中政策是集体行动者相互作用的结果，相互依靠以达成自己的目标，并维持相互之间的依赖关系。网络系统是一个由信息服务集体行动者、准集体行动者或私人行动者构成的实体网络，各类行动者互相依赖。网络系统管理方法要求政府改变信息服务主体和客体之间的关系，促进信息服务质量的提高。②基于帕累托最优理论的信息资源配置制度设计，即资源的配置及社会发展达到最佳状态。信息资源配置是以现有的资源条件为基础的，很大程度受原来信息资源的基础结构的影响，通过一种恰当的分配或补偿措施，可使当前的境况有所改善，使社会信息福利得到优化。③基于委托代理关系的信息服务运行制度设计。委托人-代理人关系是社会经济生活中一种普遍存在的现象，行为主体的一方比如资源服务所有者往往不直接从事一项活动而交由代理人经营，由此产生了委托代理关系。具体而言，信息服务机构之间的合作共建可以应用委托代理模型面向社会组建理事会，理事会成员可以包括信息服务机构的上级行政主管单位，网络公司或数据库公司等合作伙伴，专家学者，读者和用户，信息服务机构员工等。如我国国家科技图书文献中心采取的理事会制度，其成员包括科学家、信息资源专家、国家科技部业务主管、国家财政部主管，具有广泛的代表性和包容性。

1.3.4 信息资源服务制度的政策和法律保障

国家信息政策是指国家和政府为了保证信息管理与信息经济发展中的公共利益和安全，为了保障社会各领域信息活动协调发展，采取的有关信息产品及资源生产、流通、利用、分配的一系列措施、规划、原则或指南。面对社会中的信息化浪潮，我国必须加强和完善国家信息体系政策，推动信息化的发展进程，国家的信息政策主要根据政策主体、政策目标、政策问题、政策内容、政策形式来分析和构建。

（1）国家信息政策的内容

政府是国家信息政策的主体，要全面构建我国的信息政策体系，不仅涉及政治、经济、文化、教育等广泛领域，而且触动社会各阶层、集团、组织的利益。应在依据专业化和协调性统一原则的基础上，由国务院直接牵头，在有关信息管理和信息产业发展的各行政职能部门之上，建立一个全新独立的国家信息政策协调委员会。① 信息政策目标是指通过制定信息政策所实现的利益协调和分配关系。当前我国国家信息政策的目标是：信息服务社会化和通用化以实现公平，信息产业市场化以实现效率，信息管理科学化以保证安全。信息政策问题是指能够列入政策制定议程的客观社会问题，即信息政策应该解决的社会矛盾和问题。信息政策的内容划分应结合国家信息政策所需解决的具体问题与矛盾，依据信息政策制定的原则，选取合理的角度去分析，主要从经济和法律两个层面加以研究。信息政策的形式是指国家制定并发布执行的有关信息政策内容的文件、指南和规定。应将国家信息政策转变为具体的、可操作的法律法规，进行有效的贯彻和实施。

（2）信息法律

信息化在社会中引起了一定的矛盾和冲突，例如：信息自由与信息安全的矛盾，信息不足与信息过滥的矛盾——信息流动不均匀所导致的不能充分满足信息需求或存在信息过剩问题，信息的社会公益性和个体营利性的矛盾，信息保密与信息公开的矛盾，由于信息产品具有生产的高智力性、交易过程的复杂性、交易主体的多样性、时效性等导致的信息商品流通过程中的矛盾。正是信息化社会所引起的多种问题，使得信息法律成为必须。其主要体现在：信息法律对信息行为主体的规范作用；信息法律对信息产生的社会关系的作用。信息法律的规范作用根据规范对象的不同，分为指引、预测、评价、强制四种作用。社会作用表现为：保护和促进科学技术进步，保护国家利益和社会公共利益，及时妥善解决信息化所产生的各种矛盾，促进信息产业的发展和信息化进程，推动经济与社会的良性运行和协调发展。

信息法律体系是指信息法律的结构及分类。主要内容包括信息基本法和信息法律制度和规范。信息基本法是对信息立法的宗旨、原则、调整对象和范围、信息法律关系的主体和客体等做出规定。信息法律制度和规范包括信息技术法律，信息资源管理法律制度，信息产权法律制度，信息产品管理法律制度，信息产业法律制度，信息市场管理法律制度，信息机构组织管理法律制度，信息安全、保密与信息犯罪法律制度等。信息技术法律一般包括信息技术法、信息技术评估条例等；信息资源管理法律制度具体包括国家信息资源、个人信息资源、公共信息资源和商业信息资源的收集、加工处理、使用等专项专门法律和法规，如信息资源法、公共信息资源管理条例等；信息产权法律制度包括著作权法、专利法、商标法等；信息产品管理法律制度包括信息产品的开发及流通

---

① 罗光灿．我国网络信息政策法规体系构建研究［D］．长沙：中南大学，2008．

的法律等；信息产业法律制度具体内容主要包括信息产业发展法、信息产品与服务度量管理条例等；信息市场管理法律制度包括信息市场管理法、信息商品价格管理制度、广告法、合同法等；信息机构组织管理法律制度主要包括图书馆法、档案馆法、博物馆法、信息市场管理机构组织工作条例等，如信息协会、信息咨询服务机构组织条例；信息安全、保密与信息犯罪法律制度主要包括保守国家秘密法、隐私法、信息加密与解密管理条例、计算机犯罪处罚条例等；信息人才法律制度主要包括信息人才教育规定、信息人才管理办法、信息人员职务晋升条例等；国际信息合作与交流法律制度主要包括涉外信息交流法、信息产品出口管理条例等。

信息法律由国家专门的立法机关制定，程序严格；信息政策则是按部门、划领域制定，程序不严格。两者调整的范围、方式不同。信息政策比信息法律调整的社会关系要广泛得多，而信息法律调整影响较大的社会关系领域；信息法律一般调整较为稳定的社会关系，而政策是应对的手段，灵活多样，以适应社会形势发展需要；信息政策对信息立法有指导作用，信息政策需要依靠信息法律贯彻实施。

1.4　国内外信息服务研究现状

大数据、人工智能技术的不断应用，带动了世界经济迅速发展，全社会的信息类型与总量也呈现飞速发展的态势。随着市场经济和信息技术的全面发展，网络和信息理论的改进，新生的科学技术带动传统产业发展、人们对相关服务的选择发生改变，传统信息服务系统无法跟上当今信息环境的变化，无法满足用户的新信息需求。在宏观环境方面，经济增长方式的变化和经济结构调整，政治环境方面行政体制对政府职能的转变将给信息产业带来新的机遇。信息技术环境变化对信息服务网络和数字建设也产生了影响，信息产业的传播推动了产业结构从劳动密集型向资本密集型再向技术密集型转变。此外，由于信息发展环境的变化，信息服务机构的系统应该进行重组和调整，以适应环境的变化。在微观环境方面，随着政府职能的转型、私营组织的发展和外资的引进，官方信息服务机构、新闻系统信息服务机构、私营信息服务机构、非营利非政府信息服务机构、科技信息服务机构形成竞争局面。此外，用户的需求结构也发生了全面的变化，提高了对信息服务的速度、内容理解能力、准确性、权威性和效果的要求。为了满足社会发展的要求，国内外学者以及信息服务机构和组织开始深化体制改革，并尝试探索新的服务。

以 CNKI 中国知网数据库为数据源，以"SU＝（'创新'＋'创新环境'）AND SU＝（'信息资源服务'＋'信息服务'）"为检索式进行专业检索，共检索到期刊文献 637 篇，人工剔除不相关文章后对 626 篇文章进行内容分析。此外，研究在 Web of Science 上以"Information service"或"Information Resource Service"进行检索。国内近几年的研究主要包括：在创新创业背景下，依托公共图书馆研究企业信息服务，以高校图书馆为主体，研究为创新研究提供移动信息服务，大数据时代的创新研究，围绕产业技术创新开展知识产权以及专利信息服务研究。此外，智库作为政策研究和决策咨询的组织，是提供信息服务的重要渠道，目前国内学者的研究也粗具规模。从国外学者的研究来看，目前国外的信息服务研究侧重于健康信息服务，也涉及付费信息服务的相关研究。

1.4.1 信息服务方式与模式

进入新时代，信息化已经成为引领创新和驱动转型的先导力量。一方面通过信息技术推动服务业重构变革与创新，不断孕育、催生服务新模式；另一方面，通过"互联网＋"持续推动各行各业服务模式的改造升级，促进产业价值链向高附加值、高技术含量环节攀升，提升政府、图书馆等部门或机构的智能化服务水平。

（1）信息服务方式研究

个性化信息服务是图书馆生存与发展的必然趋势，已成为图书馆特色服务的主要模式，图书馆个性化服务向着主动性、多元化的方向发展。数字环境下高校图书馆如何发挥自身资源与优势、提高学科服务专业性和有效性，是当前图书馆管理与发展面临的重要议题。根据当前学科的特点及社会环境中最新的行业资讯，才能为用户提供相对精准的智能化服务。有学者分析了图书馆个性化信息服务的现状及必要性，提出了开展个性化信息服务所采取的措施，以适应当今信息高速发展的需求，能够更具体、准确、有效地开展个性化信息服务，更好地服务于科研与生产。① 也有学者探讨高校教师精准科研信息服务体

---

① 张妤，孟兰，孙成东，高敬伟，高玉江，路明. 浅析农业科研单位图书馆个性化信息服务——以吉林省农业科学院图书馆为例［J］. 东北农业科学，2020，45（5）：112-114，131；吴文光. 数字环境下高校图书馆化学学科书籍文献信息服务分析——评《大数据时代高校图书馆智慧化学科服务研究》［J］. 化学工程，2021，49（1）：4.

系的构建，为高校及科研机构构建精准科研信息服务体系提供建议。[①] 此外，也有学者认为，人工智能与图书馆信息服务相结合是推进图书馆建设转型升级的重要途径，提出数字化信息资源采集和整合的基本策略。[②] 而国外对于个性化信息服务更多的是以个性化信息服务为例，从海量数据中提取和推送有价值的内容，构成信息共享的商业环境，为客户创造价值，研究客户个性化信息推送模式。[③]

移动信息服务是从移动用户信息需求出发，利用移动通信技术和移动网络平台开展的信息组织、传递、开发、利用等社会化服务，是对传统信息服务的整合与拓展。[④] 针对智慧图书馆、移动图书馆及电子阅读的移动信息服务得到大范围推广，相关研究也相继出现。研究重点主要是移动信息服务的理论基础、模式构建及服务质量评价，移动信息服务模式，且多与新媒体环境相关联。[⑤] 此外，也有学者对移动信息服务用户个人信息安全保障行为意愿影响因素[⑥]以及移动社交网络信息服务持续使用意愿进行研究。[⑦] 通过信息服务建设基于移动网络图书馆平台的信息服务，推动图书馆移动化发展，满足移动网络环境下图书馆信息资源移动阅读和自助阅读日益增多的需求。

（2）信息服务模式研究

在创新创业环境中，企业和创业者的信息需求是多元化的，既需要专业知识、技术资源，也需要有专门的信息服务机构为其提供行业政策、市场信息和战略咨询，企业只有全面聚合各领域信息才能做出正确的战略决策，制订正确

---

① 郑书娟. 大数据背景下精准科研信息服务体系的构建研究[J]. 情报杂志, 2021, 40(5)：193-200.

② 沈杰. 构建图书馆个性化智能信息服务系统的基本路径[J]. 图书馆理论与实践, 2021(2)：80-84.

③ Ni Y, Qin Z. A Study on the Individualized Information Service Mode and Its Application in the Manufacturing and Supply Chain[C]//International Conference on Informatics & Semiotics in Organisations. Springer International Publishing, 2016.

④ 赵杨, 王娟. 基于用户体验的移动信息服务运作机制探究[J]. 情报资料工作, 2013(2)：89-93.

⑤ 钟学燕, 陈国青, 孙磊磊, 张明月, 刘澜. 基于多视角特征融合的移动信息服务模式挖掘[J]. 系统工程理论与实践, 2018, 38(7)：1853-1861.

⑥ 严炜炜, 刘倩. 移动信息服务用户个人信息安全保障行为意愿影响因素研究[J]. 图书馆学研究, 2020(4)：68-77.

⑦ 张继东, 蔡雪. 基于用户行为感知的移动社交网络信息服务持续使用意愿研究[J]. 现代情报, 2019, 39(1)：70-77.

的经营计划。目前，国内较为特别的服务模式是基于智库的信息服务研究，而国外关注创客空间支持创新创业研究。

智库是以公共策略为研究对象，独立存在且非营利的咨询机构，① 近年来，大数据产业保持着高速增长态势，大数据与传统智库结合，建设成新型智库，国内的研究重点趋向于智库的创新建设。高校图书馆具备文献信息资源、学科服务、数据挖掘和情报分析等诸多优势，也积极参与到高校智库信息服务保障体系建设当中，国内学者对高校图书馆参与的智库信息服务模式、② 服务路径、③ 服务能力、服务评价方法④等方面进行了研究。在公共图书馆参与智库建设方面，王婵认为我国省级公共图书馆的智库型信息服务产品可划分为信息专报、政务舆情、数字化服务平台、两会服务产品以及专题咨询/课题研究信息服务。⑤ 刘速从资源建设、服务产品、研究方法、大数据、知识地图、用户画像等方面，分别就两种外部赋能对服务的驱动作用进行阐述，按照"数据—信息—知识—决策"的转化规律，构建智库化、智能化双驱动的公共图书馆决策信息服务模式。⑥ 此外，科技智库作为智库的重要分支，学者从组织层、资源层、方法层和平台层四个方面进行科技信息服务支持智库建设研究⑦以及科技智库信息需求和现有智库各组成要素之间的互动关系研究。⑧

国外学者关注创客空间的研究，美国南卡罗来纳大学图书馆与信息科学学院的希瑟·穆尔菲尔德朗提出"创客空间"，"创客们"可以在这里"创造性地解决问题，并发掘新技能"。耶鲁大学图书馆提供各种藏书和各种载体的信息资

---

①　Paul Dickson. Think Tanks[M]. New York：A-theneum，1971：1-3.

②　黄长伟，陶颖，孙明. 高校图书馆参与智库信息服务保障体系建设研究[J]. 图书馆工作与研究，2018(7)：11-14.

③　赵莉娜，徐士贺. 区块链技术下高校图书馆精准信息服务路径研究[J]. 图书情报工作，2021，65(10)：31-37.

④　杨锴. 用户视角下高校智库信息服务评价方法及应用[J]. 图书馆，2020(12)：20-26.

⑤　王婵. 省级公共图书馆智库型信息服务产品调研[J]. 图书馆理论与实践，2021(4)：72-78.

⑥　刘速. 智库化、智能化双驱动的公共图书馆决策信息服务——以天津图书馆为例[J]. 图书馆学研究，2020(23)：47-52，101.

⑦　赵益维，赵豪迈. 大数据背景下"一带一路"新型智库信息服务体系研究[J]. 电子政务，2017(11)：72-80.

⑧　任佳妮，李鹏，辛一，杨阳. 陕西省科技智库建设研究——以科技信息服务机构为支持[J]. 科技管理研究，2017，37(24)：45-49.

源，其中涉及创新创业资源包括商业新闻、商务规划、市场营销、行业发展与竞争对手等资源指南，教师能充分了解市场的动态与行业发展趋势等信息。多伦多大学图书馆不但建立了创新创业指南，还提供服务协助用户进行创新创业研究，帮助用户查询市场研究、行业研究、竞争情报、研究商业化等方面的最佳信息资源，并与地区创新创业中心合作，共同完成创新创业服务。

此外，国外学者对企业创新中信息需求和信息服务需求的主要特征进行了总结，认为企业创新信息服务需求具有多元化、外在性、目的性与应用性、便捷性与独立性、服务性与市场性等特点，企业创新信息服务需求具有及时性、数字化、产业化、研究性、有偿性等特点。[①] 随着大数据时代的到来，信息资源领域发生了翻天覆地的变化，有学者对大数据环境下技术创新信息服务面临的挑战进行了探讨，[②] 并构建了企业科技创新信息服务框架。[③] 此外，国外也有学者对信息服务付费进行了研究，如使用条件评估法研究用户对气象信息服务的主观评价，了解影响水产养殖户对气象信息服务支付意愿的影响因素。[④]

1.4.2 信息服务平台

科技创新驱动高质量发展，科技信息是科技创新的重要支撑。随着综合国力的不断加强，国家提出并实施了创新驱动的发展战略，并构建了各类面向创新的公共信息服务平台，如科技创新公共服务平台、战略性新兴产业信息服务平台、农业信息服务平台等。

（1）公共信息服务平台研究

科技协同创新公共信息服务平台建设是一项复杂的系统工程，需要政府、企业、高等院校、科研机构和中介服务机构共同参与建设。近年来，数字技术

---

① Guo Yajun. Study on Information Requirement in Enterprise Innovation[C]. Wuhan：7th International Conference on Innovation and Management，2010.

② Xiao，Wen；Yan，Na；Zhang，Yunqian. Information Services for the Enterprise Value of Technological Innovation under the Big Data Environment[A]. Suzhou：International Conference on Promotion of Information Technology，2016.

③ Ming Li；Yong-Cheng Luo. Research on "University-Government-Agency" science and technology innovation information service mode：take Jiangsu coastal development planning area as an example[J]. Design，Manufacturing and Mechatronics：Proceedings of the 2015 International Conference on Design，Manufacturing and Mechatronics（ICDMM2015），2015：1495-1502.

④ Lin HenI，Liou JeLiang，Chang TingHuai，Liu HaoYang，Wen FangI，Liu PoTing，Chiu DingFong. Economic Assessment of Meteorological Information Services for Aquaculture in Taiwan[J]. Atmosphere，2021，12(7).

推动了服务创新，为公共服务创新提供了有效的技术支撑。创新发展要求信息服务平台在资源共享基础上促进创新主体间的合作和互动，基于知识协同重构，以政府为主导，在各部门的通力合作下建设相关信息服务平台，以此推动创新信息和知识的交流与共享，提升国家创新能力。① 公共信息平台中包含较多的信息资源，而且在对信息进行传递与利用的过程中，都是免费参考与利用这些信息，可以促进企业的创新，有利于提高企业的竞争力。国内外学者也意识到科技创新公共信息平台对科技创新协同发展的重要性，对推动科技信息服务平台的建设进行了研究。国内学者多对公共信息服务平台的发展进行分析，研究优化公共信息服务平台构建方式。② 国外涉及社区公共信息服务平台机构的相关文献主要是讨论如何通过社区公共信息服务平台为用户提供所需的信息资源以及数字图书馆资源的利用。医院公共信息服务平台更多的是关注是否能为平台用户提供更丰富、更便捷的医疗信息，用户是否能便捷地获取准确有效的医疗信息。智慧医疗作为智慧城市发展的关键要素，逐渐成为政府管理的重要课题，通过智慧医疗生态系统中的服务交换和资源整合共创价值，促进高效协同信息化应用，实现医疗行业创新发展。③ 学者对医疗信息服务平台的商业模式、④ 影响医院信息服务平台质量的因素⑤进行了研究。国外公共信息服务平台研究中对公共信息服务的质量评估、影响评估同样占据了重要的地位。如以信息服务质量评价为主线，采用模糊综合评价方法分析了云计算环境信息服务质量评价过程，⑥ 构

---

① 杜圡霞. 区域科技协同创新信息服务平台的理论界定——以盐城市区为例[J]. 农业图书情报学刊，2018，30(3)：137-141.

② 唐麟. 面向协同创新的公共信息服务平台构建[J]. 黑龙江科技信息，2015(28)：165.

③ Yu Su, Fei Hou, Mingde Qi, Wanxuan Li, Ying Ji. A Data-Enabled Business Model for a Smart Healthcare Information Service Platform in the Era of Digital Transformation[J]. Journal of healthcare engineering，2021：5519891.

④ Yu Su, Fei Hou, Mingde Qi, Wanxuan Li, Ying Ji. A Data-Enabled Business Model for a Smart Healthcare Information Service Platform in the Era of Digital Transformation[J]. Journal of healthcare engineering，2021：5519891.

⑤ Jiao L, Xiao H P, Zhu X Z, et al. Factors Influencing Information Service Quality of China Hospital：The Case Study of since 2017 of a Hospital Information Platform in China [J]. Computational and Mathematical Methods in Medicine，2020：1-17.

⑥ Xu X T, Yang C, Dai G H, et al. Information Service Quality Evaluation Study of Cloud Computing Environment Based on Big Data [C]//IEEE International Conference on Cloud Computing & Big Data Analysis. IEEE，2017.

建产业信息服务质量的服务质量评价指标体系，① 建立包括信息环境、信息服务基础设施、信息资源、信息服务模式、信息服务机构和效果等在内的评价指标体系。② 此外，也不乏对其他类型的公共信息服务平台的研究，如公共旅游信息服务系统③、气候信息服务④等。

(2)知识产权信息服务平台研究

知识产权信息服务能够为高校创新能力提升提供支持，高校是发展基础科学研究、提升国家原始创新能力的重要阵地，构建有效的专利信息服务体系是高校知识产权信息服务中心的主旨工作。随着国家知识产权战略的深入实施，我国高校大力开展知识产权信息服务，积极为企业技术创新和产业经济发展服务。随着信息服务需求不断向深度及广度扩展，国家出台了一系列相关政策，推动了知识产权信息服务事业的发展。高校图书馆知识产权尤其是专利信息服务问题也成为研究热点，各高校建立了一批知识产权信息服务平台，如复旦大学知识产权信息服务中心校内多机构业务融合、知识产权信息服务平台化的中心运行模式⑤，浙江大学知识产权信息服务的多方合作模式⑥，东北大学校地合作，以知识产权信息服务促进区域经济发展⑦，青岛大学知识产权信息服务中心构建了全方位多层次的信息服务业务体系⑧，中国农业大学图书馆为本校

---

① Shi X, Chen T. Evaluation Model of Tea Industry Information Service Quality [J]. International Conference on Computer and Computing Technologies in Agriculture, 2015.

② Liu D P. The Hierarchy Grey Comprehensive Evaluation Model of the Information Service Capability in Colleges and Universities[J]. DEStech Transactions on Engineering and Technology Research, 2017(sste).

③ Ma H. The Construction Path and Mode of Public Tourism Information Service System Based on the Perspective of Smart City[J]. Complexity, 2020, 2020(1)：1-11.

④ Uk A, Sew A, Sp A, et al. Co-producing Climate Information Services with Smallholder Farmers in the Lower Bengal Delta：How forecast visualization and communication support farmers' decision-making[J]. Climate Risk Management, 33.

⑤ 张敏, 应峻. 信息服务促进高校知识产权高质量发展——以复旦大学知识产权信息服务中心为例[J]. 中国高校科技, 2020(S1)：67-69.

⑥ 朱佩, 张雅群. 构建多方合作知识产权服务新生态——以浙江大学知识产权信息服务中心为例[J]. 中国高校科技, 2020(S1)：73-74.

⑦ 姜宇飞, 李小龙. 以知识产权信息服务助力老工业基地振兴[J]. 中国高校科技, 2020(S1)：34-37.

⑧ 王晓珮, 于正河, 单晓红, 王宝燕, 陆婕. 开展知识产权信息服务 支撑高等学校学科发展——以青岛大学知识产权信息服务中心为例[J]. 中国高校科技, 2020(S1)：75-77.

知识产权的创造、运用、保护和管理提供全流程的服务①，同济大学知识产权信息服务中心对内联合学校多个部门，通过知识产权信息服务将知识产权管理、服务、运用的不同部门链接起来，对外积极服务社会，面向企业承接知识产权信息服务项目。② 此外，国内外学者就如何开展具有针对性、成效性的知识产权信息服务，结合各公共信息服务实践，梳理和总结信息服务属性、特征、发展模式，提出面向产业技术创新的图书馆专利信息服务体系框架模型。③

(3)战略性新兴产业信息服务平台研究

战略性新兴产业信息服务平台主要指的是依据国家和政府对战略性新兴产业发展战略要求和各区域科技发展计划，采用适当的机制和服务方式，将全国战略性新兴产业中不同领域专家、不同专业技术和不同信息资源汇集于一体，为全国战略性新兴产业、企业、政府、研究所和高校提供服务的载体。现如今，国家和各省市正努力构建战略性信息产业专题网站平台。在战略性新兴产业信息服务平台的研究中，平台建设和平台信息服务是研究热点。对于平台建设方面，熊回香提出战略性新兴产业信息服务平台须融合公共信息平台、信息交易平台和信息论坛三大部分的理念。④ 郝青在收集了各类创新主体的信息资源的基础上，构建了科技中介服务平台，实现了对科技信息资源的加工和整合，进行科技信息服务、专业中介服务和在线技术交易。⑤ Li M 利用各地企业

① 孙会军，秦晴，左文革. 高校知识产权信息服务探索与实践——以中国农业大学知识产权信息服务中心为例[J]. 中国高校科技，2020(S1)：78-80.

② 王从军，杨锋，费盛华. 构筑同济特色的知识产权信息服务体系[J]. 中国高校科技，2020(S1)：25-26.

③ 高翊. 图书馆微信信息服务生态系统模型构建研究[J]. 图书馆理论与实践，2021(3)：58-64；张善杰，陈伟炯，袁倩，石亮，陆亦恺. 面向产业技术创新的高校图书馆专利信息服务体系构建[J]. 情报科学，2021，39(4)：75-84；宋丹辉，庞弘燊. 高校图书馆专利信息服务体系构建与实践探索[J]. 数字图书馆论坛，2021(3)：66-72；严哲，罗钧. 基于生命周期的高校图书馆专利信息服务体系构建与实践——以南京大学"智能图书盘点机器人"项目为例[J]. 图书馆学研究，2021(1)：51-57；孙波，邹云龙，吴闯，白璐，李海斌，王春蕾. 服务群体视角下高校图书馆知识产权信息服务探索——以东北师范大学知识产权信息服务中心为例[J]. 图书馆学研究，2020(24)：43-50.

④ 熊回香，冯姗，胡春，王学东. 大数据环境下战略性新兴产业信息服务平台服务模式创新研究[J]. 情报理论与实践，2020，43(7)：81-87.

⑤ 郝青. 服务于战略性新兴产业的科技中介服务平台架构[J]. 改革与开放，2018(12)：11-12.

的科技、客户和营销资源，结合高校和政府的各种人才、信息和政策资源，阐述了"校-政-局"科技创新信息服务整体建设系统，并给出完整的系统框架，为科技型中小企业的长期健康发展奠定了良好的基础。① 国内外学者们对战略性新兴产业信息服务平台的研究大多趋向于理论性研究，对现有平台分析不足，案例研究不够全面。

（4）农业信息服务平台研究

信息技术已经成为推动经济发展和社会进步的最关键的技术因素，随着生物技术和信息技术在农业中应用的深入，现代农业信息化将得到更加快速的发展。农业信息系统作为农业信息技术的载体，在促进农业持续、稳定、高效发展方面发挥着越来越重要的作用，加快推进农业信息技术研究与应用，推动信息技术与农业农村全面深度融合，是实施农业农村数字化战略的重要支撑，对提高农业农村现代化水平，实现乡村全面振兴具有重大意义。当下，以物联网、大数据、云计算、移动互联等为代表的信息技术与农业生产深度融合，线上农业正在逐步成型，数字乡村、农村电子商务、农产品质量安全追溯等方兴未艾，在经济发展新常态下，农业信息化成为促进农业发展的重要引擎，在此背景下，国内外学者对于农业信息服务平台也开展了诸多研究，国内外学者多基于农业信息服务平台的建设现状与农村创业创新需求调研，开展了农业信息服务平台框架构建研究。国内学者多运用区块链、大数据技术、云计算技术等信息技术构建农业信息服务平台，所构建的农业信息服务平台包括农产品电子商务信息服务平台、农村创新创业信息服务平台、农业技术信息服务平台等方面。如有学者针对现有农产品信息服务存在的数据质量低、整合难、流通差等问题，依托物联网、大数据、云计算等技术，构建了农产品信息服务云平台；② 黄巍利用物联网和区块链的相关技术，构建了一个基于"物联网+区块链"的饲料供应链金融信息服务平台，为饲料加工企业融资过程提供服务。③ 在农业创新创业平台的研究方面，有学者从大数据技术与农村信息服务之间的联系入手，剖析了大数据环境下的农村信息服务创新变革发展，并构建了基于

---

① Li M, Luo Y C. Research on "University-Government-Agency" Science and Technology Innovation Information Service Mode: take Jiangsu coastal development planning area as an example [C]//International Conference on Design, 2015.

② 向模军, 邹承俊, 张霞. 基于大数据的农产品信息服务云平台设计[J]. 软件工程, 2021, 24(4): 60-62.

③ 黄巍, 唐友. 物联网+区块链的饲料供应链金融信息服务平台[J]. 吉林农业大学学报, 2021, 43(2): 218-223.

大数据的农村信息服务平台，为农村创新创业助力。① 冯海旗运用大数据方法进行信息资源整合，对现有创业创新示范园区的信息进行规范化管理并为创业者及相关服务主体提供信息交互与知识推荐服务。② 此外，为实现农业信息服务从产前、产中、产后的全程服务与指导，解决农业信息服务进村入户"最初一公里"的难题，有学者研发了农业技术信息服务平台，促进农业信息互通交流，解决农户的技术阻碍。③ 国外的农业信息服务大多分布在医疗信息服务及信息通信技术应用方面。信息技术被广泛应用于农业信息数据的采集和决策谋划系统、专家系统和地理信息服务系统等方面。④ 有学者从功能范围、服务模式和运营模式三个方面研究农村金融信息服务平台建设的基本情况；⑤ 也有学者设计了基于 Hadoop 云计算平台的农产品生鲜信息服务平台⑥、基于移动信息服务的农业信息服务平台⑦、物流信息服务平台⑧等。

1.4.3　研究述评

当前，世界各国高度重视科技信息服务工作，从信息资源的获取、整合、共享到开发、利用以及一系列的相关政策与措施，都在推动科技信息服务业的高速发展。从整体上讲，发达国家处于科技信息服务业比较发达的国际领先位置，具有政策支撑体系相对完善、高新技术得到广泛应用、资源开放共享管理

---

① 冯茂林，董坚峰. 大数据环境下的农村信息服务平台建设研究[J]. 农业图书情报学报，2021，33(7)：63-71.

② 冯海旗，宫运晓. 农村创业创新信息服务平台研究与构建[J]. 西南农业学报，2019，32(5)：1194-1200.

③ 刘磊，张西森，潘云平，任保才，侯正红，王玉洁，张苗. 农业技术信息服务平台——农管家的创建及推广应用[J]. 中国农技推广，2017，33(2)：14-17，39.

④ 李艳. 江苏基层农村农业信息服务平台现状分析及改进建议[J]. 农业图书情报学刊，2015，27(11)：168-170.

⑤ Dai W. Rural Financial Information Service Platform Under Smart Financial Environment [J]. IEEE Access.

⑥ Fu J, Zhang Z, Lyu D. Research and Application of Information Service Platform for Agricultural Economic Cooperation Organization Based on Hadoop Cloud Computing Platform Environment：taking agricultural and fresh products as an example[J]. Cluster Computing, 2018.

⑦ Guan L, Zhao H, Ping X, et al. Problems and Suggestions of Rural Information Service Platform Construction in China[C]//2017 2nd International Conference on Automation, Mechanical and Electrical Engineering (AMEE 2017), 2017.

⑧ Zhao W D, Li F F, Zhang Y D. Research on Application of Logistics Information Service Platform Based on Mobile Terminal[C]//International Conference on Electronics, 2017.

严格等特点。我国科技信息服务起步较晚，信息资源开发利用的广度与深度不足，资源共享机制尚未形成，科技信息服务的产业化程度及有关从业人员业务水平与先进国家相比存在一定差距。与国外相比，我国的公共信息服务还有很长的路要走，对比中外的研究，在研究领域、研究方法以及信息服务上存在一定差异。在研究领域方面，国外的公共信息服务的研究大部分集中在医疗卫生领域，我国的研究则注重知识产权与专利的信息服务。在研究方法方面，国内更注重理论的探讨与体系框架的构建，而国外则侧重于实际应用性的研究和实质性服务的提供。相比于国外学者，我国学者更注重理论的研究、思路的设计、框架的搭建。在服务层次上，国外公共信息的开放和开发服务并举，而我国的公共信息开放服务尚处于起步阶段，开发服务则更是凤毛麟角。国外政府已经可以将各种整合的、经过二次开发的公共信息服务，由高速的互联网发送到用户的终端上，包含天气信息、地理位置信息、旅游信息、医疗信息等，而我国虽然已经在公共信息服务的开放上做了卓有成效的推进，但相比国外政府多样化的信息服务，尚需努力。

2 面向创新的科技文献体系建设

科技情报工作一直是各国化解外界技术封锁，瞄准世界科技前沿，赶超国际创新潮流，支撑自身科技原创的一项基础性科研条件工作，对于国家技术创新和社会经济发展具有关键性保障作用。自 1956 年我国成立中国科学技术情报研究所，创建全国科技情报体制以来，科技情报事业为我国科技创新提供科技信息服务，为我国科技决策提供科技情报支撑，成为科技创新发展的耳目、尖兵和参谋。

自 20 世纪 40 年代以来，科技情报工作范式随着科技创新和经济社会发展在不断转型和变革，从主要基于文献、现象、信息进行编译报道的事实型情报收集服务，到主要基于文献检索、定性分析和文献计量的综述型情报研究服务，正在向基于文献内容、专利文本、开源数据的挖掘式情报计算服务迈进，正在向面向科技态势监测、技术预测预警、创新主题图谱绘制的智慧型情报分析服务延伸。可以说，随着数字科研环境形成和科学范式演进，科技情报工作正成为一种数据密集型科研活动，成为一种基于海量数据的知识发现与智能分析活动，成为科技决策和创新发展不可或缺的信息支撑体系。

2.1 面向创新的科技发展战略发展

面对不断创新的互联网技术和数字化环境，面对百年不遇的国际风云大变革，面对日益变幻的科研用户信息需求和行为，我国科技情报工作需要进一步适应创新驱动发展要求，更加深入地理解数据内容、用户情境、科研范式、信息工具所发生的系列变化，密切跟踪国际科技发展趋势和竞争态势；更有效地预见大数据、云计算和人工智能带来的颠覆性变化；针对"十四五"期间科技情报工作的新形势新目标，从顶层制定发展规划，设计体制格局，明确重点任务和实施策略，推动现有科技信息服务向新型智能情报分析服务升级，彰显科技情报工作在新时期的战略地位和突出作用。

2.1.1 我国科技情报工作现实机遇与挑战

为了落实周恩来总理关于"必须为发展科学研究准备一切必要条件，如图书、档案资料、技术资料和其他工作条件，以便尽可能迅速地用世界最新的技术把我们国家的各方面装备起来"的指示，1956 年 10 月中国科学院科学情报研究所正式成立，建所之初设立了资料室、科学新闻编辑室、四个编译室和出版处、情报方法研究组，主要跟踪、收集、研究、报道、评述国内外科技发展动态、水平和进展，标志着我国科技情报事业正式创立。[①] 1958 年国务院批准颁布《关于开展科学技术情报工作的方案》，将"中国科学院科学情报研究所"改称"中国科学技术情报研究所"，作为全国科技情报中心，并在天津、上海、沈阳、西安、武汉、成都、广州 7 个城市建立地区科学技术情报分中心。[②] 同期召开的第一次全国科技情报工作会议正式赋予我国科技情报机构"耳目、尖兵、参谋"的使命，确定科技情报工作的中心任务为资料工作、交流工作和情报调研，提出了"广、快、精、准"的科技情报工作方针。[③]

从科技情报事业创立背景中可以发现，科技情报工作初衷是为了抵制西方的技术封锁，进行科技文献信息资料的收集、整理、组织和编译报道，面向管理决策和科研创新进行情报调研。所以，为科技创新主体提供信息支撑，为科技规划管理提供决策支撑，成为科技情报工作一直以来不可动摇的历史使命。具体表现为信息的序化和情报的转化。信息的序化就是进行文献情报采集、整理、组织，并进行检索工具建设，构建"文献库（信息库、知识库）"；情报的转化是对组织的文献情报进行分析研究，将其转化为知识、情报、谋略和方案等，发展"思想库（智囊团、智库）"，即在公开文献信息（包括部分灰色文献）整序基础上进行战略和战术情报研究。

1956 年之后，从 1958 年至 1992 年一共召开了 8 次全国科技情报工作会议，确立了科技情报工作各个时期的重点。1958 年召开第一次会议，奠定了科技情报工作的基本初衷、使命和中心任务。1963 年召开的第三次会议启动了情报方法如机器翻译、分类法、主题法的研究。1975 年召开的第四次会议，

---

① 曾建勋."十四五"期间我国科技情报事业的发展思考[J]. 情报理论与实践，2021，44(1)：1-7.

② 中国科学技术信息研究所. 中国科技信息事业 55 年(综合卷)[M]. 北京：科学技术文献出版社，2011.

③ 陈则谦，白献阳. 我国科技信息事业发展的轨迹——从信息服务走向知识服务[J]. 现代情报，2007(12)：11-15.

通过了《关于健全和发展全国科学技术情报网的几点意见》和《关于加强科学技术情报资料工作的几点意见》两项文件。1980 年召开的第五次会议强调紧密为经济建设服务的指导思想。1984 年召开的第六次会议,颁布了科技情报工作条例,规定科技情报工作的主要任务是广泛而有侧重地进行国内外科技文献资料和国家重要科学技术成果的搜集、整理和报道,围绕重点需求报道国内外科学技术成就和动向,发展战略情报分析研究。1986 年召开的第七次会议颁布了《中国国家科技情报政策要点》。1992 年召开的第八次会议宣布"情报"改"信息",科技部信息中心随之并入中国科学技术情报研究所,并改名中国科学技术信息研究所(简称"中信所")。从 1993 年起全国科技情报工作会议不再召开,而改为一年一度的、由全国情报所所长参加的科技情报工作交流研讨会,历届会议在交流经验和研讨工作的同时提出若干政策建议。①

在科技情报事业发展过程中,从 1958 年开始,全国各个部委、省市开始陆续成立科技情报机构。到"九五"末期,全国共有 32 个专业部委所、29 个省市所、200 多个市(地)所和一些县级情报机构,大量的工矿企业、研究设计院(所)、大专院校也设立了情报资料部门,各种科技情报网站也不断涌现。此后,科技情报事业进一步发展,具有法人地位的科技情报机构一度超过 400个、情报网站达 9600 多个,从业人员 10 万余人,形成了条块分割、纵横交叉、覆盖全国的科技情报研究工作体系。② 总体来说,按照苏联模式构建起来的科技情报事业,经历了创立、发展、壮大、挫折、恢复、改革与创新等多个历程。经过 60 多年的发展,我国科技情报工作建立了资源丰富、媒体多样的信息资源保障体系、情报报道与检索体系、情报研究与动态跟踪体系、战略决策咨询服务体系、现代化信息网络系统以及情报产品生产企业和市场营销体系,还形成了情报学教育培训、学术交流体系以及全方位国际合作与交流格局。具有文献数据集成和信息组织优势,强调以文献元数据为基础的信息整序和集成搜索;具有文献计量和情报分析优势,强调以知识单元或实体对象为基础的统计分析和战略研究。关于科技情报工作的业务范畴,其实早在 1958 年的首次全国科技情报工作会议上就提出了"三大类、九小类"情报刊物体系,③

① 汪传雷,刘新妍,汪涛. 科技信息资源开发利用法规政策演进研究[J]. 情报理论与实践,2012,35(1):123-128.

② 曾建勋. 花甲之年的惆怅:科技情报事业 60 年历程反思[J]. 情报理论与实践,2017,40(11):1-4.

③ 武蘅. 当代中国的科学技术事业[M]. 北京:当代中国出版社,1991:266-269.

即检索类的目录、文摘、索引，报道类的消息、快报、译报，研究类的动态、进展报告、述评，由此确定了科技情报工作的基本产出形式，形成了我国科技情报收集、加工和编译、报道的情报服务体系。检索类的目录、文摘、索引，在当时是编制文摘刊物，在进行主题、分类标引基础上供读者手工检索，而在今天文摘刊物纷纷转变成数据库系统，在进行信息资源组织基础上提供文献文本搜索。对于国外文献，需要进行有选择地编译报道，当时是通过人工选、翻译、校对形成消息、快报和译报，也出现了些译文刊物和译文文集等；而随着计算机信息技术发展，已经演变成机器翻译、自动识别和头条推荐等。研究类的动态、进展报告、述评等，通过全面调查收集有关文献，经过整理分析、综合归纳编写出来的专题报告、报道国内外科技发展水平和动态趋势的综述评述，在当时即形成了形式多样的《科技参考》《科技专报》和研究报告，提供给领导作决策参考，并延续至今，只是产生参考、专报和报告的情报研究工具、方法和形式发生了某种颠覆性变化，目前主要在数据清洗、文本规范和信息关联耦合的基础上，利用文献计量、数据挖掘、情报计算和人工智能等相应技术方法，形成定量与定性相结合、逻辑推理与智能计算相匹配的工程化新型情报研究体系。

综上所述，科技情报工作的核心业务范围有五个方面。其一是资源建设及其信息组织，在科技情报发展最初是对信息资源进行编目、著录、识别、描述，如今信息组织主要对象转变为数字资源并拓展至引文，以及碎片化、细粒度知识单元等内容，最终构建各种类型的数据库。其二是情报检索，包括信息导航、智能检索、信息搜索、相关性排序、关联性推荐等方面。情报检索的方式方法也在改变，从手工检索的文摘、索引向电子化智能检索转变，如《化学文摘》等知名杂志，目前只以电子版形式出版，并支持分子式检索。其三是编译报道，在资源建设、采集并且序化基础上进行资源报道，包括动态参考、机器翻译、数据挖掘、自动文摘、自动综述、机器写作等方面，其方法也随着技术的发展不断创新。其四是情报研究，是科技情报工作的重点，从 20 世纪 60 年代初开始，情报分析研究工作在文献工作基础上，着重报道国外先进科学技术的发展水平动向，结合国家科技、经济发展规划与重点项目开展情报研究。其五是情报学及其方法研究，包括情报范式、信息生态、信息行为科学交流、情报体制、服务模式等主题的理论研究，以及编纂《中国图书馆分类法》《中国图书资料分类法》等大型工具和情报方法论方面的专著。

"十三五"期间，我国大力推进科技体制改革和科技新型智库建设，为下一阶段的科技情报工作开展提供了现实机遇。同时，科技创新目标、用户情报需求、科技信息环境和技术环境变革，以及日益严峻的国际科技交流形势，也为科技情报工作开展带来新的挑战。

(1)科技体制改革与一体化科技体系

《关于深化中央财政科技计划(专项、基金等)管理改革方案》要求建设完善统一的国家科技管理信息系统，对中央财政科技计划(专项、基金等)的需求征集、指南发布、项目申报、立项和预算安排、监督检查、结题验收等全过程进行信息管理，并主动向社会公开，同时实现与地方科技管理信息系统的互联互通。科技体制改革正在改变科技计划管理模式，全国范围内科技管理信息平台的建设，为科技情报工作融入科技创新流程提供了良好契机；同时，《关于加强中国特色新型智库建设的意见》也为科技情报工作发挥"耳目、尖兵、参谋"作用，提升智库地位和决策引领话语权提供了良好政策环境。①

依托国家科技管理平台，能够对国家科技计划项目研发信息进行收集、存储、加工、传送、转换、发布等，不仅支撑科技计划的指南编制、项目申报、项目评审、项目实施等各个环节，而且围绕科研人员、科技计划项目、科研过程、科研环境、科研产出等创新要素进行监测治理，为国家科技规划部门、各级科技管理部门提供科技统计分析、趋势预测。② 这样将科技文献信息与科技项目信息，公开科技文献和灰色内部科技报告结合起来，对科技管理平台产生的项目信息和公开出版的文献信息等进行统一收集整理，可以实现对科技计划、项目、成果、人才、文献与科学数据等要素的集成管理，形成统一的、全面、完整的科技信息资源体系，继而重组科技文献情报核心业务体系，为科研项目的全程化管理提供信息服务，为科技战略规划提供决策支撑服务，构建集文献保障、情报研究和电子文件管理于一体的新时代科技情报事业的发展体制，塑造科技领域一体化发展的新格局。

(2)竞跑阶段科技创新目标与用户需求变革提出更高要求

中华人民共和国成立70年来，我国已逐步缩小了与发达国家之间的差距，较多领域的创新支撑、引领了我国经济和社会发展。我国已进入与发达国家跟跑、并跑与领跑并举的竞跑阶段，我国创新逐渐进入无人区，即无人领航、无

① 谢薇, 卢胜军, 丛姗, 欧渊. 我国科技信息机构学术交流工作现状及创新研究——新常态下 TECPPA 机制[J]. 情报理论与实践, 2015, 38(9): 47-50, 13.

② 曾建勋, 曹继东, 苏静. 国家科技管理信息系统构建及其对科技情报工作的影响[J]. 情报学报, 2016, 35(9): 900-910.

人跟随的新领地,科技、经济和社会发展更多依赖原始创新,更加关注颠覆性创新,① 由此对科技情报工作提出了新要求。我国科技情报工作需要围绕宏观、中观和微观不同层次创新特点、不同类别发展方向开展情报研究,针对现代经济体系的"创新链、产业链、人才链",及时感知技术变化,深入研究重大趋势方向,深度参与关键技术遴选与研发组织等,为科学研究、产业发展和技术进步等提供情报支撑。

与以往相比,用户需求也不再是通过几份简讯参考或研究报告就能满足的,用户更期望通过泛在知识网络、智能信息服务系统等现代信息技术手段随时随地获得所需信息,科研人员迫切需要对科技信息进行方便准确的发现和获取,需要精细化的知识服务。满足用户日益增长的信息需求是科技情报机构的根本目的和价值体现,因此用户需求变化将激发科技信息机构的变革动力,推动科技情报事业再攀高峰。

(3)数字环境引发信息资源新形态新载体和科研流程新范式形成

随着计算机网络与信息技术的快速发展,科技文献的生产、利用与传播已经全面步入数字时代。数字出版、语义出版、开放获取、科技博客、社交网络正在成为信息资源生产的主流,科技文献内涵得到极大丰富,科技文献资源走向富媒体和多模态化,多媒体内容嵌入泛在科研环境,全新的数字资源产业链正在形成。科技情报资源既有与传统文献对应的文本型文献,又有音像型资源,更有图谱型、事实型和术语型等多形态资源,多媒体融合和知识关联成为科技信息资源生产的新常态,以印本为主体的科技文献资源建设正向以印本为基础的数字资源保障体系转变。在智能化信息技术、密集型科学研究模式、开放式学术交流模式的共同作用下,传统的科技文献信息服务方式和服务能力已难以适应科技创新、科研管理、科学研究深刻变革的需要。新型科研范式和知识生产流程的形成,必然要求科技文献资源系统、技术平台和服务体系进行同步创新,构成了我国科技文献资源建设与保障的新挑战。

(4)机器智能赋予科技情报工作新动能与新业态

在大数据环境下,海量数据存储、复杂智能处理、大数据深度挖掘和预测分析手段对数据存储能力、知识组织能力、情报计算能力、数据分析能力等提出严峻挑战,并将极大地改变信息资源建设、资源存储和保护、信息发布和传播、知识化服务的现有模式。② 云计算作为一种以数据为中心的新型网络计算

---

① 戴国强 . 推进竞跑阶段的创新情报研究[J]. 情报学报,2019,38(8):771-777.

② 曾建勋,魏来 . 大数据时代的情报学变革[J]. 情报学报,2015,34(1):37-44.

方式,将资源、计算能力和领域知识组织有机融合,形成基于认知计算、分布存储的动态数据云服务,将深刻地影响未来科技情报服务模式,改变情报信息获取、存储、检索和共享方式与理念。人工智能在情景敏感、信息调度、知识问答、智能检索、语义出版、图像识别等领域的直接应用,在深刻改变人类社会生产生活的同时,将对图书情报行业的技术体系、基础设施、业务系统、智能化服务带来革命性变化,① 推动科技情报服务从"互联网+"进入"智能+"时代。

国外大多数数字出版商、数据库商和信息咨询公司在积极推出针对内容对象的智能检索、关联揭示、数据挖掘与数据分析等服务,支持细粒度的知识单元关联与计算,例如谷歌推出的基于知识图谱的智能检索服务,ALLEN 人工智能研究所推出的基于 AI 的语义搜索和文献关联发现,Springer 推出 SciGraph(科研图谱)服务,爱思唯尔(Elsevier)推出的 SciVal、Scopus 服务和 Clarivate Analytics 的 InCites、ESI 等工具。这些举措反映出版社由以文献资源出版销售为主,向提供知识服务为主的经营策略的转变动向;相邻行业和机构的资源垄断地位逐步增强,适应用户需求服务的能力持续拓展与提升,正在抢占信息处理主导地位,介入网络化的终端用户服务,蚕食科技文献信息机构的传统服务领域,形成信息服务新业态,并进一步显现出全面控制文献情报服务市场的战略意图。我国科技情报机构在知识加工深度、技术成熟度、新技术应用、服务形式、服务内容、服务方式等方面还存在较大差距,需要以人工智能作为新动能,推进科技信息机构的变革,推进情报信息业务的新发展,推动科技情报业务模式转型,与相邻行业一道开拓信息服务和情报分析的新业态。

(5)西方技术封锁或中美科技脱钩带来信息安全的新变局

随着科技文献从印本向数字形态转变,文献资源订购从资产购置转变为服务许可购置,获得的仅是"使用权"而非"拥有权",数字信息资源并非国家拥有或本地保存。通过互联网在线访问国外数字文献资源所留痕的日志信息,有可能暴露我国最新科研动态和研究方向。资源存放在国外,一旦发生自然灾害、国际纷争等不可抗力事件,我国对外文科技文献访问和使用将遭到重大阻碍,并使我国外文科技资源持续可用性和战略保障性堪忧。我国缺乏高质量的外文科技期刊、会议录等自主知识产权产品,外文文献信息分析工具与系统多

---

① 傅平,邹小筑,吴丹,叶志锋.回顾与展望:人工智能在图书馆的应用[J].图书情报知识,2018(2):50-60.

数依赖国外。近年来发生的"科技脱钩"、人员交流受限、"实体清单"等事件，表明国外对我国科技交流进行限制，我国科技文献保障的国际形势和安全形势日益严峻。国家科技文献保障体系在保证印本资源订购的同时，进一步对数字资源、网络资源、开放获取资源等进行完整采集和本地保存，实现本土化平台访问和可持续保存保障也迫在眉睫。

总之，我国科技情报工作既有科技体制改革与科技智库建设带来的政策红利，有助于促进科技领域一体化融合发展，也更面临着巨大挑战。一方面是互联网和信息技术带来的系列颠覆性变革带来的挑战，情报资源形态、信息展现形式、情报研究方法、用户行为习惯、科研创新流程和范式，正在发生根本性变化，对科技情报工作提出了新要求。另一方面是几十年不遇的复杂国际环境带来的挑战，在国际科技产业竞争不断加剧情形下，"中美科技脱钩"正给科技情报资源保障、科技情报交流和情报工具方法的应用带来前所未有的冲击。为抓住机遇，应对挑战，需要认清新时期科技情报事业功能目标，主动颠覆科技情报传统业务模式和技术体系，塑造以用户为中心的科技信息保障与情报分析核心能力，构建开放融合生态环境支撑的数据融合和语义组织体系，推进基于智能认知和知识组织的开放服务体系，催生科技情报新机制、新业态和新动能。

2.1.2 多维立体化科技情报资源体系

为强化国家战略科技力量，适应新时代科技情报建设环境变革，满足新阶段科技创新的情报需求，打好关键核心技术攻坚战，"十四五"期间我国需要构建国家科研论文和科技信息高端交流平台，建设立体化科技情报资源体系，面向科技创新发展科技监测、预测与响应体系，面向科研创新推进全流程知识服务、基于知识组织开发多层次情报产品体系，并特别需要针对卡脖子技术进行特种文献资源建设与专题服务，开拓科技情报事业新格局，有力支撑"百年未有之大变局"背景下的科技创新。

(1)面向国家信息保障构建立体化科技情报资源体系

数字环境下形成的新型科技信息资源形态，既有印本资源，也有电子资源；既有文本资源，也有声像资源、可视化资源，以及数值型资源或科学数据资源；既有文献资源，又有术语、参数、指标、实体对象等知识资源；既有面向学术研究的信息资源，又有面向产业创新的信息资源。往往一个元数据资源对象会涉及多种媒介、多种来源或多个获取途径，集不同类型、版本、媒介和颗粒度资源于一体，可从文本型资源关联到其他如科学数据、音像、图谱、实

体等类型资源，所以，面向国家信息保障应该构建立体化的国家科技情报资源
体系。

在巩固印本文献高质量战略储备的基础上，需要大力推进数字资源的国家
统筹机制建设，不断提高数字资源的保障能力。一方面需要不断调整和优化印
本文献学科结构，提高对国家重点领域、重点产业和重大专项的信息保障能
力；另一方面需要增加智库报告、年鉴、进展、综述、述评等三次文献或智库
报告的采集，适时推进富媒体学术资源、事实型数据资源、术语型组织资源、
软件型工具资源等多类型资源建设和保障；规划新媒体、科学数据、可视化图
谱等新兴资源建设，形成媒体融合时代的立体化资源保障体系；在巩固完善面
向学术研究的资源建设基础上，大力开拓面向产业创新的资源建设，加强市场
报告、产业分析、统计手册等资源采集，形成学术信息资源与产业信息资源相
融合、适应知识增长和创新需求变化的一体化创新资源体系，有序地向多元化
载体和新型信息内容资源建设拓展。在此基础上针对指南、项目、课题、专
家、人才、成果、档案、经费、仪器等，构建统一的既满足于科技决策，又适
合于科研创新的科研实体数据库体系，形成系列专题知识库，包括专家库、机
构库、指南库、项目库、文献库、成果库等，并且形成相互关联、相互融合的
文本大数据体系。

（2）面向科技规划发展科技监测、预测与响应体系

在高新技术快速发展或迭代升级的环境中，为了跟踪扫描国际科技前沿
和进展，监测评估、预警突破性技术、颠覆性技术、原创性关键技术的发展
路径、轨迹和拐点，一方面需要从科技论文、专利、科技成果、科技报告等
多类型科学产出中挖掘分析特定领域科技发展趋势与规律；另一方面需要针
对重要领域全球企业、全球顶尖大学、科研院所、重点实验室、研发中心
等，实时采集分析基础研究领域的研发动向、重要科研项目立项、专家流
动、学科设置变化等。同时还需跟踪国外科技发展战略、科技管理方案、重
大科技规划和项目进展情况，实现对相关科技政策与战略的调查汇总、挖掘
分析、趋势判断和观点提炼，实现对技术全面扫描、监测、预测的感知响
应。借助本体、关联数据、机器学习、数据挖掘和自然语言处理等技术，进
行科技信息资源内容监测，领域深层主题揭示，团队研究兴趣演化分析、技
术生命周期预测，竞争对手及合作伙伴分析，机构技术路线图分析等，实时
掌握前沿技术主题变化、技术爆发点、技术拐点等，预测技术发展趋势，形
成研究、监测、感知、响应、服务于一体的决策支撑情报系统。在建成海量
科技文献数据库的基础上，引进相关事实型数据库和规范文档，利用社会网

络构建、知识关联、主题标注、工具建模等深层揭示工具，对资源进行深度标引、内容揭示和计量分析，应用语义检索和可视化展示等工具包，提供项目内容查重、科技查新、区域优势分析、团队识别、主题演化、研究综述、方案论证、信用评估等增值服务。

(3)面向科研创新全流程推进知识服务体系

国家科技管理平台是科研创新的过程监控、治理系统，贯穿于科技计划项目管理全过程和科研创新全生命周期，围绕科技项目全生命周期的管理流程和组织机制，进行针对性情报分析，提供精准服务，可以有效缓解目前科技情报工作远离创新主体、脱离创新过程、迷失用户对象等问题。① 一方面围绕科技计划项目从指南发布、申报立项到验收结题的全流程管理，针对科研阶段本身不同特点，提供文献资源发现服务，如信息检索搜寻、全文提供、科技查新、知识产权管理、文本内容检测等服务；另一方面结合科技计划本身性质和管理目标，强化人工智能技术与语义知识组织的深度融合，不断提高文献大数据的知识处理能力，通过可泛化的知识学习与计算工具引擎，强化科技文献资源与科学数据、科技项目、科研机构、科研档案等资源的关联，提供基于大数据的情报分析服务，如专利分析、趋势预测、主题监测、专家识别、学科分析和综述进展等，逐步形成可检索、可关联、可计算的一体化开放知识服务体系。同时，还需要重新塑造核心用户群体，以申报对象(科研人员)为用户主体；以科技项目全生命周期从指南产生、申报、评审到过程管理、验收等为关键节点来改造国家级、区域级、机构级和团队级科技情报服务平台，形成基本的市场服务主体，优化科技情报服务模式。

(4)基于知识组织开发多层次情报产品体系

随着数字技术环境对传统信息资源形态的不断颠覆，文献资源的揭示程度从书目层级逐步深化到篇章、概念、科研实体等知识单元。以元数据为中心进行资源统一组织中，除了应涵盖以往的书目、摘要、题录等二次文献，以及综述、述评、进展、报告等三次文献外，还应包括主题、学科、领域、参数、指标等知识单元元数据，以及科研实体、用户属性、使用行为和兴趣需求等用户特征元数据。同时，还应从学科、主题和领域、行业等方面去识别、揭示和标引元数据及其知识对象，从知识结构的演化、交融、冲突、变异、激活等角度进行语义层面的知识组织，形成文献型、事实型、数值型、术语型和工具型等

① 曾建勋.基于国家科技管理平台的科技情报事业发展思考[J].情报学报，2019，38(3)：227-238.

多类型资源数据库，进而深入推进基于知识组织的情报产品体系创新。首先，需要构建统一完整的科技情报资源发现体系，包括公开出版文献订购、灰色文献搜集、开放资源集成、原生科研资源汇交等，并在信息资源组织基础上，构建情报搜索和资源调度系统，包括信息导航、智能检索、关联性推荐、原文提供等方面，并对外提供资源云环境下嵌入式文献资源发现服务，如嵌入不同科研实体的科研环境或科研人员桌面。① 其次，对科技文献资源进行有选择性的编译报道和动态监测，发展机器翻译、技术跟踪、团队识别和头条推荐等技术，支持可计算、可推理的智能语义揭示，形成动态报道、技术识别和趋势跟踪的工程化情报推荐体系，在恰当的时间把恰当的信息分发给需要的用户。最后，在数据清洗、文本规范和信息关联耦合基础上，利用文献计量、数据挖掘、情报计算和人工智能等技术方法，创新技术进展、综述述评和生产流程方案等，形成定量与定性相结合、逻辑推理与智能计算相匹配的计算型新型情报研究体系，正如1958年全国科技情报工作会议上首次提出的"三大类、九小类"情报产品体系一样，形成新时代适应创新需求的新型科技情报工作产出形式。

（5）面向卡脖子技术造就特种文献保障体系

受当前科技文献传播方式、知识产权保护框架、国际政治经济环境的影响，单一购买引进的保障模式越来越难以覆盖所有科技文献资源品种，部分科技文献在版权、采购渠道等方面出现一些新的问题，面向"卡脖子"技术的信息保障体系安全受到威胁。面对世界百年未有之大变局，在当前中美贸易摩擦演化为"科技战"的局势下，需要把"卡脖子"清单变成信息资源任务清单进行布局，防范高科技领域信息资源断供风险，在航空航天、通信技术、智能制造、生物技术、海洋生态等关键技术领域，发挥新型举国体制优势，特别针对我国相关"卡脖子"技术领域强化科技文献资源保障，进一步拓展资源获取渠道，构建自主、安全、可控的信息保障体系。在此基础上，针对特种文献资源，面向国家实验室建设、国家科学中心、国际科技创新中心、企业创新主体和区域性创新高地，构建科技文献保障的专题服务系统，在确保内容传播安全可控的前提下，提升面向关键技术研发的信息服务，在世界变局中掌握科技信息发展的主动权。

---

① 曾建勋. 基于发现系统的资源调度知识库研究［J］. 图书情报知识，2019（6）：12-18.

2.1.3 科技情报发展策略

从我国科技情报事业的现实情况出发，为坚守科技情报事业的初衷和使命，需要面向世界科技前沿、面向经济主战场、面向国家重大需求、面向人民生命健康，强化科技情报组织体系和科技情报制度建设；围绕科技自立自强和科技信息安全可控，完善科技情报基础设施，重塑数字业务流程，优化岗位人才结构，推进数据生产要素和情报服务生态体系建设。

（1）推进国家新型情报组织体系和科技情报制度建设

1956年之后我国原本建立了完备的科技情报体系，制定了科技情报规划和发展纲要，由科技情报局或科技信息司统筹全国的科技情报事业。[①] 然而，随着改革开放的不断深入，我国逐步开始融入全球经济产业链，融入国际科技合作圈，放松了科技情报体制的建设和创新，科技信息司被撤销，由科技情报学会代行的相关协调职能也没有很好地被执行，全国、地方特别是部门的科技情报体制相对被削弱，[②] 原有科技情报行政体制和网络体系被打破，导致支撑科技情报事业发展的体制基础不够牢固。因此，急需建立既适应数字时代发展，又适应国际科技竞争新形势，切中我国科技创新新阶段的新型科技情报组织体系。建议结合国家科技管理平台的组织体系和系统架构，面向创新全生命周期重构新时期科技情报网络体系，从国家科技管理平台到地方科技管理平台，全面延伸至相关科研机构如高校、科研院所和企业研发中心科研管理平台，形成覆盖创新主体和科研管理机构的科技情报感知触角和服务站点。与此同时，建议恢复国家科技情报管理机构，重构科技情报组织体系，强化国家科技情报顶层设计和整体布局，规划科技情报工作的体制机制，提升科技情报总体安全意识。建议在强化我国科技文献保障专项的同时，新增科技情报分析与服务专项，设立知识组织技术重点实验室、数字资源长期保存专项、科技情报分析工具和产品孵化计划等，加强中外文科技文献的系统采集、精细加工和本土长期保存，推进科技情报监测平台建设，着力发展我国自己的原创性科技文献产品，包括科技期刊、数据库、分析工具、知识库、资源平台等；扶持本土智库、信息服务商和出版机构强化大数据融合与清洗，开拓高附加值服务和智

① 贺德方. 我国科技情报行业发展方向的探讨[J]. 情报学报，2008，27（4）：483-489.

② 赖茂生. 新时期新格局呼唤新战略——对我国科技情报事业发展战略的思考[J]. 情报理论与实践，2020，43（8）：1-8.

库产品，孵化研制高端信息工具。

（2）强化科技作品的版权登记与数据生产要素建设

在科研过程产生的相关成果中，除正式出版的论文论著和申请的专利外，大量成果是科技报告、预印本、学位论文、会议论文等非正式出版作品。这些成果具有创造性内容，也是具有学术价值和创新价值的知识产品。通过预印本、知识库、开放获取期刊等平台，发挥版权认定作用，由此建立科技作品版权登记制度，缩短作品发布时滞，确认作者学术优先权，可以打破产学研协同层面的数据壁垒，保护版权交易安全，推动文献数据跨地区、跨部门和跨层级的市场化配置，促进知识产权转化和利用，推进数据生产要素的形成。

建议积极参与数据生产要素市场培育，跟踪数据资源流通中标准化、商品化、资产化发展路径，研究数据的所有权、使用权和收益权，在加强数据安全和隐私保护的前提下，针对领域数据规范化开发利用场景，探索全国文献数据资源的统一登记确权体系，分层分类对文献元数据、日志型数据、脱敏化数据、模型化数据和智能化数据及其权属关系进行动态管理，打通科技信息数据流通的通道，丰富科研范式和数据服务形式，完善国家公共数据开放共享体系，释放情报数据生产力。

（3）推进科研标准化体系和情报工程基础设施建设

科研活动既是科技人员智力劳动过程，也是复杂的社会化知识创新活动。科学、技术、生产、管理等活动结合成一个统一的整体，便构成了庞大的"从事知识生产的经济部门"。从宏观角度来看，科研活动整体上仍然有共同规律可循，流程上也有共同之处，科研活动流程的标准化管理可以规范各类科研活动。从微观角度来看，任何一项科研活动在创造性工作之外，都会涉及重复性或事务性工作，例如项目申请、课题调研、设备采购与维护、数据整理、文档编写、经费报销等。因此，科研标准化是实现科研质量高效管理的重要手段，能够优化科研管理流程，极大限度地减少重复劳动，实现科技信息资源的合理配置，提高科研活动的效率。① 建议分析我国科研管理标准化需求，形成包括管理标准和工作标准在内的科研项目全生命周期的标准化管理体系。通过科研标准化实施，规范申报书编写、任务书评估、过程监督、自评估报告编写等，推进科研过程中电子文件、科学数据、科研成果、科技报告等的有效采集管理，构建集科研数据采集、数据加工处理和数据资源发布共享于一体的多层级

---

① 严真旭，唐嘉骏. 科研管理标准化与数字化研究［J］. 科技创业月刊，2020，33（5）：47-50.

科研管理信息系统,更好地提高科研活动的产出质量。同时,强化支撑科研标准化管理的系统建设,如构建专家库、科技成果库、科研诚信库、科研管理信息系统、科技论文撤稿信息库等。强化科技情报基础设施建设,推进《汉语主题词表》、名称规范档、领域本体、知识图谱等知识组织工具建设,并实现知识组织体系的社会化应用和持续更新维护。

(4)强化自主可控的开放融合生态环境建设

伴随着开放获取运动的出现,开放创新、开放科学、开放评价、开放出版、开源社区蓬勃兴起,导致开放资源、开放数据、开放期刊、开放仓储越来越多,开放获取成为一种全新的学术传播机制。与此同时,API 的开放式调用、App 应用商店正在推动形成一个开放、灵活、自主、优化的合作生态体系。通过数据交换、数据融合和数据关联,削减数据及其应用的"孤岛",释放更多计算能力,以实现价值重塑,把文献、信息、数据、咨询等相关单位拥有的数据、服务和业务能力以 API 形式开放给生态系统各参与方,带动数据—软件开发—信息服务流程中产业链、价值链、创新链和服务链的整合、重塑与创新发展。

维基百科构建的百科知识服务、百度文库开展的资源众筹共享等,表明无论是基于服务保障的全文长期保存,还是基于登记注册的元数据集成融合,或是基于开源的软件工具融合都可以通过文献情报、数据出版、软件工具等开发机构之间的合作,采用 App 的方式实现文献情报业务管理和服务功能模块按需安装使用,使更多的资源拥有者、标注者、开发者参与到资源共建共享中来,推动不同科研条件要素间的开放链接,如文献、科学数据、软件、工作流/门户、仪器及教育资源等,形成国家核心科技资源与机构个性化资源相补充的资源保障格局,将公益性科技信息资源体系辐射于全国科技情报服务网站,支持地方、行业科技情报服务体系建设,推进科技信息资源国内大循环为主体,国际国内双循环相互促进的新发展格局。通过高度模块化、可扩展、可定制、个性化应用的信息服务平台,形成开放协同、互联互通、自主可控的科技情报开放生态机制,实现集资源发现、文献获取或传递、收录引证、学科分析、趋势演化、科研评价于一体的一站式集成服务。

(5)强化情报业务流程再造和新型情报岗位人才培养

大数据环境下科技情报业务流程正发生翻天覆地的变化,未来情报服务管理平台不是一种简单的统一集合,而是一个集多源数据、多元工具、算法、应用于一体的融合集成系统,需要实现知识组织体系的开放应用,如自动标引、识别和分类、导航、评估、链接、计量等新业务,以及分析工具协同开发与开放应用，如需求感知、主题监测、用户画像、个性推送、精准服务等新服务的开拓与深化。这样就需要构建适应大数据的数字情报业务新流程，在海量元数据集成的基础上，通过图书情报档案一体化的资源管理系统和知识加工处理系统，完成对元数据的规范统一、语义化处理，实现科技项目管理平台与科技文献信息平台、科技情报研究平台三者的有机结合，加快推进科技文献资源建设从采购管理向渠道管理转变，推动数据管理业务从简单数据加工向数据集成融合转变，强化文献资源建设与情报服务业务系统间的相互协同和衔接，推动文献资源建设、数据深度融合组织和情报计算、情报分析预测等业务系统重组整合，构筑支持各类数据加工、融合、计算和管理的大数据基础设施，构建基于大数据的全新数字情报业务管理体系，提升数据管理、分析和应用能力。

在大数据应用的技术需求牵引下，科技情报服务创新工作关系到信息获取、内容处理、数据挖掘、综合分析、结果展示等多项内容，需要工程化的组织和研发，强化战略规划和体系布局研究，不断跟踪数字出版和信息服务行业发展趋势，把握大数据、云计算和机器智能的应用前沿，优化国家科技信息保障策略和情报分析措施，重视数据科学、开放科学、服务科学的人才队伍培养，构建一支新型的资源建设、信息加工、技术开发和专业服务队伍，适应行业知识密集型、数据密集型和智能密集型岗位发展要求。积极组织全国力量加入科技文献领域国际组织并参与相关活动，投入国际学术资源开放获取运动，争取在新规则、新标准、新模式的发展进程中提升中国话语权，提升我国科技情报事业在全球的影响力。

面对日益增长的文献信息需求和深层次情报分析任务，"十四五"期间我国科技情报工作需要解决科技情报服务不平衡不充分的矛盾，突破新一代科技文献智能知识服务系统关键技术，强化知识组织体系创新和产品研发，建设拥有自主知识产权的国家科技情报技术创新平台；需要解决科技文献资源建设不系统不完整的问题，推进立体化信息资源建设，完善安全可控的国家科技文献战略保障服务基础设施，构建覆盖各类创新主体的国家科研论文与科技信息高端交流平台。急需攻克科技信息生态不自主、不可控的难题，拓展科技文献获取渠道和协同融合服务机制，争取科技情报国际合作政策与标准的国际话语权和技术自主权，防范外文科技文献资源和服务系统产品"卡脖子"风险。构筑覆盖科技信息获取、清洗、组织、集成、分析与可视化等数据全生命周期的大数据应用系统，创造数据互认、平台互联、服务互通的文献数据产品，推进基于大规模文献数据计算的知识服务新业态的形成。

2.2 构建服务创新的科技文献共享体系

当代科技发展与创新处于动态的演进之中，客观上要求建立与之相适应的科技文献资源和服务支撑体系，形成一种新的有利于各学科、各专业、各领域科技数据与信息自由流动和充分共享的基础性知识服务平台，保障科技人员创新活动的顺利开展，为全社会提供更好的创新条件。

2.2.1 创新对科技信息服务的新要求

在不断变幻的数字信息环境中，科技文献工作需要集文献资源收藏、科技文献传递、知识组织服务、科技决策信息支持等多功能于一体，致力于基于用户科研环境的科技信息资源建设，提升集成化知识服务能力。[①] 通过开放联合、共建共享，最大限度地支撑国家科技创新体系，形成服务于自主创新的科技文献共享服务体系。

(1)服务过程科研化

随着互联网的发展与普及，在科研环境网络化、数字化的条件下，自主创新本身的组织和运作机制也在实现网络化、数字化；丰富多样的数字化数据采集与处理工具、数字化科研信息资源、网络化科研管理系统等，使科研人员从事数字化科研活动的方法和模式成为可能，为全球性的、跨学科的组织科研工作全流程提供了有力支持，科学研究本身正走向数字化生存，使得大规模的科研合作，跨越时间、空间、物理障碍实现资源共享与协同工作等。[②] 与此相对应，信息服务需要围绕科技创新活动、科技创新目标和科技创新系统来组织、集成、嵌入数字信息资源和信息服务。在一个聚合化数字信息空间环境里，基于并全程跟踪用户信息活动，把数字信息服务系统嵌入科技创新工作与信息利用环境，帮助科技工作者在信息利用过程中对数字信息对象的灵活处理、知识提炼和协作交流。

---

① 张满年，曾建勋. 构建服务自主创新的科技文献共享体系[J]. 情报杂志，2009，28(12)：151-153，133.

② 吴燕，张志强. 泛在智能与图书馆的未来发展[J]. 情报科学. 2007，25(1)：25-29.

（2）服务层次知识化

科研环境数字化直接促使信息资源的检索获取成为普遍、方便和基于用户的网络行为。科技创新活动的重点和瓶颈正从文献获取转变为知识发现，[1] 用户所要求的专业信息服务将主要不再是简单地检索和物理地获取文献，而是帮助将知识内容从众多信息对象中挖掘出来，根据其内在特征和价值进行鉴别、关联、重组，帮助识别和创造新的知识。自主创新活动将越来越要求科技信息服务以定制和交互的方式，以知识内容、知识关联、知识聚类为核心，解决基于知识和分析才能解决的问题，解决以前需要多个环节或多个系统的复杂应用才能解决的问题，并且能够为科技创新工作提供新的信息支撑工具，提供个性化的、情景敏感的知识服务，将知识服务与科技创新工作学习环境进行无缝集成。[2]

（3）服务方式多样化

信息时代使人们获取知识与信息的能力空前提升，科技人员使用文献的习惯也在改变，对网络版文献的需求迅速增长，希望与最常用的渠道有机结合，把自己的资源和所需的公开资源有效集成，方便自己发现和利用等。由于学科发展、地区发展不平衡，各个不同科技创新群体所处的网络及文献保障条件差异巨大，在不同的信息环境下，企业、科研机构和大专院校等不同类型机构对信息及服务方式的需求亦会表现出不同的特点。若要获得综合化、系统化、集成化的知识信息，则要求服务者能够针对他们的需求，量身定做并提供全程性、全方位的一揽子服务，需要充分考虑不同科技创新活动所处的客观信息环境，提供灵活多样的信息服务。[3]

2.2.2 服务创新实现资源共享的思路

在面向用户的信息资源服务中，资源共享是基本的要求。这一要求决定了大数据环境下的跨系统数字化信息资源共享体系建设。

（1）以开放的心态推进业内合作和跨界联合

网络环境下仅仅通过自我发展和积累，无法满足自主创新不断变化的信息需求，任何一个单位都不可能完全占有资源，垄断服务。海量信息的产生和整

① 张晓林. 科研环境对信息服务的挑战[J]. 中国信息导报. 2003(9)：18-22.
② 李春旺. 学科化服务模式研究[J]. 图书情报工作. 2006，50(10)：14-18.
③ 张会田，黄玉花. 基于用户的数字图书馆服务创新体系建设[J]. 情报理论与实践 2005，28(5)：491-494.

理的繁杂性，更需要通过多层次和多类型的泛在智能合作，既要拓展信息服务机构之间对资源、技术、服务、人才等的共建共享，又要开拓与数据、出版、档案、网络服务、科研、教学等机构的交叉渗透、竞争合作。① 完成支撑自主创新的科技信息保障任务，需要以开放的心态，建立与整个学术信息交流体系和信息产业各类成员的工作链和合作机制，提升有效利用和整合各专业学科信息资源、专业队伍和系统资源的能力，并依据服务对象的特色化需求，立足本单位的资源特色和学科优势，采取自建、引进和联合相结合的方法，进行特色化科技信息资源建设和服务。

(2)以公益的宗旨持续提升服务品质和资源价值

作为公益性科技信息机构，进行国家科技文献的基础性保障，在建设公益性科技文献信息网络服务系统的同时，要面向全国提供文献检索、全文传递、信息导航、文献代查代借等多种公益性服务。以最大限度地发挥社会利用科技文献信息资源效益为宗旨，调动各种政策、技术和资源，利用各种工具，灵活地构造新的资源组织结构和服务运行机制，成为信息活动的组织者和协调者、信息服务的提供者和信息环境的引导者。一方面应主动推进各种形式的信息服务，提升自身的信息服务品质，发挥信息资源的科技创新价值；另一方面应引领全国科技情报系统的资源共建共享，保证馆藏的国家科技信息资源被充分、高效和创造性地利用，作为公共资源基础，组织和提供全国科技信息系统联合开发和利用。

(3)以用户的思维改革服务模式和共享策略

用户需求随着自主创新任务与目标在发生变化，同时用户信息环境和信息行为也在随科研环境和条件的改变而变更。面向自主创新的信息保障不仅要经营信息资源，更要经营用户，经营信息活动，经营资源、用户、活动三者之间的动态联结，以及经营影响三者的环境。② 在资源建设与服务过程中，需要面向用户科研条件、科研过程和科研任务，结合地区专业特点、用户特色需求，着眼于用户的思维，采取灵活多样的服务策略和服务模式。③ 一方面进行文献资源检索、提供基础性服务，另一方面开发增值服务、开发衍生资源、开拓延

① 王莉. 建立无所不在的文献信息服务机制[J]. 图书情报知识. 2007(6)：86-89.

② 张晓林. 建立面向变化和可持续创新的发展管理机制[J]. 中国图书馆学报 2006, 32(1)：13-18.

③ 王频. 现代图书馆服务模式及其发展研究[J]. 成都大学学报（自然科学版）2005, 24(2)：153-155.

伸服务,开发专题服务系统,提高社会利用信息获得效益的能力。将资源保障与创新主体单位的具体需求相结合,拓展新的服务方式、服务内容和服务系统,并拓展服务领域和服务层次。

(4)以创新的理念改进服务体系和资源结构

在泛在智能支持下,科研环境成为一种动态和智能交互的学习与体验,曾经熟悉和赖以生存的传统信息环境正在发生根本变化。满足自主创新过程中不断变化的信息需求,需要深化服务内涵、建设新型服务能力、构造新型服务机制。需要在服务过程中,不断结合自主创新任务和自主创新环境,主动规划、系统管理,对服务内容、服务方式、服务机制进行不断改造与创新。在加强对用户环境和信息环境的跟踪扫描的基础上,改组服务组织体系,改善资源馆藏结构,培育和提升可持续服务能力。

2.2.3 科技文献共享服务体系的构建

按系统协同理论,科技文献共享服务体系构建应围绕以下几个方面进行。

(1)加强文献资源揭示与整合,建设资源集成发布平台

目前文献机构的信息资源往往是多载体、多类型、不同年代时期并存,只有加大文献信息揭示加工力度,才能推进资源共享。所以,需要在馆藏资源数字化的基础上,加强数字资源的网络揭示,尽可能地集印刷版、光盘版资源与网络版、镜像版资源于一体,提供科技人员自助式、个性化和功能模块化的数字化服务方案。同时,构建发布平台和网站,集成各种不同来源、不同结构的科技文献和数据库资源,使之成为面向科技创新环境的网络化知识服务平台。以系统化、数字化的学术信息资源为基础,实现分布异构的网络资源统一检索。为国家科技计划基金项目、高等院校的学科建设、科研院所的自主创新、公司企业的科技进步,提供科技文献保障和服务。

通过资源的有序组织与揭示,实现对馆内各类实体资源、虚拟资源的高度整合与揭示,满足读者对各类馆藏资源多层次、多角度的检索需要。通过读者服务的整合,实现诸如科技查新、收录引证、原文传递、代借代查、知识服务、定题推送等各项服务的网络化体现,并实现用户身份的统一认证和管理,成为融馆藏资源整合揭示发布、业务展示交流、读者服务于一体的网络信息服务系统。

(2)融入自主创新实体的科研环境,推进专题知识门户建设

要增强对重点行业、重点机构和重大科研项目需求的文献信息保障能力,就需要与大中型科研院所、大型企业研发机构和高等院校合作,在这些重点行

业或机构中有选择地构建专业分馆，对重点行业或机构的专业需求进行资源特制，建设专题知识门户，建立辐射全国的专业服务体系。如针对重大科研课题或军工项目，因保密要求，科技人员无法直接在互联网上使用资源和服务，需将相关专业的文献数据库与该机构的内部文献资源相结合，在局域网内建立专业服务平台，使科技人员能在局域网内直接检索文献资源并获取相应文献服务。并且与各专业机构实现资源共享与资源互补，充分发挥总馆的资源辐射能力，调动各科研机构的服务能力，共同提高资源利用率。

基于学科的资源组织与服务是融入自主创新主体科研环境的良好形式。按照科学研究(例如学科、专业、项目)工作流程来组织科技信息工作，才能使信息服务学科化，使服务内容知识化，从而提高信息服务对用户需求和用户任务的支持力度。信息服务机构与重点用户之间要密切联系，通过建设学科馆员制度，对重点大院大所、院士及其研究团体实施跟踪服务策略，通过在大院大所聘请"学科馆员"，与大院大所结盟，实现用户在资源采集、加工和服务方面的全面参与。针对不同科技创新群体的学科需求，重新组织图书馆的所有信息资源，按不同学科进行归类整合，使面向用户的服务学科化、专业化、项目化。

(3)联合开发信息分析工具，奠定业内知识服务基础

在新的形势下，要奠定知识服务基础，需要联合相关科技情报机构、大型研究所、高等院校、大型信息企业组成产学研联合攻关队伍，进行科技文献关键技术的开发，同时加强叙词表结构体系及其映射研究，联合进行汉语科技词系统、知识本体、跨语言检索等方面的研究，为我国汉语科技主题词表编制或词系统开发奠定基础。同时，要联合我国图书、情报、档案和出版等各部门的专家，推进我国信息文献领域标准的规划、组织、修订和推广应用工作。

知识链接系统是基于期刊引文的充分揭示知识要素相互关联、相互参照、相互引用、相互链接的一站式知识服务系统。目前，我国有多家单位在进行相关研究和探索，建设相关科技期刊论文引文数据库，需要联合全国期刊界建立具有对相关知识对象如论文、引文、作者、机构、基金等进行规范评价的知识链接数据库，统计各种类型文献计量指标，使之成为全国科研管理机构和科技人员分析科技论文产出和进行引文分析的重要工具。

(4)集成科技决策成果，构筑科技情报协作研究体系

经过50年的发展，我国科技情报系统已成为一支从事科技情报搜集、分析与研究的专业化队伍，是科技情报工作的主力军。目前，需要建立联合全国各行业、各省市科技情报机构的科技情报协作研究体系，联合构建全国科技情

报协作网,进一步提高科技情报系统的信息资源保障能力、决策支持能力、快速反应能力、协同工作能力、集成服务能力的建设,将科技情报机构多年来在支撑科技决策过程中,通过文献信息深加工而形成的快报、简报、数据标准、综述、评述、研究报告等类信息产品进行集成共享,同时,联合各单位情报研究专家开展面向自主创新的难题招标、科研攻关等活动,进一步延伸科技情报协作研究层次和深度。

(5)开放对外服务接口,提供第三方嵌入式资源共享

新时期的资源共享服务不仅要提供资源检索服务,还需要提高对自身资源的揭示能力。按照开放共建原则,对网络服务系统增加多种服务接口(包括检索接口、全文传递接口、代查代借接口、嵌入式服务等),不仅面对传统的个体读者,还面向国内信息服务机构开放,全面支持第三方信息服务机构对文献资源的共享,主动将服务推送到用户本地信息服务系统,支持第三方充分利用自身的资源与服务,直接嵌入本地系统,将服务与其本地文献检索、文献传递和信息咨询等服务有机链接,使其成为本地文献服务的组成部分,最大限度地提高最终用户利用资源能力,也为其他文献服务机构拓展文献共享能力。

在数据资源或服务系统基础上,同时支持第三方机构开发可开放应用的公共服务系统或工具,支持第三方机构对文献资源与服务进行二次开发和深度定制集成,建立对第三方资源与服务的集成揭示系统,① 将自身的资源登记到知识库中,通过检索模块集中揭示,实现资源与服务的双向集成整合,形成新的文献信息服务能力。

随着我国自主创新工作的不断深入,随着我国科研网络环境的不断改善,文献信息资源共享,将是一个永恒的主题。目前,我国的科技文献资源共享服务活动在 NSTL、CALIS 和相关部门的引导下有了长足进展。然而,推进科技文献共享服务的可持续发展,解决久而未决的共享服务机制和共享服务激励问题,将是科技文献共享体系建设和发展的关键因素。

2.3 共享经济下科技资源共享模式建设

科技资源是推动科技发展的基础,在科技创新和经济发展过程中,发挥着

---

① 国家科技图书文献中心的战略定位与发展选择. 国家科技图书文献中心调研报告,2007.

重要作用。① 随着互联网技术的发展、科技资源数量的快速增长以及合作科研的不断出现，由各级政府主导建设了一批科技资源共享平台，旨在在分散的科技资源整合的基础上积极提供科技资源共享服务。目前，国家层面、地方层面都在增加科技资源的投入并采取各种措施以实现科技资源共享，各共享平台建设已经粗具规模，但科技资源的利用率依然较低，资源重复建设的现象普遍存在。

2.3.1 科技资源共享现状与问题

近几年各领域共享经济越来越热，共享经济是一种基于互联网等现代技术，整合分享闲置资源，满足多样化需求的新型经济模式，现已取得了一定的成果。它与科技资源共享理念一致，有效实现了可用资源的开放共享。因此，立足于科技资源共享现状，在共享经济的视角下，优化现有的科技资源共享模式和服务模式，探索建立市场化的共享信息渠道，提高科技资源的使用效率，有着重要的现实意义。

现有的科技资源共享模式可以总结为：①政策驱动。通过法律法规和共享政策来促进科技资源的公开。②项目驱动。在一定科研项目的指导下促进各资源拥有方协作共享。③仪器驱动。加大科研仪器设备的投入，通过科研委托实现"产、学、研"共同开发。② 在我国，纵观科技资源共享的建设和发展实践，发展模式可以归纳为"政府与科研单位联合驱动式"，③ 主要在政府主导下、以科技资源平台建设为核心来促进科技资源的有效配置。目前，国家、地方、领域科技平台建设已取得了较大成就，有效实现了资源的整合。

从全国范围看，在科技资源共享建设中，政府主导主要通过资金杠杆撬动科技资源的开放共享，平台注重科技资源整合，资源规模巨大。但是科技资源共享效率还有许多问题，主要表现在以下几个方面。

①科技资源利用率低，服务体系不完善。据统计我国投入的科研仪器设备数量多于欧盟5国，但是许多发达国家的设备利用率高达170%～200%，而我

---

① 贾君枝，陈瑞. 共享经济下科技资源共享模式优化[J]. 情报理论与实践，2018，41(3)：6-10.

② 吴长旻. 浅析"科技资源共享"[J]. 科技管理研究，2007，27(1)：49-51；陈瑛，李彦春. 西安市科技资源共享模式探究[J]. 科技资讯，2015，13(21)：192-194.

③ 陈瑛，李彦春. 西安市科技资源共享模式探究[J]. 科技资讯，2015，13(21)：192-194.

国许多仪器设备的利用率不足 25%，部分仪器长时间未使用。① 主要原因在于科技平台没有有效实现资源需求方和供给方的互动交流，各机构部门对科技资源重保管、轻服务，平台只是提供了科技资源的基本信息，缺乏对资源及资源需求的深层次挖掘。

纵观目前的科技资源平台，均非常重视资源的整合，通过平台充分汇集了各项科技资源，但提供的是静态的、单一的服务，如表 2-1 所示，平台更多的是对各资源拥有方进行简单的资源介绍和技术展示，缺少线上的实时交互。平台作为用户获取外部科技资源信息的中介，提供的总体来说是"你问我答"的被动型服务。平台在资源匹配上采取的查询模式是一种单向的匹配，先建立供方资源信息数据库，再由需求方输入关键词进行查询。② 在一般情况下，关键词查询并不准确，也很容易返回大量查询结果或者是无关信息；服务形式比较单一，没有用户需求的对接，缺乏特色化的信息推送服务和个人定制服务。各领域和各地方这些共享平台相对独立，形成了学科分割、区域分割的局面，用户并不能访问所有的科技资源平台。各平台虽然建立了超链接，方便用户逐个寻找某一种科技资源，但平台各自有不同的服务器，平台之间往往设有权限，对用户来说资源还是相对独立，③ 用户需要逐个完成注册检索，所以还并不能实现全面、无隔阂的共享。

表 2-1　　　　　　　　　　各科技资源共享平台所提供的服务

信息发布	发布最新的科技资讯、科研动态
资源整合	将各科技资源信息汇总到科技资源库，按照资源类别、属性进行分类并介绍
咨询服务	通过在线客服进行信息咨询
简单检索	通过关键字查询相关科技资源信息
链接服务	提供其他科技平台相关链接

②科技成果转化效率低。我国科技资源主要聚集在重点高校、重点实验室、科研机构以及部分企业中，科研机构和高校偏重于学术研究，研究成果大

① 吴长旻. 浅析"科技资源共享"[J]. 科技管理研究，2007，27(1)：49-51.

② 张琼妮. 网络环境下区域协同创新平台模式与机制及政策研究[D]. 杭州：浙江工商大学，2014.

③ 邹佳利. 基于云计算的科技资源共享问题研究[D]. 西安：西安邮电大学，2013.

多整理存入文献数据资源库，缺乏对这些信息资源的深度挖掘。[①] 平台对于企业的整合力度不够，科技成果转移到企业并实现其应用价值有一定障碍。

目前市场上存在营利性的中介机构，负责收集和分析可共享的科技资源信息，宣传中介的服务项目，这一定程度上促进了科研成果的应用和转化。[②] 但是这种模式往往需要中介机构与大量的资源方有业务往来，适合像北京、上海等科技资源云集的地方。同时对中介机构的专业要求极高，对于中介的从业人员需要有较深厚的科技背景和专业技能以确保提出的决策建议让对方可行；中介需要充分掌握高校、科研院所、企业拥有的科技资源情况，往往耗时耗力，收取的中介费用较高，耗费成本高，适合实现大型项目的资源对接，无法实现全部资源的共享。

③缺乏长期稳定的资金支持渠道。我国科技资源的共享最初定位是一种公共服务资源，所以一直是政府主导完成科技资源的生产、供应和服务等一系列管理工作。但是由于科技资源分布的分割性、管理体制的行政性及科技活动间计划的矛盾性，造成了共享过程中资源的使用权和收益权不一致，共享成本和收益难以平衡，这样使得许多资源拥有方甚至是各类企业难以通过市场化的合作机制发挥技术创新、科技成果转化的优势。[③] 而且，在对科技资源的不断建设中，科技资源已经表现出大数据的特征，即内容多、体量大、速度快等特点，共享平台的运行维护成本会随着数据量的激增、对外服务的拓展骤增，用户的需求也变得多样化，原来政府所投入的经费将不足以维持共享平台的正常运行。[④] 为此，有必要进行管理创新，积极探索多元的可持续发展模式，实现共享平台自身"自我造血"功能。

总的来说，科技资源平台虽已粗具规模，但仍需提高服务能力，加大对企业科技资源的有效利用，仅仅依靠政府的单向引导，难以构建、维持并发展具有一定规模和产出绩效的资源共享机制，难以形成资源共享优势。[⑤] 为此，需要不断地完善相关共享平台，构建资源供需主体间公开交流渠道，提供以用户

---

① 邹佳利. 基于云计算的科技资源共享问题研究[D]. 西安：西安邮电大学，2013.

② 杨雅芬，张文德. 科技资源共享信息中介的模型设计——基于"委托-代理"模式[J]. 图书情报工作，2009，53(10)：83-86.

③ 孙凯. 科技资源共享可行性分析及对策建议[J]. 西北大学学报(哲学社会科学版)，2005(3)：109-112.

④ 邹佳利. 基于云计算的科技资源共享问题研究[D]. 西安：西安邮电大学，2013.

⑤ 吴松强，沈馨怡，刘晓宇，等. 发达国家科技资源共享的经验与借鉴[J]. 实验室研究与探索，2014，33(6)：139-143.

为核心的服务，实现一定的市场化机制，促进产学研合作，更好地实现科技资源经济效益。

2.3.2 "共享经济"的内涵和特征

在美国，"共享经济"习惯上被称为"分享消费""按需经济"，强调人们需要的是产品的使用价值，而非产品本身，近几年随着移动互联网应用如汽车、房屋等一些实体物品交易平台的出现流行起来。与传统经济模式相比，这一经济模式利用一个整合了线下资源的互联网平台，以用户需求为中心，实现主体之间直接的商品与服务交换，① 大大降低了交易成本。

从本质上来说，共享经济的出现是为了实现资源最优化配置。利用移动互联网、第三方支付、大数据、云计算、基于位置的服务（LBS）等现代化的信息技术，共享经济平台可以快速集成某类分散的可利用的资源，准确发现多样化需求，解决供需双方之间的信息不对称问题，从而实现供需双方快速匹配。② 在这种模式下，实现了资源使用权暂时性转移，对于供给端，通过在特定时间内提供产品或服务，从而从闲置资源获得额外效益；从需求端来看，不直接拥有物品的所有权，而是通过租、借等共享的方式满足需求。③ 共享经济的一个重要特征就是去中介化，省去了中间的代理成本，加快了资源的共享速度。同时，共享经济注重用户体验，极大地增强了供需双方的互动性，有效地促进了物尽其用。

2.3.3 共享经济下科技资源共享模式建设

科技资源共享是为了提高科技资源的利用，共享模式不断优化的目的是为了促进共享绩效最大化。从共享经济看，科技资源共享主要侧重解决以下几个问题：①参与共享的各类科技资源是否能被充分地使用；②基于共享的科技资源，能否为用户提供时效化、定制化的服务；③科技资源共享经济平台是否遵循利益平衡机制。

科技资源共享模式需要建立以科技资源共享平台为中介的平台资源和资源

---

① 颜婧宇. Uber(优步)启蒙和引领全球共享经济发展的思考[J]. 商场现代化, 2015 (19)：13-17.

② 张新红. 分享经济——重构中国经济新生态[M]. 北京：北京联合出版公司, 2016：232.

③ 郑志来. 共享经济的成因、内涵与商业模式研究[J]. 现代经济探讨, 2016(3)：32-36.

用户双向配置模式，就是按需分配资源的方法，将科技资源及资源供应、市场需求在第三方平台展示，实现供需的共享。一直以来，科技资源共享建设都集中在资源整合，随着共享理念的逐步深入，应该更加注重开拓共享资源增值服务，优化服务模式，提供更加便捷、准确、有效的资源共享服务，同时利用市场化机制，提高科技资源经济效益。

（1）科技资源共享经济体系构成要素

科技资源共享经济体系构成涉及共享主体与客体，以及共享平台建设等方面。

①共享主体和客体。科技资源的共享主体不应该局限于资源的提供方，应该扩大到科技资源的需求主体，资源的提供方往往也是资源的需求方。科技资源的共享对象是一切可重复利用的科技资源。从共享经济的角度看，共享经济平台构成一个双边市场，对于共享双方，一方参与者越多，另一方收益越大，二者相互吸引、相互促进，使科技资源开放共享进一步扩大。① 科技资源的共享应该扩大供需双方市场，一系列共享要素协同发挥作用。科技资源共享主体不应该局限于高校、研究所、大型企业等科技资源大户，而应降低一定的准入门槛，将各类中小企业纳入其中，只要拥有科技资源或者有资源需求的都应该参与共享。除了传统的硬件资源、信息资源等各类科技资源和资源提供方信息，要整合科技资源用户需求，利用需求的关联促成用户需求群体，实现供需主体之间的实时交互和沟通，这样有助于科技成果的转化。

②共享平台。共享经济是一个去中介化和再中介化的过程。去中介化是指供需双方不再依附传统组织或者机构，而是资源供给者和需求者进行直接匹配，简而言之，就是由资源间接共享变为直接共享。同样共享经济又是再中介化过程，供需双方通过共享经济平台这一"新中介"，摆脱了原有的中介机构，但是为了更加充分地对接需求，需要提供一个包含双向信息的互联网平台。互联网平台的角色可以描述为资源整合者、交易匹配者、规则制定者和安全保障者，完善的市场运行机制使得闲置物品的交换成为可能。② 在这个过程中，平台的基本功能是整合供需资源，在运营中迅速准确地实现供需双方匹配和交易，共享经济平台是共享的核心。

---

① 张新红.分享经济——重构中国经济新生态[M].北京：北京联合出版公司，2016：232.

② 张新红.分享经济——重构中国经济新生态[M].北京：北京联合出版公司，2016：232.

目前科技共享网站的建设已经初成体系，运用云集成的相关技术将国家科技共享平台资源和各区域科技共享平台资源进行联合，集成到云端资源池，消除资源的条块分割。同时平台可以帮助资源提供方开发自己的应用接口，自主规划信息资源和服务，并通过服务器传递给资源需求者。[①] 对于资源需求者，所有的资源平台提供统一的入口，用户可以随时随地接入，这样可以有效避免每个平台分别开发和维护移动服务入口而造成的重复和浪费，并在此基础上构建用户需求集成系统，形成平台的完整服务体系。

(2)科技资源共享经济体系运行机制

科技资源在一定程度上来说是一种经济资源，应该通过市场的交易实现经济价值。在传统的政府的行政管理体制下，科技资源服务面临着"免费服务"的困境，造成了一种"我的资源我做主的现象"，资源拥有方不愿意共享。[②] 引入市场机制就是要打破免费服务的局面，建立起权利限制下资源双方的利益平衡机制，以科技资源的价值为基础，实行等价交换。共享经济下的科技资源开放共享的运行机制是一种完全市场化的运行，运行模式如图 2-1 所示。

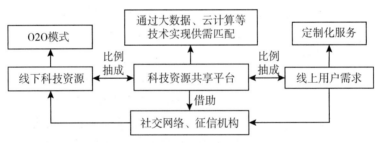

图 2-1　共享经济下科技资源共享平台的商业模式

共享经济商业模式的核心基础是"闲置+价值+回报"，[③] 海量的、碎片化的可供分享的科技资源通过使用权的不断转移产生经济效益。科技资源共享平台通过政府引导的方式以及对于企业的补贴机制吸引科技资源供需主体。对于资源的供给采用O2O模式即线下与线上相结合，供给者通过线上充分展示资

---

① 杨海燕. 云计算在图书馆领域内的应用[J]. 经济研究导刊, 2011(9)：200-201.

② 江友霞, 赵文升, 张聪. 资源配置理论下图书馆信息资源共建共享引入市场机制的探索研究[J]. 图书馆研究, 2015, 45(5)：11-15.

③ 郑志来. 共享经济的成因、内涵与商业模式研究[J]. 现代经济探讨, 2016(3)：32-36.

源信息，需求者在线上进行服务筛选并完成在线交易，在线下进行科技资源的具体利用。共享经济平台实行的是按需分配，按照大数据的算法将大量资源深度处理后推送给最需要的用户。① 平台交易的前提是需求者和供给者的相互合作，二者可以借助于社交网络和征信机构建立信任关系，平台制定整个过程的交易规则，保证交易的顺利进行。

①按需定制的服务模式。当下用户的需求已经表现出多样化、知识化、社群化的特点，科技资源共享平台仍以单一的资源查询模式无法满足用户需求。为此需要克服之前网站建好、资源整合好、用户自己来获取的被动式服务，扩展服务方式，如增加多分类、多检索的多途径查找信息，建立互动专区及时获取用户需求信息，优化资源匹配算法，快速高效完成资源和服务匹配，离线为注册用户定制专业科技资源并进行推荐，从而加强与用户的互动。

在此基础上，创建按需定制的服务模式的具体过程如下：用户提出了哪些请求；分析用户需求；资源匹配及推荐。尽管科技资源的用户相对集中于相关的科研人员，但在网络环境下，用户量大、分布面广。用户在浏览科技资源包括后续的利用会产生大量的行为数据，移动环境为跟踪用户行为数据提供了可能，大数据的深度和即时利用有利于形成用户直接与科技资源的关系。除用户明确表达的需求外，这些行为数据分析和挖掘有助于揭示用户特征和习惯，帮助其发现潜在需求，并构建用户的兴趣模型和热点信息资源模型。② 通过数据深度挖掘、语义网技术将实现了科技资源供需双方尤其是产学研之间快速准确地匹配，为科技资源平台对资源的调度提供了可能，进一步实现了科技资源的"供"和"用"，提高了科技转化效率。这种资源调度是为了有效满足用户需求，而且平台上集合了众多可用科技资源。由于大数据的直接匹配，缩小了选择范围、降低了寻找资源的时间成本，从而提升了配置效率。

②市场化运行机制。共享经济充分利用市场这一平台来解决科技资源共享存在的学科之间、部门之间、区域之间的信息封闭现象，不能仅依靠政府干预，还必须同时利用市场的资源配置作用，用不同的分配方式在主体之间进行分配。通过共享经济平台提高效率必须具备以下三个条件：一是市场交易成本低、交易规则明确、秩序良好，能吸引市场供需主体；二是市场参与者多，构

① 郑志来. 共享经济的成因、内涵与商业模式研究[J]. 现代经济探讨, 2016(3): 32-36.

② 王宏起, 李力, 李玥. 区域科技资源共享平台集成服务流程与管理研究[J]. 情报理论与实践, 2014, 37(8): 69-73.

成市场供求机制和竞争机制，保证市场价格的合理性；三是市场信息通道顺畅，信息资源迅速、即时地流动，以实现科技信息资源的优化配置。①

科技资源拥有方和科技资源需求方本身存在一定的互补关系，一方缺少相应的资源，一方可以通过闲置资源产生一定的经济价值，从市场角度出发，采用有偿共享方式，二者通过共享平台实现信息通畅和对接服务。整个平台提供竞争交易市场，需求方和供给方直接对接，进行公开、公平、有序的科技资源交易，达成一致协议，并通过第三方经济平台，根据具体资源使用情况来收取一定的费用。对于科研仪器设备的使用、科研数据的共享、科研文献的使用以及具体实验室开放，可以参照现有的产品和服务体系进行分类——标准化产品和非标准化产品。标准化产品已经按照预先设定进行了分类定价，有明确的费用标准；非标准化产品是根据用户的需求，基于提供资源及服务的差异性进行价格调整，平台连接资源供给方，由双方进行交易协商，满足定制化服务需求。

科技资源共享经济平台获利模式有三种。一是对供需双方进行抽成，按照资源利用程度、服务力度、获利大小等分别进行抽成。二是供需双方大量的科技资源、客户资源价值，为高校、科研机构、企业之间建立了互动和交流的重要渠道，可以有效促进"人才、资本、信息、技术"等协同共享从而实现深度合作。三是对于平台资源进行相关服务延伸，基于用户大数据分析，通过市场引导资源的分布和流向，有助于开发新的科技资源。

③共享评估机制。在共享经济下，科技资源共享平台的评估应该以利用效率来衡量资源的利用效用，而不单单是资源的整合程度。科技资源共享经济平台实现资源的获取和使用的全部流程，整个交易在平台公开进行，其中调度了哪些科技资源，又被哪些用户使用，用户使用效果如何，都将被记录、揭示和评估。基于动态配置，服务效果好的将会被优先匹配，遵循谁开放程度高、谁服务效果好、谁收获效益最大的原则，作为共享资源提供者的激励条件。

建立以用户和以共享经济平台作为科技资源提供者的双向相互评价体系，这是为用户提供有效服务的基础，可以进一步完善科技信息不对称。通过相互评价沉淀的经验，可以更好地了解资源提供者的服务内容、服务效果，可以让用户更好地选择科技资源，也可以帮助资源方更好地了解用户内在需求，从而完善服务，提高资源使用效率。评价和互动体系有助于提供优质的共享服务，

① 白君礼. 信息资源共享效率影响因素分析[J]. 高校图书馆工作，2012，32（3）：58-64.

建立良好的信誉和品牌价值，形成竞争效益和完善信任体系。当然，由于科技资源的特殊性，需要由政府进行相关的监管、引导和激励措施以及相应的法律法规规范市场机制，加强新的知识产权界定和版权保护措施，确保各主体高效使用各类科技资源。为了提高科技资源共享积极性，促进科技资源共享的可持续发展，科技主管部门可以采取激励措施，对于用户评价良好、资源提供量大、利用效率高的组织进行资金补贴和鼓励。①

利用共享经济优化资源开放共享模式是促进资源开放共享的新探索。共享经济平台为科技资源的整合、交流、匹配和产学研的有效合作提供良好的环境和平台。按需分配科技资源的服务方式，有助于提升服务质量，完善服务评价机制进而有效促进市场改革、提升服务质量。② 共享经济模式将有效推动科技资源共享市场化运行，有偿互惠共享可以促进平台的自我支持、持续运转机制，改善资源配置不均衡的格局。科技资源共享是一项系统工程，共享模式仍需在实践中不断完善和发展。

2.4 国家科技信息发现服务体系建设

科技信息发现服务在于帮助用户发现所需的科技信息源，按发现对象内容，包括数据发现、知识发现等方面的服务。

2.4.1 构建国家科技信息发现服务体系的必要性

我国科技文献信息资源保障仍然面临挑战，具体表现在以下方面。①仅拥有自身收藏纸本或电子资源的2亿~3亿条元数据，无论是资源类型还是资源体量均难以满足资源全面发现与大数据挖掘分析的需求。可获知的检索服务、可挖掘的发现服务需要大样本文本数据，凸显出现有自给自足的元数据资源建设方式的不足。②现刊和回溯论文元数据、论文和引文元数据、全国开通电子资源或开放获取资源元数据相对分离，尚未进行有效整合与集成。各类型资源数据存储于不同平台，遵循不同的资源描述标准，亟待建立统一的元数据标准

① 曾建勋，丁遒劲. 基于语义的国家科技信息发现服务体系研究[J]. 中国图书馆学报，2017，43(4)：51-62.

② 彭以祺，吴波尔，沈仲祺. 国家科技图书文献中心"十三五"发展规划[J]. 数字图书馆论坛，2016(11)：12-20.

及其相互映射关系。③期刊论文、学位论文、科技报告等各类型资源之间关联度有限,交叉揭示程度不够。在科技信息资源类型界限越来越模糊的情况下,信息资源检索没有打破资源类型间的界限,无法拓展检索功能,实现关联检索。④人才、机构、项目、技术知识点识别与关联度不够,不便于文献计量评价,科技信息资源加工粒度有限,以题名、作者、关键词等母体信息为主,论文中相关科研实体信息揭示不完全,科研实体关系尚未揭示,仅能满足基本检索需求,计量评价难以展开。⑤全文资源只包含自身馆藏,尚未充分集成和利用其他单位的馆藏资源,无法形成更广泛的知识联盟空间。总之,在国家科技信息资源保障水平已经达到相当程度的情况下,需要改变目前单凭自身购买、自给自足的加工方式,应借助多种渠道,依靠多个机构,整合集成多来源、多类型、多载体、多渠道的元数据资源,构建国家级科技信息发现系统,推动科技信息资源全面深入的共建共享。

(1)国内外资源发现服务现状和趋势

国内外发现系统有两类,一类是商业性资源发现系统,其主流系统有ProQuest 的 Summon,Primo、EBSCO 开发的 EDS,国内有超星发现、万方学术搜索开发,其分别由系统集成商、数据集成商和资源供应商演化而成,并分别具有各自的优势;另一类是公益性发现系统,如 OCLC 建设的 WorldCat Local(WCL)、澳大利亚国家图书馆推出的 Trove,CALIS 的 e 读以及中国国家图书馆的文津系统等,这些一般由国家级公益机构创建。商业性发现系统的元数据量级在 10 亿条以上,其元数据资源主要通过主动与资源出版商、数据库商谈判签约获取,部分资源来源于资源服务方(如图书馆等)的主动授权与上传。如 Summon 超过 9000 家出版社建立合作关系,元数据全部来自直接签约,且不依靠第三方元数据来源(如 CrossRef)。商业性发现系统全面整合异构资源,将纸质馆藏资源、本馆订购商业数据库、开放获取资源和机构知识库整合成统一的元数据索引,其整合的资源相对较全,如国家工程技术图书馆订阅的4000 多种国外科技期刊,在 Summon 中占到 96%,在 EDS 中占到 93%。而公益性发现系统的元数据量级则在几亿条间,如 Trove 系统主要通过机构协作方式,从 1000 多家图书馆及其他文化机构获取元数据。① 总体上,由于元数据海量特性及大数据云计算能力,发现系统的构建机构不多,绝大多数图书馆直

① Cathro W,Collier S. Developing Trove:the policy and technical challenges[R/OL].[2016-03-13]. http://pandora.nla.gov.au/pan/21336/20110629-1337/www.nla.gov.au/openpublish/index.php/nlasp/article/download/1666/2025html.pdf.

接租用"发现服务"用于资源集成检索。目前全球已有超过 1300 家图书馆及相关信息机构引进各类资源发现系统。

我国图书馆对发现系统的构建实践，主要从对商业性发现系统的选型分析开始。窦天芳①、聂华②、袁玉英③、苏建华④、彭佳⑤、许丽媛⑥、包凌⑦等结合自身图书馆的应用需要，从不同角度对主流资源发现系统的页面构造和布局、特色资源和功能等进行多层次、多角度分析，阐述发现服务的推出背景，提出保证元数据质量、改善用户体验、完善数据分析以及嵌入个性化服务功能等优化策略。国内主要大学图书馆都在引进基础上形成自身应用的发现系统，如北京大学的"未名学术搜索"、清华大学的"水木搜索"、上海交通大学的"思源探索"等；个别图书馆根据自身资源规模与服务特点对发现系统进行二次开发，如中国科学院文献情报中心通过购买 Summon 来检索电子资源，建立本地索引来检索本地自建资源，并基于 Summon API 和本地索引构建统一的资源发现服务。⑧ 清华大学图书馆基于发现系统海量元数据开发形成学科趋势分析系统，推出知识化服务。

未来的资源发现系统需要进行服务聚合、资源整合和系统融合，将资源、服务建立在统一的系统平台上加以集成。第一，需要把印本资源、电子资源、开放资源和自身特色资源整合在一起；第二，需要把图书馆相关系统包括用户日志系统、资源管理系统、联合目录系统、数据仓储系统和前台服务系统有机

---

① 窦天芳，姜爱蓉. 资源发现系统功能分析及应用前景[J]. 图书情报工作，2012，56（7）：38-43.

② 聂华，朱玲. 网络级发现服务——通向深度整合与便捷获取的路径[J]. 大学图书馆学报，2011，29(6)：5-10，25.

③ 袁玉英. 常用几种资源发现系统对比分析研究[J]. 图书馆工作与研究，2015(9)：38-41.

④ 建华. 图书馆选择资源发现系统的策略分析——以资源发现系统与学术搜索引擎的比较为视角[J]. 情报科学，2015(6)：91-94，105.

⑤ 彭佳，郑巧英. 信息资源聚合与组织研究——以发现系统为例[J]. 图书馆杂志，2016(3)：80-85.

⑥ 许丽媛，吴振新，谢靖. 图书馆主流资源发现平台分析[J]. 图书馆学研究，2015(8)：33-38.

⑦ 包凌，蒋颖. 图书馆统一资源发现系统的比较研究[J]. 情报资料工作，2012(5)：67-72.

⑧ 中国科学院文献情报中心选用 ProQuest Summon 发现服务支撑科研信息查找[J]. 图书情报工作，2015，59(2)：146.

地衔接起来，把文献传递系统、统一认证系统和机构知识库连接起来，构成一套完整有效的自动链接机制；第三，需要进行服务整合，即从文献层面进行多维度全文指引，既可从出版社网站直接获取，也可从图书馆原文传递，不触碰知识产权底线；第四，需要进行元数据层面的知识关联揭示，提供大数据分析所需要的专业数据服务，提供科研实体监测、用户行为分析、科学前沿预测等知识服务，推进数据耦合服务或者计量评价服务等。

（2）国家科技信息发现服务体系构建的必要性

资源发现服务是一种"大数据"规模的元数据搜索服务，通过支持图书馆自动化系统，实现数据融合与语义检索服务、跨机构元数据的开放与复用和分布异构系统的关联访问。① 资源发现系统是通过从出版商、内容商、大学图书馆、公开网站等提取各类元数据资源，利用抽取、映射、规范、融合等手段，将印刷型馆藏、数字型（开放）资源、本地自建、远程订购资源的元数据、文摘索引和全文内容等多来源、多格式和多元素的资源进行全面聚合和深度组织，构建具有统一索引功能的资源描述与揭示体系。资源发现系统具备"全媒体"资源管理能力、完整的业务流程管理能力和"全网域"的资源发现能力，②它在全面揭示和发现元数据资源的基础上，还能多元定位资源，获得出版商、内容商版权的许可，与资源订购合同相吻合，不仅能整合图书馆信息检索、读者认证、预约续借等传统服务方式，还能提供评论标签、全文获取、学术推荐、引文显示、馆藏揭示等新的服务，最终让用户在一个界面中实现全部资源的检索、显示和排序、获取，实现多种服务方式的整合，多种获取途径的选择，让更多的用户通过资源出版平台使用发现服务。

资源发现系统不仅是一个学术搜索引擎，更是一个知识发现平台，带来的是一种集成开放的思维，将改变科技信息原有的资源采访方法、数据组织方式和信息服务模式。随着资源发现服务向智能化、语义化、关联化、可视化方向发展，科技文献联合目录系统将被元数据集成整合系统所替代，科技信息资源组织将被知识组织所替代，科技信息服务将被资源发现服务所替代。届时，科技信息资源建设重心势必将转移到自身特色资源建设与应用上来，科技信息资源组织将转移到数据细粒度揭示与加工上来，科技信息服务重心将转移到数据

① Summon 网络级发现服务简介及功能说明［EB/OL］.［2017-01-13］. http：//lib. csu. edu. cn/pubnew/zndxtsgnew/summon/Summoncpjs. pdf.

② 殷红，刘炜. 新一代图书馆服务系统：功能评价与愿景展望［J］. 中国图书馆学报，2013，39（5）：26-33.

驱动的精准服务和智能分析上来。基于此，建设国家科技信息发现服务体系有利于实施国家科技信息元数据发展战略，推进国家科技信息资源公益服务的全面持久保障，有利于推动我国图书情报机构参与发现系统构建，建立适应发现服务的数字业务管理新流程，完善既有采访、编目、加工和服务模式。探索元数据的语义知识组织有利于深入知识单元揭示数据间的知识关联，将语义知识组织思想和工具嵌入发现服务构建中，形成海量数据资源的挖掘利用和知识服务，丰富发现服务功能，拓展知识服务新业态。因此，无论是出于国家科技信息战略保障的需要，还是出于满足用户多元化的信息需求，我国都应基于语义化知识组织，自主构建国家科技信息发现服务体系，深化国家科技信息资源保障的内涵和能力。

2.4.2 基于语义的国家科技信息发现服务体系框架

在国家科技信息保障体系中，除馆藏印本资源外，还包含商业电子资源、开放获取资源，以及其他相关机构的特色资源；国家科技信息发现服务体系需要多渠道采集与整合各类型的科技文献信息资源，并从资源发现逐步拓展到知识发现层面。发现服务体系的建设涉及文献数据采集与规范、数据组织与集成、业务系统搭建与服务体系构建等一系列工作流程，同时需要相应的语义组织工具、标准规范来支撑资源组织及其语义关联，如图 2-2 所示。

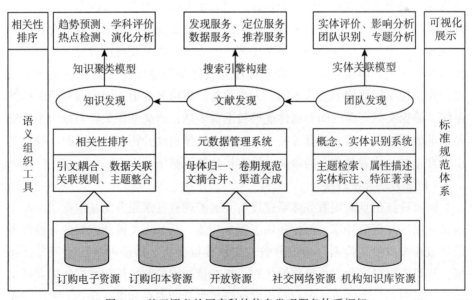

图 2-2　基于语义的国家科技信息发现服务体系框架

(1)文献数据采集层

目前,科技文献资源类型和来源主要分为商业出版社资源、图书馆馆藏印本资源、开放获取资源、机构知识库资源/特色资源、社交网络资源等。在文献信息采集层面,需要建立科技信息资源复合型采集渠道,在版权协议框架下,通过印本加工、网络采集、谈判购买、免费获取、呈缴、赠送等多种方式采集元数据和全文。此外,对各图书馆馆藏数据信息(如 MARC 数据、数据库开通信息)、机构知识库资源/特色资源元数据也需通过签署相应授权许可协议加入底层元数据仓储。

(2)数据统一管理层

统一的资源检索及其全文指引是国家科技信息发现服务体系的基础功能,而其实现的前提是对多渠道、多类型、多载体的元数据进行集成规范与统一管理,形成同构的标准化数据。元数据集成管理系统需要基于统一的元数据标准框架,对不同来源元数据进行映射,通过规范、校验、清洗、查重等一系列工序,分别从母体、卷期、篇级、来源渠道等维度对资源实施查重与归一,并根据资源粒度大小形成相应的资源层级结构,提高基础数据质量。

(3)语义知识组织层

对多来源异构元数据经过清洗规范形成统一的元数据格式以后,需要经过语义化加工组织形成相应的知识资源,以满足不同应用场景下的服务需求。在语义模型、规范文档、叙词表等知识组织工具的支撑下,开展科技信息资源语义化加工,诸如概念标注、科研实体辨识、语义知识关联与耦合等,通过知识抽取与语义关联形成知识库。概念标注与实体辨识系统主要是为解决同一概念、实体在不同语境下表达不同、人名重复、机构名变更等问题而构建的标注系统,确保文献资源的知识属性能够被准确表达;语义知识关联与耦合系统则是借助数据挖掘、语义计算等技术,实现大批量自动分析,计算资源本身及其引文在主题、作者等方面的语义关系,构建知识网络。

(4)服务功能实现层

国家科技信息发现服务体系建设需要突破现有发现服务的基本框架,基于语义化组织与资源计算,深化和拓展服务功能,从基于关键词匹配的一般性资源集成检索向语义检索、知识导航、文献计量分析、科研网络构建等方面拓展,尽可能以可视化方式呈现给用户,将海量知识的非结构化数据转换成视觉形式,以图形、图像形式展示知识之间错综复杂的关系和潜在联系,揭示知识的深层内涵,① 促进隐性知识向显性知识的转换。

(5)方法工具支撑层

无论是数据最初的清洗规范、查重归一,还是后期的语义化知识组织,标准规范体系和语义组织工具都是支撑后台子系统运行和底层数据资源处理的关键。因此,需要制定包括统一元数据框架、资源遴选规则、元数据映射规则、资源查重规则、资源校验规则等标准规范,需要应用包括资源语义模型、机构规范文档、叙词表、资源推荐模型等语义组织工具。此外,概念映射、语义标注、数据挖掘、数据清洗等一系列自动化工具的开发也是国家科技信息发现服务体系构建的重要组成部分。

2.4.3 多来源元数据的统一集成管理

发现系统元数据来源各异,各来源原始数据遵循的标准格式不同,元数据薄厚程度不一,甚至存在数据内容错误等情况,需要建立元数据集成管理系统进行元数据收割/导入、转换、校验、集成,对通过各渠道采集来的元数据进行分门别类的管理,按照情报工程化原理建立数据之间的联系,实现数据输入、质量控制、数据输出、关联分析等流程化处理,具体如图2-3所示。②

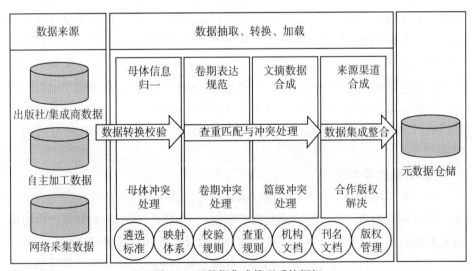

图 2-3 元数据集成管理系统框架

① 贺德方,曾建勋.基于语义的馆藏资源深度聚合研究[J].中国图书馆学报,2012,38 (4):79-87.

② 杨新涯.图书馆文献搜索研究[M].重庆:重庆大学出版社,2015:115.

(1)统一的标准规范制定

元数据集成管理的最终目的在于将描述同一论文资源的元数据在保留来源渠道的前提下进行查重合并，保证检索结果的准确性，结果唯一且能够提供来源渠道信息。制定统一的元数据标准规范是进行查重比较的首要前提。目前，发现服务的元数据主要由出版社(如 Wiley、Elsevier、Taylor &Francis 等)和集成商(如 Thomson Reuters 等)协议提供，以及从开放获取平台自动采集，但是不同来源的元数据格式呈现各自为政的态势，它们在字段命名、字段结构、字段内容表达方面的规则千差万别，在元数据字段厚度方面也参差不齐，因此需要在遵循期刊文章标签集(Journal Article Tag Suite，JATS)等国际标准的前提下，建立统一的元数据框架，并与各来源元数据标准建立映射关系，确保元数据在格式上统一。在字段内容层面，同一出版社名称、期刊名称、作者机构名称等在不同来源中有不同的表达方式，因此还需要建立各种类型的名称规范文档，将规范名称与非规范名称有序集中并建立对应关系，用唯一 ID 号进行标识，确保字段查重以及后期资源检索结果的一致性。

(2)数据转换、校验、清洗、规范

标准各异的元数据在导入元数据集成管理系统之前，首先需要根据前期来源渠道的元数据标准管理信息，按照系统设定的规则与统一的元数据标准进行字段映射和格式转换，使之按照统一标准格式描述资源信息。其次，数据转换后经 Schema 形式校验，进行数据逻辑验证和媒体对象损坏验证，任何一步验证失败都要被退回，经过机器和人工修正后再次进行校验，直至完全通过。最后，校验数据在系统内嵌的各类型规范文档的作用下，通过名称识别并归一重名、别名、名称繁简、名称演变等，将不同形式的表达统一映射和指向同一对象。

(3)数据查重与归并

不同类型的文献资源具有不同的描述粒度，其中以期刊的粒度层级最为丰富，自上而下包含母体、卷期和篇级元数据三个层面，同时来源渠道也成为期刊元数据的另一个重要标识。因此，需要从母体、卷期、篇级元数据和来源渠道四个方面对元数据进行查重、归并。其他文献资源类型的查重体系与期刊基本类似。

母体层级：通过校验和修正的数据可根据不同类型资源的查重规则，通过机器算法自动筛选出疑似重复的母体资源；根据机器筛选的结果进行人工比对，对重复资源进行母体合并、编辑，对不重复而相似资源进行人工标记，用于再次疑似重复的排查参考。

卷期层级：系统自动对冲突母体的卷期信息以及卷期下设篇级信息进行冲突合并，对于不同卷期表述的情况则需要人工进行核实和判断。

篇级层级：对同一母体、同一卷期下篇级元数据进行查重和冲突处理，根据查重规则，当 DOI 不为空时，同一母体下相同 DOI 且年卷期、起始页码、总页数、文摘任意一组完全一致即视为重复冲突；当 DOI 为空时，同一母体下，元数据标题进行左右匹配且起始页码、总页数完全一致视为重复冲突。机器自动筛查后，以人工方式再次进行比较判断，确定是否为同一篇级信息并进行相应操作。

来源渠道层级：来源渠道随篇级元数据一同进行删除或合并，并根据版权规定和使用约定、来源渠道可信任程度、数据质量进行优先级排序。

2.4.4　馆藏配置与资源调度

元数据对应印本文献、商业数据库、开放资源等资源类型，不同元数据所反映的资源对象（全文）受自身资源特性、版权约定、来源渠道影响，使用方式有所不同，直接影响到后期全文服务的提供效果。因此需要赋予其对应的馆藏信息和使用权限信息，如包含印本资源馆藏单位的 OPAC 信息、商业数据库开通单位的开通数据库品种、可访问期刊品种、可访问年限、开放资源的版权使用许可信息等，并根据用户身份及其使用环境，按照版权约定、来源渠道信任程度、数据质量等进行来源渠道优先级排序，准确、合理地提供全文指引和获取服务。根据用户使用环境识别用户身份，基于情景敏感进行用户可使用资源的配置，根据不同用户类型及资源方的权益要求，建立用户文献资源获取的流程、范围及策略（如服务流程、版权管理策略等），建立资源调度知识库，实现不同类型数字资源和不同服务方式之间的开放动态链接，提供从文献发现到文献传递之间的无缝链接，提高资源利用率和区域保障能力。

2.4.5　大规模元数据的知识化关联揭示

海量科技文献资源的知识抽取与集成，乃至后期知识服务的形成均有赖于有效的知识组织。基于领域本体、主题词表、术语表等知识组织工具，在规范、可控的概念语义体系与自然语言术语体系之间建立映射关系，通过实体辨识、概念标注、语义知识关联与耦合对抽象的知识单元进行规范化、关联化描述，从而实现大规模聚合信息资源，形成结构清晰的语义层面知识，实现知识发现，如图 2-4 所示。①

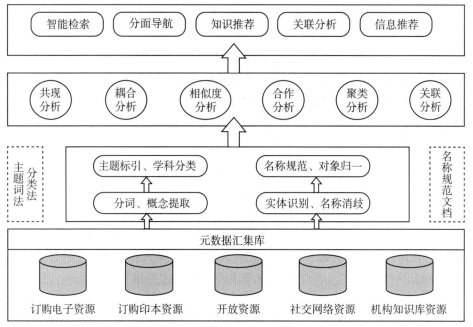

图 2-4　语义知识组织框架

（1）概念标注

人类理解自然语言的过程是一个语义概念的联想和关联的过程，建立基于概念的文本表征模型是实现基于语义的文本内容处理的途径。② 一般来说，概念标注方法主要分为手工和自动两大类。手工概念识别主要依靠专家实现，存在时间和人工成本比较高的弊端，难以适应大规模科技文献资源的概念识别。因此，国家科技信息发现服务采用"机器为主，人工辅助"的方式进行概念标注，以领域本体及其表达概念为基础，自动标注科技信息中包含的相关概念及其语义形式。

① 盛东方，孙建军. 基于语义搜索引擎的学科知识服务研究——以 GoPubMed 为例 [J]. 图书情报知识，2015（4）：113-120.

② 涂新辉，何婷婷，李芳，等. 基于排序学习的文本概念标注方法研究[J]. 北京大学学报（自然科学版），2013，49（1）：153-158.

（2）实体辨识

科研实体包含作者、机构、基金、主题、论文及引文等，系统辨识科研实体的准确性有赖于建设各类科研实体的规范文档，细分为期刊论文与引文库、期刊名称库、作者专家库、机构名称库、基金项目库等，围绕着期刊论文数据，论文主题、作者、作者机构、期刊和基金等科研实体相互关联。[①] 基于统一的规范文档，通过相关论文题名、作品主题范围、标识符（ISBN、ISSN）以及作者、合著者等匹配确认实体归属。

（3）语义关联

用户期望真正意义上的"资源发现"，不仅要解决异构资源间的互操作问题，实现多媒体多类型资源的多维度、多脉络揭示，更要实现基于语义关联的文献推荐及知识发现。因此需要在抽取概念和实体等知识单元的基础上，通过知识的语义关联与引证耦合，应用关联数据、语义技术等，从语义层面进行科技信息资源的组织和聚合，实现真正意义上的知识关联和知识发现。

①构建文献关联关系。以文献资源中抽取的知识单元为基础，按照不同学科领域，利用不同领域本体、主题词表等知识组织工具进行数据映射与链接，建立和扩展更为丰富的知识关联，并与书目数据对应的对象相匹配，进行资源聚类和分面，扩展知识发现范围。

②揭示科研实体关系。通过元数据规范化处理和语义关系揭示，提取文献资源中的科研实体和实体间关系，形成"机构—人员—科研成果"关系图，将大规模文献资源中所隐含的科研合作关系、机构合作主题等知识内容充分揭示出来，从而实现资源的深层次聚合和专家团队识别。

③计算共现耦合关系。科技文献中存在相互引用的耦合关系、关键词共现关系、作者合作关系、主题相似关系和学科交叉关系等，利用耦合分析、关联分析、相似性算法、聚类分析和共现分析方法可以分析科技文献中作者、期刊、论文、机构和主题间的关联关系，从而为分面导航提供相应维度的分类层级，为知识推荐提供交叉关联关系。

2.4.6 国家科技信息发现服务体系展望

国家科技信息发现服务体系中既包含多渠道、多媒体、多类型海量元数据的集成与聚合，又包含用户体验的多层次、多模式服务功能的一站式融合，还

---

① 曾建勋，王立学. 面向知识评价的规范文档建设方法[J]. 图书情报工作，2012，56（10）：101-106.

包括资源采集、编目、流通、原文传递，以及用户认证和用户管理等相关系统的一体化对接。因此，不能将国家科技信息发现服务体系简单理解为一个独立的文献资源集成检索系统，它融通了图书馆自动化系统的前台服务系统、后台业务系统，是图书馆文献采集、数据组织、用户管理、功能实现乃至各层次信息服务的集中体现。同时，具有国家保障职责的科技信息发现服务体系，不仅要实现国家级科技文献保障机构数字业务流程的互通互联和数据流转，也需要联合全国范围内的高校图书馆、科研图书馆进行资源共享与服务保障的协同管理，如图 2-5 所示。

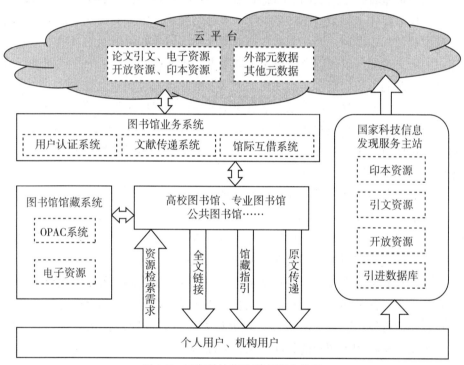

图 2-5　国家科技信息发现服务体系

(1)科技文献数字业务管理系统的整合

我国目前建有诸如国家高等教育文献保障体系(CALIS)、国家科技图书文献中心(NSTL)、中国高校人文社会科学文献中心(CASHL)等国家级文献保障机构。以 NSTL 为例，其本身拥有文献综合管理系统、联合编目系统、数据加工系统、文献传递服务系统等一套完整的图书馆业务流程系统，近年来除采购大量印本资源外，还不断开拓全国回溯数据库采购、开放获取资源建设等多种资源保障模式；但是无论是业务系统还是服务系统均未完全实现互联互通，不乏信息孤岛存在，在一定程度上造成业务流程重复、数据冗余。因此，亟待基于云架构，针对原本分散的数据资源、工作流程和服务系统进行统一整合和协同管理，通过数据集成、流程整合、系统互联形成统一的工程化管理模式和一体化服务入口，以提升管理效率，优化数据质量。

(2)科技信息资源建设与服务力量的整合

国家科技信息发现服务体系中的文献资源不应仅包括国家保障体系自身拥有的全文资源，同时还要发挥全国范围内相关文献机构资源共建的优势。近年来，我国高校图书馆、公共图书馆、专业图书馆采集了大量的电子资源和印本文献，一些科研机构建立了颇具特色的机构知识库，通过构建国家科技信息发现服务体系，将这些图书馆的馆藏资源(如印本 MARC 数据、数据库订购信息、特色资源列表)信息定期纳入/更新至国家科技信息资源仓储中，将有利于全国范围内对科技信息的全方位检索发现；将这些图书馆的原文传递服务系统与国家科技信息资源调度系统对接，对用户发现检索请求进行文献传递服务回应，能够提升全国范围内全文获取的保障率。同时，以服务对等、费用补贴等方式予以结算，将资源与服务共享层级延伸至相关机构，能够整合各级图书文献机构的服务能力，调动全国范围内的资源与服务力量参与资源共建共享。

(3)科技文献资源多层级服务功能的整合

目前国家科技信息保障服务主要局限于自有资源的检索及其全文传递，国家科技信息发现服务体系的建立，不仅强化文献发现服务，而且推进知识服务和数据服务，实现多层级服务功能的整合。在数据服务层面，通过第三方数据接口服务实时调用相关学者、机构的科技成果信息，建立机构知识库，将元数据嵌入诸如科研管理系统中，保证科研管理部门在项目论证、项目申报等各个环节直接获取相关文献信息。在信息服务层面，用户可统一检索各类型资源，搜索引擎根据词频、近义词的模糊归类、关键词匹配位置等影响因素设置权重，对检索结果进行相关性排序，提供学科、作者、机构等分面显示功能，并根据相关学者、主题等推荐文献资源。系统通过感知用户使用环境提供全文获取途径，对无法直接获取的全文提供原文传递、代查代借等服务。在知识服务层面，利用元数据的规模优势以及数据的语义关系组织，通过科研实体抽取、引文网络耦合、规范文档建立、概念主题识别、资源解析关联等操作，形成"科研人员—科研机构—学科主题"的各类关联知识网络，相关科研实体的科研表现和科研活动脉络在可视化技术的呈现下清晰展现，实现科研团队识别、科研绩效评估、主题趋势分析等。

国家科技信息发现服务体系建立在经语义知识化处理的海量元数据及其全文资源的获取指引基础之上，而发现服务体系的有效运行则有赖于统一的标准规范体系建立和知识产权问题的妥善处理。在文献数据采集阶段需要明确各来源渠道的使用权限，通过统一的标准规范实现多来源数据资源的规范化揭示与集成，在全文指引获取阶段则需要遵循资源使用权限，实现在符合知识产权相关规定前提下的文献资源共享服务。与此同时，伴随着数字资源不断扩充、资源链接地址的失效、母体信息的变动、资源载体形式的变化、资源类型的演化，以及新型资源形态的出现等，发现服务体系应同步更新，定期维护，建立从版权谈判与授权、数据获取、数据集成和故障追踪的全流程资源维护体系，形成多来源数据采集更新机制，构筑既符合版权规定又能够保证利益均衡的全文获取共享机制，确保发现服务的稳定性和可持续性。

3 创新环境下信息资源服务系统构成分析

将信息资源服务看作一个系统，有助于全面认识信息资源服务所处的外部环境及其内部要素。信息资源作为信息服务系统的核心构成，如何有效规范信息流，系统中各要素之间如何进行关联及协调，如何开展信息资源战略对于信息资源服务发展具有重要意义。

3.1 信息资源服务建设中创新环境

信息资源服务的开展随着环境的变化而改变，在传统环境下，各个机构以其所拥有的丰富信息资源作为彼此之间竞争的财富，具有保密性质，不轻易开放其数据集，数据缺乏关联使得部分数据的价值流失。在创新网络环境下，机构之间签订合作协议，通过信息资源服务平台使各方信息资源得到整合，信息资源趋于实现跨系统平台的联合化与协作化模式，以挖掘更多潜在价值。因此，对影响信息资源服务活动开展的系统平台内外部环境进行深入分析是促进主体调整自身行为规则、实现自组织协同演化的先决条件，也是制定信息资源服务平台战略目标和组织方案、构建其理论框架的重要依据。① 创新环境指数主要反映驱动创新能力发展所必备的人力、财力等基础条件的支撑情况，以及政策环境对创新的引导和扶持力度。据国家统计局社科文司《中国创新指数研究》课题组测算，2017 年我国创新环境指数为 203.6（2005 年标准为 100），比上年提高 19.1 个点，表明我国创新环境进一步优化，创新能力向高质量发展要求稳步迈进。② 创新建设的制度环境、信息环境、技术环境和主体间合作环境的优化，将使得全社会形成创新活力竞相迸发、创新源泉不断涌流的生动

---

① 赵杨. 国家创新系统中的信息资源协同配置研究[D]. 武汉：武汉大学，2010.

② 国家创新指数情况［EB/OL］. ［2021-5-8］. http：//www. stats. gov. cn/tjsj/zxfb/201812/t20181212_1638964. html.

局面。

3.1.1　国家创新政治经济制度环境

当前，国家的科技创新以及国际竞争力的提升，越来越依赖于信息资源的有效开发和利用，信息服务的发展水平已成为国家综合国力和国际竞争力的重要标志之一。信息资源服务平台建设响应了国家创新系统建设战略的现实要求，其实质就是如何使现有信息服务模式与日益进步的社会生产力发展要求相适应的问题。目前，随着我国创新型国家建设战略的提出，我国社会进入全面制度创新的历史阶段，经济制度进一步深化突破，政治体制稳步推进改革，社会各层次各领域对制度创新都提出了新的要求。

（1）经济建设的快速发展

为顺应时代潮流，我国的经济发展进入新常态，在此环境下，必须依靠创新以驱动发展，并培育新的经济增长点，从而持续提升其质量和效益，开辟我国的经济发展新空间。通常国家或地区为了经济发展的需要，通常要求信息资源向经济效益高、潜力大的行业或部门流动。因此，国家经济建设的方向影响了信息服务、事业组织的信息资源投入、业务拓展和规模效益，影响着这类组织的信息资源产出和配置，这直接关系到信息资源在其他行业内的分布状况。2017年，科技拨款占财政拨款的比重指数达105.0，与上年持平，继续呈现回升趋稳态势，表明了国家对创新驱动发展方面的经济支持。此外，在科研方面，国家对基础研究人员人均经费加大创新投入，体现了国家对创新科技及理论的重视。一个国家的信息资源分布格局与国家经济发展形态相对应，国家经济发展形态影响着创新主体的信息需求，决定了信息资源的分布格局和流动方向，不断推动着信息资源配置模式的优化与完善。①

（2）创新政策制度环境

随着国际创新竞争的日趋激烈，各国政府都在致力于提高本国的创新实力，通过制定各项创新政策努力塑造国家核心竞争优势。创新政策的颁布直接影响到国家创新主体的运行方向，进而对与国家创新发展息息相关的信息资源建设活动提出新的变革要求。创新主体的基本状况不仅决定了社会生产活动、研究开发和文化等活动中的信息资源生产状态、需求与传递状态，而且决定了各种信息资源形态的基本结构，进而决定着不同种类的信息资源之间的合理规划、协同配置。完善创新政策制度建设可以保障、促进信息资源服务平台的快

---

① 黄长. 中国图书情报网络化研究[M]. 北京：北京图书馆出版社，2002：1-10.

速完成，有效协调创新主体间的各种利益矛盾和复杂关系，有利于信息资源的合理开发与充分利用。自 2006 年以来，我国政府陆续颁布了创新驱动发展战略的相关部署，包括《国家中长期科学和技术发展规划纲要》《国家创新驱动发展战略纲要》等，以建设创新型国家为奋斗目标，对我国科学技术的发展做出了全面规划与部署，是指导我国科学技术发展的纲领性文件。这些创新政策不仅对各国未来的创新建设工作进行了全面规划，也对面向国家创新发展的信息资源配置工作进行相应部署，强调了基于产学研合作的信息资源协同开发建设，2017 年开展产学研合作的企业所占比重指数达到 124.5。

3.1.2 信息资源环境

由于计算机技术和网络技术的应用，数字处理进入网络化时代，为满足人们对信息资源的高需求、信息服务的高要求，众多机构纷纷开放其数据资源，信息资源充斥着人们的整个生活，信息资源服务模式也需要逐渐适应新的特点和新的模式。一切信息活动都离不开信息市场环境，信息市场的规模和信息沟通直接影响着信息资源的配置模式和效率。在信息市场活动中包括信息资源的供给方、需求方、中介方和管理方，是信息沟通、交换的场所，其中信息沟通是否流畅意味着创新主体间是否能友好合作，是实现基于信息共享的信息资源增值的重要因素。

（1）信息市场规模

信息市场是通过提供各种信息来满足用户需要的信息交换的场所，信息市场规模是指在一定时期内对信息市场商品和资源的需求总量。创新主体对于信息资源的需求量是信息市场规模不断扩大的推动力；反之，信息市场规模是信息资源需求的测量目标，两者相辅相成，通过创新主体对信息资源的需求的标量，来反映信息市场的需求，从而确定信息市场的规模大小。信息市场规模决定着各机构对于信息资源协同配置的发展潜力，直接影响着新资源开发和建设的方向。创新主体的信息资源活动主要在于信息资源的合理配置及开发利用。而在此过程中，创新主体的核心竞争优势很大程度上就取决于其对于信息市场规模的利用能力和所占有的市场份额的大小。由于经济全球化的发展，一方面，信息市场发生变化，其规模的扩大也导致主体间的信息资源竞争更加激烈；另一方面创新主体所面对的信息市场规模也不断延伸和拓展，也进一步促进了创新主体间战略联盟的组建，信息资源方面的全球化也响应时代的号召迅速崛起。信息资源服务平台建设的目的就在于协同创新主体提高合作研究，促进知识激发、创新、传播、融合与管理能力，充分发挥信息资源的最大效用。

目前，我国创新建设水平和信息资源服务能力取得了很大程度的发展，尤其信息化环境下国家创新投入指数持续提高，2017 年创新投入指数为 182.8，比上年提高 10.6 个点，其中 2017 年投入 R&D 经费占 GDP 比重达 162.9，也进一步反映了国家或地区的科技投入水平。① 但信息市场仍存在巨大的潜在需求，信息资源服务平台建设机制还有待进一步完善。因此，需要在共享网络环境下，对分布式信息资源进行知识化的关联组织，以实现知识增值。

（2）信息沟通环境

信息资源是创新主体彼此竞争的财富，为提高竞争力需提高信息资源的利用率，实现信息资源的增值。在此过程中，重要的便是信息资源流畅的沟通环境，即客体对主体提供信息资源的接收及反馈渠道顺畅。相对于封闭的"象牙塔式"和"单向输出式"的信息资源服务模式，在新技术的挑战下，已无法满足如此大流量的供应，急需调整资源输出格式。在当前信息环境下，已由各自独立的信息资源服务格局逐渐向以信息资源共建共享和全局性协同配置方向发展，积极研发信息资源供应方与利用者之间"互动式"的开放创新服务模式。开放式创新要求基于共享数字网和分布式资源系统开展跨系统、跨部门和跨机构的服务，为信息利用者提供共享环境和协作新空间。这种以信息共享为基础的信息增值服务要求改变了原有的信息资源交换模式，提出了跨系统的信息资源依托网络分布存储与集成化整合要求，也为信息资源配置变革带来了新的契机。②

3.1.3　软件技术环境

稳定的技术环境是信息资源服务平台运行的重要前提。以云计算技术为核心的云存储、跨系统协同、互操作等大数据时代信息技术和网络技术的快速发展为创新主体间的创新合作与信息资源共建共享提供了技术支撑，特别是信息技术的集成化应用以及协同配置相关技术的研发更进一步推动了信息资源配置协同化转型。同样，依托于信息技术和网络技术在信息服务中的普及与推广应用，信息资源服务形式向网络化、虚拟化转变。

信息资源服务离不开信息技术的有力支撑。信息资源服务平台建设中为实

---

① 贾君枝. 信息资源在国家可持续发展战略中的作用[J]. 情报科学，2006（3）：338-341.

② 赵杨. 创新型国家建设中信息资源配置发展与变革[J]. 情报理论与实践，2010，33（3）：17-20.

现创新主体之间相互合作，需利用各种信息技术实现不同业务系统和不同类型数据之间的统一交换和共享技术，为此需要多项技术协同运作。其中如何实现协同技术、服务技术、信息处理技术的融合与集成化应用是平台建设中需要解决的关键问题。因此，在多项协同技术融合过程中，关键在于规范统一标准，采用国际通用的、可扩展的信息技术标准，利用多元化的协同技术软件，实现配置技术的优化组合与技术平台的无缝对接，使协同技术应用渗透到平台的各环节，进而推动资源的融合与创新主体间的协调互动，创新主体间可通过远程科学研讨、远程科学实验、工作汇报、网络会议、学术报告等方式，跨领域实现协同创新，从而加强产学间的密切合作与交流，扩大知识获取和交流空间。近年来，Web2.0相关应用的迅速普及，为创新主体间的信息沟通、信息交互等服务行为提供了更加便捷有效的共享渠道，以微博、维基、E-learning、社交网络为代表的一批社会化媒体工具正被越来越多的人应用于信息活动中。并且，随着功能不断拓展，这些社会化工具正逐渐向企业等组织化部门延伸，为企业与高校、科技机构之间的信息沟通提供了新的交流手段。如越来越多的企业利用微博建立企业微博平台以宣传企业文化、展示创新成果、发布相关资源供求信息，进而方便已有或潜在用户实时跟踪企业动态及产品信息。另外，一些创新合作联盟也开始应用维基等技术进行知识共享并协同更多的创新主体以加入创新网络社区的方式寻找潜在的合作伙伴，实现资源互补。因而，在面向信息资源服务平台的跨系统创新传播中可融合Web2.0，将有助于创新资源面向公众层面的社会化传播。

3.1.4 创新主体间的合作环境

信息资源服务平台的高效运转有赖于各创新主体间的密切配合、有机互动，是合理、高效地配置和利用信息资源的支撑和保障。当前，信息资源已成为重要的战略性资源，谁能掌握更多的稀缺性和关键性信息资源，谁就拥有更大的核心竞争优势。在当前的开放式创新环境下，知识共享协作服务模式冲击组织机构内部的趋于封闭式的信息服务，创新主体已逐渐意识到仅仅依靠组织内部的信息流动与资源配置格局已经不能适应国家快速创新发展的节奏。随着Web3.0人工智能、关联数据和语义网络的构建，形成人和网络以及网络与人的沟通，机构之间的界限逐渐被打破，各机构网站内信息可以直接和其他网站信息进行信息交互与资源共享。在Web3.0模式的支持下可以同时对多家网站信息进行整合使用从而建设第三方信息资源服务共享平台，创新发展也越来越依赖于跨区域、跨语种、跨行业的信息共享与团队协作。这意味着，创新结构已从部门组织向社会组织发展。在创新主体的信息需求更加多元化增长过程中，知识创新正从传统的封闭线性模式向开放化的社会组织模式转化。[①] 并且，在政府的大力支持下，全国各省市市建立了包含地理、教育、农业、科技文献等多个领域的信息资源服务共享平台，为用户使用数据提供更专业集中的资源服务，如湖北省科技信息共享服务平台，[②] 由湖北省科技信息研究所联合武汉大学图书馆、中国科学院国家科学图书馆武汉分馆、华中科技大学图书馆等18家单位共同组建，集成共享了6家参建单位购自万方数据、维普资讯、中国知网、国研网等国内主要数据资源提供商提供和自建的100多个中西文数据库，集文献、标准、专利于一体，是全国首个"六网联通、资源集成、开放利用"，可提供跨系统、跨库统一检索、用户管理、在线下载、原文传递、信息资源整合等多项功能的综合性省级服务平台。

随着信息化环境下国家创新发展战略的调整，创新主体间的信息交流与合作日益紧密，信息资源的共享与传递更加频繁，不断推动着信息资源服务平台建设朝着开放化、网络化、社会化的方向发展。企业、高校、科研机构和信息服务机构等创新主体迫切需要密切合作，尤其是政府开放数据的突起，为创新主体间进行交流、共享、协作带来更多的机遇。在这种合作战略愿景的基础上，我国各行业已形成了如合作研究、委托研究、顾问指导等的多种产学研合作模式。合作关系的建立与稳固离不开健全的网络化信息环境，由此也加快了创新主体间彼此的信息流动与传播，影响着信息资源的整体分布格局。

3.2 信息资源服务中创新主体

信息资源的传播和发展依赖于多元化创新主体的信息活动，更建立在创新主体间相互依赖、相互作用和协作的基础上。信息资源服务平台建设中创新主体是信息资源的生产者、加工者、服务者与利用者。随着信息资源来源的多样化及信息服务的转型，企业、高校、科研机构等信息资源服务机构在信息资源

---

① 胡昌平，张敏，张李义.创新型国家的信息服务体制与信息保障体系构建(3)——知识创新中的跨系统协同信息服务组织[J].图书情报工作，2010，54(6)：14-17.
② 湖北省科技信息共享服务平台[EB/OL].[2021-10].http：//www.hbstl.org.cn/webs/homepage.jsp.

服务中的地位与作用需重新审视，尤其是政府及用户角色的转变。因此，创新主体主要包括政府、企业、科研机构、高等院校、科技中介机构和各类信息服务组织、用户，各主体在国家创新系统中的地位和作用不尽相同。①

3.2.1 政府部门

政府是信息资源服务平台中的制度创新主体，负责国家总体创新发展战略、制度、政策、法规的制定，约束其他创新主体的合法信息行为。在通常情况下，政府通过直接投资、政策引导、激励机制等行政手段来干预、调控国家创新系统的运行，但随着国家创新活动的日益复杂化、综合化，创新主体的信息需求不断增长且更加多元，其创新活动的开展不仅需要来自组织内部的信息资源供给，还需要与其他创新主体间进行信息交互与资源共享。此时，政府承担着协调其他创新主体之间的利益关系、促进产学研相互合作和指导创新资源的合理配置起着重要的作用。此外，随着大数据时代的到来，政府也逐渐参与到信息资源的流通环节中，并在其中占有重要的主体位置。政府通过建立开放政府数据 OGD 门户网站，将其拥有国家的约占 80% 的数据资源也不同程度地向公众开放。通过设立不同社会主题的数据服务模块，以供不同研究人员和企业机构进行数据分析和预测的机会，同时提高了实时透明性的民众参与式决策，并在计划过程中实现基于数据驱动的决策。因此，开放政府数据以动态的信息资源流通的方式加强了政府与企业、民众的合作和互动，包括对传统政府服务的扩展，增加了多种功能，提升了服务质量和效率，同时可以带来大量创新，从而节省了社会成本，提高了生活质量，并促进了就业。随着政府在开放政府数据基础设施上的不断建设和发展，政府不再是单纯的信息资源服务的宏观调控者，同时也在信息市场活动中逐渐占有一定的地位，为信息资源服务平台建设增添了全新的服务板块。

3.2.2 企业组织

企业是信息资源服务平台中的技术创新主体，企业创新能力的高低对国家的创新水平有着直接的影响，是信息技术应用和发展的领头军。2013 年末，

---

① 百度百科［EB/OL］．［2021-05-01］．https：//baike.baidu.com/item/信息资源/1060070？fr＝aladdin.

全国共有科学研究和技术服务业企业法人单位 34.5 万个,[①] 2017 年具有研发机构的企业所占比重指数达 184.5。企业不仅在平台中承担着技术创新和知识应用的任务,还是研究开发经费的主要投入者。企业作为市场经济的主体,始终位于信息市场竞争最前沿,把握着技术创新的最新动向,影响着整个国家信息资源配置的运行方向。世界各国的发展经验表明,技术创新引领国家的发展,因此,信息资源服务平台绩效的提高必须充分发挥企业主体的功能。通过信息资源服务平台可为企业提供多方机构的信息资源,以便其通过开放的、可获取的信息资源进行信息产品研发及未来信息市场的开发方向的数据预测分析。在此基础上,企业应加强对信息市场的动向变化监控,同时与科研机构和高校进行深入交流,通过合作立足于理论性对策研究,促进创新成果的应用性转化。

3.2.3　科研机构

科研机构是推动知识创新发展的重要力量,在信息资源服务平台中是基础知识和应用知识的生产者,主要包括政府所属的国家级科研机构、地方政府科研机构和非营利科研机构。科研机构的主要作用是开发具有较强公有性质的知识资源,其通过知识创新推动科技进步,是企业技术创新的重要技术来源,同时还承担着知识传播的任务。因此,面对信息资源服务平台的建设,科研机构要充分发挥其对知识的创新力,时刻关注并把握国际上信息科学发展的动态前沿,基于用户画像分析其信息需求,并为企业提供相应的理论技术指导。

3.2.4　高等院校

高等院校是知识产生的源头,承担着重要的教育任务和服务工作,是培养具有专业知识、技能和创造性能力人才的摇篮。同时还承担着大量的基础性研究工作,为各领域的技术创新提供创新知识。高等院校不仅在知识创新上起着引领作用,而且在知识转化为生产力方面起着推动作用。因此,在信息资源服务平台的建设中,高等院校之间应加强国内与国际高校的合作及学术交流,促进信息资源的交流和共享,以不断产生新的科研成果,丰富期刊论文、著作、科研报告等数量,推动创新性的研究工作开展,同时深入与企业等具有技术性研发机构的合作,突破原有的基础性研究,完成更多实践性的研发工作,为信

---

① 第三次全国经济普查主要数据公报．［EB/OL］．［2021-05-08］．http：//www. stats. gov. cn/tjsj/zxfb/201412/t20141216_653701. html.

息资源服务平台提供更多可整合的信息资源。

3.2.5　科技中介和信息服务机构

这两者是信息资源服务平台建设中服务创新主体，主要包括科协系统、行业协会、技术产权交易所、生产力促进中心、图书馆、档案馆等，他们承担着信息资源开发建设和重新配置的双重功能，为其他创新主体提供多元化的信息、技术和咨询服务，是促进主体间相互联系、交流合作的桥梁与纽带，在国家创新发展中发挥着重要作用。因此，在信息资源服务平台建设中，这两者创新主体应扮演好其作为信息交流中介的角色，并与信息资源服务平台良性交流与互动，积极进行信息资源服务的信息输入与输出，具备丰富的信息资源储量，同时对原有服务业务进行扩展，以应对更多不同行业机构对信息资源的个性化需求。

3.2.6　社会用户

用户是信息的主要使用者，主要指不以机构为单位的个体用户，其在信息资源服务平台的建设中承担着一定的作用。随着互联网技术及 Web3.0 模式的快速发展，越来越多的信息资源服务机构开始重视用户的地位，不再是单一式地向用户输出，用户只是被动式地接受，从而发展成用户参与的互动式服务。众包技术的出现，以维基百科为代表用户编辑的知识库平台成为主流趋势。此外，由于用户的复杂性，用户作为信息的生产者更多体现在平台中的"用户体验"模块，其提供的反馈信息可以直接反映在系统界面，减少了以往信息反馈的时空差。[①] 因此，不同单位个体用户层面的创新主体在信息资源服务平台的建设中应积极参与到信息交流中，不仅作为信息的使用者，更要加强用户自身的参与感，主动提供相应的信息反馈及体验感受，以便于信息资源服务平台不断完善。

3.3　信息流规划

信息流，即信息自信源经信道至信宿的过程。[②] 其中，信息流的主体是信息、信源、信道和信宿，来自信源的信息通过适合的信道传递给信宿，信宿通

---

① 贾君枝，李鸣娟. 企业信息流规划[J]. 图书情报工作，2006，4(8)：63-66.

② 杨宏，陈金荣，杨梅. 规范内部信息流 强化企业信息管理[J]. 冶金经济与管理，2001(3)：14-16.

过反馈渠道将自身的意见反馈给信源，信源再次修正和补充信息给信宿，直到
满足信宿的需求为止，如图3-1所示。

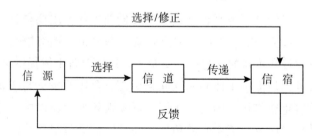

图 3-1   信息流动过程

3.3.1 信息流规划目的

信息流规划在于根据信息流的形成进行合理的目标规划，在规划中应注重
信息流特点和规划意义。

（1）信息流特点

信息流作为信息的传递过程，有其本身固有的特点。

其有特定的信息输入与输出，即作为信息流，必须有特定的信源、信宿和
往返于它们之间的信息。对于一条信息流来说，它的主体不能缺少。

①有方向性。信息流是信息流量、流向的总称。① "输入"和"输出"是从
信息流量的角度重点说明，流向同样也不可忽略。任何一条信息流都有确定的
方向性，即从信源到信宿，而信宿到信源的反馈过程完全可以看成是一条新的
信息流，这条信息流传递的信息就是"反馈信息"。

②信息流要有使用价值，能够满足某种信息需求。这是从另一个角度诠释
信息流。用户获取信息是为了消除对事物认识的不确定性，形成对自己决策的
支持。如果拟获得的信息对用户认识和理解有益并易于获取，具有一定的使用
价值，用户就会提出信息需求，进而形成信息流；如果拟获得信息无助于问题
的解决或反而增加其不确定性，即缺乏使用价值，用户就会放弃对该信息的需
求，即不存在这条信息流。

（2）信息流规划的意义

信息流反映着物流、资金流的运动状态及运动形式，信息流的准确顺畅

---

① 黄清芬. 用户信息需求探析［J］. 情报杂志，2004（7）：38-40.

是物质流和资金流高效运行的保证。但当前创新主体明显存在着信息量不足、信息流不畅、各层次的信息需求得不到充分满足等问题，造成创新主体运作的高成本、低效率，通过信息流的合理有效规划可以在很大程度上解决这些问题。

信息流规划就是分析组织内部信息是如何从一点传到另一点的，[①] 帮助信息人员明确信息是被谁(who)如何(how)使用的。信息流规划的根本目的就是理顺信息流，明确信源、信宿、信道，保证信息流顺畅，使适当的信息在最恰当的时间传递给最需要的用户，并在此基础上加速物流、资金流、业务流的运转，最终提升创新主体的核心竞争力。

3.3.2 信息流规划的难点

随着各行业对信息流的不断重视，很多创新主体开始了不同程度的信息流规划工作，但在实际工作中暴露出很多问题，现就信息流的四要素和引发这些问题的原因进行分析。

(1)传统组织结构的局限性

传统的组织结构多是金字塔形，易于导致各层级之间存在着明显的信息不对称，通常信息更多地掌握在决策者、管理者手中。由于这种不对称，信息流在传播过程中受个人信息偏好等其他原因的影响，"信息截流"现象非常严重，尤其是跨越多层级的纵向信息流，表现得更为突出。所谓"信息截流"就是信息在传播过程中信息量不断打折扣的现象。如一项决策信息在自上而下的传递过程中，每一层的传递者都加入了个人的信息偏好，导致最终到达的信息已不再是当初传递的信息，而信息反馈渠道的缺乏更加重了"信息截流"现象的发生。另外，这种组织结构也从另一方面增加了信道的长度，为信息的及时传递设置了障碍，削弱了信息的及时性。由于信道中存在着噪音，还从另一个角度削弱了信息传递的可靠性。

(2)信源及信宿随机性强

创新主体涉及的信息流有多种形式，信源和信宿的范围非常广，其随机性也较强。在通常情况下，这两者是针对某一条具体信息流而言的，如果环境变化，它们也会发生变化。如信源和信宿会发生互换，或者需要新的信源与信宿。因此，在信息流规划中，同一信源或信宿在特定的环境中需要多次重复考

---

① Hibberd B J, Evatt A. Mapping Information Flows: A practical guide[J]. Information Management Journal, 2004(1): 58-64.

虑，困难程度增大，重复工作及冗余数据也会增多。

（3）信源与信宿对应性强

信源与信宿的对应性表现为特定信源产生的信息多通过固定的信道传递给与之相对应的信宿，信宿接收信息后做出的反应也必然只反馈给与之相对应的信源。例如：各分公司财务科的数据通常都是递交公司财务部，而不会递交到销售部或研发部；销售人员的数据往往只能交给销售主管，或者相应的销售部门负责人，而产品设计部门或者生产部门若需要该信息就需要通过销售部门负责人获得。这种对应性实为传统组织结构带来的影响，使信息传递缺乏灵活性，限制了信息共享范围，造成大量的重复工作，降低了信息的可靠度。

（4）信道的缺陷和不合理利用

作为信息传播的媒介，信道决定着信息流的传播方式，它的质量在一定程度上决定着信息流的方向和信息的失真程度。不同信道由于自身的特点与不同用户的需求表现出各种各样的缺陷。若从信道的角度看，信息流的传播主要有大众传播、人际传播和网络传播三种。[1] 大众传播缺乏反馈渠道，无法控制传播效果和及时改善信息流；人际传播的传播范围较小，信息可靠性差，无法控制信息流向；网络传播对技术与设备依赖性强，安全很难保证，相应的法律法规也不健全。此外，在进行信道选择时，由于个人的信息倾向，过分依赖一种或两种信道，不能充分利用各个信道的优点以扬长避短，如高层管理人员多注重人际交流，一项决定通常是决策者传递给相应的负责人，再由负责人逐级传递，而类似的工作完全可以在创新主体内联网发布，以避免传递过程中的信息失真。由于信道的选择受主观性影响比较重，因此要改变现状必须加强信息素养的教育。

（5）信息不规范

信息不规范主要体现为信息准确性、及时性、完整性、一致性等不能尽如人意，各个数据库自成体系，互相之间没有联系，数据编码和信息标准也不统一，数据更新不同步，导致不同数据库内的信息难以共享，形成一个个"信息孤岛"以及出现大量冗余信息，从而使信宿不能及时得到所需准确信息，甚至陷入"信息过载"困境，出现"信息疲劳综合征"[2]。这些问题，亟待借助于信

---

[1] 黄科舫，刘红英，王丽君. 论企业信息流的传播机制及其控制方法[J]. 情报杂志，2001(10)：33-34.

[2] Oppenheim C. Managers'use and Handling of Information [J]. International Journal of Information Management, 1997(4)：239-248.

息流规划来解决。

3.3.3 信息流规划内容

信息流规划对于创新主体而言应属于战略层次的规划，要求创新主体把握全局，从长远的角度出发，基于当前信息流现状分析，面向创新主体未来发展战略目标，做出信息流的实际规划。现实操作中可以将信息流规划分为三步走，即规范现有信息流、再造特定信息流、重组所有信息流。

(1)现有信息流的规范

规范现有信息流是信息流再造和重组的基础，其规范程度决定后两者实施的难易程度。所以，信息流的规范是根本。创新主体对现有信息流的规范方式有很多，结合当前信息流规划的难点，可以从以信源、信道、信宿、信息角度对信息流进行规范。

信源的规范。信源的规范主要分为改善信源本身和选择合适的信源两方面。

信源的改善。对于创新主体而言，可以改善的信源主要是内部信源。内部信源不仅面向创新主体内部人员，同时也向外界发布，应针对不同信源的特点设置访问权限，确定信息的公开程度；对于一些敏感性信源，在发出信息之前要经过必要的检测，以此对抗竞争对手的竞争情报工作，防止重要情报的泄漏。同时需考虑内部信源的易用程度，任何用户都倾向于易于获得、易于使用的信源，因此根据用户的信息偏好和使用特点，应不断征求信息用户意见，尽可能地使信息系统的用户界面简单明了，符合用户使用习惯。

信源的选择。外部信源渠道广泛，创新主体应基于外部信源的特点，选择适合自身的信源。目前若从法律和道德的角度看，信源可以分为白色信源、灰色信源与黑色信源。其中，白色信源是指在符合法律和道德的标准下使用的信源，多为公开性信源；灰色信源是指符合法律标准，但是违背道德情况使用的信源；黑色信源是指在违反法律与道德双重标准情况下使用的信源，其中白色信源可满足大部分的信息需求。若从信息准确度考虑信源，通常使用频率较高的是商业期刊、专业数据库、行业专家及行业协会等。因此，一方面要考虑用户信息需求特点，另一方面在法律保护的范围内结合信源进行慎重选择。

信宿的规范。信宿的信息需求促使了信息流的产生，其反馈能力和反馈情况决定了信息流的改善，因此信宿的规范就是明确信息需求，增强反馈效果。

信宿需求的明确表达。信息产生的目的就是要满足信宿的信息需求。信宿的信息需求表达越明确，就越容易被满足。[①] 信宿需求的表达受限于许多因素，如信宿的信息偏好、信息素质、表达能力、敬业精神、责任心、获取难易程度等。因此，要加强信宿信息素质的培养，使之尽可能准确地描述自己的需求，从根本上解决信息需求表达不明确的问题。

信宿反馈的加强。由于信宿个体的差别，不同信宿接收同样的信息会产生不同效果，信宿的反馈信息能够及时表明信息的效用度，信宿的反馈意识和反馈能力是保证信息流质量的关键。积极准确地传递反馈信息的信宿能有效辅助信源调整所提供的信息，更好地满足自身的需求。因此，必须通过培训、规章制度、建立通畅的信道等方式培养与强化信宿的反馈意识及反馈能力，使信宿真正体会到反馈的直接受益者是自身，以促进反馈的产生。

信道的规范可以从信道疏通堵塞、缩短信道及建立双向信道两个方面入手。

疏通堵塞主要是解决人为原因造成的堵塞，使信息流在信息技术的支持下能够保持顺畅。创新主体内部同事之间竞争心理的存在，造成很多信息流的人为中断或流通不畅。对这种信息流进行彻底疏通与员工的认识有关，创新主体应该提倡鼓励内部信息的共享，并制定相应的信息公开政策。由于信道中存在噪音以及"信息截流"现象，信道的缩短能够保证信息的及时性，保持信息的完整性。缩短信道的有效方法就是改变创新主体内部的组织结构，将原有的金字塔形组织结构改为扁平式结构。在信息传播的过程中，避免层层传递，而是直接将信息传递给信宿。

建立双向信道。双向信道就是在原有信道的基础上增加一条反向的反馈信道，以增强信宿反馈效果。双向信道的存在可以帮助高层管理人员了解某项决策的下达情况，能够有效减弱"信息截流"现象，对于提高信息的可靠性起着非常重要的作用。双向信道的建立必须在深入了解信源和信宿的基础上进行，以避免反馈信息的失真。

信息的规范。信息是信息流的核心所在，信息的规范主要是根据信息的本质特点，从信息的内容和格式两方面进行规范，以更好地满足信宿的需求。

信息内容的规范。信息内容的规范能够有效满足信宿对信息可靠性和及时性的要求。从可靠性的角度看，所提供的信息要尽可能准确完整，不可断章取

---

① Hammond M S. Career Centers and Needs Assessments: Getting the information you need to increase your success[J]. Journal of Career Development, 2001(3): 187-197.

义；从及时性的角度看，信宿所接收到的信息内容必须是规定期限以内的。不同创新主体可以根据自身的情况设置信息生成到信宿接收的期限，超过此期限的信息内容也就失去了价值。此外，信息内容最好包括信息的来源与所经信道，以便信宿对信息的完整性、及时性以及影响原因进行判断。

信息提供方式的规范。由于自身的信息偏好，不同信宿对同一信息的提供方式有不同的倾向，如科技人员最愿意接受原始信息，因为他们的知识结构和能力使他们善于从大量的原始信息中总结出规律性的东西。而基层管理人员则对深加工的信息钟爱有加。相同信息可以设置多种可供选择的提供方式，然后按照规定向特定信宿提供特定形式。

信息格式的规范。这主要是针对信息数字化的过程。在数据库、应用系统等开发的初期，就要设定统一的数据编码和信息标准，保证任何信息一次录入，可以多次调用。同时也可以打破原有的信息孤岛，形成整体的信息中心，从技术上保证各个部门之间信息共享的实现。

(2)特定信息流的再造

特定信息流的再造就是发现当前信息流所不能满足的信息需求，通过再造新的信息流来满足该需求的过程。主要包括两个方面：构造新信息流和改善现有信息流。

构造新信息流。新信息流的构造是从识别潜在用户和潜在信息需求开始的，新的信息流就是要满足这些用户的信息需求。要根据不同用户需求特点，选择适当的信源、信道以及信息的提供方式，并配备相应的设备与人员，更好地满足用户的信息需求。前期信息流的规范措施在这里可以得到很好的应用，新构造的信息流依然要满足这些规范要求。

改善现有信息流。主要是针对当前信息流的作用没有得到充分发挥的问题，找出其影响因素，以进一步优化改善信息流——建立恰当的反馈渠道和反馈机制，定期了解信宿的需求满足状况，针对问题对信息流各要素进行调整，以更好地满足信宿的客观需求，同时挖掘他们的潜在信息需求。

(3)所有信息流的重组

所有信息流的重组就是打破原有以组织结构和职能区域为出发点的信息流组织方式，建立以业务流程为基础、面向用户的新信息流。在信息流重组的过程中必须注意以下几个问题：

明确战略信息流与业务流相对应，信息流可以分为战略信息流、经营信息流和保障信息流。明确战略信息流的目的在于发挥信息在创新主体中的战略作用，确保创新主体获得竞争优势。战略信息流的确定有助于分清信息流管理的重点及核心，信息管理人员将集中精力进行管理，在具体实施过程中，加强与创新主体高层管理者合作，详细了解创新主体的战略规划及战略管理者的信息需求，以保证信息流适时地传递。

消除不必要的信息流。消除不必要的信息流是企业信息流规划的主要任务之一。判断信息流是否必要，可从信息流的特点出发，结合价值链分析方法，通过对不同信息流进行价值分析，对于那些信息增值不大且信息满足程度不高的信息流及其一些可能有损信息价值的信息流予以删除，减少信息投入，提高信息投入产出效益。

减少信息流的重复。创新主体的运作过程中涉及的信息流非常多，受传统工作方式的影响，不同部门或员工同样的信息需求导致信息流可能多次重复执行，造成信息极大的冗余。重组的过程中需要合并这些同类型的信息流，按照信息流的执行顺序进行重新排序，将不需要其他信息流提供信息的信息流排在前面，有输入信息需求的排在后面，那些没有输入输出关系的信息流可以采用并行操作方式提高效率。[①]

加强信息流之间的合作。信息流之间的作用愈频繁，信息流产生的作用愈大。传统信息流主要体现为串行信息流，即前一个信息流的输出信息往往是后一个的输入信息，或者说是后一个信息流执行的条件，信息流之间的影响度较小。提高信息流之间的合作程度就需改变目前这种状况，将串行信息流根据需要改为并行信息流，根据信息流之间的影响强度进行必要的重组。

作为一种战略性规划，创新主体信息流规划既需要创新主体决策者的参与，又需要创新主体各个部门的支持和协作，同时依赖于人员素质、系统软硬件质量、规章制度等各种因素。[②] 规划过程复杂性强，具有一定的难度，因此要求创新主体调动各种资源，投入较多精力，进行创新主体信息流的分析及设计，以保证信息流的畅通，服务于创新主体整体的战略规划。

3.4 信息资源系统

作为信息资源服务系统的重要组成部分，信息资源系统的发展促进了信息

---

① 李纲，杨君. 信息流程重组与业务流程重组[J]. 中国图书馆学报，2004(2)：36-39.

② 贾君枝. 图书情报事业的信息资源系统结构分析[J]. 情报资料工作，2006，4(3)：46-49.

资源服务的发展，我们以图书情报系统为例来分析信息资源系统的结构并提出相应的发展战略。

任何系统都可划分为一定的子系统，我国现行的信息资源系统可以有以下几种划分方法：按现有的行政组织归属划分，可分为图书馆子系统、社科情报子系统、科技情报子系统；按投入的资源要素划分，则可将人力、技术、设备、信息资源、管理、资金作为子系统考虑。我们沿用第三种划分方法，按照投入资源的要素划分信息资源服务系统，分为人力、技术、设备、信息资源、管理、资金要素，其中将信息资源要素抽出看成一个系统，作为信息服务大系统中的子系统看待。

把信息资源作为信息服务大系统的一个子系统研究，目的在于对构成信息资源建设活动的各种要素内容及其它们之间的关联进行全面考察，提炼出各要素之间的结合方式，以确保信息资源建设活动能够发挥整体效应，并深入分析系统要素之间及结构之间的协同作用，在此分析的基础上来构建信息资源战略，这样可确保战略内容的全面性与针对性。

3.4.1 信息资源系统要素之间的关联

信息服务机构围绕信息资源所开展的活动主要包括信息资源的获取与组织、开发与服务三大部分，信息资源的组织是在获取各种类型信息资源的前提下，利用一定的科学规则和方法，通过对信息资源外在特征和内容特征的表征和序化，实现无序信息流向有序信息流的转换过程。信息资源开发是一种创造和生产新信息资源的研究活动。在一定意义上讲，信息的开发与组织通常是一个过程的两个方面，开发离不开组织，组织本身也是一种开发。在这里我们进行明确的划分，主要考虑到传统的图书情报机构信息资源建设活动大多集中在信息资源组织这一环节，依此把信息资源获取与组织作为独立于信息资源开发的要素进行讨论。信息资源服务是将组织与开发好的信息资源提供给用户的过程，因此认为这三大要素比较完整地体现了信息资源建设活动，构成信息资源子系统。但要注意一点，这三个要素的展开是以搜集、分析、定位用户信息需求为基础，用户信息需求特点及发展变化趋势决定着信息资源组织、开发与服务方式，可以说信息资源系统是以用户为中心的系统。

信息资源系统结构是系统内部各组成要素之间相互联系、相互作用的内在组织形式或内容秩序，也就是各要素之间在时间和空间上排列或组合的具体形式。每一个要素通过结构这个中介，和系统整体发生着关系，结构越合理，每个要素在系统中的作用发挥得越充分，由系统效应产生的整体功能就越好。因此提高系统的功能，不仅要提高单个要素的功能，而且要在一定要素的基础上，致力于改善系统的结构。

信息获取与组织、信息开发、信息服务这三个要素之间相互作用、相互影响，决定着信息资源建设整体功能的发挥。按要素的先后顺序看，这三个要素属于层次递进的关系，信息组织是后两个要素的前提条件，信息服务是前两个要素的最终实现目标。它们之间存在着相互制约、相互影响的作用。

（1）信息获取与组织是信息资源系统中的基础性要素

当前信息资源获取内容从原有的印刷本文献为主转换为以电子信息资源为主，信息资源采集内容有图书、期刊、视听资料和各种电子出版物及网络资源等多种，采集原则的制定较为重要，需考虑以下因素：用户的信息需求、原有馆藏资源的特点、来自系统或地区内部的资源分工原则、现有购置经费、资源类型均衡分布等。有计划地采集既可对资源购置经费进行统一规划与管理，又有利于优化图书情报机构的馆藏结构，建立科学合理的文献资源体系。信息组织基于信息资源采集基础上进行的，其目的在于建立起有效的信息资源收藏系统和检索工具，方便信息资源的开发利用。传统的信息描述、信息标引、信息排序方法在网络环境下进行了新的调整。比如 MARC 格式中新增加了 856 字段，此字段被称为"电子位置及存取方式"字段，以增强 MARC 格式整理与组织网络信息资源的能力。同时在此基础上增加了新的网络信息组织方法，如元数据、XML 语言、智能 Agent 方法、数据挖掘技术等。信息组织形式的优化是信息资源增值实现过程，其目的在于帮助用户迅速了解相关信息，消除对原始文献信息的各种不确定性，从而提高用户使用信息的便捷性。

（2）信息开发是体现信息资源系统水平的要素

信息资源开发过程是立足于丰富的信息资源储藏的一种信息再生产活动，通常采用信息分析、信息综合和信息预测三类方法生产和形成信息产品供用户使用。信息资源开发属于智力型劳动为主的活动，一方面开发过程需要较高的投入，软硬件购置、数据库制作及更新维护、版权费支付等需要投入大量的资金；另一方面对工作人员的素质要求较高，要求其具有各学科的专业背景、图书情报专业技能、计算机相关的处理技术；同时开发是以信息应用为前提，如果开发出的信息产品脱离了用户信息需求，会导致供需环节脱节，信息资源产品找不到用户，而用户所需的信息资源却没有。目前许多图书馆多重视信息资源的获取与组织环节，即使信息资源开发这个问题的重要性已经被认识到，但由于人力、物力、资金条件的限制，信息资源开发水平还处于低级阶段。如许多图书情报机构的经费大部分用于信息资源的购置，信息资源开发所需的费用占总费用的比例很小甚至没有，信息资源开发的经费需进行专门的立项申请，即使批准，金额也很有限。

信息开发水平往往是体现信息服务机构水平的一个标志，也是反映信息资源建设水平的参数。随着信息采编环节缩短，信息服务机构应在信息开发环节上进行延伸，把一部分人力、物力资源重点投入这方面的建设，为后面的信息服务环节打下坚实的基础。信息服务内容一方面来源于信息获取与组织过程，另一方面来源于信息开发过程，因此信息服务水平的好坏很大程度上取决于信息获取与组织和信息开发的质量水平。

(3)信息服务是信息资源系统目标实现的手段

信息服务是信息服务机构工作人员借助于多种服务手段向用户提供信息产品及服务，满足用户信息需求的行为，它是保证信息资源战略目标最终实现的必要手段。调查分析用户信息需求，充分了解信息需求是开展信息服务的前提。当前信息服务与传统信息服务相比，其手段及功能明显增强，计算机技术、通信技术、网络技术和信息检索技术的融合，使原有的一些书刊检索、代查文献、参考咨询等静态服务向动态服务发展，信息服务呈现出互动性、主动性、个性化。信息推送服务、个人图书馆、网上参考咨询等新功能的出现使更多有用的信息内容及时传递到需求者手中，实现了信息内容的增值。影响信息服务质量的因素有信息服务观念、信息服务内容与种类、用户信息反馈渠道等。工作人员的信息服务观念决定着信息服务水平。传统的信息服务机构多停留在等用户上门，让用户根据机构所能提供的服务内容来调整自己需求，这种行为使用户潜在信息需求受到压抑。树立用户第一的主动服务意识，将工作重点转移到以用户为主，主动、及时地为用户提供和传递有效信息，并根据用户的需求及时调整信息服务种类。信息服务种类与内容是开展服务的条件，信息服务手段的现代化程度、信息服务形式的便捷程度、信息服务内容的深度和广度、信息服务种类的多样化等影响着信息服务效果。建立多途径的用户信息反馈渠道可以及时获取相关用户需求信息，通过对各种反馈信息的分析及时调整信息服务工作及其之前的信息采编和信息开发流程，这样使信息服务更具有针对性，效率更高。

信息组织与开发的目的在于用户利用，用户利用信息资源的活动过程取决于信息服务。因此对于信息服务要素而言，信息获取与组织和信息开发同是输入信息，二者从这个角度讲属于并联的连接方式。信息服务是实现用户利用的途径，不经过信息服务过程，用户信息利用过程无从谈起。信息服务人员一方面根据本机构信息资源生产现状来引导消费者有效地对其进行利用，另一方面根据用户的需求对信息组织与开发输入反馈信息，适时地调整信息组织和信息开发内容，更好地服务于用户。通过这种双向互动的调节、控制作用，信息资源生产与利用状况就会达到动态的统一，最终有效地发挥信息资源的战略作用。

3.4.2　信息资源系统的结构形式

信息资源系统的每一个要素是决定系统功能状况的最基本条件，信息获取与组织要素、信息开发要素、信息服务要素中如果有一个要素出现问题，信息资源系统的整体功能就会受到影响。如一条数据没有采用一定的元数据著录标准，如果对该数据进行再加工，就存在着信息转换的问题，信息工作者就要重新对其标注，从而增加工作的重复率，同时其他机构的信息用户无法通过网络来检索该记录。因此发挥每一要素的作用是保证系统整体功能正常发挥的基本要求，但同时也要注重这三个要素之间的相互联系和作用。

系统要素之间的不同排列组合方式，形成不同的系统结构。在图书情报事业发展中，信息资源系统是由公共图书馆、高等学校及科研系统图书馆、信息中心、中小学图书馆、工会图书馆等多种层次的信息资源小系统构成，每一个信息服务机构的信息资源建设不可能遵循一种模式。由于地区经济、所属系统或部门、内部资源条件的差异，并不是每一个机构对信息获取与组织、信息开发、信息服务要素给予同样的重视，施以同样的力量，各单位需在分析自己已有条件的基础上衡量并发挥自身的核心优势，来确定实施重点，分配信息资源系统投入各要素的比例。从总体上看，基本上有三种结构形式：以信息资源获取与组织要素为核心，信息开发与信息服务要素均围绕此基础开展；以信息资源开发要素为核心，信息获取与组织及信息服务要素均围绕此基础开展；以信息服务要素为核心，信息获取与组织、信息开发要素均围绕此基础开展。系统的功能会随结构的变化而改变，这三种不同的结构形式使系统表现为不同的功能特点。①

（1）以信息资源获取与组织要素为核心的系统结构

这一系统结构类型主要表现为信息资源获取与组织要素在整个信息资源系统中占主要地位，大量的经费、人力、技术资源被投入该要素活动。在此基础上的信息开发多属于信息组织类型的开发活动，如对购置的信息资源进行分类

---

①　贾君枝.我国图书情报事业发展中的信息资源战略研究［D］.武汉：武汉大学，2004.

编目、利用主页方式组织现有各种资源、对网络资源进行选择及有序化组织等，信息服务方式主要以浏览、访问和检索等为主。这一结构比较适合那些传统服务机构，比如图书馆、博物馆、艺术馆等。事实上，这一结构模式在图书情报事业中一直占据着主导地位，一些较大规模的图书情报机构由于信息服务意识差和信息加工观念不强，将信息资源获取与组织作为其主要活动，一定程度上浪费了大量资源。

(2)以信息资源开发要素为核心的系统结构

这一结构类型比前面那种类型向前跨了一步，信息资源的获取与组织已不是重点，其重点放在信息开发要素，投入较多的经费、人力、技术设备从事信息加工，对馆藏资源、网络资源及其他所需的资源进行再处理，形成一定的信息产品，如全文数据库、书目数据库以及文摘、综述或述评等二次或三次文献。这一类型比较适合那些机构规模较大、有丰富信息资源和较高素质人才、技术设备先进的机构，比如省级公共图书馆、高校科研机构的图书馆或情报机构、数据库商等，其用户信息需求多为专业强且较深入。信息开发是一项投资期长、花费多、见效慢的工作，如果仅靠国家和地方财政拨款，做起来还是比较困难，需要国家给予政策资金上的扶持，同时需加大机构与机构之间、机构与企业之间各种层次上的合作，从技术、人力、财力方面提高机构信息开发的实力，共同致力于信息资源的建设。

(3)以信息服务要素为核心的系统结构

这一结构类型的重心继续向前转移，信息服务要素成为重点要素，信息获取与组织、信息开发都是在信息服务的基础上开展的。获取用户的信息需求是首要任务，在此基础上投入人力、物力进行信息资源的组织与开发，最后以信息服务方式提交给用户。这样开发出的信息产品具有较强的针对性、应用性，其运作方式比较类似于信息服务商的运营方式。该类型结构比较适合那些具有丰富人才优势的中等规模机构——机构组织较为灵活，且信息资源不是它们的优势。比如省市级的信息中心、情报机构、企业图书馆，其面对的用户多为企业或政府部门用户，信息需求多为经济部门、政府决策部门所需的信息，因此对信息服务要求较高，要求信息资源准确性高、及时性强。随着用户整体需求的增加，这一结构类型的数量呈上升趋势。但该类型数量的增长比例受限于前面两种类型的发展，只有在信息组织与开发能力增强的情况下，信息服务机构才能依托于这种环境成长。

以上结构仅是比较有代表性的三种，并不包含所有结构，而有些机构本身具有特殊性，它可以分属于这其中的几种。比如我国的国家图书馆，它既重视信息资源的获取与组织，又肩负着信息资源开发功能；一些科研型情报机构，既有信息资源开发的实力，又将信息服务作为其肩负的一项重要任务。

3.4.3 信息资源系统间的协调

信息资源系统间的协调有两层含义，一是信息资源系统结构之间的协调，二是信息资源系统与外部系统之间的协调。

(1)信息资源系统结构之间的协调

信息资源系统结构之间的协调主要指信息资源系统这三种结构之间的协调。从整个信息服务系统角度考虑，如果各系统结构缺乏有效的协调，各自按照自我模式发展，即使每一个单独子系统运行良好，但从信息服务大系统的整体功能看，并意味着整个系统的性能良好。系统结构之间的协调内容应该是信息服务系统内部保持三种结构类型之间比例得当。信息资源获取与组织型、信息资源开发型、信息资源服务型这三种类型侧重点不一，互为补充，因此需要在全国范围内、地区范围内、系统范围内的比例要保持均衡分布，协调发展，达到空间布局的有序性。这样才不至于使任何一项要素在系统整体中削弱，其共同作用才能发挥系统的整体功能优势。从全国范围看，目前这三种结构类型发展并不平衡，需以大力发展信息资源开发型结构为核心，带动信息服务型结构的增长。要对地区、系统范围有明确分工，以保证这三种类型的结构形式同时都存在；要数量保持一定的比例，使每个机构的发展既要立足于个体发展，同时又要服从整体规划，以满足不同层次的用户需求。

(2)信息资源系统与外部系统之间的协调

信息资源系统是一个开放的系统，它不断地与外界环境进行着物质和能量的交换。从信息资源的处理过程看，与系统以外有直接业务来往的机构有出版发行部门、数据库生产商、计算机软硬件提供商、书架或磁条或标签等图书加工材料设备商、网络信息提供商、各类型的信息服务用户等，即从信息资源生产到流通所涉及的各类型供应商、生产商、批发商、零售商以及最终用户组成的供需网络。信息资源系统通过信息流、资金流、物流方式与外界环境发生作用。减少流通环节，建立快速的流通渠道，是提高信息资源系统运行效率的关键。比如联合发行部门成立图书供应中心可减少信息资源采集的分散性；与出版部门合作，进行图书在版编目，随书发行统一编目卡；与系统软件提供商建立灵活机动的联系，随时提出新需求以扩充软件功能；和数据提供商、网络信息提供商建立合作共建信息资源的关系；与信息用户的合作更是重中之重，建立有效的用户信息反馈渠道，加强用户的交流与沟通是开展信息服务的关键。

既要管理好信息流，为物流和资金流提供准确的决策依据，同时根据信息流调节和控制资金流、物流的方向、流程、流量与流速，使之按照规定的目标运行。这样，才能使上述"三流"达到整合和统一，共同联合、共同作用。

综上所述，信息资源系统要保证由简单到复杂、由低级到高级、由无序到有序稳定发展，其本质是既要发挥好系统各要素的作用，同时又要注重系统要素之间的关系及其系统结构之间的联系，这样才能充分发挥系统整体协同功能，提高信息资源建设活动的质量。

3.5 信息资源战略

信息资源战略是确保信息资源战略目标实现的策略和途径。① 在科技服务事业发展中，信息资源战略的制定具有必要性和及时性，当前我们面临着前所未有的信息技术革命带来的各种机遇，信息资源的网络化组织，用户信息需求的个性化发展等新的变化的出现，使得原有管理体制或运行机制受到挑战，而传统的发展战略已不能适应当前社会的发展，因此许多学者提出一些新的发展战略，如效益战略、中心馆战略、质量战略、人才战略、技术战略、产业化战略等。这些战略为加快信息资源服务发展，加强我国信息资源建设提供了一些可行性方案及措施；但这些战略研究缺乏系统全面的分析，战略之间的内容有所重复。因此基于以上考虑，我们把信息资源建设作为信息服务系统的一个子系统来构建信息资源战略。

3.5.1 信息资源战略制定原则

依据"目标—原则—战略"的通用战略模型，信息资源战略需在战略目标确定的基础上，明确信息资源建设所遵循的战略原则，在此基础上构建信息资源战略。信息资源战略目标是将适当的信息在恰当的时间以适合的方式传递给用户，满足用户日益增长的信息需求。信息服务机构要实现该战略目标，必须遵循以下战略原则。

①最大限度减少信息资源重复建设。与出版物价格上涨相比，资源购置与开发经费整体不足是当前信息服务机构面临的一大问题，加强信息服务机构之

---

① 贾君枝. 我国图书情报事业发展中信息资源战略目标定位[J]. 情报理论与实践，2005，4(4)：349-351.

间的合作建设，将信息资源的集中分布模式转变为分工协作式的分布模式，用户通过网络可获得跨机构的信息服务，以保证有限的资金发挥最大的效用。

②注重信息资源标准化建设。标准化是保证各信息服务机构互联互通资源共享的前提。信息资源建设从加工、存储、传播、交换都存在着标准化问题，信息资源的网络化组织与检索使标准化问题变得更为重要，因此各机构在信息化建设过程中，要遵循我国情报文献标准化技术委员会所制定的各项标准，有些标准若没有明确规定，应采用事实上通用的或者具有与国际标准等效的标准，这样才能保证最大范围内的信息共享。

③重视信息资源的利用。信息资源的开发是以用户利用为前提的，信息资源的利用过程主要表现为用户首先具有信息需求的愿望，并存在使之转换为真实信息需求的动力。在信息需求行为的引导下，借助于多种渠道如直接访问、电话、网络等方式向信息资源生产机构提出自己的生产需求，把获得的信息资源作用于自己的生活、学习或工作中。因此，信息资源的组织开发活动必须在充分了解用户信息资源需求的前提下进行，且需对信息资源的使用效果不断进行跟踪，以适时地调整信息资源组织与加工活动，使之与用户的需求相一致。

3.5.2　信息资源战略类型

根据信息资源系统要素分析，我们分别针对信息资源获取与组织、信息资源加工、信息服务这三个要素来制定相应战略，主要分为以下战略：信息资源协调共建战略、信息资源集中化开发战略，基于用户的多层次信息服务战略，如图 3-2 所示。①

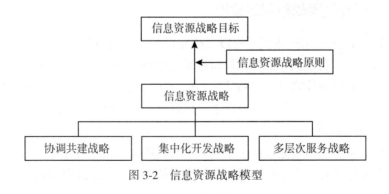

图 3-2　信息资源战略模型

① 贾君枝. 我国图书情报事业发展中的信息资源战略研究[D]. 武汉：武汉大学，2004.

（1）信息资源协调共建战略

信息资源协调共建战略是以用户需求为中心，设置地区和系统资源协调中心（见图3-3），实现信息资源采购及其数字化建设的系统内部垂直整合和地区范围内的水平整合，同时走联合建设的道路。

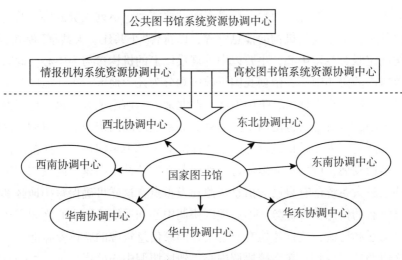

图 3-3　全国信息资源建设协调中心分布

信息服务机构为用户提供信息服务成为主要功能。用户需求决定着信息服务机构信息资源建设方向，按照用户信息需求的特点，我们把全国现有信息服务系统分为三大类型：以公共图书馆为代表、以高校图书馆为代表、以情报机构为代表。相应地，全国范围内的信息用户也分为三种类型：一般公众用户（包括中小学生），多为浅层次的较广泛的用户需求；科研工作者（包括大学生），以科技型信息需求为主；政府和企业用户，以决策信息和经济信息为主，划分如表3-1所示。

表 3-1　　　　　　　　我国信息服务系统类型及特点

信息服务系统类型	机　构	用　户
公共图书馆系统	各级公共图书馆、中小学图书馆	所有公众用户
高校图书馆系统	高校图书馆、科研机构图书馆、科技信息所	科研工作者（大学生）
情报机构系统	情报机构、信息中心、企事业图书馆	政府部门、企事业单位

①协调中心。每一机构需根据自己的特性来定位主要用户，但就某一系统类型的用户讲，其对应的机构有上千家，这些机构存在着收藏分工及资源建设协调的问题，协调不好会造成资源的重复浪费、资金利用率低下问题。因此需要在每一系统内部设置一个协调中心，负责制订和实施系统内部的整体协调方案。每一系统内部的各个机构规模大小发展不一，一些小规模类型的机构在经费、人力、信息资源等方面缺乏信息资源共建能力，不列入资源协调共建范围中，但其可以享用其他机构的信息资源，以符合"小共建、大共享"模式；① 协调机构确定联合共建中心，主要以中等规模以上的机构参与为中心。同时设置地区范围内的协调中心，依据我国行政区划分为几大地区：东北地区、东南地区、华北地区、华南地区、华中地区、西北地区、西南地区，每一地区设置一个协调中心，负责地区范围内不同信息服务系统之间的资源建设协调，这样可以保障地区范围内文献信息资源的整体保障能力。为了使每一地区范围信息资源达到平衡发展，应尽可能地使每一地区范围的公共图书馆、高校图书馆、情报机构。三大系统都有自己的信息资源建设重点，这样可确保每一地区都能形成自己特有的信息资源优势。因此地区协调中心和系统协调中心之间需经常进行信息沟通和交流，这样才能有效地发挥国家信息资源的整体保障能力。

②协调共建内容。在系统协调中心、地区协调中心的指导下，每一机构需根据自己当前资源的优势及其用户需求特点，提出自己的信息资源建设方向及重点。在此基础上，上报系统内部和地区范围内的收藏协调中心，协调中心聘请相关专家进行仔细讨论、论证后，在统一规划的前提下，进行明确分工，以确保全国信息资源收藏体系的完整性和系统性。当然对于一些较常用的资源可允许在不同地区重复收藏，这样可方便当地用户使用。在协调中心的管理下，资源共享内容不仅是信息资源，还包括技术，网络协调设备和工作人员的经验知识的共享。各机构之间进行信息资源的协调订购、网上联合编目、共建馆藏联合目录数据库、共享书目数据资源，合作开发二次文献数据库、专题数据库、全文数据库和多媒体数据库等数字化文献资源，并开展馆际互借、传送全文和网上合作参考咨询服务等，这样在三大系统内部及地区范围内就建立了文献信息资源管理体系、文献信息资源保障体系、书目信息存取体系、文献信息资源利用体系和文献信息资源传递体系，最大限度地实现全国性信息资源共建

---

① 高波. 文献信息资源共建共享模式新论[J]. 中国图书馆学报，2002(6)：24-27.

与共享。①

（2）信息资源集中化开发战略

信息资源集中化开发战略主要针对国家重点扶持的大型数据库建设，采取集中信息服务领域内部的信息资源优势、人才优势、技术优势，建设较大规模的数据库，实施重点发展与优先发展相结合战略，生产出具有民族特色的、有核心竞争力的信息资源产品。

国内较大规模的信息开发商少，而中小型数据库生产商多着眼于用户需求多、投资期短、见效快的实用型数据库建设，因此那些投资大、见效慢、对国家社会经济的发展具有重要意义的大型国家公共基础性数据库、文献数据库、科学数据库的建设成为数据库建设的重点。对于这些数据库，需要政府的政策、资金扶植和信息服务机构的参与建设。单个信息服务机构的人力、技术能力有限，无法担当此任，需要各大机构联手构造具有核心竞争力的团队，发挥规模优势和集聚效应，共同致力于大型数据库的开发。

①数据库开发合作联盟的建立。在信息服务领域内部，在不同地区范围内组建几大数据库开发合作联盟，专门从事国家重点优先发展的数据库开发。这几大数据库开发联盟，应是信息服务领域中具有人才优势、技术优势、资源优势的多家机构的强强联合组建形式，采取职能联盟形式，即把合作各方的有一定素质要求的工作人员集中在一起，确定共同努力需实现的具体目标，并建立一种不断发展的管理工作关系。各合作单位需建立契约型协议，明确各自的责任与权利，防止由于组织不合理而影响正常运作。这样可实现信息资源、研发力量的整合，打破条块分割，集中优势力量，实现优势互补，避免信息资源重复建设，共同创造数据库价值。在开发过程中，以政府部门的投资为主，同时可吸收各合作机构的资金及其他企业的投资，注重标准化、规范化、规模化的质量建设，以培植一定规模的数据库品牌产品为目标，带动我国数据库产业整体发展。同时这些机构可采用委托、合作、招标的形式加强与一些信息服务企业的合作，利用它们的技术优势、资金优势、销售渠道等来共同完成数据库开发及其市场应用。还应推动数据库的开发应用，开发后的产品应该采取一定的营销手段和方式，或者直接用租赁或许可证的方式将数据库直接给信息服务商，由他们负责销售。这样可提高数据库的经济效益和社会效益，实现数据库价值，达到合作方利益共享、以库养库的目的。

---

① 吴巧珍.图书馆文献信息资源小共建大共享模式探讨[J].图书馆界,2003(1):37-39.

②数据库开发合作联盟的发展。这几大数据库开发联盟主要是针对我国缺少规模较大的数据库生产商而成立，并由多个信息服务部门加以扶植的数据库生产基地。应该经历这样的发展历程：发展期—成长期—壮大期，发展期离不开各合作单位的密切配合和支持，国家的优惠政策、较好的融资渠道、内部管理、人员优势等为其提供了宽松的发展环境，构成了其发展的动力。经过一定时间的成长，这些机构已积累了较为丰富的生产经验、管理经验、人才和技术优势，生产出一些知名品牌数据库，并投入市场使用，进入部分资金回收期。此时这些部门已经具备自身的造血功能，进入成长期。对此已经具备相当竞争实力的一些数据库开发联盟单位，在国内已形成一定规模的数据库生产基地，开始考虑从各合作机构分离，独立走向市场化经营的道路，按照现代企业运营方式进行规范化管理。这样有助于其进一步发展，为其成为国内知名数据库生产商、进入国际市场奠定基础。

(3)基于用户的多层次信息服务战略

在全国范围内构建多层次信息资源服务网络，即以科技信息服务网络、经济信息服务为主的综合服务网络，采取全国网络和区域性网络建设相结合的策略，将这些信息服务系统联成网络，由政府部门分层协调管理，努力将其扩展成以综合服务为主体的大社会信息网络体制。构建多层次的信息服务网络的意义在于：可解决我国信息服务机构地区发展不平衡现象，通过发挥虚拟图书馆、数字图书馆作用，信息资源贫乏地区的用户通过网络设施也可获取自己想要的信息，同时用户各种类型的信息需求在不同程度上能够得到满足。

①用户信息需求的综合化趋势。网络环境下用户的信息需求表现为社会化、综合化、集成化、高效化等特点。① 其中用户利用信息服务的综合趋势较为突出，无论是政府部门、研究院、高校，还是各类企业的研究人员，除了提出科技信息需求，还大量利用经济信息和社会公共信息。这些综合性信息需求的满足程度有赖于信息服务设施及信息资源的建设状况，即需要将科技信息服务网、经济信息服务网、公共信息服务网络之间建立信息交流与共享平台，各种类型信息资源进行有效整合。通过相互渗透、相互补充，共同满足用户广泛的社会信息需求；通过网络把信息服务扩展到资源贫乏地区，从而使所有居民，不论是在大城市还是偏远地区、不论是富裕地区还是贫困地区，都享有同等的信息服务，使所有人都有机会获取自己所需的各种信息，确保信息服务的

---

① 胡昌平，杨曼. 国家网络信息资源组织的系统化实施[J]. 情报杂志，2003(1)：16-17.

广泛性与深入性，以改善和提高所有信息服务机构的服务质量，突出其全民信息服务系统的主导地位。

②公用信息平台的构建。建立公用信息服务平台的目的在于方便用户综合化、社会化信息存取，确保其获得一站式服务。公用信息平台的建设必须依托于现有成熟的网络建设，在这些网络的基础上，构建我国公用信息服务平台，实现网络的互联互通，以提供全面信息服务为特点，从而实现提高民众文化素质、传播知识信息的目标。目前，我国信息服务系统内部建立较大规模的网络主要由各系统部门构建的全国性网络，如高校系统的中国高等教育文献保障系统、科研系统的国家科技图书文献中心、公共图书馆的全国文化信息资源共享网等，每一网络结构从整体上说应是一种分布式的网络体系，以共享网络管理中心为中心节点，由共享网络管理中心再辐射联结至各部门的分布式网络节点。各系统网络拥有各自的信息资源和用户，并分别与互联网相联，彼此独立，互不连通。基于这种现状，公用信息网络平台的建设应着重于从技术平台上建立互联互通的网络环境，通过物理通信接口的可扩充性、互联性、互通性、互操作性提高数据传输和信息交换能力。并针对数据库分布式存储建设的现状，建立多种数据库基础上的整合与开发，构建基于开放体系结构的数字信息服务系统，通过开放集成各种分布、异构和多样化的数字信息资源和服务系统，动态构建满足各类用户需要或业务流程要求的虚拟信息服务机制。① 在地区范围内实现信息服务系统网络与其他系统网络之间的互联互通，形成辐射广大农村地区的地区性信息资源网络，以公共图书馆网络为核心，在本地区范围内建立与其他性质网络的联接，这样既可实现地区信息资源的整体规划，又可方便当地用户使用。

③差异化战略的实施。在多层次信息服务网络中，每一信息服务机构可根据自身特点及用户定位，形成自己与众不同的差异化战略。首先要获取用户的信息需求，再按照一定的标准进行划分，划分中既要找出信息用户的共性，又要找出其差异性，注意处理好大众化信息需求的关系，二者都不可偏废，但也没有必要为其度身定制服务。

每一机构可按照不同标准对用户进行划分，再根据划分的用户类型确定信息服务的主要目标用户；每一机构并不能够为所有的信息用户提供其所需要的产品和服务，需要考虑以下因素：所调查的现有用户的规模及其将来的发展潜

① 张晓林. 开放数字图书馆的设计与实现：CSDL 的实践［J］. 情报学报，2003，22（5）：520-525.

力、信息服务机构的战略目标和所拥有的资源条件。选择那些能够发挥自己优势条件的并与战略目标相一致的用户群作为自己信息服务的主要对象，单一的用户群对于机构来说范围太窄，不利于其今后的发展，因此需设置多个主要用户群作为服务对象。在信息服务过程中，注重实施差异化战略，即信息服务或信息产品的提供具有不同于其他同类型机构的特点，比如提供特色数据库、个人数字图书馆、信息推送服务、高质量的信息的快速传递等来取得信息用户的信任，以实现吸引用户的目的。

4 信息资源服务平台的建设

信息资源服务平台建设的重要目的是要通过建立创新主体之间的各种合作、协作、相互协调关系，利用各种技术、方法和途径，开展共同提示、共同建设和共同利用信息资源，以最大限度地满足创新主体信息资源需求的全部活动。明确各创新主体的信息需求是信息资源服务平台设计中需首要考虑的问题，在此需明确其各个功能模块及使用的关键技术，才能实现信息资源优化配置。

4.1 面向科技创新的国内外信息资源服务平台发展

国家信息服务平台作为提升自主创新能力建设的重要平台，是实现创新驱动发展战略的基础条件，具有创新性、战略性、公益性和复杂性等特点，极大程度提升了国家核心竞争力并促进了国民经济的发展。公共信息服务平台是国家创新系统的组成部分，它以信息资源为基础，结合信息资源系统管理软件和信息资源存储系统，利用计算机网络和通信系统，向用户展现信息资源价值，满足用户信息需求。

4.1.1 国内信息资源服务平台建设

我国面向创新的公共信息服务平台大多以数字图书馆为基础，如科技部主持的国家科技图书文献中心、教育部主持的中国高等教育文献保障平台、以国家图书馆为核心的地区性和全国性的信息资源共建共享平台、中国科学院信息资源共享平台等，这些以资源整合为基础的信息服务平台为我国自主创新能力的提高和创新型国家建设提供了信息资源保障和信息服务支撑。创新发展要求信息服务平台在资源共享基础上促进创新主体间的合作和互动，随着经济全球化和知识创新国际化的发展，创新越来越依赖于跨部门、跨组织、跨学科、跨地域和时空的团队协作。①

"国家教育资源公共服务平台"是中央政府提供教育基本公共服务的一次创新。该平台于 2012 年 12 月 28 日开通试运行，并建立了平台的门户网站，设立新闻、资源、活动、培训、导航、发现等网站频道，着力于教育信息化的工作进展、教育资源的推送推广、各类教育活动的举办实施、教育资源信息的智能导航。平台在提供资源上传下载服务的基础上，强调以学习空间为核心的资源推送，把不同用户所需要的资源送入不同的个人空间，以教师的教学空间应用带动学生、家长和学校的应用，在"宽带网络校校通"的基础上，促进"优质资源班班通"和"网络学习空间人人通"。国家教育资源公共服务平台充分依托现有公共基础设施，利用云计算等技术，逐步推动与区域教育资源平台和企业资源服务平台的互联互通，共同服务于各级各类教育，为资源提供者和资源使用者搭建起网络交流、共享和应用环境。②

"十一五"以来，国家有关部门贯彻"整合、共享、完善、提高"的方针，组织开展国家科技基础条件平台建设工作。科技平台是充分利用现代信息技术等手段，创新机制，有效整合科技资源，为全社会的科学研究、技术创新和社会民生提供共享服务的网络化、社会化的组织体系。科技平台作为提高科技创新能力的重要基础，已成为国家创新体系的重要组成部分、政府管理和优化配置科技资源的重要载体、开展科学研究和技术创新活动的物质保障，是提升科技公共服务水平的重要措施和有力抓手。随着"十一五"期间"国家科技基础条件平台"项目的开展，"国家技术标准资源服务平台"组织了各地方与行业标准化研究机构，集成了国内的国家、行业、地方标准，国外的国际、国家、协会标准，包括国内、国际标准化资源，TBT/SPS 资源，质检、监督信息更新及时，提供备案号、标准号、批准实施日期以及标准主管部门，及时追踪全球信息并发布在标准资源服务平台中供用户查询使用。平台不仅为全社会提供了权威、准确、及时、全面的标准信息服务，更在一定程度上解决了标准信息的重复和低水平建设的问题。"十二五"期间，标准平台进入运行阶段以后，取得了显著的社会效应，日均访问人次稳定过万，同时在线人数达到 400，在 23 家"国家科技基础条件平台"的考核中名列前列。"十三五"期间，标准平台积

---

① 张敏，邓胜利. 面向协同创新的公共信息服务平台构建[J]. 情报理论与实践，2008(3)：382-385.

② 国家教育资源公共服务平台[EB/OL].［2021-05-01］. http：//www.eduyun.cn.

极响应国家"一带一路"倡议，不断收集"一带一路"国家的标准信息，标准信息总量199万条，并利用自身优势，建设了"一带一路"数字标准馆，支撑"中国标准走出去"。

"国家重点产业专利信息服务平台"由国家知识产权局牵头，在国资委行业协会办公室协调下和各行业协会的积极参与下建设，为汽车、钢铁、电子信息、物流、纺织、装备制造、有色金属、轻工业、石油化工、船舶十大产业提供公益性的专利信息服务。在内容上，涵盖有关技术创新重点领域的数十个国家专利文献信息；在功能上，针对科技研发人员和管理人员，提供集一般检索、分类导航检索、数据统计分析、机器翻译等多种功能于一体的集成化专题数据库系统。利用"信息平台"，行业和企业可以了解竞争对手的技术水平、跟踪最新技术发展动向、提高研发起点、加快产品升级和防范知识产权风险，为自主创新、技术改造、并购重组、产业或行业标准制定和实施"走出去"战略发挥重要作用。

随着互联网的普及和农村信息化水平的提高，农产品电子商务平台正在逐渐完善，包括农村信息基础设施、农产品商务信息服务、交易和电子商务人才培养的建设。与发达国家相比，我国农村信息化水平较为滞后，1995年农业部制定了《农村经济信息体系建设"九五"计划和2010年规划》，于1996年开通了我国第一个农业信息网站"中国农业信息网"。政府投入大量资金建设信息基础平台和服务平台，目前基本形成了多层次的农村商务信息服务体系，到2010年年底，"农信通""信息田园""金农通"等全国性信息服务平台已经建成。这些平台采用"B2B""B2C"双模式运行，提供大宗贸易和零售网上交易服务。

4.1.2 国外信息服务平台发展

公共信息服务平台在国家创新系统中的作用越来越受到各国的关注。美国、欧盟等国家和地区纷纷将支持创新的公共信息服务平台建设纳入国家创新战略，提供政策保证和资金支持，实施了服务平台建设工程。建立了一系列面向创新的公共信息服务平台，包括美国科技信息门户(www.science.gov)、美国国家生物信息基础设施(NBII)、美国国家空间数据基础设施(NSDI)、欧洲信息中心(EICS)、欧盟研究与开发信息服务机构(CORDIS)、欧洲创新(Europe INNOVA)等，这些以政府为主导，在各部门的通力合作下建设的数字化集成信息服务平台，推动了创新信息和知识的交流与共享，提升了国家创新能力。

　　科技创新平台是为创新活动提供支持与服务的系统，由技术装备、物理空间等硬件系统和制度政策机制、人才等软件系统组成，科技创新平台的类型有很多种。从科技创新的环节划分，有服务于研究与开发的重点实验室等基础条件平台，服务于进一步提升科技成果成熟度的工程中心基地，服务于科技成果产业化的科技企业孵化器、科技园等；从创新平台建设的主体划分，有政府主办、企业主办、社会机构主办以及多方联合设立运营的平台；从科技创新的要素划分，有技术转移平台、人才平台、资本平台等。各个国家的创新平台建设特点不一，其政府角色、建设模式、经费来源、相关政策法规都有一定的差异（见表4-1）。

表4-1　　　　　　　　　　主要发达国家创新平台建设特点

国家	政府角色	建设模式	经费来源	相关政策法规
美国	政府引导	注重政府、企业、大学各方参与	政府和企业共同投入	《国家信息基础设施》《设施监管指南》《研究设备法》
欧盟	政府引导	注重科研机构、大学和企业的合作	政府资助，参与方共同投资	《欧盟跨国使用研究基础设施计划》、欧盟"地平线"2020战略、《大型研究设施战略路线图》
日本	政府主导	以大学、研究机构和大企业为主体实行联合开发	政府投入为主	"国立大学等设施紧急整备5年计划""国家科技技术发展计划"
韩国	政府主导	强调产学研合作开发	政府投入为主	《面向先进一流国家的李明博政府的科技基本计划》

　　1999年，美国竞争力委员会发表《走向全球：美国创新新形式》的研究报告，首先提出了创新平台（Platform for Innovation）的概念，指出创新基础设施以及创新过程中有如下不可缺少的要素：人才和前沿研究成果的可获得性；促进理念向创造财富的产品和服务转化的法规、财务和资本条件；使创新者能够收回其投资的市场准入和知识产权保护等。美国的科技创新平台属于政府引导型，由企业、高校和科研机构、政府及其他机构等组成。政府在其中的作用主要是引导，通过制定科技创新政策、法规、计划等引导科技创新发展方向，为科技创新营造良好环境。平台的经费一部分来源于政府设立的专项资金，一部分来源于企业投入配套。

2003 年，欧盟委员会提出建设欧洲创新平台。平台通常选择若干对经济和社会发展有重大影响的领域，自下而上将企业、高校和科研机构、政府、相关机构组织在一起，共同制订欧洲的创新计划，确定重点领域、期限和行动计划，通过法律、经济、技术等领域创新带动创新计划的实施，提升欧洲整体创新能力，增强欧洲工业竞争力，促进欧洲经济增长。欧洲创新平台的重要特点是自下而上建立，在欧盟委员会的指导和推动下，平台通常由大企业牵头，中小企业、高校和科研机构、金融机构等共同参与。平台的经费来源一部分是政府资助，一部分是参与方共同投资。欧洲创新平台是欧盟科研框架计划的重要支撑。①

政府在平台建设中起着非常重要的作用。一方面，政府通过制定政策、法规等为平台建设创造良好的环境，引导平台发展；另一方面，政府为平台建设提供经费支持，保障平台的运行，如美国国家科学基金会有两个主要账户为创新平台提供技术装备支持，一个是大型科研设备及设施建设账户（MREFC），负责支持大型科研设备及设施项目；另一个是中小型设施项目的研究及相关活动账户（R&RA）。在欧盟的"地平线 2020"战略中，欧盟将研发经费占 GDP 的比例提高到 3%，用以保证平台的日常运行和信息、通信等基础设施建设。日本政府在科研资金投入中设立专项调节费，用以支持创新平台的基础设施建设，建立成功的"产学研用"或"官产学研用"合作模式是平台成功运行的关键。企业始终是创新平台建设的主体，负责市场化运作创新平台，为平台提供配套资金，促进科技成果的资本化、市场化。高校、科研机构也是平台重要的参与方，与企业共同进行技术开发；政府是平台运作的重要指导者，为平台提供一定的资金支持。

总的来说，我国虽然建设了很多创新平台，但与国外发展较好的创新平台相比，我国创新平台建设还存在诸多问题，比如创新平台的创新活动没有充分考虑市场需求，虽然平台建设成了，但与应用存在一定程度的脱节，无法充分高效地利用，影响平台的持续发展；创新资源共享程度偏低，信息资源的长久发展还是需要广大用户的共同参与及贡献，单靠主体者建设时期的信息无法满足未来的需求和时代的变化；创新平台参与主体的利益保障机制有待进一步完善，建立有用、有效、充分发挥信息资源作用的平台就显得极为必要。

---

① 储节旺，邓方云．国外研发平台建设经验及对我国的启示[J]．安徽科技，2012（10）：55-56.

4.2　各创新主体的信息需求

信息资源服务平台设计关键在于明确创新主体的信息需求。在信息化环境下，全球创新格局的不断变化使各创新主体的信息需求始终处于动态演变之中，而创新主体需求形态和信息形态的演变又决定着彼此间的信息交互关系和需求结构，进而影响着信息资源服务平台中信息资源配置的方向。总之，创新主体信息需求的开放化、动态化和多元化发展已成为一种必然趋势，这种趋势体现在信息资源服务平台建设和信息化发展的基本层面，决定了信息资源配置的目标定位，也为信息资源服务平台向创新主体推送个性化定制信息资源服务提供最优配置方案。

4.2.1　科技创新主体及其需求结构

随着科学发展的不断深化，各创新主体对信息的需求程度在细节上仍存在差异，信息服务平台的建设主要考虑创新主体的信息需求结构进行具体配置。政府、企业、科研机构、高等院校、中介服务机构等，由于其各自具有不同的社会地位与分工，分别从制度建设、生产经营、科学研究、科研教育等角度对信息资源的需求特征进行分析，构建有针对性的功能模块，更好地为不同创新主体提供更优质的资源配置服务，以节省创新主体的信息获取及利用时间及精力。信息资源服务平台通过对创新主体提供的信息资源进行深度组织、集成的综合性信息，可为多元创新主体全方位可视化展示信息集成服务。

①政府作为信息活动的协调者和管理者，在信息资源服务中具有特殊的性质，其不仅为创新发展战略进行规划，同时也为协调协同创新主体，促进信息资源创新活动的有效开展提供了全生命周期的监督和保障。[①] 此外，还需对涉及多个分管不同方面工作的职能部门，实现各部门之间利益的相互协调，将组织内部各个要素联结成有机的整体。因此，信息资源服务平台可为政府展示经提炼的各方组织机构的综合性信息，如提供企业的新技术信息、最新信息产品以及市场运营情况的反馈，可为政府部门今后的资源配置及政策制定的方向提供依据；根据科研机构和高等学校等对政府部门相关科研立项的完成情况，提

---

① 严炜炜. 产业集群创新发展中的跨系统信息服务融合[D]. 武汉：武汉大学，2014.

供科技查新服务、专业热点发展分析、学术科研等服务；中介服务机构则在产业发展分析和市场统计分析等服务为政府部门提供市场发展情况反馈的基础上，通过多样化信息服务手段为政府的政策扶持和资源配置优化提供线索。

②企业在复杂的竞争环境中始终处于信息活跃的主体地位，需敏锐察觉市场动态，不断进行产品更新、技术创新，其创新发展依附于自身对相关科技资源的整合与优化配置。① 在此过程中，企业需要获得竞争情报服务、技术专利服务等以掌握产业发展新动态和市场需求变化。因此，企业往往在产品设计、市场开发阶段对创新技术报告、专利发明、标准、参考工具书等方面对信息具有更高程度的需求。另外，企业的管理方面也要符合信息化建设的要求。企业一方面可依赖于长久以来的知识积累和经验察觉市场动态，以调整内部资源配置；另一方面，企业还可利用组织外部的创新服务来满足其创新需求，借助信息资源服务平台，获取其他各创新主体的信息资源服务，辅助企业定位创新发展目标。通过科研机构和高等院校提供的创新理论知识，进一步优化当前的知识管理环境，促进企业内部知识交流和知识转移，促进企业部门之间的资源交换，以不断创造新的信息知识与专业技能，提高资源的利用率。

③科研机构和高等院校等对信息的需求往往来源于在科研准备、试验阶段对期刊、图书等正式出版的学术文献，以及其理论知识的具体应用等信息。为了迎合快速变化的信息网络环境，科研机构和高等院校需要了解政府相关政策的制定。通过信息资源服务平台科研机构和高等院校可方便获取政府、企业、信息服务机构等创新主体的信息。在科研机构和高等院校为政府、企业、信息服务机构等提供理论创新、技术支持和应用场景等信息的同时，政府、企业、信息服务机构等可为其提供更多政策支持、创新知识传播、市场调研服务、实践应用等服务，获得更多创新素材进行科研研究。

④科技中介机构和信息服务机构作为信息交流的桥梁和纽带，可用于任何科技领域和科技人员的知识交流，其为提高使用者的可信度，需提供更专业的知识和技术服务。因此，其在创新技术及不同层面的知识储备量的信息需求较高。基于基础性的服务功能，借助信息资源服务平台获得各创新主体的信息，实现与外部信息资源的交流与共享，使创新成果的转化效率得以显著提升。

⑤用户的信息需求。用户的个性化信息需求是信息资源配置优化过程中最

---

① Adabi S, Movaghar A, Rahmani A M, et al. Market_based Grid Resource Allocation Using New Negotiation Model[J]. Journal of Network and Computer Applications, 2013, 36(1): 543-565.

为复杂且具有一定难度的因素。由于用户的不确定性，信息资源服务机构需要时刻掌握广大用户的动向，以及时调整信息资源的配置。先要根据配置和用户的需求，以用户为中心，深层次地挖掘和分析用户的知识需求，围绕用户的服务操作流程将不同的资源进行不断的转化、优化、融合和再构建，使得与市场相关的活动要在整个配置创新过程中占据较大的比重；然后根据用户不断变化的需求在集成化配置的整个过程中进行配置的质量控制，以此形成一个有机式的和系统化的资源配置体系，设计出真正满足用户需求的信息集成门户，并以此为平台提高信息服务机构的创新能力和价值创造能力。①

4.2.2　科技创新主体需求的交互关系

综上所述，创新主体之间的信息服务彼此相互影响、相辅相成，其创新产出的大量论文、专利、商标、技术等成果，为创新建设发展作出了巨大的科技进步贡献。如图4-1所示，政府作为信息资源的宏观调控者，能对其他创新主

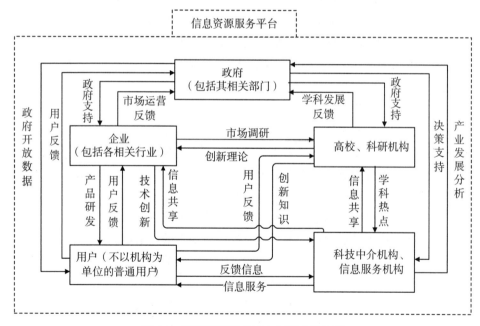

图4-1　信息资源服务平台创新主体关系

① 胡昌平，胡吉明. 网络信息资源集成化配置模型及实现研究［J］. 情报探索，2008（3）：3-6.

体提供政策方面的支持，而政府为实现良好管理需掌握其他主体的信息服务情况，又需逆向指向政府；企业作为信息市场的主要实施者，一方面需要为其他创新主体提供信息产品、技术创新等信息，另一方面需要其他主体为之提供创新理论依据；高校、科研机构等作为知识创新的萌发地，为各主体的产出提供最新研究理论，同时其他主体的产出运行情况反馈给高校促发新一轮的知识创新；中介机构作为重要的信息传输枢纽为各主体提供了集中化信息服务。在促进信息资源服务创新发展的信息市场活动中，以用户为核心的信息反馈模块最为重要，为各主体的信息产品的改善提供了最直观的建议。通过信息服务平台创新主体，能以各自独有的方式彼此进行信息资源共享和交流，发挥自身的创新效用，进而弥补相互之间的不足，加强彼此之间信息资源开发与利用能力，从而实现更多的信息增值。

4.3　信息资源服务平台的功能设计

　　信息技术的迅速发展，政府、企业、社会信息化应用的广泛需求，使信息变成无处不在的重要经济资源，信息资源牵动着经济增长、体制改革、社会变迁和发展。信息资源管理技术也从单一走向综合，正在形成集各种软件构件于一体的大型平台——信息资源服务平台。信息资源服务平台的本质是以信息资源为基础，结合信息资源系统管理软件和信息资源存储系统，利用计算机网络和通信系统，通过满足客户需求的信息资源加工方法和利用方式，向用户展现资源价值的一种信息资源系统服务平台架构。信息资源服务平台作为资源与服务的聚合体，包含信息采集、信息组织、信息存储、信息检索、信息标准化以及服务反馈六大基本功能，平台以用户需求为出发点，形成完整的信息资源服务功能闭环，其功能结构如图4-2所示。信息资源服务平台的建设已经成为当前及未来信息化推进的关键因素。

4.3.1　信息采集

　　信息采集是信息资源管理的首要环节，它是平台开展信息服务的直接基础和重要保障。它是根据信息平台需求，有计划地广泛搜集一定数量的相关信息并加以聚合和集中的过程。

　　采集信息通常需遵循系统性、针对性、科学性、实效性等原则。信息采集能力的高低决定着信息利用主体实现信息价值的成败。在明晰了自身的信息需

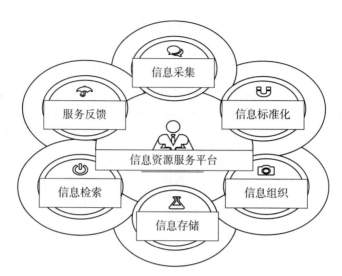

图 4-2 信息资源服务平台基本功能结构

求后，如何采集到平台用户所需要的信息就是一项重要的任务。信息资源服务平台的信息需求面广、涉及内容丰富，在高度发展的信息产品和服务中，需要通过信息意识的提升、体制机制的创新、信息获取手段的多样化等多种途径提升信息获取的效率和效果，从而有效地进行采集信息。同时，还需要关注目前在信息获取中存在的问题和制约信息获取水平的因素，并在实践中加以修正和改进，实现创新发展。

要进行信息资源采集，首先要明确去哪里能采集到所需的信息，这就是要明确信息源在哪里。

（1）信息源

"信息源"是由英文"Information Sources"一词翻译而来。信息源一般指传出去信息的物质，即信息的发源地/来源地(包括信息资源生产地和发生地、源头、根据地)。联合国教科文组织出版的《文献术语》定义为：个人为满足其信息需要而获得信息的来源，称为"信息源"。一切产生、生产、贮存、加工、传播信息的源泉都可以看作是信息源。信息源内涵丰富，它不仅包括各种信息载体，也包括各种信息机构；不仅包括传统印刷型文献资料，也包括现代电子图书报刊；不仅包括各种信息储存和信息传递机构，也包括各种信息生产机构。[①]

信息存储、传播、分析与研究技术与工具的发展与进步以及互联网技术的

————————
①　徐金铸. 信息源及其分类研究[J]. 现代情报, 2001(6)：39-40.

飞速发展，成就了信息的泛在化。并且，由于信息开放获取技术、信息共享技术等的发展，信息资源服务平台的信息获取来源愈加多样化、专业化和个性化。依照信息种类、信息载体、获取方式、信息提供机构等方面，可以将信息源分为如表 4-2 所示的类型。

表 4-2 信息源类型

划分角度	信息源
按信息种类	政策、法律、科技、人文、生产信息、人才信息等
按信息存在的形式	记录型信息源、实物型信息源、思维型信息源
按信息服务机构	政府、行业、企业、高校、科技情报机构、公共图书馆等

①按照信息的种类划分。为满足面向国家创新发展的各创新主体的信息需求，信息资源服务平台的信息源应十分广泛，按照信息的种类，有政策、法律、科技、人文、生产信息、人才信息等。其中，国家层面的政策信息，对创新主体的发展具有导向性作用；科技方面的信息，有助于创新主体了解最新的科技动态，增强科技意识，促进国家科技进步；法律层面的信息，有助于创新主体在合法合理的范围内确保产品、技术等的合理运用，并用法律的武器保护成果和知识产权；人文信息，可以加快文化创新，用最新的文化熏陶提升创新主体的满意度；生产方面的信息，有助于成果转化和产业化效益的提升；人才方面的信息，对于开放性的整体系统尤为重要，创新型国家建设有必要适时补充优秀的人才，以积累研发、生产的人力资源优势，用体制机制吸引人才，以实现创新中心价值的提升。

②按照信息存在的形式划分。按存在形式，可将信息划分为记录型信息源、实物型信息源和思维型信息源。记录型信息源包括纸质文本信息和数字化信息。纸质文本信息是传统信息的主要形式，主要有书籍、报纸、杂志等。数字化信息主要是指随着计算机和网络技术的发展，纸质信息通过电子设备转化为以计算机语言可以识别、存储的信息。数字化信息涵盖文字、声音、图像等样式，边际成本低，可以在网络上实现跨越时空的自由传递，是信息资源服务平台信息来源的重要组成部分。实物型信息源主要包括文物、运动现场、学术讨论会、展览会、产品样本、模型、碑刻、雕塑等形式表述的信息资源。思维型信息源主要指一些不外化于特定的载体上的隐性信息和知识，比如以存在人脑中的形式保存，在沟通交流中得到传递。思维型信息主要来源于人，平台通

111

过邀请专家进驻、开展学术讨论会等形式，可以将隐性信息外化，从而转化为可便捷利用的信息源。

③按照信息服务机构的类别划分。信息来源于众多的信息提供机构，既有公益性的信息服务机构，也有市场化运转的专门化信息提供机构，可分为：政府信息源，主要包括政策法规信息、规划计划类信息、业务工作类信息、统计数据类信息等。这些信息对于社会发展具有重要意义，具有主导性和提示性。行业信息源，即行业协会提供的信息，包括知识产权信息、专利信息、技术标准信息、产品信息、产品服务及功能介绍信息等，数量大并反映行业发展的最新动态和发展趋势，是了解已有的行业技术和标准的重要来源。企业信息源，包括生产经营中所产生的产品、技术专利、销售、客户等信息，已成为丰富的信息源。高校信息源，高校作为信息资源服务平台的主要参与单位之一，拥有丰富的信息储备。高校图书馆所购置的图书期刊、数据库、机构库等资源成为人才培养、科学研究、社会服务的重要资源。科技情报机构信息源，如国家科技图书文献中心、公共图书馆、档案馆、博物馆等科技情报机构作为公共信息服务机构，所采集、收藏、整理和开发理、工、农、医各学科领域的科技文献资源，已成为信息资源服务平台重要的信息获取来源。数据库服务商、出版机构所开发的专业化信息产品也是不可或缺的部分。

(2)信息采集流程

信息资源服务平台中信息资源的采集流程主要包括五个步骤，如图4-3信息采集流程所示。

首先，进行信息需求分析。根据信息服务的对象，确定信息采集内容、范围和其他因素。其次，确定采集途径。信息采集的途径包括直接采购、交换、共享、索取、检索、复制、现场收集以及网络信息资源抓取等。再次，确定采集策略，即根据不同信息采集途径制定具体的信息采集方案。复次，采集信息并评价信息采集结果。采集实施过程要实时监控，要对采集得到的结果实时评价。最后，整理数据和编写报告，完成信息采集。

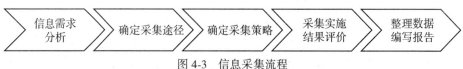

图4-3　信息采集流程

(3)信息采集方式

针对实物型的信息资源，采集人员通过参观或参加各种实物展览、订货会、展销会、交易会，或者现场参观考察和观摩同行实验室、试验站等方式实地考察实物，直接购买或索取实物样品。

针对纸质型的信息资源，可以通过以下方式进行采集：购买，通过预订、现购、委托代购等方式获取信息资源，这种方式往往是纸质信息资源采集的最主要的方式；交换，通过建立资料或信息交换制度来获得一些有用的信息资源；接收，根据档案移交制度或捐赠协议等接收有关的信息资源，这是获得档案、特定文献资料等的主要方式；征集，向地方、民间有关单位或个人征集历史档案、书籍、手稿等；复制，包括静电复印、制成缩微品、计算机拷贝等。

针对电子型的信息资源，采集人员可以通过购买、浏览、检索、下载、复制等方式进行采集。

针对实物型的信息资源，采集人员可以通过现场观摩、观察、拍照、实验等方式或手段以获得一手数据。

针对人脑这一特殊的信息来源，可通过会议、座谈、访谈、访问等方法与相关人员进行接触，为实现隐性知识显性化，采集人员可根据笔录、录音或录像手段记录、整理访谈数据等。

随着信息技术的发展，特别是互联网的普及，网络信息资源的采集成为信息资源采集工作的重要内容之一。网络信息资源的采集就是将非结构化信息从大量的网页中抽取出来保存到结构化的数据库中的过程，网络信息资源采集一般可分为人工采集和自动采集两种方式。人工方式采用传统的信息资源的收集、分类、存储和组织的方法，由信息采集人员对网站进行调查筛选、分类、存储。自动方式主要是依靠信息采集系统或网络信息采集软件的使用来实现，信息采集系统以网络信息搜索引擎为基础构建而成，它可以在最短的时间内把最新的信息从不同的 Internet 站点上采集下来，并在进行分类和统一格式后建立索引。由此，提高信息资源采集的及时性和节省或减少工作量。[①] 一般来说，人工方式收集信息资源的准确性要远优于网络信息采集软件，但其收集信息资源的效率及全面性低于自动采集。网络信息采集软件适用于网站定向数据采集、分析、发布，它可以对指定网站中的任意网页进行目标分析，归纳采集方案，提取数据并保存在文件和数据库中。

4.3.2　信息标准化

信息标准化是能够实现信息共享、信息交流的必要条件。多主体之间的信

---

① 刘炜. 基于语义分析的主题信息采集技术的研究［D］. 武汉：武汉理工大学，2009.

息资源共享一定要有统一的运行规划与统一的技术标准。平台需要不断完善和健全保障机制，对信息资源的挖掘、搜集、提取、转换、存储、传递、检索、检测、分析和利用等方面定制统一的标准和制度，避免出现不兼容、不共通的情况。标准化是信息资源服务平台构建的核心，是平台实现数据共享的最本质的保障。信息标准化功能包括数据清洗和数据整合两个方面。

（1）数据清洗标准化

信息资源服务平台不仅是一个存储数据的简单数据库，更是一个以大型数据管理信息系统为基础的、附加在这个数据库系统之上的、存储了来自一定范围内组织的业务数据的综合数据库，并能利用这些综合数据为用户提供经过处理的有用信息的应用系统。根据"进去的是垃圾，出来的也是垃圾（Garbage in, Garbage out）"这条原理，为了支持正确决策，就要求信息资源服务平台中的数据可靠、没有错误、准确地反映实际情况。但是，由于信息资源服务平台中的数据来自多种业务数据源，这些数据源存储在不同的硬件平台上，使用不同的操作系统。因而从这些数据源获取而来的数据中不可避免地存在一些不一致之处。由于每个数据源都是按特定的需要建立起来的，所以在集成数据源时，可能存在着有的数据源中含有噪音数据、有些数据源的表示不同、重叠或者冲突等问题。解决这些问题的过程被称为数据清洗（Data Cleaning）过程，数据清洗的目的是检测数据中存在的错误和不一致，消除或者改正它们，从而提高数据的质量。① 集成多个数据源时数据清洗的主要问题是确定重叠的数据，信息资源服务平台数据清洗的主要步骤包括：①获取数据源；②通过模式集成的方法将所获得的数据源中的数据合并成数据集；③将所获得的数据转换成数据清洗所需要的基本格式；④数据清洁，例如消除重复、错误数据探测/纠正等；⑤将清洗后的数据转换成信息资源服务平台所需要的格式；⑥将数据集加载入信息资源服务平台。

（2）数据资源整合标准化

信息资源服务平台的建设，不仅涉及同构系统之间的信息资源整合，而且更多地需要异构系统之间的资源互用和服务集成，这就需要在系统之间构建互操作平台，对信息进行规范化处理，实现跨系统的信息整合和服务融汇。从技术实现上看，要求构建与平台资源管理和服务同步的互操作技术体系。互操作，是指分布信息系统间无缝交换、共享信息资源和服务，在不损害各分布系统自主性的同时，构成一个集成系统的逻辑操作。在行业信息服务中，由于行

———————

① 周芝芬．基于数据仓库的数据清洗方法研究［D］．上海：东华大学，2004.

业内企业运行和数据安全等方面的原因，系统大多有着自己的运行环境和支撑环境，它们各自独立，互相沟通程度不高。信息资源服务平台实现了行业信息服务的重组，在强调系统安全、独立的同时，不断推进系统间的共享服务，在信息规范化与系统互操作的建设中达到全新的高度。

4.3.3　信息组织

信息组织是指采用一定的方式将大量、分散、杂乱的信息经过组织、整序、优化、存贮，形成一个便于有效利用系统的过程，包括信息描述和信息标引。信息组织的目标是建立一个科学合理的管理体系，使信息变得有序，让每一份信息能够在这个体系中有明确的位置，便于用户查找和利用。[①]

（1）信息描述

对信息资源进行组织，首先需依据一定的科学规则和方法来描述信息资源的特征。信息描述，亦称元数据创建工作，信息资源编目。它是指根据信息组织和检索的需要对信息资源的内容特征和形式特征进行分析、选择及记录操作，描述的结果是描述记录，意即元数据。元数据是信息资源的代表或缩影，同时也是检索系统的基本构成单元，可用来作为信息资源的代替物组织检索系统。

通常信息资源服务平台整合了众多数据库，数据内容复杂，涉及面广。为了一致有效地进行信息资源描述，便于不同机构、不同来源的信息进行交换，信息描述通常依据一定的描述规范和标准进行。这些信息资源如果不经过统一的描述和标引，会给用户的使用和信息的维护造成极大的不便。因此，平台需根据所采集的数据源特点，制定一系列标准和规范，包括数据内容描述的标准、数据描述格式标准、数据集的元数据标准等。描述数据集的元数据应包含以下字段：元数据标识符、元数据联系方、负责单位名称、负责人职责、元数据创建日期、标识信息、数据集引用、标题、日期信息、数据集日期、日期类型、数据集摘要、数据集语种、数据集分类、分发信息、发布选项在线资源信息、在线链接。[②]

不同类型的资源描述采用不同信息描述的规范和标准，如针对印刷类资源

---

①　周晓英，曾建勋．情报学进展系列论文之四　网络世界的信息组织[J]．情报资料工作，2009(2)：5-10.

②　姜吉栋，赵辉，刘润达．科学数据共享平台网站中的信息组织——以国家人口与健康科学数据共享平台为例[J]．信息资源管理学报，2012，2(4)：52-56.

的 AACR2 标准、面向网络资源的 DC 元数据、针对政府资源的 GILS 等。对于
网络信息资源的描述标准化，DC 元数据因其简单易用、不断维护和可扩展的
特点成为很受欢迎的标准体系。通过 DC 元数据可实现对信息内部特征和外部
特征的描述。① DC 元数据共包含 15 个核心元素，这 15 个元素都是可选的和
可复用的，可以分为描述类、管理类、结构类，如表 4-3 所示。

表 4-3 　　　　　　　　　　都柏林核心集的 15 个元素

描述类元素		管理类元素		结构类元素	
元素名称	定义	元素名称	定义	元素名称	定义
题名 （Title）	赋予资源的名称	创建者 （Creator）	创建资源内容的主要责任者	描述 （Description）	资源内容的解释
主题 （Subject）	资源内容的主题描述	出版者 （Publisher）	使资源成为可获得的责任实体	关联 （Relation）	对相关资源的参照
语种 （Language）	描述资源内容的语种	其他责任者 （Contributor）	对资源的内容作出贡献的其他实体		
覆盖范围 （Coverage）	资源内容所涉及的外延或范围	权限 （Rights）	有关资源本身所有的或被赋予的权限信息		
类型 （Type）	资源内容的特征或类型	来源 （Source）	对当前资源来源的参照		
		标识符 （Identifier）	在特定的范围内给予资源的一个明确的标识		
		格式 （Format）	资源的物理或数字表现形式		
		日期 （Date）	与资源生命周期中的一个事件相关的时间		

---

① 张娟，陈人语 . 语义网背景下基于单元信息的知识组织框架研究［J］. 国家图书馆
学刊，2018，27（6）：54-59.

（2）信息标引

信息标引，也称为文献标引，指分析文献内容属性（特征）及相关外表属性并用特定语言表达分析出的属性或特征，从而赋予文献检索标识的过程。标引人员通过分析文献的内容，将具有检索意义的文献标识记录下来，以作为文献检索的依据。信息标引是建立信息检索系统的基础和前提，对信息资源的开发和利用具有重要的意义。因为，建立信息系统是信息资源开发和利用的关键，而建立信息系统首先要对大量的无序文献进行整序和组织。文献或信息只有经过标引，获得检索标识之后才能按检索标识加以组织，转化为有序的集合，使得从内容特征进行检索成为可能。信息标引的目的就是通过标引人员把文献或信息与用户联系起来，使用户能够在大量的文献或信息中全面、准确、迅速地查找所需要的文献或信息。因此，标引是文献进行有序存储和检索的重要环节。标引的准确率会直接影响文献的有序组织与分类检索。①

信息标引过程一般包括两个环节，一是主题分析，即在了解和确定文献的内容属性及帮助揭示内容的某些外表属性（如文献类型）之后，将这些属性概括为主题并用自然语言表述，同时分析主题概念之间的或主题概念因素之间的结构关系，为下一环节做准备；二是转换标识，即用专门的主题概念或概念因素，构成一定形式的检索标识。简而言之，信息标引就是用特定检索标识揭示文献内容。

由于用于表达文献内容的标引语言有不同的种类，相应的文献标引也有不同的种类。其中，最主要的是标引类型为分类标引和主题标引。分类标引是对文献进行主题分析，用分类语言表达分析出的主题，赋予文献分类检索标识（分类号）的过程。主题标引是指对文献进行主题分析，用主题语言（主题法）表达分析出的主题，赋予文献主题检索标识（标题词、叙词等）的过程。通俗地说，主题标引就像是直接用文献内容所论及的事物名称给文献命名。只不过，主题标引所命的"名"是对事物及其方面、内容表现形式的本来名称进行优化和规范后所形成的唯一和精确名称。

在信息描述过程中，应该按照相关的规范和标准，对收录的信息资源进行分析和组织，仍需要规范元数据的统一描述，使总平台和各分中心的元数据描述一致，便于管理维护。

---

① 贾君枝，闫晓美，武晓宇．政府信息公开的自动标引的设计与实现[J]．情报理论与实践，2012，35（2）：109-113.

4.3.4 信息存储

信息存储是将经过加工整理序化后的信息按照一定的格式和顺序存储在特定的载体中的一种信息活动。其目的是便于信息管理者和信息用户快速地、准确地识别、定位和检索信息。信息资源服务平台中的信息资源种类多、数量巨大。为了便于管理和处理这些信息资源，就必须按照一定的数据结构和文件组织方式序化组织，构成数据库，使存入的数据可以为多用户反复使用，以达到数据共享的目的。在数字化环境下，数据库也成为各个文献共享平台提供信息服务的主要资源组织形式。

数据库，是指长期存储在计算内的、有组织的、可共享的数据集合。数据库中的数据按一定的数据模型组织、描述和存储，具有较小的冗余度、较高的数据独立性和易扩展性，并可为各种用户共享。按收录信息内容的类型不同，信息资源数据库可划分为文献型数据库、数值型数据库、事实型数据库、图像数据库和多媒体数据库等。不同类型的资源数据库其数据的存储结构不同，不同的数据库系统平台其数据库存储架构也不相同。

(1)信息资源存储数据库类型

当前信息资源服务平台信息存储数据库主要可以分为两种：关系型数据库和 NoSQL(Not Only SQL，不限于 SQL)数据库。

①关系型数据库。关系型数据库采用支持关系模型的数据库系统，是目前最流行且使用最广泛的数据库。传统关系型数据库中管理的是结构化数据，数据是以行和列的二维表形式进行存储。这样建立的关系模型相比于层次结构、网状结构等其他复杂模型更加符合人类习惯，方便理解与学习。此外，关系型数据库通过标准的 SQL 查询语言进行查询，因此用户在不必理解其底层实现的情况下也可以方便地使用 SQL 语句进行操作。

而随着 Web 时代的到来，在 Web 大背景下"泛数据"管理成为人们关注的重点。所谓泛数据，就是指包含文档、电子邮件等各种类型的数据，这些数据通常都不是以行和列的格式存在的，不像关系数据那样是严格的结构化数据，因此对这类数据的存储管理以及快速高效的查询是对传统关系型数据库的挑战。

②NoSQL 数据库。过去的几年间，为应对传统关系型数据库出现的不适应性，大量新型数据库被开发了出来，它们可以与现有的关系型数据库相互配合甚至代替现有的关系型数据库，被统称为 NoSQL 数据库。NoSQL 是一类范围非常广泛的持久化解决方案，它们不遵循关系数据库模型，也不使用 SQL

作为查询语言。其数据存储可以不需要固定的表格模式，也经常会避免使用SQL 的 join 操作，一般有水平可扩展的特征。NoSQL 数据库可以按照其数据模型分成四类：键-值存储库（Key-Value-stores）；Bigtable 实现（Bigtable-implementations）；文档库（Document-stores）；图数据库（Graph Database）。在四种分类中，图数据库从最近十年的表现来看已经成为关注度最高、发展趋势最明显的数据库类型。

图数据库源起欧拉和图理论，也称为面向/基于图的数据库。图数据库的基本含义是以"图"这种数据结构存储和查询数据，而不是存储图片的数据库。它的数据模型主要是以节点和关系(边)来体现，也可处理键值对，以图的方式把用户定义的节点以及关系存储起来，通过这种方式，可以高效地实现从某个节点开始，通过节点与节点间关系，找出两个节点间的联系。数据库中的"图"具有如下特征：包含节点和边；节点上有属性(键值对)；边有名字和方向，并总是有一个开始节点和一个结束节点；边也可以有属性。

(2)数据库存储方式

存储系统从存储方式上可以分为集中式和分布式两种。这里的集中和分布并不简单是地理上的集中和分散，而主要在于是否具有统一的数据管理机制。集中式存储系统采用统一的数据管理，而分布式存储系统将数据管理的任务分配给各存储节点。

①集中式存储。所谓集中式系统就是指由一台或多台主计算机组成中心节点，数据集中存储于这个中心节点中，并且整个系统的所有业务单元都集中部署在这个中心节点上，系统所有的功能均由其集中处理。也就是说，集中式系统中，每个终端或客户端仅仅负责数据的录入和输出，而数据的存储与控制处理完全交由主机来完成。集中式系统最大的特点就是部署结构简单，由于集中式系统往往基于底层性能卓越的大型主机，因此无须考虑如何对服务进行多个节点的部署，也就不用考虑多个节点之间的分布式协作问题。目前集中式存储系统解决方案主要包括：直连式存储(DAS)、存储区域网络(SAN)和网络接入存储(NAS)。

DAS 是指服务器直接连接的存储设备，它既可以位于服务器内部，也可以是外部驱动或驱动组通过 SATA、SAS、并行 ATA 或 SCSI 接口附属在服务器中。DAS 和服务器主机之间通常采用 SCSI 连接，随着服务器 CPU 的处理能力越来越强，硬盘空间越来越大，阵列的硬盘数量越来越多，SCSI 通道将会成为 IO 瓶颈。DAS 依赖服务器主机操作系统进行数据的 IO 读写和存储维护管理，数据备份和恢复都会占用服务器资源。而且当 DAS 从一台服务器扩展成多台服务器组成的集群，或者其存储阵列容量扩展的时候，将会造成业务系统的停机，带来不便与损失。

SAN 用一个高速的子网将存储设备连接起来，这个子网专用于存储，不占用服务器运算处理的网络带宽。SAN 是针对大容量服务应用环境的存储解决方案，跟 DAS 不同，它是位于服务器后面的存储网络。而且通过特定的网络传输介质使得 SAN 可以扩展到广域，实现异地备份和恢复。常用的方案如基于光纤的 FCSAN 和基于 iSCSI 协议的 IPSAN。SAN 的主流产品包括 IBM 的 Total Storage 系列、博科的 Silk Worm 系列、NetApp 的 FAS3070 等。

NAS 采用网络(TCP/IP、ATM、FDDI)技术，通过网络交换机连接存储系统和服务器主机，建立专用于数据存储的网络。由于 NAS 采用 TCP/IP 网络进行数据交换，而 TCP/IP 是 IT 业界的标准协议，不同厂商的产品只要满足协议标准就能够实现互联互通，没有兼容性的要求。

②分布式存储。传统的网络存储系统采用集中的存储服务器存放所有数据，存储服务器成为系统性能的瓶颈，不能满足大规模存储应用的需要。分布式存储系统，是将数据分散存储在多台独立的设备上；而分布式网络存储系统采用可扩展的系统结构，利用多台存储服务器分担存储负荷，利用位置服务器定位存储信息，它不但提高了系统的可靠性、可用性和存取效率，还易于扩展。实现分布式存储系统的关键技术包括元数据管理技术、系统弹性扩展技术、存储层级内的优化技术等。

分布式存储系统主要有两种实现模式：基于目录的分布模式(Directory-based Distributed Model)和基于端的无中心模式(Peer-based Decentralized Model)。基于目录的分布模式，一般是指存在一个或几个目录服务器和多个数据节点，网络资源分布在这些数据节点中。目录服务器接受客户端请求，决定哪个数据节点响应请求，然后让客户端直接和数据节点进行交互。这种模式结构简单、易于实现和管理，多数企业级应用采取了这种模式。但目录服务器承载的责任较多，是系统的热点，容易出现单点故障问题。基于端的无中心模式也称为对等模式，系统中所有的节点都是对等的，它们既是客户机又是服务器。这种模式没有中心节点，自组织能力强，可扩展性高。节点间协作互惠，共享着彼此的资源。其缺点是信息的查询存在盲目性，很难查询集群中所有节点的信息。

作为信息资源服务平台，还应考虑为用户提供个人数据存储功能。例如，为用户提供云存储功能，用户个人的资料可以通过上传到个人云盘的方式进行永久性存储并且随时查询或下载，个人云盘采用账号密码进行登录，安全性有所保障。

以元数据管理技术为例，在大数据环境下，元数据的体量也非常大，元数据的存取性能是整个分布式文件系统性能的关键。常见的元数据管理可以分为集中式和分布式元数据管理架构。集中式元数据管理架构采用单一的元数据服务器，实现简单，但是存在单点故障等问题。分布式元数据管理架构则将元数据分散在多个结点上，进而解决了元数据服务器的性能瓶颈等问题，并提高了元数据管理架构的可扩展性；但实现较为复杂，并引入了元数据一致性的问题。另外，还有一种无元数据服务器的分布式架构，通过在线算法组织数据，不需要专用的元数据服务器。但是该架构对数据一致性的保障很困难，实现较为复杂，文件目录遍历操作效率低下，并且缺乏文件系统全局监控管理功能。

4.3.5 信息检索

信息检索是指将信息按一定的方式组织和存储起来，并根据信息用户的需要找出有关的信息过程。信息检索的内涵有广义和狭义之分。从广义上讲，信息检索包括两个过程，一是信息存储，即信息的标引、加工和存储过程；二是信息检索，即信息用户的查找过程；从狭义上讲，信息检索仅指后一部分。信息检索的实质是一个匹配过程，即用户的信息需求和信息存储的信息集合进行比较和选择的过程。

（1）信息检索的基本方式

信息检索原理是将用户的检索提问标识与存储在检索系统中的文献特征标识进行匹配运算，凡是文献特征的标识与检索提问标识相匹配，或者文献特征的标识包含着检索提问的标识的，具有该特征标识的文献即为命中文献。计算机信息检索的原理如图4-4所示。

信息存储过程：专业信息检索人员用手工或自动方式将大量的原始信息进行收集加工，分析原始文献的主题概念，并根据主题语言抽取出其主题词、分类号以及其他特征(主要包括题名、作者、出版单位、出版时间等)进行标识或者写出文献的内容摘要，再把这些信息按一定格式输入信息检索系统中存储起来，形成各种类型的数据库以供检索。

信息检索过程：用户对检索课题进行分析，明确检索范围和主题概念后，用检索语言来表达检索课题的主题概念，形成检索标识及检索策略，并输入信息检索系统进行检索。检索的过程实际上是一个比较、匹配的过程，用户提问的检索标识与数据库中的信息特征标识一致或包括其内容，即为"命中"，找

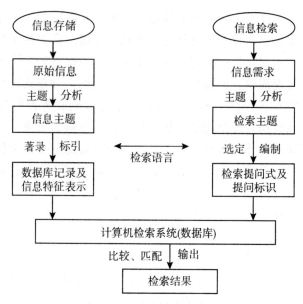

图 4-4　计算机信息检索的原理

到了符合要求的文献。

　　信息存储与信息检索是一个互逆过程。信息检索过程是针对已存储的信息数据进行的，是信息存储的逆过程；信息存储是为了信息检索而进行的，为了快速准确地检索到所需要的信息，就必须有信息存储，没有信息存储，信息检索也就毫无价值。可见，信息存储与信息检索是相辅相成、缺一不可的。

　　（2）信息检索系统的构成

　　一个完整的信息检索系统由 6 个子系统构成，其逻辑结构如图 4-5 所示。

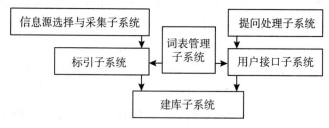

图 4-5　信息检索系统的逻辑结构

信息源选择与采集子系统。该功能模块的任务主要是根据系统需要，采取人工或者计算机自动方式，从众多信息源中选择和采集符合需要的信息资源。在有些计算机检索系统中，此部分还承担转换数据格式的任务。

标引子系统。该功能模块的任务主要是对收集的信息资源进行内外部特征分析，并借助词表系统，对每条数据进行标引。目前，主题标引和分类标引主要是靠人工标引，而抽词标引主要是由计算机完成。

建库子系统。该功能模块的任务是建立和维护可直接用于计算机检索的数据库。主要工作包括数据录入、错误检查与处理、数据格式转换、生成和更新各种文档、建立各种索引数据库等。

词表管理子系统。该功能模块的任务是建立和管理维护系统中的主题词表和分类表，并使它们和标引、建库等子系统相连接，支持用户的各种词汇查询操作。该系统可以独立存在，也可以和建库子系统中的词典文档合并在一起。

用户接口子系统。它的全称为"系统-用户接口"（System-User Interface），简称用户接口。它的任务是承担用户与系统之间的通信功能，通常由用户模型、信息显示、命令语言和反馈机制等部分构成。

提问处理子系统。该功能模块的任务是负责处理用户输入的提问式，并将它们与数据库存储的数据进行比较运算，然后将运算结果输入给用户。该模块主要由检索程序构成，包括接收提问、提问校验、提问加工和检索。

4.3.6 用户反馈

信息资源服务平台建设的最终的目的是提供服务，信息平台如何根据用户的深层需求提供高质量的服务是其中心环节。由此，除了向用户提供检索结果反馈之外，信息资源服务平台还应挖掘用户潜在需求和面向用户进行服务汇聚，这就需要在服务上实现个性化、互动化、人本化和全程化。

对于跨系统信息资源平台服务而言，更重要是以用户为中心，以此决定服务反馈体系的基本内容和模式。那么有效的人机交互界面应该包含些什么呢？美国著名人机交互领域专家本·施耐德曼（Ben Shneiderman）认为：设计出色的、有效的计算机信息系统应该使用户相信其有能力完成工作任务，能够熟练地进行各项操作，并对系统情况了然于心。在一个设计优秀的交互系统中，界面几乎是不存在的，用户可以专心于他们的工作、研究或是爱好。①

信息资源服务平台应遵循提供说明性的反馈信息、降低工作存储器负载和

---

① Baeza-Yates R. 现代信息检索[M].王知津,等译.北京:机械工业出版社,2005:1-10.

为新老用户提供可选界面的三个原则与用户进行交互，以便及时获取用户在使用过程中遇到的问题，并适时地进行系统优化。从用户界面设计的角度来看，人们在能力、偏好方面差异巨大，有些差别对于信息存取界面是非常重要的，包括相对空间能力和记忆力、推理能力、口头表达能力等，人们对界面技术采取接受还是拒绝态度，其年龄和文化背景都会对此有所影响。对于有些用户来说，界面更新是有效的，并能使人方便地进行操作；但对于另外一些用户，就有可能是不适宜的了。因此，平台交互界面设计应该考虑交互风格的灵活性，而且也不能认为新的功能对任何用户都具有同等的效用。

所以，平台服务反馈基本内容必须与用户的需求充分贴合。信息资源服务平台的服务反馈应以"用户评价"为核心，采用"提问解答""即时互动"的反馈方式，及时了解用户意愿，提供针对性服务；将平台反馈通道设置在用户感知范围内的显眼位置，使用户反馈服务平台与信息资源服务平台的核心服务功能一样被包含在主列表中，以便用户能够直接发现。此外，平台还可设置相应的反馈吸引机制以刺激用户的反馈动机，例如，使用户可利用反馈获得的平台积分去获得相应的等值服务。同时，平台服务反馈的内在服务质量必须得到保障。平台还应重视服务人员的业务培训，以提高服务人员专业知识水平以及业务素养。

信息资源服务平台的用户服务反馈的过程实质上是一个用户与平台之间的互动过程。在该互动过程中，用户向系统发出服务请求，平台则自动或半自动响应用户的服务请求直到用户服务需求得到满足。典型的服务反馈形式为常见自动问答、专家咨询、平台用户互助。图 4-6 和图 4-7 分别为信息资源服务平台的用户反馈机制和流程示意图。

由于 Web2.0 技术的发展和广泛应用，信息资源服务平台社会化时代已经来临，作为信息资源服务平台社会化的一个显著特征，用户更多地提出个性化、社会化、移动化、多渠道消费和自助服务等需求，这给信息资源服务平台的信息化建设带来了新的挑战，平台需要不断满足内外部日益增长的用户参与需求。在内部，信息资源服务平台要为平台的管理或服务人员创造随时随地的访问条件和方式，让其能够轻松查找所需要信息，进一步提升其业务参与度和工作效率。在外部，为了保持并提高用户的参与热情，平台要从用户的角度出发，以用户熟悉和喜爱的方式与之进行交互，为其提供最佳个性化体验，如优化多渠道一致性体验，创新在线客户服务，提供微信、微博式的交互体验等，从而吸引更多用户并提高用户忠诚度。其中，客户服务方面可以利用机器学习的原理设计算法，以精准回答为目标，及时又准确地定位用户需求，既可以提

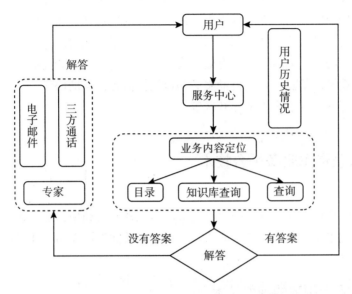

图 4-6 信息资源服务平台的用户反馈机制

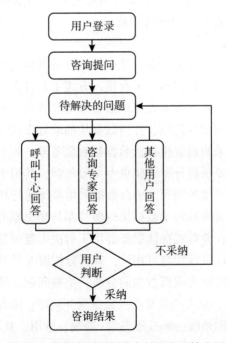

图 4-7 信息资源服务平台的用户反馈流程

高效率，又可以解放人工。例如，可为用户建立一个以主题进行分类的社区式
论坛，使用户除了可以在平台中查询到所需要的信息外，还可以与其他用户进
行社区式的互动交流，增强用户与用户、用户与平台之间的关联性。而对合作
伙伴，平台则需要通过一系列有效方式加强其参与力度，如提供经过优化的适
用于任何设备的信息，提供自助服务和可见性流程，借助协作工具加强合作关
系，以及开发与扩展合作伙伴社区等。

4.4 信息资源服务平台技术

为了实现以需求为导向的信息资源的组织开发与利用，必须将信息资源组
织与开发技术组合起来，使之成为一个系统，共同发挥作用，才能更好地服务
于广大信息用户。

4.4.1 平台构建的硬件技术

信息资源服务平台提升性能需要突破硬件技术的限制，主要包括三个方
面：服务器环境、存储容量及网络带宽。

（1）服务器环境

大数据平台需要接入政务数据、社会数据以及其他类型数据，以应对大型
数据库的处理要求和多媒体内容。平台接入方式主要包含系统对接与爬虫采集
两种方式。系统对接方式运行需要依赖数据采集前置机与中心接口服务器，采
集前置机解决前置数据抽取问题，并将数据从抽取处发向中心接口服务器，数
据接口服务器为数据采集前置机提供数据接收服务器，解决数据集中化处理问
题；爬虫采集方式需要部署分布式爬虫专用服务器，其用于部署分布式爬虫系
统，解决采集互联网资源的问题。平台数据采集系统运行环境还包括以下几个
方面：数据清洗转换服务器置于数据接口服务器与爬虫服务器之后，用于解决
数据的清洗转换问题；分布式存储服务器用于解决大规模数据存储问题，将数
据进行分片存储，保证可靠性与可用性；并行分析服务器对分布式存储系统的
数据进行并行分析，解决大规模数据的分析，挖掘问题；硬盘数据库服务器用
于部署 NoSQL 数据库，解决高并发在线数据服务问题；内存数据库服务器用于
部署分布式内存数据库系统；Web 服务器(展现、应用、共享、运营)用于部署
数据共享、应用、展现、运营、监控等系统，解决大数据平台对外服务问题。
平台的处理速度主要由 CPU 的性能决定，影响 CPU 性能的因素主要包括架构、

物理核心数目、线程数目、主频、缓存等。随着 CPU 性能的不断优化，处理速度还会不断提升，利用多 CPU 结构实现速度的提升是很多平台会采用的方式。

（2）存储容量

随着信息资源数量不断累积，对存储容量提出了较高要求。TB 级是传统硬盘的最高存储容量，除此之外，磁盘阵列的容量达到几十 TB 的也存在，而且出现了能够任意扩充容量的存储区域网络（Storage Area Network）和网络附加存储（Network Attached Storage）。随着技术的发展，存储量的上限会一再被突破。数据存储主要包含结构化数据存储、半结构化数据存储；初期提供可存储 800TB 数据的磁盘，后期根据业务的发展可考虑提供 PB 级存储磁盘。在备份存储方面，初期提供 100TB 备份磁盘，对大数据平台的关键数据进行备份，备份可考虑使用第三方数据服务机构的异地备份服务。

（3）网络带宽

网络带宽通常是指在单位时间（一般指的是 1 秒钟）内从一端流到另一端的信息量，用来表示通信线路所能够传输数据的能力，是数字信道所能传输的最高数据率，单位是 bit/s。平台的发展将带来用户数量激增，带宽对于共享平台的作用也日渐突出。随着多媒体应用深入人们生活的各个领域，网络带宽也进入前所未有的瓶颈期。现代社会的发展对于网络速度的要求是非常高的，高速宽带是未来的必然趋势。目前采用光纤通信提升网络宽带速度是主要的方式，因为光纤网络具有非常明显的优势：较强的防电磁干扰的能力、较强的保密性、稳定的性能和较大的通信容量以及较高的质量。光纤的明显优势使得光纤接入成为发展的关键所在。网络资源包括内部网络、对外服务网络、数据接口服务网络、爬虫专用网络四个部分，其功能分别为：满足内部服务间交换数据，千兆或以上网络连接内部集群服务器；满足大数据平台对外服务需求，100MB 或以上网络 Internet 网络；满足数据接口传输需求，100MB 或以上网络 Internet 网络；满足爬虫采集互联网资源，100MB 或以上网络 Internet 网络。

4.4.2　信息采集技术

传统的文献信息资源采集，主要是以手工操作的方式进行，程序复杂、繁琐，不但花费大量的时间，而且容易出现差错。网络环境下的文献信息资源的采集实现了现代化、电子化和网络化，用先进的计算机技术可以进行查找、打印、统计、验收等工作，不仅速度快、效率高，而且不容易出现差错。另外，现代化的采集工具不仅提高了工作质量和工作效率，也节约了采集人员的时间和精力，使他们能够有足够的精力了解、掌握、研究文献信息资源方面的出版动态，从而保证文献信息资源的采集质量不断提高。

随着计算机网络技术的发展和普及，人类在信息传播和利用上进入了崭新的世界。发展迅速的万维网技术，以其直观、方便的使用方式和丰富的表达能力，已逐渐成为互联网上最重要的信息发布和传输方式。然而，Web 信息的急速膨胀，在给人们提供丰富的资源的同时，又使人们在对它们的有效使用方面面临着巨大的挑战。为此，人们发展了以 Web 搜索引擎为主的检索服务，并且随着应用的深化和技术的发展，单纯的检索服务正在向信息转播、个人代理、个性化主动服务等领域全方位拓展。作为提供这些服务系统的重要组成部分，网络信息采集技术正应用于搜索引擎、站点结构分析、页面有效性分析、Web 图进化、内容安全检测、用户兴趣挖掘以及个性化信息获取等多种服务和研究中。

（1）信息采集的原理

网络信息采集技术是按照用户指定的信息或主题关键词，调用各种搜索引擎进行网页搜索和数据挖掘，通过 Web 页面之间的链接关系，从 Web 上自动地获取页面信息并且随着链接不断向所需要的 Web 页面进行扩展的过程。实现这一过程主要是由 Web 信息采集器来完成的，根据应用习惯的不同，Web 信息采集器也常称作 Web Spider、Web Robot 和 Web Worm。它主要是指这样一个程序，即从一个初始的 URL 集出发，将这些 URL 全部放入一个有序的待采集队列里。而采集器从这个队列里按顺序取出 URL，通过 Web 上的协议获取 URL 所指向的页面，然后从这些已获取的页面中提取出新的 URL，并将它们继续放入待采集队列里。然后重复上述过程，直到采集器根据自己的策略停止采集。对于大多数采集器来说，到此就算完结；而对于有些采集器而言，它还要将采集到的页面数据和相关处理结果存储、索引并在此基础上对内容进行语义分析。

（2）信息采集技术的分类

信息采集的本质是网络爬虫技术。目前常用的信息采集技术可归类为以下几种：① 基于全网的网络爬虫、增量式网络爬虫、面向主题的网络爬虫、个性化的网络爬虫、迁移的网络爬虫。其中，基于全网的网络爬虫和面向主题的网络

---

① 关慧芬，师军，马继红．网络爬行技术研究[J]．郑州：郑州轻工业学院学报：自然科学版，2008，23(6)：69-73；孙骏雄．基于网络爬虫的网站信息采集技术研究[D]．大连：大连海事大学，2014；张红云．基于页面分析的主题网络爬虫的研究[D]．武汉：武汉理工大学，2010.

爬虫是目前网络舆情信息采集技术的研究热点(见表4-4)。[①]

表4-4 目前常用的网络爬虫方式

网络爬虫类型	采集方式	适用性分析
基于全网的网络爬虫	从定义的若干种子 URL 开始扩充,理论上可以逐渐覆盖到整个 Web 范围	采集数据的覆盖面广,但爬行耗时长,所需的硬件资源多,数据利用率低;通常作为门户站点搜索引擎和大型 Web 服务提供商的数据采集部分
增量式网络爬虫	对页面采用增量式更新,只对那些发生了变化或新产生的页面进行抓取,对没有更新变化的页面则不进行采集	极大减小了周期内采集页面的数量,进而节约了时空开销,但加大了算法的复杂性和技术难度;目前流行的搜索引擎大多采用增量式网络爬虫
面向主题的网络爬虫	只选择性搜寻与预先定义主题相关的页面,不采集那些与主题无关的页面;主题的描述一般采用关键词或样本文件	有针对性,采集的页面数大大减少,明显节省了硬件和网络资源,可满足特定人群对特定领域信息的需求,但存在采集判定页面与主题的相关性及如何提高系统的搜索精度和完全度等问题
个性化的网络爬虫	主要通过用户兴趣主导或与用户交互等手段来采集信息,为用户提供个性化服务	是一种轻量级的采集系统,但实用性和有效性有待提高
迁移的网络爬虫	将自己上传到它所要采集的页面所在服务器中,在该服务器中进行采集,并将采集结果压缩回传到本地	大量的剪裁工作在被采集对象的服务器上完成,节省了 Web 资源,但可能不会被采集对象所信任,需由权威的信任机构评估并授权

4.4.3 信息组织技术

网络信息组织主要是采取特定的模式,按照平台标准原则使平台内各系统及网络中大量分散且杂乱无章的信息得到整合,并通过搜索、筛选、排序、分析以及存储等手段进行加工与处理,最终形成有序、标准的信息体系,以此来

① 吕雪锋,陈思宇.自然灾害网络舆情信息分析与管理技术综述[J].地理与地理信息科学,2016,32(4):49-56.

方便平台用户搜索与使用信息。数字化信息组织技术是信息资源服务平台构建基础层面的技术，技术的发展决定了信息内容的组织形式和揭示深度。目前的信息组织技术包括主要自动标引技术、自动文本分类技术、网格技术、知识链接技术等。

（1）自动标引技术

伴随着信息技术的快速发展，人们开始将计算机技术应用于文献的标引工作，开始对文献自动标引进行广泛研究，其基本思想就是利用计算机从各种文献中自动提取相关标识引导的过程，并利用一些最能表达文献主题的重要词汇，即关键词集合，来表达文献的主要内容。最早研究自动标引的是美国人卢恩（H. P. Luhn），他在1956年首次开展了自动标引实验，在1958年发表了有关自动编制文摘的论文，提出了基于词频统计的抽词标引法，奠定了自动标引的基础。近年来，汉语文献自动标引研究的新技术和新方法层出不穷，开始将人工智能引入自动标引技术中。[1]

汉语文献的自动标引主要是通过选取关键词来表示文献主题，然而汉语的词汇之间并没有像空格一样的间隔标记，所以进行文献自动标引时，需要先进行书面汉语的自动分词，然后再进行标引处理。目前自动标引的方法有很多种，依据其实现手段，可以分为如下几种：词典标引法、统计标引法、单字标引法、语法语义分析标引法、神经网络标引法、专家系统标引法等，各种方法的优缺点如表4-5所示。

表4-5　　　　　　　　　各种自动标引方法的优缺点

自动标引方法	基本思想	优点	缺点
词典标引法	构造机内词典，依据算法将文献与词典进行匹配运算抽取标引词	建立了机读汉语词典，词语切分的准确率比较高	需配置庞大的机读汉语词典，系统开销较大
统计标引法	使用词频统计法和加权法来确定标引词	速度稍优于词典标引法且简单实用	需预先建立庞大的机读汉语词典，系统开销大

① 贾君枝，闫晓美，武晓宇. 政府信息公开的自动标引的设计与实现[J]. 情报理论与实践，2012，35（2）：109-113.

续表

自动标引方法	基本思想	优点	缺点
单汉字标引法	将单个汉字作为处理对象进行文献的标引	避免了分词和词典构造问题	难以处理文献的隐含主题关系
语义分析标引法	将知识库作为语法和语义分析中的推理和判断语句,抽取文献标引词	句法和语义来推理判断,分词效果较好、准确率高	知识库的构建缺乏动态性,技术不成熟,难以达到实用效果
神经网络标引法	神经网络模型方法进行自动标引	标引准确率高	技术不成熟,难以达到实用效果
专家系统标引法	主题词表构建语义网络,由抽词规则对文献进行分析确定标引词	标引准确率高	构建知识库和推理机难度较大,技术受限,难以实际应用

  各种标引方法都存在一定的优势,也有其局限性。词典标引法采用先组式标引方法,包括最大匹配法、最小匹配法等,算法较简单且检索速度较快,但分词词典的构建和维护需要花费较大的人力。统计标引法,主要有词频统计、字共现统计、位置加权等方法,其运算速度快且准确率高于词典标引法,是目前应用较为广泛的标引方法之一。单汉字标引法,处理对象是单个汉字,因此不需要构造词表,方法灵活且易于实现,但其在表达文献的主题内容方面存在一定的局限性。语义分析标引法主要包括词法分析、句法分析、语义分析等,其优势在于分词效果较好,正确率较高,并且该标引方法在理论上优于词典标引方法,但在具体应用上还存在技术局限性。神经网络标引法是一种基于人脑思维机制的全新标引方法,通过构建神经网络模型进行分词和标引,准确率高,但对人工智能方面的技术要求也较高,难以实际应用。专家系统标引法,主要运用抽词规则、标引规则和专门的专家知识进行推理判断确定标引词,标引的准确性和可靠性高,但基于规则的推理缺乏灵活性,并且规则库的维护和推理机构建等技术尚不成熟,实现起来较困难。①

---

  ① 贾君枝,闫晓美,武晓宇. 政府信息公开的自动标引的设计与实现[J]. 情报理论与实践,2012,35(2):109-113.

（2）自动文本分类技术

自动文本分类是对大量的非结构化的文字信息（文本文档、网页等）按照给定的分类体系，根据文字信息内容将其自动分配到预定义的类别中去，是一种有指导的学习过程。

自动文本分类大致可分为两种方法：一种是基于训练集的文本分类方法；另一种是基于分类表的文本分类方法。两种方法出自不同角度的研究者，基于训练集的文本分类法更多地来自计算机或人工智能研究领域，而基于分类表的文本分类法则更多地来自图书情报领域。

①基于训练集的文本自动分类。基于训练集的文本分类是典型的有监督的机器学习问题，分为训练和分类两个阶段，每个阶段的具体过程如表 4-6 所示。

表 4-6 　　　　　　　　　文本自动分类各阶段具体内容与步骤

阶段	具 体 步 骤
训练阶段	定义类别集合，这些类别是层次式的，也可以是并列式的。给出训练文档集合，每个训练文档被标上所属的类别标识。统计所有文档的特征矢量，确定每个类别的特征矢量
分类阶段	对于测试文档集合中的每个待分类文档，计算其特征矢量与每个元素之间的相似度 选取相似度最大的一个类别作为该元素的类别 在某些特殊情况下也可以分为多个类别，但类别之间的差异不能高于某一个值。如果元素与所有类别的相似度不超过预定的值，那么最终的分类结果应由用户来最终决定

早期基于训练集的文本分类方法主要是基于规则的分类算法，由于人工预定的规则很难形成一个全覆盖并自洽的体系，基于机器学习的文本自动分类方法出现并得到广泛应用。

基于规则的分类方法是指通过给定阈值，提取规则用于分类。典型的基于规则的分类方法有基于关联的方法和决策树方法。

基于关联的分类方法主要包括四个方面：一是通过信息检索技术和关联分析技术提取出关键词；二是利用已有的词类生成关键词的概念层次，使用概念层次可以在不同层次上对文本进行分类，以便于在信息检索时可以灵活地扩检、缩检，在文本挖掘时可以实现多层挖掘；三是利用关联挖掘方法去发现关联词，每一类文本对应一组关联规则；四是用关联规则去对新的文档进行分类。

决策树算法是一种逼近离散函数值的方法，首先对数据进行处理，利用归纳算法生成可读的规则和决策树，然后使用决策对新数据进行分析。决策树本质上是通过一系列规则对数据进行分类的过程，通过构造决策树来发现数据中蕴涵的分类规则。决策树构造可以分两步进行。第一步，决策树的生成：由训练样本集生成决策树的过程。在一般情况下，训练样本数据集是根据实际需要有历史的、有一定综合程度的，用于数据分析处理的数据集。第二步，决策树的剪枝：决策树的剪枝是对上一阶段生成的决策树进行检验、校正和修正的过程，主要是用新的样本数据集(称为测试数据集)中的数据校验决策树生成过程中产生的初步规则，将那些影响预测准确性的分枝剪除。

基于机器学习的分类方法是通过学习给定的训练集，从而归结出各分类的模板，从而使用模板来进行文本分类。目前主要的方法包括：朴素贝叶斯分类算法、K最近邻居(KNN)算法、支持向量机(SVM)算法和神经网络算法。

朴素贝叶斯分类算法利用贝叶斯定理来预测一个未知类别的样本属于各个类别的可能性，选择其中可能性最大的一个类别作为该样本的最终类别。文本属于类别的概率等于文本中每个词属于类别的概率的综合表达式。主要可分为以下步骤：首先计算特征词属于每个类别的概率向量和每一类的概率；其次对于新文本，根据特征词分析，计算该文本属于每个类别的概率；最后，比较新文本属于所有类的概率，将文本分到概率最大的那个类别中。

K最近邻居(KNN)算法的基本思路是，对给定新的文本考虑在训练文本集中与该新文本距离最近(最相似)的K篇文本，根据这K篇文本所属的类别判定新文本所属的类别。具体的算法步骤为：首先根据特征项集合重新描述训练文本向量；其次将新文本表示为特征向量；最后从训练文本集中选出与新文本最相似的K个文本。这里，K值的确定目前没有很好的方法，一般采用先定一个初始值，然后根据实验测试的结果调整K值，一般初始值定为几百到数千之间。在新文本的K个邻居中，依次计算每类的权重，文本属于某个类别，则权重为1，相反，权重为0。

支持向量机(Support Vector Machine，SVM)的基本思想来自统计学理论，该算法基于结构风险最小化原理，将数据集合压缩到支持向量集合，学习得到分类决策函数。SVM一般解决二分类问题，对于多分类问题时可以通过建立多个二分类器进行解决。给定一组训练实例，每个训练实例被标记为属于两个类别中的一个或另一个，SVM训练算法建立一个将新的实例分配给两个类别之一的模型，使其成为非概率二元线性分类器。SVM 模型将实例表示为空间中的点，这样映射就使得单独类别的实例被尽可能宽的明显的间隔分开。然后，将新的实例映射到同一空间，并基于它们落在间隔的哪一侧来预测所属类别。而对于非线性分类，SVM 还可以有效地使用所谓的核技巧（kernel trick），把它的输入隐式映射到高维特征空间中。如果数据未被标记，则需要进行非监督式学习，它会试出从数据到簇的自然聚类，并将新数据映射到这些已形成的簇。支持向量聚类，就是指由 SVM 改进的聚类算法，当数据并未或少量被标记时，支持向量聚类经常在应用中被用作分类步骤的预处理。①

②基于分类表的分类。该方法借助一定的分类表完成自动分类。这种方法符合现有的文献分类体系，能够达到鸟瞰学科全貌的效果。为了解决自动分类过程中一个词可能属于多个类、多个词属于同一个类及每一学科或类别中还存在具有共性的小类等问题，需要先构建分类词表和复分表。

第一，分类表的构建。由于自动分类采取从主题词（关键词）出发去获取分类号的方法。所以，解决多词一类的问题在分类表的构造上只需要将每个词与同一个类号进行关联。解决一词多类的问题可根据这个词对所属类的重要程度加以区分，通常采用的方法是权重分配法，即一个词归属到某类的可能性比另一类更大时，对该词与前一类号的联系关系给予较高的权值，后者给予较低的权值。同样，当多个词属于同一类时，也可以根据重要程度分配不同的权值。

第二，复分表的构建。在许多分类法中设有总类复分、地区复分、时代复分等复分表，用来解决各类中带有共性的小类。计算机分类中可以模仿人工方式构造机内复分表解决这类问题，由于各种复分表均相对较小，采取合并复分表建立复分类表库，不同的复分用标志区分。

文本分类面向的对象不是一整篇完整的文档，而是能够代表该文档的一系列短语或词组，这些统称为"文本特征"。为了提取文本特征，需要对文本进行分词，而分词的目的是分类。为此，还需要创建一个把分词和分类连接起来的词库：关键词与类主题词连接库。

自动分类算法涉及关键词的切分、类主题词的获取、类别的统计并类、权重分析归类、补充复分类号五个步骤。具体实施过程依次为：从待分类信息库中取一条待分类的记录，使用自动分词技术提取关键词；以关键词为检索键搜

---

① 刘冬瑶，刘世杰，陈宇星，张文波，周振. 新闻文本自动分类技术概述[J]. 电脑知识与技，2017，13（35）：87-91.

索关键词与类主题词联结库，得到类主题词；利用类主题词查找类主题权重词表库，获取分类号及相应的权值，当所有的分类用词的分类号及权值取完后，进行类号合并与权重求和；分析给定类，将已取出的所有类号分析比较。分析归类主要从如下几个方面进行：只有唯一类号，无须作其他判断，直接归类；有多个类号，但只有一个类号权值最大，将该文献归入其类；有多个最大权值相等的类号，则删除权值较小的类号，在最大权值的类号中，选出单一权值最大者为首选类号记下，其他相同权值的类号作为辅选类号或参见类号记下。需要复分时，用复分信息搜索复分表，得到复分号补充已确定的分类号。

（3）网格技术

长期以来，知识的控制单位基本上停留在文献级别上，这种以文献为中心的组织知识方式（如题录、索引、文摘、文献数据库等）有两大缺陷：其一，组织的是知识载体——文献，而不是知识本身；其二，检出的文献只含已有的知识，未能揭示其内在联系，不能为产生新知识提供联系。因此，这种方式制约了信息资源的有效利用。网格技术的出现，为人们对知识信息的需求由文本单元向知识单元深度发展提供了实现的可能性，同时也将网络信息平台服务推进到一个新的发展阶段，为知识元链接提供了理论和技术上的可能性。

网格是一个集成计算与资源环境，或者说是一个计算资源池，是构筑在互联网上的一组新兴技术，将高速互联网、高性能计算机、大型数据库、传感器、远程设备等融为一体，为科技人员和普通用户提供更多的资源、功能和交互性，使人们能够按需获取所有信息。网格对现有互联网进行了很好的管理，它把分散在不同地理位置的资源虚拟成一个空前强大的信息系统，实现计算资源、存储资源、数据资源、信息资源、软件资源、知识资源和专家资源等全面共享，目的是将计算能力和信息资源像电力网一样通过网络形式方便地传送到用户手中。

为解决不同领域复杂科学计算与海量数据服务问题，人们以网络互联为基础构造了不同的网格，有代表性的包括计算网格、数据网格、访问网格、服务网格、信息网格和知识网格等，这里重点涉及信息网格和知识网格。信息网格是强调信息存储、管理、传输、处理的网格。主要是利用现有的网络基础设施、协议规范、Web 和数据库技术，为用户提供一体化的智能信息平台，其目标是创建一种架构在 OS 和 Web 之上的基于互联网的新一代信息平台和软件基础设施。在这个平台上，信息的处理是分布式、协作和智能化的，用户可以通过单一入口访问所有信息。信息网格追求的最终目标是能够做到服务点播（Service on Demand）和一步到位的服务（One Click Is Enough）；知识网格是强调知识存储、管理、传输、处理的网格。知识网格是一个智能互联的环境，能使用户有效地获取、发布、共享和管理知识资源，并为用户和其他服务提供所需的知识服务，辅助实现知识创新、协同工作、问题解决和决策支持。知识网格所要解决的主要问题包括资源的规范组织、智能聚合和语义互联。资源的规范组织需要解决如何组织资源空间，使用户和服务能够有效、正确地根据语义操作各种资源，提高资源的使用效率；资源的智能聚合使资源能够互相理解，根据用户的需求有效、动态、智能地聚合各种资源。资源的语义互联解决如何使互联网上资源的语义能够被机器理解。

网格的核心技术主要包括：

①高性能调度技术。在网格系统中，大量的应用共享网格中的各种资源，如何使得这些应用获得最大的性能，这就是调度所要解决的问题。网格调度技术比传统高性能计算中的调度技术更复杂，这主要是因为网格具有一些独有的特征。例如，网格资源的动态变化性、资源的类型异构性和多样性、调度器的局部管理性等。所以网格的调度需要建立随时间变化的性能预测模型，充分利用网格的动态信息来表示网格性能的波动。在网格调度中，还需要考虑移植性、扩展性、效率、可重复性等一系列问题。

②资源管理技术。资源管理的关键问题是为用户有效地分配资源。高效分配涉及资源分配和调度两个问题，一般通过一个包含系统模型的调度模型来体现，而系统模型则是潜在资源的一个抽象，系统模型为分配器及时地提供所有节点上可见的资源信息，分配器获得信息后将资源合理地分配给任务，从而优化系统性能。

③网格安全技术。网格计算环境对安全的要求比互联网的安全要求更为复杂。网格计算环境中的用户数量、资源数量都很大且动态可变，一个计算过程中的多个进程间存在不同的通信机制，资源支持不同的认证和授权机制且可以属于多个组织。正是由于这些网格独有的特征，使得它的安全要求性更高，具体包括支持在网格计算环境中主体之间的安全通信，防止主体假冒和数据泄密；支持跨虚拟组织的安全；支持网格计算环境中用户的单点登录，包括跨多个资源和地点的信任委托和信任转移等。

④基于网格的知识元技术。20世纪70年代后期就有专家指出，知识的控制单位将从文献深化到文献中的数据、公式、事实、结论等最小的独立的"知识元"。其实，每篇文献的知识就是人类知识结构中的一个知识单元，知识单元与知识结构组成了个性知识与共性知识的知识系统。个性知识单元由最小的

知识元素"知识元"组成，知识元的不同排列构成了不同知识单元之间的差异，知识元也是知识结构的最小元素，在知识结构中可以由知识元直接组成新的知识单元，这就是知识学习与知识创新的过程。可见，知识的控制单位一旦实现由文献深化到"知识元"，大量文献中所包含的"知识元"及相关信息间的链接，将产生极大的知识增值。如果说在手工操作时代，要想对海量的文献信息管理深化到知识单元层次只是一种无法实现的理想的话，那么，网格技术的发展，已经从技术手段上为人类的这一梦想提供了实现的可能性。

网格具有高速的计算能力和数据传输能力，可以将网格看成传统意义上一台计算机来透明地使用。信息网格具有良好的互操作性，这种互操作性是指信息网格的多个节点上信息的存储和表示虽然可以多种多样，但从用户行为角度看都可以互操作。在信息网格中，互操作性主要通过系统接口层实现。这种互操作性，允许在开发与利用信息资源的时候，将各种信息源(如文本格式、多媒体格式等)无差别地组织在一起，充分满足用户对不同类型信息资源的需求。同时，对物理上分布在各地的大量信息资源，通过使用知识网格进行分布式的数据挖掘工作，在这种知识发现的应用中，会经常使用分布式系统和并行系统的计算来分析大量的数据集，网格在提供高效计算方面扮演着重要角色。网格技术对知识元的链接提供了理论和技术上的支撑，对知识服务将起到巨大的推动作用。

(4)知识链接技术

知识链接的发展与互联网的出现息息相关，很大程度上归功于互联网所提供的相互链接功能。J. Hitchcock 指出，互联网的成功在很大程度上归功于它所提供的网址之间相互链接的功能。互联网所培养的新一代网民期望在利用科技信息服务时，能重温在互联网上的感觉。正如开放链接标准(Open URL)和SFX 软件的创始人 V. Sompel 所描述的用户梦想的是一个覆盖全部学术信息资源的信息系统，在此系统中，所有信息互通互联，信息获取简单准确。因此，可以说互联网技术的发展催生了人们对异质、异构、异地知识资源的互联互通和无缝链接的要求。人们希望在各种知识平台上获得广泛链接的学术资源，希望对相关学术资源进行集成整合，实现各种数据库产品的统一检索和一站式服务。这就需要对相关学术资源进行关联性分析，通过 OpenURL、引文、网页、联机公共目录(OPAC)等之间多元、多角度、多途径链接，实现不受出版商、图书馆等机构限制，不受数据库收录范围限制的，开放的、动态的各种知识资源的有效链接、数据集成和跨库整合。这一背景下，知识链接的价值就会凸显出来。

①知识链接的概念。知识链接是指通过知识关联将具有同一、隶属、相关关系的知识单元按照一定的需要有序地联系在一起，形成序列化或结构化的知识集合，继而构成知识网络的一种行为，① 是基于知识联系的信息组织，能显示知识元或知识信息群之间网络、结构、互动、交叉、演化或衍生等诸多复杂的关系。通过语义关联，把知识体系连接为清晰的知识网络结构，为知识检索和知识共享提供知识资源，可以方便用户即时获取有效的知识。②

虽然知识链接是伴随着互联网的产生而发展起来的，但其构建理论与方法却可以追溯到 1963 年引文分析理论的诞生。引文分析反映的是文献之间的引用关系网络，揭示研究对象的特征及相互之间的关系，用于分析期刊、论文、作者等研究对象引用和被引用的现象和规律。复杂网络理论可用于解释研究对象之间由于同被引和耦合形成的网络关系以及科研合作网络。随后出现的共引分析方法、共词分析方法、知识组织体系等也为构建知识关联关系提供了有效的方法论基础。

通过知识链接，利用引文关系、上下位关系，可以不断扩大检索范围，掌握越来越多的相关文献；通过知识链接，可以处理异质信息资源，建立一个包括报纸期刊、科学数据、作者网页、专利信息和产品信息等互相链接的信息资源服务平台环境。③ 随着技术的进步、资源的丰富和标准化工作的进展，知识链接还可以构成一个统一的知识体系结构，形成序列化或结构化的知识集合，构建知识网络门户体系，揭示知识的本质联系，继而对可链接的知识进行智能检索、知识导航、交叉揭示、统计分析等。

②知识链接的类型。根据知识链接的资源对象，知识链接可分为四种类型：基于科学文献的知识链接、基于知识元的知识链接、基于科学对象的知识链接、基于知识要素的知识链接。

第一，基于科学文献的知识链接。该类型的链接通过科学文献（学术论文、引文、专利、标准等）之间的引证关系，利用开放链接标准，确定引文链

---

① 曾建勋，赵捷，吴雯娜，等. 基于引文的知识链接服务体系研究[J]. 情报理论与实践，2009，32(5)：1-4.

② 曾建勋. 开放式知识链接服务体系研究[J]. 情报理论与实践，2013，36(1)：48-52.

③ 贺德方. 知识链接发展的历史、未来和行动[J]. 现代图书情报技术，2005(3)：11-15.

接网址(URL)，建立引文链接索引库，链接源与相应的目标可以是期刊论文、学位论文、标准、专利、图书篇目、会议录、文摘索引款目或甚至是 Web 站点、E-mail 中的链接等。通过科学文献中的各类型引文，在文摘索引与其所标引文献、文后参考资料与被引用资料之间建立关联和链接。① 根据引文的引用、被引用和共同引用三种类型，可进行引文正向链接、引文反向链接和共引文献聚类链接等。用户通过互联网查询这些建立了论文引文链接的数据库和知识库，借助各种引用途径在整个知识体系中情景敏感地获得相关知识信息。在许多情况下，使用知识链接的用户处于一种包括 OPAC 系统、文摘索引数据库、电子期刊及 Web 信息资源服务等多种类型信息资源在内的复合信息资源平台环境之中。不仅实现同一个文献数据库中的文献链接，还能实现多个文献数据库的内容深度整合，在跨库多维链接的基础上，实现跨库引文分析与文献相似性分析，继而建立跨库的知识链接。

　　第二，基于知识元的知识链接。知识元是知识的最小单位，是知识结构的基本组成部分。不同的研究视角对知识元的称谓不同，定量化的研究角度称其为知识元或知识元素、知识因子，定性化的研究视角就是概念或事物。那么，在知识体系中知识元则作为结构最小的知识节点，用语词来表示就是关键词或关键词组。实现知识元链接，首先必须将这些最小的知识单元提炼出来，即把一个概念、一个事实或一个数据等能实际说明某个知识的各元素包括知识概念、关键词或关键词串等提炼出来，按照基本知识结构存储在知识元库中。知识元库是知识元链接的中枢，由具有独立意义的知识元素构成，包括理论与方法、事实、数值型三类基本知识元。通过对知识信息点的元素化加工与概括提炼，可以了解各学科知识基本内容，并发现知识之间的内容关联。知识元库不仅可以直接表述知识的内容，也可以通过全文数据库的索引技术，将使用这一知识元的所有文献自动链接为知识体系。

　　第三，基于科学对象的知识链接。知识领域内存在着作者与作者、作者与机构、机构与机构、作者与主题间的学术关系，重要机构、团队、科研人员学术关系及其相关关系成为知识链接的基础。通过对科学共同体、作者、出版社、基金组织等科学对象间学术资助、科学引证、科研合作、科学出版等关系的分析，对科学文献中学术参与者(机构和人)之间合著关系、引用关系、人员机构延续关系、人员和刊物关系等进行挖掘，可以实现对知识领域内科学对

　　①　张卫群. 知识服务中的知识元链接[J]. 情报探索，2006(12)：56-58.

象(包括人和组织)的结构、活动模式和演化过程的揭示,实现对领域内典型学术关系网络的结构和演化过程的可视化表现,发现机构、科研团队和个人间学术网络关系的特点与趋势。

第四,基于知识要素的知识链接。科技文献中包含大量的技术、项目、产品及其参数、指标、相关的图形表格等知识要素,这些知识要素往往分散于各种类型、各种载体和各种内容的文献之中,各知识要素之间也存在着相互关联,如项目创新技术、技术创造产品,产品又有各种相关的技术参数和指标,它们之间还存在着同一关系、上下位关系和相关关系等,存在着技术交替与延续、技术仿制及融合的发展过程,而其表述除文本外,多数是图形和表格等。对知识要素进行识别和抽取,对图形表格语义特征与语义模型、语义属性进行标注及标引,可以建立知识要素的概念化描述以及知识要素间的链接关系;能够展现技术自身的实况,表现技术演化发展的过程,成为技术图谱。①

面向国家创新的科技信息资源平台,不仅需要实现资源来源机构内资源之间的链接,而且需要建立跨机构的知识链接,实现开放链接系统。知识链接的方式也呈综合性,丰富多样,通过对链接解析工具的直接控制和使用,基于以DOI为唯一标识基础的链接推进了开放链接系统的产生,② 使文献间的链接在信息资源共享平台环境下普遍存在。同时也开始进行从文献到科学数据库的链接,将文章中的基因系列与基因数据库中的记录链接,实现文章内或文章间的化学结构、知识单元、科学对象以及相关的技术参数指标等知识要素的链接,将文章中对实验结果的描述与科学数据、科学参数结合等。

③知识链接的构建。知识链接原理是依据知识间特有属性和关联关系,知识链接方法得益于技术和标准的发展。开放链接标准的应用,主题图、知识元库、科学对象词典、知识本体等方面的研究为建立学习环境和信息环境之间的链接关系打下了良好的基础。分布异构的各数据库,通过知识元数据库、引文索引库和其他知识要素词典和科学对象索引耦合起来的整体化数据库集群形成一个集成的知识链接体系。任何一个用户都可以通过文献之间交错复杂的知识链接,最大限度地获取相关知识信息,从而实现知识管理和知识服务的目标。

---

① 姜永常. 基于知识元的知识仓库构建[J]. 图书与情报, 2005(6):73-74.
② 文庭孝,侯经川,龚蛟腾,等. 中文文本知识元的构建及其现实意义[J]. 中国图书馆学报, 2007(6):91-95.

知识链接的构建是一个复杂的系统过程。首先要确定参考链接机制，然后建立科学对象词典。在此基础上，抽取和标引知识元、知识要素，建立主题图及知库元库，实现知识要素间的有效连接。

第一，参考链接机制构建。超文本是一种按知识之间的关系非线性地存储、组织、管理和浏览知识的技术与方法。超文本链接是表现知识之间关系的一种手段，指使用超文本标记语言(HTML)的标记指令，通过统一资源定位符(URL)，指向链接对象的具体位置，在链接源(链源)与链接目标(链宿)间建立联系。其包括两个核心要素：节点和链。节点是展现知识的基本单元，可以是题录、不同载体形式的文献全文，也可以是文献的责任者、文献主题、文献出版机构等。链用来组织节点，表达节点间的关系，[①] 它由一个节点指向其他节点，或从其他节点指向该节点，以表示不同节点间知识的关系。链需要采用相同的表述工具予以标识。所以，知识链接可作为一个过程，也可看作一个系统。链接是超文本的核心，其基本特征是在嵌入 URL 标识的节点之间建立关系。适应数字环境下异构资源系统的发展，参考链接分为封闭式静态链接、开放式静态链接以及开放式动态链接。[②] 封闭式静态链接是指所有嵌入 URL 的信息链接点均在本地存储和控制，如美国科学情报研究所(Information Science Institute，ISI)开发的 Web of Science；开放式静态链接主要是链源和链宿互相提供链接对象的标识符或 URL，如 CrossRef；开放式动态链接主要是基于 OpenURL 协议的开放、扩展和多向性链接，OpenURL 标准的出现为建立无缝的、上下文敏感链接提供基础，如超链接技术。它们都是采用超文本链接技术，通过唯一标识符的指向，将文献实体间的引证关系进行定位，从而构建参考链接机制。许多新的技术标准陆续出现，推进了基于多样性信息环境的知识链接。资源描述框架(Resource Description Framework，RDF)建立了表达语义和知识关联的模型，DOI 和 CrossRef 可以用所建立的数字对象唯一标识体系固化相互之间的引用关系；[③] OpenURL 可以用来表达动态的、基于用户环境和身份的链接关系；而 XLink 支持多方向的扩展链接，可以在文档之间建立多向的复杂链接关系，实现链源到链宿之间的相互链接。

第二，科学对象词典编制。作者及其单位、基金、文献来源等是知识链接

① 顾东蕾. 论学科知识网络的理论基础[J]. 图书情报工作，2008，52(9)：32-35.

② 张晓林. 走向知识服务：寻找新世纪图书情报工作的生长点[J]. 中国图书馆学报，2000(5)：30-35.

③ 马文峰，等. 数字资源整合[M]. 北京：北京图书馆出版社，2007：10-15.

的科学对象，基于引文的知识链接，需要对其相关文献外部特征和内部特征进行规范合一，除对文献题目进行归一外，还需要对文献来源（期刊名称和出版社名称）、作者及其单位、基金等科学对象进行规范，这些是实现知识服务和统计评价功能的关键因素。对科学对象的链接，需要在论文引文数据库建设过程中进行相关科学对象文本的抽取，制定相关规范及标准，建立面向科学对象词典的结构体系和标准，将文本内容中的科学对象提炼出来，编制成科学对象词典。例如，机构包括正式名称和别称，同一机构可以有许多不同的名称，如实名和指称、译名、指代、缩写、简称等；机构之间有代用、相关、从属等关系，需要辨析之间的同义、近义、反义、从属、隐含、关联等关系。

通过构建信息抽取原型系统，对知识内容点的要素化提炼和规范，采用基于知识库的知识发现（Knowledge Discovery in Database，KDD）和数据挖掘（Data Mining，DM）等技术方法，从海量的、结构化的数据集中识别出新颖、有效的要素，包括机构、人员等实体的抽取。同时，按照一定的分类体系，采用分类标引法和词语标引法揭示科学对象的主题内容和属性，标识出科学对象之间的相关关系，并进行族性组织和语义、特性组织，使科学对象之间具有等级关系和学科关系。编制出规模适当、具有语义关系、分级合理并可灵活配置的科学对象词典（对象本体）。这样，可以基于科学对象词典相关语义场运算技术，把知识特征（形式特征与内容特征）与词典中的标引词汇进行相符性比较，通过引文与论文之间的作者、机构、出版社、基金等的规范，通过科学对象关联特征实现实体之间的关联，进行多实休关联分析及多视角的实体分析，实现科学对象的相互链接和揭示，以及科学对象的导航和统计评价，继而达到发现知识之间内容关联的需要。

第三，知识要素的抽取标引。对科技文献中参数指标和图形表格等知识要素的识别与抽取，进行图形表格语义特征及语义模型、语义属性的标注和标引，可以建立参数指标的概念化描述以及与其他知识要素的链接关系，实现数据聚合。知识要素的抽取标引需要建立图形、表格的识别模型和匹配模型，利用上下文分析方法自动分析和判读存储在计算机中的图形、表格所处的环境信息，[①] 找出其语义特征；利用参数指标语义模型，通过语义特征分析判断图形、表格所具备的参数指标属性，并将相关属性进行标注；利用数据清洗方法对图形、表格进行清洗，从而实现参数指标的识别与分离。还需要对科技文献

① 张丽华. 知网节与知识网络[J]. 现代图书情报技术，2006(9)：85-88.

信息中包含的大量图形、表格及其与上下文的关系进行分析,通过递归算法等推导出参数指标语义模型,利用机器学习理论和上下文分析理论,识别参数指标;利用数据挖掘理论,清洗、析出科学数据。

利用知识组织中的概念体系,可对抽取的参数指标和图形表格等知识要素进行概念判断、识别、归类、描述和链接。如利用自动切词技术,对这些知识要素进行元数据描述和知识加工标引,建立知识要素的概念化表达和关联。按照参数指标等知识要素的元数据规范,进行自动标注从而获取相关属性,建设知识要素数据库,以实现知识要素间的有效链接与揭示。

第四,主题图与知识元库建设。创建知识元库、构建主题图是实现知识链接的基础。作为一种知识组织体系,主题图/概念关系图是一个由众多的主题、主题间的关联关系组成的集合体。主题图由主题、关联来形成知识的结构与关联。主题可以表示任何概念化的知识,可根据应用领域和用户需求建立相应的主题概念集。关联表示相关主题之间互相的关系,如将主题关联起来,就形成了主题间的语义联系。① 文本中的知识元不是孤立的,知识元之间也存在着一定的逻辑关联。知识元有其相对应的主题/概念,一个知识元可以对应一个或多个主题/概念;反之,一个主题/概念也可以由多个知识元来表达。知识元最合适的表达方式是主题图,反映知识元之间的各种隐含的有效关联(如等级种属关系、矛盾关系、并列同一关系、簇类关系等),通过主题、主题间的关系以及知识元与资源关系的表现来组织知识,并将其与相关信息资源进行链接。通过对文本中知识元的抽取,建立知识元与主题概念间的有机联系,形成知识元库,② 可以通过知识元本身显现主题与资源实体之间的一种指向,实现对与知识元库中相关联的知识间的知识链接,形成一对一或一对多的指向,③ 从而揭示单篇文献的个体"知识元"与某领域共性"知识结构"的链接关系。

4.4.4 数据库存储技术

数据库技术起源于 20 世纪 60 年代末,是随着计算机技术的出现而出现的。最初,研发数据库技术是为了能够有效地管理和存取数据资源。数据库技

---

① 姜永常,杨宏岩,张丽波.基于知识元的知识组织及其系统服务功能研究[J].情报理论与实践,2007(1):37-40.

② 王渝丽.建设开放的知识元数据库是社会发展的需求[J].术语标准化与信息技术,2004(3):28-30.

③ 杨秀丹.基于关系的信息组织[J].情报理论与实践,2004(5):544-546.

术是信息资源服务平台的核心技术，并对计算机数据进行辅助管理。数据库技术研究的重点在于如何更好地组织与存储数据，以及如何高效地获取和处理数据。数据库技术是通过对数据库结构、设计、存储、管理等应用的理论和方法进行研究，并使用这些理论来对数据进行分析、处理的技术。数据库技术的发展进程主要有三个阶段：①层次与网状数据库系统。该系统是在20世纪70年代研制出来的。层次数据库系统是数据库系统的先驱，而网状数据库系统则是数据库概念、方法、技术的奠基者。②关系数据库系统。关系数据模型是在1970年由F. E. Codd提出的，为开创关系数据库技术奠定了理论基础。在随后的20世纪80年代，出现了非常多的关系数据管理系统，如Ingres、Informix、DB2等，这些管理系统被广泛应用于企业信息管理、情报检索等领域，为NoSQL数据库系统的研发奠定了坚实的理论基础。③NoSQL数据库。NoSQL数据库系统不仅完美地解决了传统关系数据库的短板，还可以与其进行相互配合甚至取代传统数据库，其基本特征为不需要固定的表格模式，支持水平扩展。①

数据库技术与网络通信技术、面向对象程序设计技术、人工智能技术、并行计算技术等技术逐渐渗透，知识库系统、分布式数据库系统和主动数据库系统等新型数据库正是其产物。①知识库系统。知识库系统是数据库技术与人工智能技术相互渗透、相互结合而产生的，就是在人工智能技术中加入数据库技术。将数据库技术与人工智能技术相结合，就可以将数据库当作人工智能系统，提高DBMS的表达、推理和查询能力。知识库系统的主要功能在于其可以扩充数据库系统的推理能力、引入语义知识、提高知识的获取能力，并提高数据库对知识和数据的组织与管理能力。不仅如此，知识库系统还对数据库的查询能力进行了优化，并提高了数据库的查询效率。② ②分布式数据库系统。分布式数据库系统是由同一网络中的不同计算机上的数据组合而成的。在数据库系统中，每台服务器都有自己的数据库系统和客户机，利用网络将多台服务器连接起来。而且网络中的每个节点都可以独立地对数据进行处理，还可以执行局部应用。不仅如此，节点还可以通过网络的子系统来执行全局应用。在分布式数据库系统中，用户可以利用客户机使用本地服务器中的数据库，满足自己

① 张岚. 浅析数据库技术的发展趋势[J]. 信息与电脑(理论版)，2012(10)：137-138.

② 明智勇. 数据库技术的现状与发展趋势探索[J]. 产业与科技论坛，2013，12(1)：80-81.

的需求，也可以对节点中的数据库执行应用。① ③主动数据库。相对于被动数据库来说，主动数据库会在紧急情况下做出正确且及时的反应，同时这也提升了系统的模块化程度。其操作方法就是在数据库系统上添加一些相应的条件、事件和动作规则，再利用数据库管理系统对数据库的运行状态进行检测，判断数据库是否符合设定的条件，一旦条件符合就会立即执行命令在紧急情况下，比如现在一些管理信息系统和办公自动化系统，其中的数据库系统能根据当前的情况主动做出相应的反应，执行相应的操作，为用户提供特定的所需的信息。②

平台信息共享模式主要是由信息中心数据库统一存储和管理共享数据，各职能部门的专题数据库负责维护自己的专题数据，用户将数据和功能的请求发送到信息中心，根据请求需求，信息中心在中心数据库及各职能部门的专题数据库中组织数据，返回给用户所需要的处理过的结果数据。分布式数据库、数据字典和数据叠加技术是此种模式的关键技术。平台用户所需数据都由信息中心统一发布，数据整合度高，便于综合利用。用户不但能在共享数据的基础上建立自己的专题应用系统，同时中心可以依据用户需求在信息共享平台上定制自己的功能应用，得到所需结果，并以图片方式返回展现给用户，以满足公众的信息共享需求。但这种模式对信息中心端要求高，技术复杂度大，这就要求信息中心端具备数据查询检索功能的同时，还必须具备数据处理、数据叠加等功能。

平台服务的最终目标是屏蔽异构分布式信息服务系统之间的差异，提供一致的服务。在信息共享平台上，信息资源共享建设主要集中在数据共享方面。在基于不同平台的系统数据交换和共享中，需要数据的一致性作保障。如果数据库之间存在异构，就需要按平台标准协议进行数据格式的转换或内容上的映射重组。如果两系统的数据需要通过平台提供给第三方共享，其数据协同可采用虚拟数据库方式进行数据的跨系统聚合，然后以数据文件的形式按需提供给第三方。同时，基于平台的跨系统信息服务当接受集成数据的请求时，需要通过集成代理的方式进行数据获取，这就提出了基于接口的集成问题。可见，信息资源层面的协同组织具有多方面的要求，而对于不同要求，则有着不同的处

---

① 郭京，唐珂馨. 刍议数据库技术现状与发展趋势[J]. 计算机光盘软件与应用，2013，16(14)：313-315.

② 高晶，王粟. 数据库技术的发展现状与趋势研究[J]. 无线互联科技，2018，15(3)：35-37.

理机制。

4.4.5　信息检索技术

从广义上理解，信息检索是指从大量资源的集合中自动地找到与用户查询请求相关的各种信息。其核心问题就是预测哪些文献相关，哪些文献不相关，这通常取决于所采用的排序算法。排序算法是根据文献相关的概念这一基本假设来运算的。不同的一组假设（关于文献相关性）形成不同的信息检索模型，而所采用的信息检索模型又决定了哪些文献是相关的，哪些是不相关的。[①]

根据查找相关信息的实现方式不同，经典的信息检索模型有布尔模型、向量空间模型和概率模型。由于传统的检索技术主要是基于关键词进行机械匹配，只是将研究的重点放在算法的优化上，忽略了词语的语义方法的问题，不能从根本上解决自然语言中所固有的歧义性和语义表达的多样性导致的误检索和漏检索问题。因此，区别于基于关键词匹配（语法）的检索模型，出现了基于语义的语义检索模型。

布尔模型基于集合论思想，文献和查询用标引词集合来表示，查询串通常以语义精确的布尔表达式的方式输入。由于集合的概念非常直观，所以布尔模型为信息检索系统的普通用户提供了一种易于掌握的框架。虽然布尔模型具有形式清楚、简单、易于实现的优点，但也有很多缺陷。一是检索用户发现把查询信息转换为布尔时并不是那么容易；二是其检索策略是基于二元判定标准，缺乏文档分级的概念，限制了检索功能，检索出来的文档不容易按重要性和相关性来排序；三是完全匹配会导致太多或者太少的结果文档被返回。布尔模型没有考虑关键词的权重，而关键词的权重对于文档的相关性判断起很重要的作用，这就导致了向量空间模型的产生。

向量模型将向量的概念引入情报检索领域，基于代数模型，把文献和查询用 t 维空间的标有权重的关键词向量来表示，从而把文献与查询的处理方式从检索问题转化为一个关于向量空间的问题，利用空间相似性来逼近语义相似性。如果文档向量和查询向量距离最近，那么这个文档和查询相关程度最大，它们之间的距离通常用向量之间的夹角表示。向量空间模型已成为较为成熟且广泛使用的模型，该模型的主要优点在于：关键词的加权改进了检索效果；其部分匹配策略允许检出与查询条件相接近的文献；余弦相似度计算方法的使用

---

① Baeza-Yates R. 现代信息检索[M]. 王知津，译. 北京：机械工业出版社，2005：1-10.

使得可根据文献与查询之间的相似度对检出的文献进行排序。同时，向量空间模型也具有自己的缺点。第一，在该模型中有一个假定，即所有的关键词之间是互相独立的。而实际上它们之间大多是相互依赖关系，对系统的性能造成影响。第二，相似度计算量大，当有新文档加入时，则必须重新计算关键词的权值；不适合处理过长的文件，因为近似值不理想；检索词组必须完全符合文件中出现的词组，不完整词组将会影响系统的性能。

概率模型采用概率论思想，通过概率计算来表达关键词之间以及关键词和文档之间的依赖关系，预测文档与用户查询相关的概率，并可以对获取的结果按照相关度概率的大小进行排序。该模型假定存在一个所有文档的集合，即相对于查询串的结果文档子集 R，集合中的文档是被预料与查询串相关的。在同一类文档中，各个索引项（关键词）具有相同或近似的分布；而不同类的文档中，索引项应具有不同的分布。因此，通过计算文档中所有索引项的分布，就可以判定文档与用户查询的相关度。概率检索模型是采用严格的数学理论为依据，为人们提供了一种数学理论基础来进行检索决策，在操作过程中使用了词的依赖性和相互关系。结果文档可以按照它们相关概率递减的顺序来排序。它的缺点在于：开始时需要猜想把文档分为相关和不相关的两个集合，实际上这种模型没有考虑索引项在文档中的频率；并且，该模型存储和计算的开销很大，参数估计有一定的困难。

目前，大多数信息检索模型依赖于布尔模型，而在实验环境中用得最多并居于主导地位的是传统的向量空间模型。信息检索模型还有许多扩展模式，如基于布尔模型又提出了模糊集合模型、扩展布尔模型；基于代数的向量空间模型出现的广义向量空间模型、潜在语义索引模型和神经网络模型；基于概率模型发展而来的推理网模型和信任网模型。而总体上来看，这些模型及其扩展都是"语法"层次的信息检索模型，没有具有"语义"特征的规范的词汇集。

语义检索是在知识库和逻辑推理系统支持下，对信息对象和检索者提出的检索请求进行语义层面的剖析，是一种基于概念及其相关关系的检索匹配机制。因此，语义检索本质上是一种基于语义理解技术的智能信息检索，它应用先进的智能理论及其技术，对信息资源和用户提问进行一系列的语义解析，通过挖掘其深层含义，充分、精确地表达知识资源和用户需求，进而在各类异构的数据库、数据仓库、知识库中进行检索，并对检索到的信息进行智能化处理之后，返回最相关的结果的检索机制。① 本体作为一种知识库，在这种检索机

---

① 邰杨芳. 基于法律框架网络本体的语义检索研究[D]. 太原：山西大学，2008.

制中扮演着重要的角色，基于本体的语义检索模型是语义检索的典型代表。

本体是共享概念模型的明确的形式化的规范说明。① 基于本体的信息检索模型通过对信息资源的本体化和对用户查询的本体化两个过程，可实现帮助用户明确其信息需求，把未意识到的、未清晰表达的客观信息需求进一步显性化以帮助机器理解用户的检索意图，为用户提供更精确、更相关的知识与信息。在对信息资源的本体化过程中，对收集到的文档，通过相关算法分析其内容，在本体知识的协助下，可判断该文档属于哪个领域，并以此确定文档以及文档中的句子中在本体结构中的位置。在对用户检索请求的本体化过程中，利用本体中的知识对用户的检索请求加以规范和引导，可使用户既能清晰地表达检索需求，又能使机器很好地理解用户的意图。

4.4.6 索引及聚类技术

信息指数级的增长速度已经突破了手工建立信息索引和查询的极限，因此，对自动采集到的庞大的分布式异构网页信息建立自动索引成为许多网络搜索引擎核心工作之一。网页索引技术是自动建立数据结构的过程，目的是便于搜索的过程。

网络爬虫 Crawler 一般会根据网页内容、页面描述、超链接、链接文字、关键词、页面 Title 字段、页面不同的字体、页面的第一句话等来加工网页。Web 是一个庞大的分布式异构超文本文档库，为了提高资源发现与索引效率，在进行索引时必须优化索引策略，简化索引目标，主要措施有：①添加站点描述。每个 Web 站点都具有一个本站点的内容、结构描述文件，通过固定文件名存储的形式存放在指定目录下，供 Crawler 读取，即可获得整个站点的准确描述。②添加页面描述。在每个页面的指定域填写页面描述，如在 HTML 源文件中 Metadata 标签，用于填写页面的描述。越来越多的搜索引擎正致力于研究推出更智能化的"爬虫"软件，这些"爬虫"不再是盲目地给出检索结果，而是能对网页上文献的相关性及所含链接的质量作出一定程度的判断。不合适的或者是那些质量低劣的网页文献将不再被"爬虫"标引，因此通过网页标引质量的提高使检索结果的噪音大大减小。

检索结果输出方式可以按照搜索引擎默认的方式，也可以按照用户选择的方式进行结果排序的输出。搜索引擎的结果是一个包含若干链接的地址列表，

———————

① Gruber T R. Toward Principles for the Design of Ontologies used for Knowledge Sharing？[J]. International journal of human-computer studies，1995，43(5-6)：907-928.

通常按照链接指向的文件与用户提问的相关程度由高至低排序。搜索引擎确定相关性的方法有概率方法、位置方法、摘要方法、分类或聚类方法等。随着数据量的激增，检索器根据检索结果和查询词的相关性从高到低排成一个线性列表。但是一个检索结果往往包含成千上万的网页信息，所以搜索引擎的检索结果的线性列表很长。同时其检索的结果仍然包含很多与用户无关的信息，其比例高达75%以上。① 因此对检索结果进行重新组织和挖掘成为研究热点，很多研究学者开始在搜索结果的基础上进行聚类的研究。

检索结果聚类是指将文档分成若干个簇，使同一簇类的文档相关度尽可能大，不同簇之间的文档相关度尽可能小，而用户在自己感兴趣的簇内查看检索结果，就可以缩小用户浏览的结果，方便查询。对检索结果的网页摘要聚类，实质是根据摘要的主题相似性划分成不同的簇。每一个簇的主题可以看成查询的子主题，这样整个检索结果集就可以以层次的形式呈现给用户，最顶层为用户查询词，下层为聚类得到的子主题和标及每个子主题下的对应的网页摘要。

目前基于检索结果摘要聚类的算法主要分为两大类。② 第一类是先对检索结果集进行聚类，然后再针对每个簇提取簇标签，这种方法被称为基于文档的聚类方法；第二类是先提取簇的标签，再根据标签在网页片段中的出现情况，利用聚类算法进行聚类，这种方法被称为基于标签的聚类方法。尽管研究者们为了提高检索结果的聚类质量进行了卓有成效的努力，然而，在目前搜索引擎的应用背景下，如果没有好的簇标签，用户仍然难以快速准确地找到自己感兴趣的信息，差的标签甚至对用户具有误导作用。因此，近年来，基于标签的检索结果聚类逐渐成为研究的主流和热点，这类方法更加强调标签的可读性和对簇的概括性，不太注重每个簇的连贯性。③

4.4.7 信息安全技术

信息安全技术是信息保障平台建设中非常重要的基本技术，涉及信息设备的安全、软件的安全、信息资源的安全、信息网络的安全等技术层面。在互联网的社会化发展中，网络安全性问题愈来愈突出。网上传输的信息，从起始节

---

① Berry M W, Drrmac Z, Jessup E R. Matrices, Vector Spaces, and Information Retrieval [J]. SIAM Review, 2004(41): 335-362.

② 张刚, 刘悦, 郭嘉丰, 等. 一种层次化的检索结果聚类方法[J]. 计算机研究与发展, 2008(3): 542-547.

③ 卢仁猛. 检索结果聚类算法研究综述[J]. 计算机光盘软件与应用, 2014, 17(18): 109-110.

点到目标节点之间的路径是随机选择的，信息在到达最终目标之前会通过许多中间节点，在同一起始节点和目标节点之发送信息时，每次所采用的路径都可能各不相同。因此，保证信息传输中所有节点安全就显得十分重要。由此可见，安全技术应在多个层面上推进。对于信息资源服务平台整体而言，最终目标是支持和保障平台的系统功能和服务业务的安全稳定运行，防止信息网络瘫痪、应用系统破坏、业务数据丢失、用户信息泄密、终端病毒感染、有害信息传播、恶意渗透攻击等现象发生，以确保信息保障平台的可靠性。

信息保障平台安全覆盖平台系统的各个方面，包括安全战略、安全规范、安全管理、安全运作及安全服务。为了保证平台系统的安全运行，必须遵循国际、国内标准和规范，通过系统的技术防护措施和非技术防护措施建立安全保障体系，为平台系统提供一种安全运行环境。内外网隔离技术、数字认证、防火墙及入侵检测是目前应用最广泛的安全技术。当共享平台跨越内部网络和公众网络进行数据的有关整合时，为了保证其安全，就必须使用内外网隔离技术，具体说来即是局域网之间采用逻辑隔离和对数据中心内外网采用物理隔离；数字认证技术是以密码技术为核心，在网络信息交换中确认身份、控制权限、确保交换信息可信的技术手段，其核心在于数字签名技术和密码。跨越内部网络和公众网络是开放信息资源共享平台在运行中可能的操作，这时候防火墙就会发挥很大的作用。为了保障信息有效地流通和传输会允许特定的用户和数据包通过，防火墙会阻止一些安全系统不允许的用户和数据包，大大降低内部网络受到外部攻击的可能性，保护内部网络稳定有效的运行；入侵检测是对入侵行为的检测。它通过收集和分析网络行为、安全日志、审计数据、其他网络上可以获得的信息以及计算机系统中若干关键点的信息，检查网络或系统中是否存在违反安全策略的行为和被攻击的迹象。入侵检测作为一种积极主动的安全防护技术，提供了对内部攻击、外部攻击和误操作的实时保护，在网络系统受到危害之前拦截和响应入侵，被认为是防火墙之后的第二道安全闸门，在不影响网络性能的情况下能对网络进行监测。

以信息安全技术为基础平台的安全保障体系包括基础设施安全体系、应用安全体系和安全运行与维护体系三大部分。三个技术组成部分之间是密切相关的，在实际应用过程中相互结合而成为一体。

①基础设施安全体系构建在网络基础设施之上，提供网络边界防护、系统主机防护、入侵检测与审计和完整的防病毒技术，辅之以远程访问接入及终端准入控制，构造一个切合实际的、行之有效的、相对先进的、稳定可靠的网络安全系统平台。基础设施安全构建提供整体防护功能，针对关键区域，采用负

载均衡系统，可提供更高效率的服务，满足业务持续性的要求；可以避免因某个环节的不安全而导致整个体系安全性能的下降。

②应用安全体系支持平台以密码服务为核心，以身份认证为基础，提供人员身份认证、数字签名、数据加密等功能，在远程访问、网络接入及应用服务等操作中，强认证措施可以弥补访问控制方面的很多缺陷，数据加密可以为系统提供纵深防御。应用安全支持平台通过密钥管理中心、身份认证系统提供针对应用系统的安全服务，整合应用系统的认证、授权、加密操作，建立密钥与应用相隔离机制，既能保证密钥使用、管理对应用系统透明，减轻应用系统开发、部署面的压力，又能进一步保障管理的安全。

③安全运行与维护安全体系提供对整个平台运行的支持，包括对安全设备进行集中的事件管理，对人员进行集中的身份管理，对系统平台提供全方面的威胁管理。此体系在保障管理数据传输的安全的同时，还可对运行维护操作内容进行审计，以完善统一安全监控、事件管理，保障系统的安全、可靠的运行。

4.4.8 互操作技术

互操作在于解决系统异构问题，在信息资源共享中实现系统之间的相互操作，在确保信息安全的前提下实现信息交互共享。

(1)互操作技术的基本类型

互操作可分为基于协议层的互操作、基于内容的互操作、基于 RDF 的互操作和基于 Web Service 的互操作。

①基于协议层的互操作。使用标准的协议是实现互操作的根本保证，也是目前跨系统信息资源管理平台解决互操作问题最常见的一种技术实现方式。互操作协议一般由一套用来控制和管理计算机之间通信过程中所涉及的格式和进程的规则组成。Z39.50 和 OAI 是两种最常见的实现元数据互操作的协议。

Z39.50 是一种开放网络平台上的应用层协议，所采用的元数据标准是 MARC，主要应用在书目信息的共享和互操作上，是在传统图书馆领域广泛应用的一个国际标准。该协议支持计算机使用一种标准的、相互可理解的方式进行通信，并支持不同数据结构、内容、格式的系统之间的数据传输，实现异构平台异构系统之间的互联与查询。同时它还是一种基于网络的信息标准，允许用户检索远程数据库，但不局限于检索书目数据，在理论上可用于检索各种类型的数据资源。① Z39.50 协议采用 MARC 元数据著录信息的准确度高，但字

---

① 王卷乐，谢传节，游松财．数据共享中的元数据互操作技术探讨：全国地图学与 GIS 学术会议[C]，中国福州，2004.

段繁琐重复，结构复杂，数据处理要求高，操作难度大、效率差，只有专业编目人员才能使用。其技术的复杂性提高了标准使用的门槛，在描述网络信息资源方面有一定的局限性。同时，在互操作方式上，Z39.50采用的是一种联邦检索模式，即将检索请求同时发送给多个信息资源系统，并将各个系统的查询结果汇总整理后发送给用户，这种方式符合技术发展的趋势，但是因为要与多个信息资源系统进行交互，运行速度会变慢。

OAI是一个应用于交互平台上的检索、发布数字化信息资源的协议，主要用于解决不同资源的元数据互操作问题。OAI协议能有效屏蔽各存储库在元数据格式上存在的异构性，达到有效地挖掘、发布和利用互联网上的数字信息资源的目的。OAI协议采用的元数据标准为Dublin Core，相对简单，其内核只是一个很小的应用集合，为网络信息资源提供了基于元数据的、简单易行的互操作框架，是一种轻量级的协议，已经广泛应用于数字图书馆等统一资源共享平台。OAI采用的是元数据收割模式，即服务提供者从多个信息资源提供者处收集元数据，建立一个集中式的联合目录。这种方式大大提高了查询的速度，但要求服务提供方必须拥有足够的空间来存储不断增长的元数据信息，而且联合目录无法实时反映数据提供者的数据更新情况。在这一点上，Z39.50则可作为一种理想的互操作解决方案。

综上所述，由于Z39.50和OAI协议在使用时各有优势和不足，在实际使用中通常把两种协议结合起来，取长补短，使用户对分布式数字信息环境下的异构数字信息资源进行透明检索，真正实现网络信息资源的高度共享。

②基于内容的互操作。按内容划分，互操作可以划分为模式层和记录层两种类型，模式层关注独立于应用模式中元素，记录层集成来自映射元素的元数据记录。其中映射是模式层最基本的方式，就是在两个元数据模式中找到具有相同功能或语义的元素集，在对应元素之间建立映射关系，从而表达对方的元数据。映射方案主要有直接映射、中心式,① 直接映射建立两个不同模式间的直接、独立、一对一映射，中心式是以一个模式表为中心节点，建立其他模式与中心节点的映射。映射也分为语义映射和结构映射两个方面。语义映射主要是针对不同的描述型元数据体系，例如MARC、DC、EAD、TEI、IMS等，提供数据元素对照表，近似地实现数据资源的"跨库"揭示。结构映射主要解决

---

① 胡良霖，等. 科学数据库元数据互操作的类OAI模型[C]//中国科学院科学数据库办公室. 科学数据库与信息技术论文集(第七集). 北京：中国环境科学出版社，2004：359-364.

不同元数据包之间的对应关系，更多地表现为一种"格式转换"，例如将 MARC 转换成 XML Schema，或数据库支持的 Warwick 包的形式。以此来提供异构系统间的互操作。在实现层次上，映射可以采取动态和静态的方式。①

③基于 RDF 的互操作。资源描述框架(Resource Description Framework，RDF)是一个能对结构化元数据进行编码，交换及再利用的体系框架。RDF 定义了一个由资源(Resource)、属性(Properties)和陈述(Statement)三种对象组成的基本模型，其中资源和属性的关系类似于实体-关系模型，而陈述则对资源与属性的关系进行具体描述。RDF 通过这个抽象的数据模型为定义和使用元数据建立了一个框架，元数据的元素可看成元数据所描述的资源的属性。在这种情况下，人们可以利用 RDF 来解读所引用的元数据，使不同的用户或团体在这一框架下定义他们自己的元数据元素，从而提供了各种不同的元数据体系之间的互操作性。

④基于 Web Service 的互操作。Web Service 是一种网络服务模式，其代表了一种具有革命性的，基于标准的框架结构，可以让各种在线的数据处理系统和网络服务之间无缝的集成；可以让分布式的数据处理系统使用目前广为流行的技术，例如 XML 和 HTTP 来通过 Web 进行互相通信。它提供了与厂商无关的、可互操作的框架结构来对多源、异构的网络数据资源进行基于 Web 的数据发现、数据处理、集成、分析、决策支持和可视化呈现。

(2)信息资源服务平台中的互操作技术应用

信息资源服务平台支持多样化的信息资源处理形式和功能，使多系统之间能进行信息资源的交换、转化和服务。在实现信息交换和交互转化的同时，支持各分布系统的自主性，保证各系统的自主建设、数据管理和技术更新的独立性；保证分布式信息资源系统在信息资源共享、交换与管理上的低成本，并在相应的元数据格式和系统协议基础上，保证了有效的操作运行；提供互操作的可伸缩性和机动性，要求容纳动态组织的信息资源，能够适应异构的信息服务组织平台。

面对平台所需的异构数据库互操作需求，主要从两个方面展开：一是建立标准，即建立统一的数据库规范，消除由于标准的不完善而造成的各数据库系统间的差异；二是构建异构数据库互操作平台，实现对多个异构数据库的透明访问。从异构数据库的核心思想出发，把实现互操作的途径归纳为系统级异构

---

① 刘炜，张亮. 数字图书馆的体系结构与元数据方案[J]. 情报学报, 2003, 22(2): 148-154.

互操作和数据结构与语义级异构互操作两大类。①

①系统级异构互操作。对于数据库管理系统(DBMS)一级异构的网络环境下的数据库互操作,主要有四种实现途径。

数据库网关。网关的主要作用是转换和通信。数据库网关是一种中继器,能提供应用级的异构数据库集成。数据库网关可以建立比较稳定和透明的数据库互操作,但是其缺点也较为明显。诸如不关心如何屏蔽数据库之间的异构性,不支持事务处理,清除资源冗余;用户受限于数据库厂商,不能任意选择客户机平台及目标数据库等问题。

公共协议/数据转换协议技术。公共协议有异构数据库进行通信时采用的公认的数据协议,即公认的系统间传递 SQL 请求和结果的形式。最常见的协议有 ANSI/ISO 的关系数据存取(RDA)标准、SAG(SQLAccessGroup)规范和 IBM 的分布式关系数据库结构(DRDA)。与数据库网关相比,公共协议更具有可扩充性和开放性,能较好地实现异构数据库的透明访问、支持多种网络协议和多种客户平台,是实现异构数据库互操作的有效途径之一。公共协议/数据转换协议的缺点是协议本身的低效率带来的速度问题。

公共编程接口。公共编程接口包括客户应用编程界面(CAPI)和服务器应用编程界面(SAPI)。CAPI 是一组过程库,通常驻留在客户端,通过装载后端专用的驱动程序访问不同的数据库。SAPI 提供一个应用编程界面,控制服务器与客户应用请求和目标数据库之间的交互。如 Microsoft 的 ODBC、Oracle 的 SQL * NET 以及 IDAPI。其优点有:由于提供了统一的调用级接口,使用户免除了应用程序随数据库改变而改变的痛苦;通过 API 可使应用程序直接操纵数据库中的数据。

中间件技术。中间件是处于应用程序及应用程序所在系统的内部工作方式之间的软件,其基本思想是在各后端数据源和前端应用程序之间建立一个抽象层,然后把应用程序与系统所依附软件的较低层细节和复杂性隔离开来,使应用程序开发者只处理某种类型的单个 API,而其他细节则由中间件处理。这样就使系统对每个不同数据源的操作变成对单一的中间件的操作,而后再对中间件进行异构处理。利用中间件技术解决异构数据库集成的问题,将会给系统集成带来很多的好处。中间件不仅能够使前端用户访问后端的异构数据库实现透明化,并且保证了访问接口的开放性,这样可以使系统在以后功能上的扩展更加方便。通过中间件来访问数据库的另一个好处就是所有客户端的请求都发送

---

① 扈书刚.谈数据库互操作问题的实现途径[J].科技咨询导报,2007(28):33.

到中间件上，从而减轻了数据库服务器的负担，保证了数据库服务器的性能不会降低。

②数据结构和语义级异构的数据库互操作。目前，对于数据结构和语义级异构的数据库互操作的研究有紧密耦合和松散耦合两种思想，具体体现于多数据库系统、分布式数据库系统和联邦数据库系统三种方法。

多数据库系统。多数据库系统就是一种能够接受和容纳多个异构数据库的系统，允许各个异构数据库的"自治性"。多数据库系统是一个广义的概念，是相对于如集中式数据库系统或分布式数据库系统那种逻辑上具有同一管理系统而言的，以多元和分布为主要特征。多元是指多个彼此区别的集中式或分布式数据库系统；分布则是指数据分布在不同场地的数据库系统中，由各自的管理系统进行管理。

分布式数据库。分布式数据库的基本思想是抛弃原有的数据库系统，在网络环境下建立分布的数据库系统，在体系结构、事务处理模型等方面重新设计从而解决信息共享与互操作问题。分布式数据库系统分为同质分布式数据库和异质分布式数据库。像 Oracle、Sybase、Informix 等是同质分布式数据库系统，这类系统的实现相对来说比较容易一些。异质分布式数据库管理系统大多是在已有的一些数据库管理系统的基础上实现的。

联邦式数据库。联邦式数据库系统是网络技术和分布式数据库技术发展的必然结果，其由一组能协调工作，又可以独立自治的部件数据库组成。数据库的异构成员可以是不分布的，又可以是分布的，具有分布性、自治性、异构性三大特性。联邦式数据库与分布式数据库系统的区别在于：分布式数据库系统虽然在物理上是分散的，但因为有统一的数据模型及全局数据模式，所以在逻辑上却是集中的，因此用户感觉到的是一个完整的数据库。显然，这种系统可用于某个专用领域的系统，但不适于不同领域间的异构系统的集成。相反地，联邦式数据库系统是由在不同结点上松散耦合分布的异构成员数据库构成，各联邦成员间的一种松散结合。构成联邦成员的可以是一个集中式数据库，也可以是一个分布式数据库，根据需要(按某种组合)加入联邦或者根据需要退出联邦。联邦式数据库没有全局模式，各子系统(即联邦成员)按自身的需求建立各自的数据模式。其成员之间的数据共享关系，通过由协商确定的输入/输出模式来建立，单个成员有权拒绝或允许其他成员节点对它的访问。因此，它能够支持多库系统的分布性、异构性和自治性，使之产生满意的集成。

4.5 信息服务平台建设中信息资源配置服务

信息资源服务可以说是信息人员、信息资源及信息技术的有机融合，即信息资源作为信息服务的知识支撑，信息技术作为信息服务的技术支持，信息人员则利用信息技术对信息资源进行各种组织及处理，以提供各种信息服务。信息资源配置服务就是基于信息资源服务平台中创新主体的信息需求对各种机构内部资源或网络信息资源进行多角度供给分配的问题，以便于实现跨系统协同服务。它旨在利用爬虫、互操作等技术通过统一平台对相关的各种信息进行搜集、检索、分析、储存、共享等，面对创新主体信息需求结构，在系统之间构建互操作平台，利用该互操作平台整合分布式环境中的信息资源与信息服务，对信息进行规范化处理，构建与平台资源管理和服务同步的互操作技术体系，推动信息资源共建共享的开展，以此为基础实现信息资源的跨系统整合目标。因此，从内容上，信息资源配置服务平台汇集了多方创新主体的资源，按照统一标准转换信息格式，实现了信息资源融合，增强资源的通用性和可用性，为实现信息资源共享提供了基础，为平台开展跨系统、跨领域的信息服务建立了保障。从逻辑层面看，无论是信息资源的融合，还是平台安全有效的运转都需要各项信息技术来实现。在此基础上，信息资源配置服务平台的建设主要从信息资源的汇聚与整合、技术协同支持、服务集成整合、平台安全维护四个方面为信息利用者提供专业化的信息资源配置服务。

4.5.1 信息资源汇聚与整合

信息资源的整合首先要对信息源完成信息的汇聚，通过逻辑组织和引导方式完成对多样化、分布式存在的信息进行整合。信息资源配置服务平台的建设以现代信息技术为基础，在现有信息资源共享和联网基础上，应突破系统之间障碍，汇聚来自各创新主体提供的信息资源，实现各系统资源的交互管理和服务调用，这些信息来源广泛，包括相同结构系统的信息和异构系统的信息，如各企业机构内部组织化信息、用户多元化信息、网络零散类信息。对于服务机构内有序化信息，信息资源服务平台需将达成一定的协议，将各信息组织机构提供的信息，构建统一标准规范，实现跨系统协同信息资源服务平台，在此基础上进行信息资源共建共享服务，实现有序化的信息资源组织、个性化、集成化的信息服务。对于用户多元化信息，用户作为信息的使用者，其在生产者的地位需重新审视。随着众包概念的提出，维基百科等用户参与编辑的信息收集系统，提高了用户参与度，提升了用户兴趣，增大了信息量，由用户提供的信息更符合使用者的需求；对于网络零散类信息，平台多采用"网络爬虫"等技术从互联网上实时抓取非结构化有用信息，通过信息配置、数据过滤、数据转化等将集成好的统一规范化格式信息加入资源库，便于深层次进行知识挖掘，进而为用户提供丰富的结构化信息。此外，平台通过其服务接口可获得用户反馈信息，以此不断调整其技术和工具，提高自己的服务水平。信息资源服务平台遵循资源共建共享和互利的原则，各系统在统一的结构框架下合作开展系统的协作信息服务业务。

　　信息资源服务平台建设的目的是为了让更多用户能够尽量快速方便地使用其信息资源，从而提高信息资源的利用效率。但在信息资源整合过程中，往往会触动到不同当事方的权益，引发各种利益冲突，带来法律纠纷。[①]　因此，在信息资源整合中要明确服务信息交流的相关协议，明确把创新主体的信息资源及数据库进行转移过程中的相关业务流程、信息组织构架进行规范，避免出现知识产权等不必要的法律纠纷。正确处理好各方利益，是顺利开展信息资源整合工作的关键。

4.5.2　技术协同应用集成

　　充分发挥云计算环境中的大数据应用优势已成为互联网时代的重要信息服务模式，信息资源服务平台建设的重要目的是要连接各个创新主体的信息服务系统，为实现面向本行业用户、相关行业用户和机构用户的信息资源共享，因而需对采集到的大量结构化、非结构化信息进行规范化处理。由于信息来源的复杂性，各机构有着自己的一套数据格式，因此各行业系统的资源可通过平台进行数据格式转化，实现信息资源在行业平台上的开放式重组。为此就需要多项技术的协同支持，强调技术与平台相适应，使异构数据在各种系统传递、读取、解析和使用中能够兼容。技术协同应用集成的意义在于，一方面使用互操作技术完成标准化数据接口与数据源之间的交流，保障各个子系统的有效配合与运转；另一方面，平台中集成了庞大的信息资源，其对象的底层元数据不会

---

①　王建，胡翠红.信息资源整合中的相关知识产权法律问题研究[J].情报杂志，2013，32(3)：155-158.

直接改变，保证了数据描述格式的统一。[①] 多项协同技术的支持可保证信息资源服务与信息资源组织技术的发展同步，强调资源系统与服务系统的互动关系，在服务与资源组织互动中使资源管理和服务内容、方法、工具兼容，即实现信息资源与用户的动态整合，推动集成信息服务的发展，提高信息资源的利用效益。

4.5.3　服务集成

面对创新主体信息需求的不断改变，信息服务机构的数量也在不断增加，服务的专业化程度和服务质量也在不断提高，其服务模式也逐渐呈现多元化和个性化的趋势，创新主体间的竞争日益激烈。单一机构内部的信息资源配置服务的供给已无法满足多元化用户的信息需求。随着网络技术与信息技术的发展，信息资源依托网络分布存储与集成化整合成为主流趋势，由此引发了信息资源配置服务方式向集成化服务方式的转变。服务集成的关键在于基于该平台对信息资源进行深度利用的集成服务可获得的效益，即通过构建跨系统协同信息资源配置服务平台，有效地实现各创新主体多元化服务的一站式服务，使主体间通过信息资源交换与共享建立灵活和相互信任为基础的创新协作关系，利用群体优势，以尽可能小的投入发挥信息资源配置服务的整体最大效益。在此过程中，需把信息资源服务和优化部门服务纳入统一的集成服务体系，实现跨部门的信息资源整合与服务集成；而且应注意信息服务集成组织体系是一个面向全行业及用户的开放式系统，它可以通过网络导航等服务引导用户信息需求，并按需求开展具体的信息服务，同时按用户、浏览信息、感兴趣主题、反馈信息，不断调整信息资源的集成内容和组织方式；最终通过服务集成，进行信息资源与信息技术的整合，实现信息资源和信息服务的共享与共用。[②] 因此，信息资源配置服务平台的建设是在当前网络信息资源配置服务的基础上，结合集成思想创造性地将所涉及的多种服务方式划分为多个维度和层次组成一个集成复合结构，提供一个良好的服务平台，以此作为集成化资源配置服务的实践基础，从而有效实现信息资源优化配置。

---

① 胡潜．跨系统的行业信息整合平台构建与集成服务推进[J]．信息资源管理学报，2012，2(1)：67-73.

② 罗光灿．我国网络信息政策法规体系构建研究[D]．长沙：中南大学，2008.

4.5.4 平台安全维护

信息资源服务平台将各系统资源和服务统一集成，其庞大的数据运行环境需要强大的安全技术进行维护，尤其在对外服务、稳定性、安全性、性能等方面都要求更高。网络资源配置过程中稳定性差、数据资源遭到恶意破坏等问题现象是不可忽视的存在，因而安全稳定的运行环境是资源配置的有效保障，也是评价平台服务质量的标准之一。平台安全维护刻不容缓，它包括网络运行稳定性维护、数据资源完整性维护。

网络运行稳定性维护：平台对创新主体提供信息资源要保证网络配置通道传输顺畅，减少网络传输速度慢的问题，同时，保证系统顺畅运行，避免由于系统崩溃而对处理和传输的信息造成损害。当前网络服务有很多，如 WWW 服务、DNS 服务、DHCP 服务、SMTP 服务等，随着服务器提供的服务越来越多，系统也容易混乱、安全性也将降低，此时可能需要重新设定各个服务的参数，打开防火墙，使之安全而稳定地运行。

数据资源安全性维护：信息资源服务平台作为第三方可信实体，一旦其所含有的数据库遭受入侵或篡改等，使得可信实体不再可信，第三方信息平台与创新主体的合作信用度将大大降低，数据的安全性和可信性将不能被保证。因此，对数据的安全维护是平台有效运行的关键。数据的安全性维护包含完整性和保密性两层含义。数据库是重要的数据资源，随着大数据时代数据的迅猛增长，平台使用时间的增加，数据库中存放了大量的数据，对数据的安全性提出了高挑战，尤其是当前流行而猖狂的黑客攻击，使得数据库安全成为平台的重中之重。平台在经过一定时期的运行使用后，需要调整数据库性能，使之进入最优化状态。此外，还要掌控主干设备的配置情况及配置参数变更情况，定期备份各个设备的配置文档，以防万一。为此，作为后续的安全防护，数据库的安全配置是必不可少的，融入人工智能等新型技术对数据库进行二次认证也是必需的。

目前，区块链技术的兴起为数据保护带来了新的思路。区块链技术具有可追溯性、不可篡改性，利用区块链技术，对数据进行管理时，采用去中心化的体系结构，使中央机构带来的安全风险大大降低。[1] 区块链技术适用于由多方主体共同参与并维护以增强信任的应用场景，而信息资源服务平台恰是一个需

---

① 陈伟. 浅析区块链技术在网络安全中的应用[J]. 通讯世界，2019，26(4)：151-152.

要多方参与的过程。因此，利用区块链技术可以提升该平台处理的系统性与精准性，保障数据资源开放的完整性，提供平台对数据开放的技术保障，能够为网络数据的安全提供保障，确保私有数据不被泄露。

综上，信息资源配置服务是信息资源服务平台中的核心环节。信息资源服务平台的建设目的不仅要实现对信息资源的集成，使其满足创新主体对信息资源多样化的最大化利用。因此，信息资源配置服务平台建设的意义便体现出来——实现创新主体有效检索所需信息，节省时间和精力，实现多项技术协同，对多元化异质性信息资源进行有效整合，并兼容各创新主体系统的服务，对其服务进行集成化。此外，平台建设另一个重点便是其运行的安全性问题，对该方面的重视是保障平台经营持久的重要因素。

4.6　信息服务平台建设中信息资源优化配置

信息资源在信息资源服务平台中的有效利用离不开信息资源的合理配置。在传统环境下，信息资源配置受体制环境的限制，仅限于部门内部，配置主体独立经营，自给自足、重复浪费等现象比较常见，配置效益不佳。而信息资源服务平台中的信息资源配置则是从全局出发实现跨系统、跨行业、跨区域的调度与配置，政府、企业、高校、科研所等多元创新主体配置有序分工与协作，形成了网络动态合作的组织结构。传统配置只注重结果，而协同配置更强调通过配置主体、平台、环境等要素在整体配置体系上产生的协同状态。与传统信息资源配置相比，它具有较大的优势。[①] 在信息资源配置过程中，创新主体需要考虑主体的信息需求以及稳定协作的技术环境，从而充分调动各个环节，集成优化管理，形成强大的协同作用，以最大限度地实现和提高信息资源优化配置的功能与效率。因此，信息资源优化配置就是在完成信息资源配置的基础上能快速响应当前多变的信息环境，利用先进的管理方法和信息技术，进行资源配置过程的协调，消除配置过程中各种冗余和非增值的子过程（活动）以及由人为因素和资源问题等造成的影响过程效率的一切障碍，有效地整合各种资源，充分考虑多元化用户的信息需求，最大限度地达到技术和管理的功能集成，实现信息资源整体配置效能最优的创新过程。

---

①　甘雨. 面向创新型湖南建设的信息资源协同配置研究[D]. 湘潭：湘潭大学，2016.

4.6.1　信息技术的支持

信息资源的优化配置离不开各项创新技术的协同高效运转。为了使信息资源与技术运行系统保持一致，信息资源服务平台应该根据具有复杂关联的现有信息快速实施新的应用程序，需要信息产品与技术的不断维护更新，以适应不断变化的外部信息环境。因此，信息资源优化配置对于创新信息技术具有高要求，以更好地实现信息资源优化配置服务。

在信息采集技术层面，平台对创新主体的信息资源获取需要信息采集技术的支持。例如，依据创新主体签订的统一协议，获得访问许可，采用云计算等基础软件设备获得创新主体主动提供的开放信息资源。网络零散信息的有效性采集对信息采集技术提出了高标准，需设计更为高效精准的算法，准确采集网络上的有用信息，缩短信息处理的时间，节省成本。在信息处理技术层面，对采集的信息进行数据清洗、数据规范化处理是对信息开放利用的关键一步，良好的数据格式能为后续信息处理工作奠定基础。为加强信息资源服务平台的有效管理与服务，系统能够兼容各方来源信息，需对不同信息来源的异质性信息进行统一规范处理，以标准化格式进行存储。在信息挖掘技术层面，数据库中的大部分数据是动态变化的或处于交互形式，这就需要运行数据挖掘系统，使得数据的管理多层次化。① 因此，信息挖掘是从海量、模糊的数据中挖掘其中有价值的信息和知识的过程，利用它可对数据的应用从低层次的简单查询，提升到从数据中挖掘知识，进而提供决策支持。常用的方法有分类、回归分析、聚类、关联规则、神经网络方法、Web 数据挖掘等可对信息资源进行深入化揭示。随着其他学科、领域与数据挖掘方法融合逐渐深入，还出现了与用户舆情信息挖掘相关的方法，如文本与观点挖掘、语义分析、情感分析，为实现以创新主体需求为导向的信息组织，提供了新方法。在信息可视化层面，能够将大规模非数值型信息资源转化为一种视觉呈现，侧重于抽象数据集，如Highcharts、D3 等技术，利用这些技术可为创新主体提供信息感知和操作更为直观的方式。

因此，为实现信息资源优化配置可采用动态定制组合跨系统协同技术，以便于从内容上对分布式信息资源的深度交叉进行关联匹配分析，以提供优化配置服务。而且，其关键在于以创新主体的定制需求为导向并与各系统信息资源

---

① 徐子明. 大数据云计算环境下的数据安全分析[J]. 电子技术与软件工程，2018
(20)：193.

库中的信息进行关联匹配。因此，可利用协同互操作技术，加权关联规则挖掘，发现创新主体浏览、访问、查询、定制资源对象之间存在的关联性，精确匹配其真正所需的信息资源，并利用协同推送系统从各系统资源库中选取、调用合适的知识、信息，向其进行个性化推送，从而实现对不同资源系统的直接利用，以较好地解决各种资源之间在内容交叉、关联度低以及各自孤立等问题。智能化信息技术的不断创新与发展为信息资源配置提供了更优化的解决方案。

4.6.2　面向管理的协同资源配置

信息资源服务平台将各创新主体的信息资源、技术、服务等集成在统一的门户下为用户提供包括数据库导航、个性化定制与推送、专家咨询等功能，从而提高了平台的服务质量和效率，并对信息资源优化配置提出更高要求。因此，为有效实现信息资源优化配置，还需要对信息资源配置中所涉及的各个环节进行统一集成有效的管理，合理协调和控制资源配置的诸多节点要素，达到配置效果的最大化。在此可运用集成化的思想指导实践，在一个统一的目标指导下，采取综合的研究方法，为了适应知识经济发展的趋势，以不同创新主体的信息需求为导向，以创新发展和资源配置最优化为目标，综合运用各种不同的方法、手段、工具，着重强调面向集成管理最优化的资源配置方式。

基于信息资源服务平台，对信息资源进行集成管理，就是将各个单独的模块从全局上进行统一协调和组织，使得信息资源服务平台内的各个子系统之间形成互通有无的信息资源配置体系，融合成一个不可分割的整体，信息资源的整合不再受到系统、部门等局域的限制，从而实现信息资源面向企业的全局性优化集中。这种优化集成体现在，对于整合的各种信息资源，改变其按自身组织结构和部门分布的特点，通过统一的用户界面和服务平台提供集成服务。信息资源集成管理按照知识组织体系对集成的知识及知识间的关联进行揭示和组织，在集成过程中，剔除大量重复、无用的信息，从而提高信息资源的可用度。集成后的信息资源将在结构和功能上更有利于数据和知识内容的更新与完善，更有利于资源使用效率的提高，从而使得整体价值得以提升。

面对优化集成管理模式的变革，其对管理人员的专业素质也提高了要求，应该具备敏锐的信息意识，不断加强信息技能学习，完善知识结构，培养良好的信息能力，提高自身专业素质，为用户提供更优质高效的信息服务。

4.6.3　优化信息资源通道

目前的网络信息资源及各机构开放数据集等资源丰富、种类繁多、内容多样，既满足了用户多样化的需求，也给用户带来了信息检索和文献利用等方面的困扰。因此，急需进行资源整合，优化信息组织模式，最大限度地实现信息资源服务平台的平衡和高质量运行。而随着大规模面向服务的系统基础架构，其包含分布在多个集群中的数千个处理器，服务必须相互协作，而不依赖于任何集中控制。这样的系统受动态性和可扩展性的影响。基于集中式或分层式架构的服务分布将引发瓶颈和单点故障，但采用全分布式系统也存在缺陷。此外，大量动态资源统一集成使服务分配变得太复杂，无法通过使用手动或静态配置来管理，也面临着资源分类繁琐、整合困难、网络传输慢等问题。① 为了保证信息资源服务平台中配置的信息资源能够高效且有价值的流转，信息服务模式需要转变以维持整个平台系统的性能和功能，因此，重点应聚焦于信息流转通道中的各个节点环节。只有保证信息生态链中信息资源在各个节点均能平稳顺畅地运行，且各个节点的信息流向和过程都科学合理的前提下，才能实现信息资源在信息生态链中的有效流动和增值。在此，可采用一种多步骤方式，即将各通道信息流量负载进行均衡分配，并具有自组织能力的网络技术算法，用于分布式环境中的覆盖建立，在处理效率和可扩展性的同时，保留组内节点的位置，从而降低服务之间的通信成本。

4.6.4　用户反馈的完善

用户对其他创新主体的作用主要体现在其信息、产品等体验反馈中，反馈就是对平台资源配置的效果评价与反馈，是提高配置性能的重要手段。根据以往经验，单向的资源输出模式形成的配置效果不佳，用户满意度不高。若增加反馈信息并将资源配置结果重新输回系统中，形成环状资源流动模式，能够不断调整配置信息，协调创新主体的利益关系，取得更适合协同配置的效果。研究反馈信息是对信息资源协同配置的整体作用方式和当前各变量所处的状态的客观评价，使配置结果更能适应信息资源服务平台中的信息资源优化配置。②

---

① Zarrin J, Aguiar R L, Barraca J P. A Self-organizing and Self-configuration Algorithm for Resource Management in Service-oriented Systems[C]//Computers and Communication (ISCC), IEEE Symposium on. IEEE, 2014.

② 奚洋洋. 京津冀农产品信息资源协同配置机制研究[D]. 保定：河北大学，2017.

通过反馈信息调整其配置的方式或寻求新的配置方式，达到优化配置的目的。对于政府，提供用户反馈渠道，提升用户的参与度，可提升政府透明度和工作效率；对于企业，持续获取用户的产品体验反馈信息，可加强企业信息产品的持续改进；对于高校和科研机构，可了解用户的个性化需求信息，分析用户的信息行为，为组织机构提供更多基于用户的信息服务手段与方法；对于服务机构，针对其服务方面存在的不足，获取更多反馈意见，以增强其中间纽带的社会作用。在信息反馈中，协同主体信息需求的实时性与信息资源配置的迟滞性之间的矛盾日益凸显。因此，信息资源优化配置要求该平台对网络信息资源进行实时更新，这就需要平台时刻监控各创新主体的信息活跃动向，根据创新主体的新增内容或其搜索、访问情况，采用各种技术数据获取、分析、整理，随时调整平台的内容、功能、风格，并及时发布在平台上供创新主体使用，以便实时为创新主体提供最新信息，从而提高创新主体对平台的满意度，提高其使用率。从用户反馈中获取更多包括信息资源、创新技术、个性化服务等方面的信息需求，可进一步提升平台的质量。

综上，信息资源优化配置策略，需要以创新主体的信息需求为导向，采用精准的数据处理技术，保证各项技术的协同运作；各创新主体实现其内部的信息交互与共享，并以用户反馈信息为基准，不断对平台中信息资源重新组织，同时对平台各节点、传输通道、管理模式等进行优化，使其适应持续增长的信息资源动态调整的节奏，以达到信息资源配置达到最优化，产生更大的经济效率和社会价值、提升国家整体创新能力的目的。

5 语义网技术发展及应用

互联网的迅速发展导致信息量呈指数级式增长，但由于 Web 页面的无结构性、超链接的自由无序及其搜索引擎智能性不高等缺点，信息查准率和查全率相对较低，人们往往难以获取自己所需的信息。这在较大程度上源于现有搜索引擎基本采用关键字匹配办法，计算机不能理解概念，无法进行语义关联和推理。因此，伯纳斯·李(Tim Berrers-Lee)于 2000 年 10 月 18 日在 XML2000 会议上正式提出语义 Web(Semantic Web)的概念，并随着 2001 年 2 月万维网联盟(World Wide Web Consortium, W3C)组织正式推出语义网活动，由此网络环境下的语义 Web 进入网络研究发展的主流。

5.1 语义 Web

在语义 Web 的体系结构中，本体论(Ontology)具有核心地位，语义 Web 的研究与本体论的相互促进已成为共识。[①] 本体论通过对概念的严格定义和概念之间的关系来确定概念的精确含义，表示共同认可的、可共享的知识，成为语义 Web 中语义层次上信息共享和交换的基础。基于本体论的方法是基于知识的、语义上的匹配，在查准率和查全率上有更好的保证，对面向 Web 信息的知识检索必将起到关键性的作用。

5.1.1 Web 的发展状况

1989 年 3 月，Web 由欧洲核子研究组织(European Organization of Nuclear Research)的伯纳斯·李第一次提出。其目的在于使科研人员乃至没有专业技术知识的人能顺利地从网上获取并共享信息。1990 年，伯纳斯·李编写了

---

① 贾君枝，邰扬芳，刘艳玲，郭丹丹 . 汉语框架网络本体研究[M]. 北京：科学出版社，2012.

HTTP 协议、HTML 语言及第一个 Web 浏览器。1991 年，Web 正式登录互联网，彻底改变了人类信息交流方式及商业运作方式，人们可以轻松地发布信息，迅速地查找到所需信息。Web 的发展经历了两个阶段：第一阶段是采用静态页面的形式展现网页信息，用户通过修改 HTML 文档内容实现网页的更新；第二阶段是采用 Java script、VB script 技术，通过动态数据库存取，实现同用户的交互，并将存取的数据动态地生成页面，展示给用户，增强了 Web 处理信息的能力，提高了信息搜索能力，极大促进了电子商务的发展。

随着 Web 的迅速发展，其局限性日益显露，主要体现在以下两个方面。

①HTML 语言的局限性。HTML 语言作为目前 Web 的通用语言，其采用预先定义的标签来描述网页信息，简单易用。但这种标记语言的标签集只是对内容的显示格式作了标记，数据的表现格式和数据融合在一起，缺乏针对数据内容的标签。HTML 语言的这种特点决定了 Web 上的信息内容很难被机器理解，从而制约了一些需要对 Web 上的海量数据进行自动化处理应用的开发。Web 上海量的数据要求以一种能够理解数据语义的方式进行交换和管理，当前基于 HTML 的 Web 技术却很难满足要求。②搜索引擎的局限性。基于关键词的搜索引擎是目前用户查找信息的主要工具，但 Web 页面的无结构性、超链接的自由无序以及计算机不能有效地理解概念，无法进行语义关联和推理，造成信息查准率和查全率相对较低。

由于 Web 在语义表达、信息检索方面存在缺陷，W3C 致力于改进 Web 的工作。1998 年伯纳斯·李首次提出语义 Web 的构想，阐述了语义 Web 的基本思想：利用语义来重新组织、存储和获取信息，使信息变成机器可识别的知识。在 2000 年12月18日XML2000大会上，伯纳斯·李作了题为"The Semantic Web"的重要演讲，正式提出语义 Web 的概念，目的是使 Web 上的信息成为计算机可理解的信息，从而实现机器自动处理信息，同时提出了语义 Web 的体系结构。

5.1.2 语义 Web 及其体系结构

语义 Web 不是一个全新的 Web，而是当前 Web 的扩展。伯纳斯·李认为，语义 Web 是一个网，它包含文档或文档的一部分，描述了事物间的明显关系，且包含语义信息，以利于机器的自动处理。① "语义"和"Web"两个词的含义是：在"Web"背后是可导航空间的思想，用 URI 映射到资源上；语义

---

① Berners-Lee Tim, Hender James, Lasslia Ora. THE SEMANTIC WEB [J]. Scientific American, 2001, 284(5): 34-43.

Web 所指的"语义"是"机器可处理"的语义，而不是自然语言语义和人的推理等目前计算机所不能处理的语义信息。对于数据，语义表达了机器能对这些数据做些什么，若给出一些"机器可处理的"语义数据到一台机器，它能用这些数据做出正确的事情，就称它通过了"语义测试"。W3C 认为语义 Web 是数据网，其提供了允许数据共享及重用的统一框架，将不同来源的数据以统一的格式描述，并建立数据与外部世界的联系，以实现数据的跨组织及跨平台的集成应用。从这些描述中我们可以理解到：语义 Web 在当前 Web 基础上，增加一个语义(知识)层，其通过所定义的语义规范语言及其构建的知识概念结构，使信息被赋予描述良好的含义，成为机器可以识别、交换和处理的语义信息。

语义 Web 是推动未来 Web 发展的核心动力，它包含许多相关的基础构件。图 5-1 展现的是是伯纳斯·李提出的语义 Web 体系结构，① 它给出了语义 Web 中的层次关系：基于 XML 和 RDF/RDFS，并在此之上构建本体和逻辑推理规则，以完成基于语义的知识表示和推理，从而使信息能够为计算机所理解和处理。

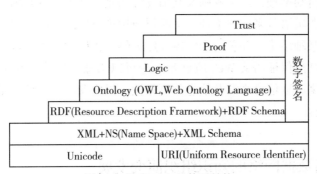

图 5-1　语义 Web 的体系结构

URI 和 Unicode 是语义 Web 的基础：URI 唯一标识网络上的资源；Unicode 是一个字符编码集，字符集中所有的字符都用两个字节表示，支持世界上所有语言的字符，旨在使语义 Web 成为一个全球信息网络，从根本上解决跨语言字符编码的格式标准问题。

XML+NS+XML Schema 是语义 Web 的语法层。XMIL 提供了文档结构化的语法，用户可以按照自己的需要定义标记集。为了避免这些标记的同名现象，W3C 引入 Namespaces，即名称空间机制，通过在标记前加上 URI 引用来消解

_____

① Antoniou G, Harmelen F. V. A Semantic Web Primer[M]. Massachusetts：The MIT Press Carmbridge，2004.

这种冲突。XML Schema 基于 XML 语法，提供多种数据类型，对 XMIL 标记的结构和使用方法进行了规范，提供了对 XML 文档进行数据校验的机制。

RDF、RDF Schema（RDFS）属于语义 Web 的数据互操作层。XML 不适于表达数据的语义，数据语义的定义和互操作需要由更高一层来完成。因此 RDF 作为基本数据模型，它遵循 XML 语法来描述网络上资源及其关系，提供了一套标准的数据语义描述规范，但它还需要定义描述中使用的词汇。RDFS 提供了一种面向计算机理解的词汇定义，提供了描述类和属性的能力。RDFS 在 RDF 的基础上引入了类、类之间的关系、属性之间的关系，以及属性的定义域与值域等。

Ontology 是语义 Web 的本体层。作为语义 Web 的核心层，本体层在 RDF 和 RDFS 进行基本的类/属性描述的基础之上，更进一步描述了相关领域的概念集，并提供了明确的形式化语言 OWL，以准确定义相关概念及概念之间的关系。

Logic、Proof、Trust 分别属于逻辑层、证明层和信任层。逻辑层主要解决特定规则的自动推理，定义规则及其描述方法是自动推理的基础，它需要运用功能强大的逻辑语言来实现推理。证明层使用逻辑层定义的推理规则进行逻辑推理，得出某种结论，并负责为应用程序提供一种机制，以决定是否信任给出的论证。信任层保证语义 Web 应该是一个可以信任的网络，它采用数据签名等信息技术来验证信息来源及信息的可靠性，以确保用户信任所见的数据及所作的推理过程。

5.2　面向数据网络的知识组织演变发展

互联网经历了 Web1.0、Web2.0 时代，当前已进入 Web3.0 时代，即数据网络时代。在以语义网为核心的网络架构中，网络被看作是全球数据空间，资源组织形式从以文件为核心向以数据为中心转换，数据与数据之间通过富含语义链接的方式形成了有价值的数据网络。① 网络资源的语义化结构、细粒度描述、数据关联等特性对数据加工及利用提出了新的挑战及可能。信息组织是信息有序化过程，即通过一定的方法与工具对所处理的信息对象进行描述、标引、生成元数据的过程。元数据作为信息组织的最终结果表现形式，成为数字

① 贾君枝.面向数据网络的信息组织演变发展[J].中国图书馆学报，2019，45(5)：51-60.

化管理对象的重要构成。随着语义网技术发展及其用户信息需求的变化，信息组织的处理对象及外延不断发生着变化，相应地从以文献单元为核心的处理向以知识单元为核心的处理转换，信息组织工具不断丰富且功能趋于统一，从以分类表、主题词表为核心的受控词表扩展到语义网络、本体等知识组织系统，以适应大规模、多样化、语义化的信息处理需求。在这个发展演变过程中，如何抽象地概括表示信息组织处理流程？各层次所发挥的作用是否发生了变化？其不同类型的工具之间的本质联系是什么？信息组织工具发展的特点表现是什么？这些成为信息组织研究者及使用者关注的问题。信息组织的理论与方法随着信息技术的发展不断演变，出现了各种类型的新术语，需要在学科研究领域形成对这些专业术语的统一认识。

5.2.1　信息组织处理功能层次

信息组织处理活动可以理解为对资源对象按照一定的描述规则及语言进行描述标引的过程。依据不同功能、处理流程可以将其细分为三层：词表层、元数据记录层、资源层(见图 5-2)。

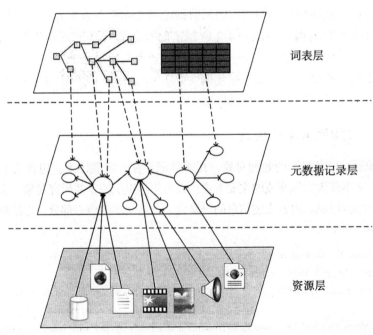

图 5-2　信息组织处理功能层次

资源层实际为所处理的资源对象，可以分为非结构化、半结构化或结构化对象三种。非结构化资源是机器不可读的，以纸质文献或者多媒体资源为核心；半结构化资源拥有一定的格式，如 pdf、word、html 文档，但机器不能准确地理解到文本内容；结构化资源采用一定的数据模型表示高度结构化资源，如关系数据库、RDF 数据集等，结构化程度越高，机器越易于获取并表示资源的语义内容。

获取到资源对象后，需对资源对象进行信息描述和信息标引，则进入元数据记录层。该层是信息组织的最终结果形式，也是信息检索效率提升的关键。元数据记录的生成需要依托于词表层，词表层属于最上层，是数据网络中的模式层，[①] 规定了信息描述所使用的基本模式，明确了所选用的描述元素及其相应的取值类型及范围。万维网联盟将词表定义为语义网环境下描述和表示关注领域的概念及关系，以实现对描述对象的特征表述、类型划分及其条件限制。[②] 词表包括受控词表、本体、元数据集（DC、RDA、FOAF、SKOS）、语义网络（WordNet、FrameNet、HowNet）等，实际上可分为元数据集、知识组织系统两大部分，元数据集又称为属性词表，知识组织系统也称为值词表。依据不同的应用需求及其所描述资源对象、标引人员偏好等差异，所使用的词表具有较大差异性，从而导致不同机构的元数据记录之间存在着差异，一定程度上增加了数据交互的困难。ISO25964-2 所制定的叙词表与其他词表映射的标准，[③] 旨在解决不同词表之间的互操作问题。但随着语义网技术的引入，通过词表最大程度重用、构建丰富的元数据集间关系、描述语言 RDF 化等多种措施可以提升元数据记录及词表间的互操作性。

5.2.2　资源层文本的构成

资源层是信息组织的处理对象，其通常记录在一定载体上，包含文本和多媒体信息。文本作为知识交流的主要方式，成为信息组织的重要研究对象。文本主要由内容、结构组成。内容表述信息的语义含义，是文本的核心部分，也是获取语义

---

① Alam M, Buzmakov A, Napoli A. Exploratory Knowledge Discovery over Web of Data [J]. Discrete Applied Mathe-matics, 2018, 249(20): 2-17.

② Vocabularies[EB/OL]. [2021-04-23]. https://www.w3.org/standards/semanticweb/ontology.

③ Information and Cocumentation-Thesauri and interoperability with other vocabularies-Part 2: Interoperability with other vocabularies: ISO 25964-2: 2013[S/OL]. [2021-04-24]. https://www.Iso.org/standard/53658.html.

信息的重要来源。在文本中，语义选用一定语言体系中的词语及句法构成表达，词语作为概念的外在表达形式，概念具有清晰的语义含义，但词语的含义取决于上下文语境，与概念并不存在一一对应关系，因而从句法结构中有效地识别词语，并建立与概念之间的对应关系成为获取语义的关键途径。结构用以支持语义内容表述，体现为格式定义、文本编码等，提供外部呈现形式，如屏幕显示、打印输出。纸质文本与电子文本具有一定的差异性，纸质文本的结构和语义不可分离，互为支撑，以帮助人更好地理解文本的内容。电子文本随着结构化程度的增加，结构与内容逐步分离，相互影响度减小，相同的内容可以采用不同的编码方式表现，这样为机器准确获取到文本内容提供了便利。

如何从文本中准确提取出反映语义含义的特征项是当前信息组织的关键问题。分词及句法结构分析为文本理解提供了一定的可能，如何利用本体、机器学习技术等提高语义理解的准确性已成为当前研究的热点。随着资源数量的增加，用户不仅限于获得整个文档，可能更关注文本中的具体内容，如方法、观点、理论、数据等，这就对信息组织提出了更高要求，使信息处理对象从面向文献单元向知识单元(概念实体)转变，通过文本分析技术获取文本中所涉及的知识元，建立知识元间的关联，采用 URI(唯一资源定位符)方式标识这些非信息资源对象，确保用户能够获取到以主题、人物、事件等为中心的语义单元。

5.2.3 元数据记录及元数据的发展

元数据记录是关于资源对象的结构化数据，定义了所描述对象的内外部属性特征，用于描述、管理、知识产权声明等多种目的，既包含描述类元数据，如格式、文本长度、类型、出版信息，又包括表述内容的语义元数据，如主题词、分类号。随着文本数量的增加，元数据记录的价值在不断提升，其一定程度上能够作为文本的替代品，实现对文本的快速查询与管理。描述语言决定了元数据记录输出格式，其从 MARC 格式经历了 XML、RDF/OWL 的发展过程，进一步向标准化、开放性、多样化发展。

元数据记录生成离不开元数据标准，为提高信息处理标准化与数据交换效率，制定元数据标准就极为必要。元数据标准的制定旨在构建一个对数据语义内容达成共同理解的模式，从而在元数据标准下生成各种类型的元数据集，定义元数据间的关系及其语义、语法和可选值等。① 在数字化信息处理的不同阶

---

① Information and Documentation-Records Management Processes-Metadata for Records-Part 1：Principles：ISO 23081-1：2017［S/OL］.［2021-04-24］. https：//www. Iso. org/standard/73172. html？browse＝tc.

段，随着数据描述、表示及存储技术的发展，信息处理所遵循的元数据标准从描述类元数据集开始向内容类元数据集转变。描述类元数据用于以文献单元为主的文本资源对象的处理，旨在将每一篇文献处理为一个数据对象，关注的是如何将非结构化数据转换为结构化数据。在此过程中，使用的元数据集有MARC、DC、EAD，以描述资源的外部属性及其格式为主，作者、题名、出版机构、刊名、卷期、出版时间、出版地点等外部属性显性度高，获取容易，易于操作，这些成为该阶段元数据记录描述的重点。

进入内容处理阶段，以文献中的知识单元为主，考虑将每一篇文献解析为多个概念实体，注重概念之间的关系表示，关注的是知识网络的形成与表示，旨在将文献中的关键内容呈现给用户，并能帮助用户实现知识单元之间的无缝浏览。此阶段出现了内容型元数据集，重视资源的语义内容特征提取，如RDA、DCMI抽象模型、DACS、CCO等，这些元数据集多以概念类为核心，注重概念之间的关系表示，采用RDF语法表示其数据模型，形成了RDF词汇表，并注册到词表目录平台LOV、JoinUp供用户浏览下载。可以看出，这一阶段元数据集与知识组织系统功能趋同，两者之间界限模糊，一定意义上统称为词表。尤其在对资源对象进行描述时，一个元数据集不足以完成全部描述内容，需要元数据集与知识组织系统等多个词表互相补充才能完成描述。关联开放数据（LOD）云图中，每个数据集作为描述对象，通常采用多个词表描述，图5-3显示的是出版社类数据集的词表数量，经统计每个数据集平均使用词表数量7个。①

5.2.4 知识组织系统的类型、功能与特点

在1998年召开的第三届ACM数字图书馆国际会议上，Hodge首次提出了知识组织系统的概念。② 自此，从以分类表、叙词表为中心的传统信息组织工具发展成为包括术语表、地名表、人名表、分类表、叙词表、本体等的知识组织系统。知识组织系统是用来组织信息的各种类型模式集合，其将领域内部的知识进行系统化表示，旨在将描述对象中的自然语言表达形式转换成知识组织系统所规定的表达形式，既实现了对术语的统一化表述，又充分展示了术语之间的语义关系，从而支持对资源内容的检索与浏览。知识组织系统是在数据网

① 李捷佳. 关联数据的词表重用策略研究[D]. 太原：山西大学，2019.

② Hodge G. Systems of Knowledge Organization for Digital Libraries：beyond traditional authority files[EB/OL].[2021-04-24]. http：//www. Clir. org/wp-content/uploads/sites/6/pub91. pdf.

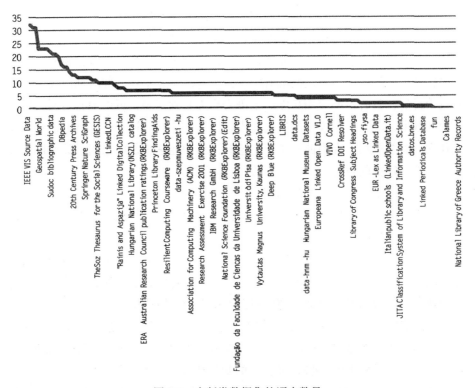

图 5-3 出版类数据集的词表数量

络发展背景下出现的，旨在拓展信息组织工具的功能，从以馆藏资源为中心向网络资源拓展，资源的描述及表示由原有的文献单元向知识单元深化，从面向人构建向注重机器理解转变，描述颗粒度变细且逐步向用户需求靠近。

(1) 知识组织系统的类型

学者对知识组织系统的划分依据不同，提出了多种类型，可以从不同的维度探究信息组织工具的差异。Hodge 根据知识组织系统的结构、复杂性、术语间关系及历史功能，将其分为三种类型：术语表、受控词表、关系表。① 术语表重视术语的定义及罗列，包括名称规范档、词典、字典、地名表；受控词表强调应用规范性词汇表示资源的主题内容，包括分类表、主题词表；关系表关注术语间的关系定义，包括叙词表、语义网络(如 WordNet)、本体。曾蕾教授

① Hodge G. Systems of Knowledge Organization for Digital Libraries：beyond traditional authority files［EB/OL］．［2021-04-24］．http：//www. Clir. org/wp-content/uploads/sites/6/pub91. pdf.

根据受控程度及语义结构强度将知识组织系统划分为四种类型：术语表、元数据模型、分类表、关系模型，[①] 其对 Hodge 提出的术语表作了进一步细分，将同义词表列入术语表，将名称规范档、名录、地名表则列入元数据模型。可以看出，各个知识组织工具之间既有联系，又有区别，是在不同时期服务于不同的应用目的，具有不同应用功能。术语表作为基础词表，可以为其他词表提供有用的数据来源，关系模型的形成需借助术语表、受控词表的丰富术语及其可以利用的关系类型。在当前环境下，这些工具功能逐步走向趋同，关系模型成为各个工具转换的目标。

（2）知识组织系统的主要功能

知识组织系统不再仅仅服务于信息检索过程，提高信息检索效率，还表现为增强知识管理能力。

①作为组织与管理资源文档的工具。在网络环境下，资源数量增加导致资源获取难度增大，知识组织系统可以有效地实现对资源文档的表示及索引，通过构建特定领域的潜在语义结构模型，支持文档的快速检索。

②形成特定领域或学科的语义知识地图。知识组织系统充分利用专家知识，描述了特定领域或学科的基本概念及概念间关系，形成了概念语义地图，有助于支持信息检索者（机器及用户）的知识获取及学习过程。

③作为知识交流及互操作的工具。知识组织系统所提供的概念框架，架起了用户信息需求与文档集、自然语言与受控词汇之间的桥梁，较好地推动了计算机与计算机、人与计算机的交流过程，通过建立知识组织系统之间的映射与连接，可以实现跨语种、跨库、跨系统的操作，满足用户多角度的检索需求。

（3）知识组织系统的发展特点

知识组织的体系化发展涉及多个技术层面的问题，其发展特征体现在以下几个方面：

①描述对象概念化。从术语表到语义网络、本体，知识组织系统的描述对象从原有的以词汇为中心向以概念为中心转变。概念是人类的思维单元，其由代表一定语言的词汇或符号来表示，可以使用自然语言或者人工语言表示。由于语言表述的丰富性及自由性，不同的语言词汇可指代同一个概念，[②] 同一词

[①] Zeng M L. Knowledge Organization Systems (KOS)[J]. Knowledge Organization, 2008, 35(2/3): 160-182.

[②] Zeng M L. Knowledge Organization Systems (KOS)[J]. Knowledge Organization, 2008, 35(2/3): 160-182.

汇在不同的语境中含义不同，从而导致词汇与概念不具有一一对应关系。指代物、概念、术语三者构成了对事物的基本认识。概念反映了一定的指示物，术语用以表述指代物的符号系统。术语表仅罗列现实存在的各种术语，通过释义、注释等方式对词汇含义进行区分，并未从概念角度对词汇进行分类，无法体现出词汇在概念层面的抽象。叙词表引入了规范词，将指代同一概念的多个词建立用代关系，并建立了概念之间的属分关系、交叉及并列关系，较大程度上体现了以概念为核心的特征。本体则以概念为出发点，所构建的共享概念模型强调知识表达的明确性、形式化，其所定义的函数、关系、公理充分将概念、属性及其概念之间的关系进行表示，从而为机器可理解及其信息共享提供基础。以概念为核心的知识组织系统描述相关资源，意味着不同资源共享共同的概念体系，计算机非常易于抽取及集成相关信息，一定程度上提高了资源间数据交流及集成的效率。

②语义关系多样化。知识组织系统是由代表知识领域的概念及其概念关系构成的。概念之间彼此依赖、互相联接，所形成的关系称为语义关系，这种关系通常由概念之间的外延所决定，而概念的含义可以通过语义关系进一步明确。在知识组织系统中，语义关系从等同、等级、相关三种关系发展为针对不同领域的多种关系，如因果、来源、代理等。语义关系越丰富，定义越严格，所形成的概念语义网络才能为知识组织系统的进一步应用奠定坚实基础，更好地适应其他数据模型的需求。Hjorland 总结了概念及概念关系的获取有五种方法：经验主义、理性主义、解释学、实用主义、批判论。[①] 在现有的知识组织系统构建中，不同的知识组织系统概念获取方式侧重点不一。分众分类法以批判论为核心，强调个体有使用词汇及概念的自由，通过众多用户对资源设置标签的方式，构建开放式的知识组织系统。受控词表(分类表、叙词表)的构建将经验主义、理性主义、实用主义三者结合，在明确词表构建目标前提下，既重视专家的知识，又注重概念在文档(包含检索集)中的使用频率。本体更强调理性主义，通过分析与逻辑方法，抽取领域中核心的概念及关系，基于共同认知框架形成共享化模型，以实现对领域内部概念集合的抽象描述。

在知识组织系统中，从相容及不相容两种概念间关系可推演出三种基本的语义关系：等同关系、等级关系、相关关系。等同关系又可细分为同义关系、同源关系、反义关系。同义关系表示两个词汇都指代同一概念，如简称与全

---

① Hjorland B. Concept Theory[J]. Journal of the American Society for Information Science & Technology, 2019, 60(8)：1519-1536.

称、变异名称、不同语种形式等属于此类型。同源关系表示随着时间变化而采用不同的术语形式，如机构不同时期的称谓，同义词表、名称规范档、语义网络充分体现了同义关系及同源关系。反义关系表示两个概念之间互相排斥，外延没有重合，如"生—死"，叙词表中叙词与非叙词关系中包含反义关系。等级关系表示两个概念之间存在包含关系，是知识组织系统中最基本的类型，可分为上下位关系、部分整体关系、实例关系。在上下位关系中，下位类既具有与上位类同样的属性，又有自己特有的属性，两者属于层级关系。部分整体关系表示整体概念是由若干部分概念所组成，如元素—集合、部门—机构、材料—物体等。实例关系表示通过罗列其主要元素定义概念，各主要元素作为个体概念，被看作实例。如摩托车——大阳摩托车。等级关系在受控词表、本体中是最突出的语义关系，分类表通过类目层层划分表示其类目的等级关系，叙词表等级关系对其上下位关系、部分整体关系、实例关系不做区分，但本体对这三种关系类型进行了明确区分，在继承、传递、对称性方面体现为不同的特性。相关关系指除等级、等同关系之外的其他关系，语义关系指代不明确，包括参照关系及其他。参照关系将存在一定联系的两个概念建立关系，如产品与厂家、作品与作者等；叙词表定义了相关关系，本体的严格性限制了对此类关系的引用，其根据不同的情境定义了其他更为具体的语义关系，如疾病本体中会定义医患关系、师生关系、疾病与治疗等关系类型。

　　③描述语言形式化。知识组织系统的形式化描述推动了语义网的发展，为语义网提供了丰富的知识基础设施。早期信息组织工具为纸质的分类表、主题词表，随之将其转换为计算机可读形式，便于数字化存储及管理，但已有格式并不能使机器很好地理解及标引资源，本体的形式化表述推动知识组织系统整体向此方向演进。形式化描述语言有简单知识组织系统(SKOS)、RDF/RDFS、OWL语言等，其对各个知识组织系统的类、属性及其关系进行明确界定，以增强其语义表述能力，拓展其在数据网络环境下的应用范围，为进一步实现各个系统之间的交互，进而为外部资源及应用软件集成提供便利。

　　SKOS强调为叙词表、分类表、标题词表等受控词表的表达提供强有力且简单的机器理解方式，① 其提供了表达概念模型的基本结构及内容，为已有受控词表导入数据网络提供了一条标准的、低成本迁移路线。SKOS概念体系是多个SKOS概念及概念间语义关系的集合体。每个SKOS概念体系可以简单地

---

　　① SKOS Core Vocabulary Specification[EB/OL].[2021-03-24].https：//www.w3.org/TR/swbp-skos-core-spec.

对应为一个叙词表、分类表或其他知识组织系统。词表中每一词汇都可看作SKOS 概念类，词汇之间的关系采用 SKOS 属性进行定义，除此之外，SKOS 定义了词表之间的映射关系，依此将多个词表之间的词汇建立对应关系，为词表互操作的实现提供了形式化描述方法。当前许多受控词表纷纷转化为 SKOS 形式，SKOS 也成为数据集描述中频繁使用的词表之一。依据关联开放词表（LOV）平台统计，目前有 152 个数据集使用 SKOS 词表。① 美国国会图书馆将国会标题表（LCSH）的 MARC 数据转换成 SKOS，② 联合国粮农组织将AGROVOC 转换成 SKOS 格式并提供免费下载，③ 国际十进分类法（UDC）、杜威十进分类法（DDC）分别实现了 SKOS 化，④ 我国学者也着手探讨《中国图书馆分类表》《汉语主题词表》《中国分类主题词表》的 SKOS 实现。⑤

资源描述框架（RDF）旨在提供一种用于表达语义信息，并使其能在应用程序间交换而不丧失语义的通用框架。使用资源-属性-值的三元组形式描述资源的元数据信息，如题名、作者、修改日期、版权、许可信息、多个共享资源的模式表等。⑥ 这种最小限制、灵活的描述方式，已被普遍应用于词表及数据集的描述中，成为实现数据整合、提升资源价值的重要描述语言。1999 年 DC提出 RDF 模型，美国国会图书馆已提供 LCSH 的 RDF 形式下载。⑦

RDF 表达能力终究有限，于是出现了扩展 RDF schema OWL 语言，添加了更多的用于描述属性和类的词汇，如增加了类之间的不相交性、基数限制、等价性、丰富的属性特征、枚举类，通过提供更多具有形式语义的词汇，使

---

① Linked Open Vocabularies [EB/OL]. [2021-03-24]. https：//lov. linkeddata. es/dataset/lov/vocabs/skos.

② Summers E, Isaac A, Redding C, et al. LCSH, SKOS and Linked Data [C]// International Conference on Dublin Core and Metadata applications, 2008：25-33.

③ Caracciolo C, Stellato A, Morshed A, et al. The AGROVOC linked dataset [J]. Semantic Web, 2013(4)：341-348.

④ 贾君枝，赵洁. DDC 关联数据实现研究[J]. 中国图书馆学报，2014，40(4)：76-82.

⑤ 贾君枝. 简单知识组织系统与汉语主题词表[J]. 中国图书馆学报，2008，34（1）：75-78，84；曾新红. 中文知识组织系统形式化语义描述标准体系研究（一）——扩展 SKOS实现传统受控词表全描述[J]. 中国图书馆学报，2012，38(3)：57-68；吴雯娜，鲍秀林. 国家叙词库的体系结构与数据模型[J]. 中国图书馆学报，2016，42(2)：81-96.

⑥ RDF primer[EB/OL]. [2021-03-10]. http：//www. w3. org/TR/rdf-primer.

⑦ Linked Open Vocabularies [EB/OL]. [2021-03-24]. https：//lov. linkeddata. es/dataset/lov/vocabs/skos.

Web 信息拥有确切的含义，可被计算机理解并处理，因此 OWL 成为本体描述的重要语言。WordNet、FOAF 拓展其语义网应用，采用 RDF/OWL 表述，① 美国国家癌症研究所发布了 OWL 版本的 NCI 叙词表（National Cancer Institute Thesaurus）。②

④数据开放关联性。由于数据网络的形成基于 RDF 数据模型实现了不同数据源实体之间的链接，数据开放关联理念在大数据的应用环境下得到充分体现。数据集彼此关联为数据深层次开发与利用提供了保障。随着越来越多的机构参与到数据开放中，结构化数据之间的关联而形成数据网络规模不断扩大，不仅使用户能够无缝浏览到各种级别的数据，而且为创建跨领域、跨部门的数据集成应用提供了可能。知识组织系统中概念体系开放意味着可以被越来越多的资源所应用，未来所产生的价值将更大。万维网联盟图书馆关联数据小组（W3C Library Linked Data Incubator Group）旨在推动图书馆数据的全球性互操作，以提高图书馆数据在互联网环境下的重用性。③ 许多受控词表、名称规范档走向开放关联，2009 年 DDC 分类法首次转换为 DDC 关联数据，将 DDC22 版足本中最高三级类目以 11 种语言发布为关联数据。UDC 简表发布了 SKOS 版关联数据，2009 年国际虚拟规范档（VIAF）发布关联数据，并建立与维基百科的连接，网站访问量明显增加。德国国家图书馆在 2010 年 4 月宣布将其名称和主题规范数据发布为关联数据，匈牙利国家图书馆也宣布将其名称/主题规范数据发布为关联数据。艺术与建筑叙词表（AAT）发布了 RDF 版，不仅提供概念体系的浏览，还提供 SPARQL 端点供用户下载数据，以较好地嵌入外部应用。④ LOD 出版类型中的知识组织工具实现的关联发布有 30 个，占出版类数据集的 20%。⑤

开放数据集大量涌现，词表重用即使用共享词表的术语定义交流信息的共

①　RDF/OWL representation of wordNet［EB/OL］.［2021-03-10］. https：//www.w3.org/TR/wordnet-rdf；FOAF vocabulary specification 0.99［EB/OL］.［2021-03-10］. http：//xmlns.com/foaf/spec.

②　National Cancer Institute Thesaurus［EB/OL］.［2021-03-10］. http：//bioportal. bioontology. org/ontologies/NCIT.

③　Library Linked Data Incubator Group Final Report［EB/OL］.［2021-03-10］. http：//www.w3.org/2005/Incubator/lld/XGR-lld-20111025.

④　Zeng M L, Mayr P. Knowledge Organization Systems（KOS）in the Semantic Web：a multi-dimensional review［J］. International Journal on Digital Libraries, 2019, 20(3)：209-230.

⑤　李捷佳. 关联数据的词表重用策略研究［D］. 太原：山西大学，2019.

同模式，实现数据集的 RDF 描述，成为关联数据发布的重要步骤，也成为衡量开放数据质量的重要指标。词表重用能在一定程度上提高数据集之间的互操作能力，避免表述的歧义及冲突，提升数据集的质量，这样对知识组织系统提出了再利用要求，为其进一步应用提供了更广泛的空间。LOV 云图中，[①] 高频使用前 20 的词表如图 5-4 所示。大卫·伍德等对关联数据集统计得出重用的高频率词表有：FOAF、DC、Geo、Bio、Bibo、SIOC、Vcard、CC 等，[②] 可以看出，两者之间重合的词表较多。

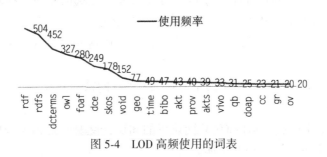

图 5-4　LOD 高频使用的词表

5.3　本体的整体架构

在语义 Web 的体系结构中，本体处于核心地位。本体为语义 Web 提供了相关领域的共同理解，确定了该领域内共同认可的概念的明确定义。本体通过概念之间的关系描述了概念的语义，是解决语义层次上 Web 信息共享和交换的基础。

5.3.1　本体的概念

本体的概念最初起源于哲学领域，可以追溯到古希腊哲学家亚里士多德。他将本体定义为对世界客观存在物的系统描述，即存在论。也就是说，本体是客观存在的一个系统的解释或说明，它关心的是客观现实的抽象本质。20 世

① SKOS Core Vocabulary Specification[EB/OL].[2021-03-24]. https://www.w3.org/TR/swbp-skos-core-spec.

② [美]大卫·伍德，玛莎·扎伊德曼，卢克·鲁思，等. 关联数据：万维网上的结构化数据[M]. 蒋楠，译. 北京：人民邮电出版社，2018：36-37.

纪 60 年代本体被引入信息领域后，越来越多的计算机信息系统、知识系统的专家学者们开始研究本体并给出了许多不同的定义。其中，最著名并被引用得最为广泛的定义是由 Gruber 于 1993 年提出的"本体是概念化的明确的规范说明"，[①] 1997 年 Borst 进一步将其完善为"本体是共享概念模型的形式化规范说明"，[②] Studer 等对上述两个定义进行了深入研究，认为本体是共享概念模型的明确的形式化规范说明。[③] 这也是目前对本体概念的统一看法，其定义包含四层含义。

①概念模型（Conceptualization）：通过抽象出客观世界中一些现象的相关概念而得到的模型，其含义独立于具体的环境状态。

②明确（Explicit）：所使用的概念类型及使用这些概念的约束都有明确的定义。

③形式化（Formal）：采用的是计算机可理解的精确的数学描述，而不是面向自然语言。

④共享（Share）：本体捕获共同认可的知识，反映的是相关领域中公认的概念集，针对的是团体而非个体。

目前本体已经成为提取、理解和处理领域知识的工具，它可以被应用于任何具体的学科和专业领域；本体经过严格的形式化之后，借助于计算机强大的处理能力，可以对人类的全部知识进行整理和组织，使之成为一个有序的知识网络。

5.3.2　本体的构成

一个典型的本体有一个层次分类，定义了类、类之间的关系以及具有推理能力的一组推理规则。Perez 等认为本体中的知识形式化主要由五个部分构成：类或概念、关系、函数、公理和实例（Perez and Benjamins，1999）。

①类或概念。概念通常是指任何事物，如任务描述、功能、行为、策略和推理过程。从语义上讲，它表示的是对象的集合，其定义一般采用框架结构，包括概念的名称、与其他概念之间的关系的集合，以及用自然语言对概念的描述。

---

① Gruber T R. A Translation Approach to Portable Ontologies[J]. Knowledge Acquisition，1993，5(2)：199-220.

② Borst W N. Construction of Engineering Ontologies for Knowledge Sharing and Reuse[D]. Enschede：University of Twente，1997.

③ Studer R，Benjamins V R，Fensel D. Knowledge Engineering：Principles and methods [J]. Data & Knowledge Engineering，1998，25(1).

②关系。关系表示领域中概念之间的交互类型，如形式上定义为 n 维笛卡儿积的子集 R：C1×C2×…×Cn，如子类关系(subClassOf)。在语义上关系对应于对象元组的集合。

③函数。函数特指一类特殊的关系。该关系的前 n-1 个元素可以唯一决定第 n 个元素。其形式化的定义为 F：$C1×C2×…×Cn-1, →Cn$。例如，motherOf 就是一个函数。motherOf(x, y)表示 y 是 x 的母亲。

④公理。公理代表领域知识中的永真断言，如声明概念"Produce"和"Produced by"是互逆的。

⑤实例。实例代表元素。从语义上讲，实例表示的就是对象，对应于现实世界中的具体的个体。

5.3.3 本体的类型

按照不同的分类标准，本体的类型提法不一。Guarino 等根据领域的依赖度及其概括程度将本体划分为 4 类(Guarino，1998)。

①顶级本体(Top-level)。描述的是最普遍的概念，如空间、时间、物质、对象、时间、行为等，其通常不依赖于某个特定问题或者某个领域，如 Cyc、Mikrokmos、SUMO 本体等属于顶级本体。

②领域本体(Domain)。描述的是特定领域中的概念，如地球与环境领域本体 SWEET、数字化产权本体 IPROnto。它需要对顶级本体的概念具体化。

③任务本体(Task)。描述的是具体任务或行为中的概念及概念之间的关系，如对话本体、销售本体。

④应用本体(Application)。描述的是同时依赖于特定领域和具体任务的概念和概念之间的关系。本体分类如图 5-5 所示。

5.3.4 本体构建

本体的创建非常费时、费力，需要一套完善的工程化的系统方法来支持，特定领域的本体还需要专家的参与，以保证所建立的本体符合一定的质量要求，满足用户的应用需求。

为有效地指导及评估本体构建活动。Gruber 在 1995 年提出的 5 条设计原则具有一定的影响力。①

----

① Gruber T R. Toward Principles for the Design of Ontologies Used for Knowledge Sharing? [J]. International Journal of Human-Computer Studies，1995，43(5-6).

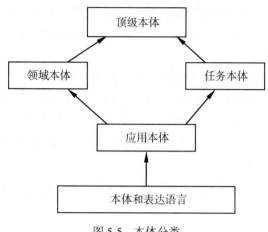

图 5-5　本体分类

清晰性：本体应该有效地表达所指定术语的含义，使之尽可能客观、完整，并以自然语言的方式将所给定义文档化。

一致性：由本体得出的推论与本身的含义是相容的，不会产生矛盾。本体中定义的公理应该是逻辑一致的，如果从公理中推导出的句子同形式化定义相矛盾，证明该本体是不一致的。

可扩展性：本体在设计中要考虑到这些共享词汇将来的应用范围，为一系列可能的任务提供概念基础，使本体的表达能被单调地扩展，即向本体中添加专用的术语时，不需要修改原有的定义。

编码偏好程度最小：概念是基于知识层面而言的，而非依赖于符号编码系统，对不同的描述系统和表示方法，其编码偏好最小化，且要求采用便利的符号系统表示并尽可能最小化。

最小本体承诺：对待建模对象给出尽可能少的约束，通过定义约束最弱的公理及提供交流所需的基本词汇，来保证本体的自由，能够按照需要进行本体的具体化和实例化，支持未来的知识共享活动。

应用目的不同，本体构建方法也不同，Mike 和 Michael 提出的骨架法①、Alexander 和 Steffen 的环形结构法②及 Noy 和 McGuinness 提出的七步构建方法

① Mike U, Michael G. Ontologies Principles Methods and Applications[J]. Knowledge Engineering Review, 1995, 11(2): 93-155.

② Alexander M, Steffen S. Ontology learning for the semantic web[J]. IEEE inteligence system, 2001, 16(2): 72-79.

（Noy and McGuinness，2001）为很多研究者所采用。综合以上方法，构建具体步骤如下：

识别目的和范围阶段，这个阶段需要弄清建立本体的原因及用途，以确定本体的使用范围及用户。

建设本体阶段，包括本体的重用、捕获、编码化。重用现有本体，收集其他有用本体，利用已有的本体成果来扩充、修改现有本体，以减少本体构建的工作量。本体捕获主要识别相关领域中的关键概念和关系，进行精确无二义性的文本化定义，识别表达这些概念和关系的术语，并进行一致性检查。本体编码对概念及概念关系进行形式化描述，确定类、属性、实例，选择描述语言进行有效性编码。

评价阶段，采用一定的评估方法对构造好的本体进行质量评估。既包含本体概念结构及内容评估，涉及不一致性、冗余性问题；又包括用户应用效果的评估，以确保本体能够与设计目标相符合，并将存在的问题作为进一步改进的依据。

5.4　本体描述语言

本体描述语言是用来描述本体的，它让用户可以为领域模型编写清晰、形式化的概念描述。事实上，本体描述语言起源于人工智能领域对知识表示的研究，因此本体的描述语言不仅仅需要具有良好定义的语法和语义、充分的表达能力，更需要有效的推理支持（包括计算复杂性和可判定性等）。①

5.4.1　XML

语义 Web 体系结构中，XML、RDF、OWL 三层是语义 Web 的核心，表示网络信息的语义，语义 Web 在它们提供的语义和规则的基础上才能进行逻辑推理、证明等操作，② XML 作为语义 Web 的语法层，为数据共享与交换奠定基础，RDF、OWL 都遵循 XML 语法，但 RDF、OWL 注重语义描述，尤其

---

① 郭丹丹. 法律框架网络数据库 OWL 语言自动生成研究［D］. 太原：山西大学，2008.

② DAVIES J，FENSEL D. Towards the Semantic Web：Ontology - driven Knowledge Management［M］. John Wiley & Sons，Ltd，2003.

OWL 弥补 RDF 语义能力不足的问题，完全确定了语义 Web 中知识表示语言的整体框架，成为主要的本体描述语言。

为有效地处理大规模的电子文档，弥补 HTML 文档灵活性差、机器不可读的缺点，1998 年 W3C 公布了 XML1.0 标准。XML 以其简单、灵活性好的特点，成为语义 Web 最基本的语言。

(1)XML 的特点

①自描述性。XML 使用可扩展的标记增强了文档的自描述性。其作为创建标记语言的规则集，采用标记形式将一些信息添加到文档中，以增强文档的含义，标识文档的各个部分及各个部分之间的关系，从而赋予文档良好的结构及自描述性。

②扩展性。XML 的标记可以由用户自己定义，使用 XML 者可以按照自己的需要定制语言。目前有许多语言，如 MathML(数学标记语言)、CML(化学标记语言)和 TecML(技术数据标记语言)等派生自 XML，服务于各自特定领域。这样不仅可以在系统的各个不同模块之间有统一的数据交换格式，而且也可以使用该系统生成组件，嵌入其他系统中，从而实现对已有系统的扩展。

③内容与格式分离。内容与格式分离是 XML 与 HTML 的不同点。运用 HTML 时，数据的显示和数据本身混合在一起，XML 的文档将数据的显示和数据本身进行区分。通常文档含有文档数据(XML)、文档结构(DTD)和文档样式(XSL)三个要素，其中的文档数据也就是文档内容，是文档最重要的部分，内容和格式分离使得文档内容可以套用不同的样式，使得显示方式更加丰富、快捷。

(2)XML 的结构

一个结构良好的 XML 文档由三个部分构成：可选文件头，文件主体，由注释、处理指令及空白组成的结尾。文件头包括 XML 文档必须声明的 XML 版本、编码等基本信息，文档类型及所引用的名称空间，XML Schema 等。文件主体包括一个或多个元素，形成一棵分级的树，元素由开始和结束的控制标记组成。

①XML 文档声明。文档声明包含三个方面的信息，即版本信息、编码信息和文档独立性信息。文档独立性是指文档的完整构成是否需要有外部文档的支持。例如，DTD 是包含在 XML 文档之中，还是一个外部文档(XML 只是调用而已)？下面的例子说明了文档使用的是 XML 标准的版本号 1.0、汉字字符集 GB2312，并指明该文档没有引用任何其他文件。

```
<? xml version = "1.0" encoding = "GB2312" standalone = "yes"? >
```

②文档的元素及属性。XML 的标记实体是元素，一个 XML 元素是由开始标签、结束标签及标签之间的数据构成的。开始标签和结束标签用来描述标签之间的数据。标签之间的数据被认为是元素的值。元素名称必须以字母或下划线开始，可以包含任意数目的字母、数字、连字符、下划线等，而且名称是区分大小写的。XML 元素可以包含其他元素、文本或者混合内容、空内容。每个元素都可以拥有自己的属性。例如，在下面一个 XML 元素的例子中，元素"director"的值是"Ed Wood"。

```
<director>Ed Wood</director>
```

一个元素可以包含一个或多个属性，属性用来给一个元素添加附加的、次要的信息，通常是元信息；属性还可以使用缺省值，每个属性是一个由属性名、属性值构成的用"="隔开的对，必须始终跟随在元素名之后，可以用任意顺序进行说明，但仅能说明一次。属性之间被空格隔开，如 ZIP = "01085"是元素<CITY>的一个属性。

```
<CITY ZIP = "01085">Westfield</CITY>
```

XML 选用树模型作为文档结构，对元素及属性的定义，需要符合以下语法规则：① ①每一个 XML 文档都有且仅有一个最外层元素，称为根元素；②XML元素可以嵌套，一个元素可以包含多个子元素，且允许包含多个同名的子元素，但子元素的出现顺序是重要的，元素之间必须适当地套选，不能相互重叠，标记不能交叉嵌套；③每个元素都有一个开始标记和相应的结束标记；④一个元素的所有属性中，没有两个属性的属性名是相同的；⑤元素名、属性名等标记都是符合命名规范的。

（3）XML 名称空间

XML 名称空间(又称命名空间)是一个命名词汇集，它由 URI(统一资源标识符)引用确定，在 XML 文件中作为元素和属性名使用。由于 XML 中的元素

---

① 陆建江,张亚非,苗壮,等.语义网原理与技术[M].北京:科学出版社,2007:33.

名是预定义的，当两个不同的文档使用相同的元素名时，就会发生命名冲突。因此名称空间旨在解决命名冲突问题，使同样的标识符在不同的名称空间内有不同的含义。名称空间声明通过使用一系列的保留属性进行，这些属性的名字必须以 xmlns 或有"xmlns:"为前缀。名称空间声明适用于声明它的元素和该元素内容中所有的元素，声明形式如下：

<元素名 xmlns:前缀名="URI">

经过声明的名称空间可以被文档使用，通过 XML 限定名来使用名称空间，限定名包括一个名称空间前缀、冒号、局部标识符。下例显示了两个名称空间 bk、isbn 的定义及使用：

<? xml version="1.0"? >
<book xmlns:bk='urn:loc.gov:books'
xmlns:isbn='urn:ISBN:0-395-36341-6'>
<bk:title>Cheaper by the Dozen</bk:title>
<isbn:number>1568491379</isbn:number>
</book>

(4)文档类型定义 DTD

DTD 通过定义一系列合法的元素、属性及元素间关系，决定 XML 文档的内部结构。其目的在于验证 XML 文档数据的有效性，为 XML 文档提供统一的格式和相同的结构，以保证在一定范围内 XML 文档数据的交流和共享。

DTD 包含元素声明、属性声明、实体声明及标记声明，通常分为内部 DTD 和外部 DTD。内部 DTD 包含在 XML 文档内部，只能被包含该 DTD 的文件使用，其一般语法表示如下：

<! DOCTYPE 根元素名[…声明…]>

外部 DTD 则独立保存为一个文件，如果要重复使用已经定义好的 DTD，这时候就必须使用外部 DTD；在 XML 文档中引用外部 DTD 时，应该在 XML 文档声明中添加 standalone="no"说明。声明外部 DTD 的语法结构为：

<! DOCTYPE 根元素名 SYSTEM |PUBLIC（DTD 名）DTD 的 URI>

其中，SYSTEM 表示 DTD 文件未公开，只有当外部 DTD 文件置于 XML 文件所在的主机上时才可以使用；PUBLIC 表示公共 DTD 文件，通过 DTD 的 URI 获取。

元素声明定义了元素可以或必须包含的子元素及子元素的顺序。格式如下：

<! ELEMENT［元素名］［内容模型］>

内容模式是由#PCDATA、元素名，以及"?,、|、 *"等符号组成的正则表达式，用来规定该元素所包含的内容，#PCDATA 表示该元素所包含的文本内容，元素名表示该元素的子元素，各符号表示子元素出现的约束。各符号含义如表 5-1 所示。

表 5-1   子元素约束符号

符号	用法	范例
EMPTY	空元素标记，表示元素中没有内容	A EMPTY
,	将各个元素按指定次序排行	（A，B，C）
*	一个元素可以出现 0 次或 0 次以上	A *
+	一个元素可以出现 1 次或 1 次以上	A+
?	一个元素可以出现 0 次或 1 次	A?
		只能出现一次符号作用范围内的任一元素	（A	B	C）

属性声明定义所有与特定元素相关的属性，其设定与元素相关属性的名称、数据类型、必要性。格式如下：

<! ATTLIST［元素名称］［属性名］［属性类型］［默认值］>

其中，属性类型规定了哪种类型的数据可以作为该属性的值。XML 规范允许为元素的属性指定 10 种不同的类型，如表 5-2 所示，默认值表示设定该属性是否必要，如果属性并不是必要的，属性列表宣告也将指明当属性被省略

时，处理器应该要做什么。默认值取值如表 5-3 所示。

表 5-2   **XML 中属性类型**

类型	描述	类型	描述
CDATA	值为字符数据（character data）	NMTOKEN	值为合法的 XML 名称
（en1 | en2 | ..）	此值是枚举列表中的一个值	NMTOKENS	值为合法的 XML 名称的列表
ID	值为唯一的 id	ENTITY	值是一个实体
IDREF	值为另外一个元素的 id	ENTITIES	值是一个实体列表
IDREFS	值为其他 id 的列表	NOTATION	此值是符号的名称

表 5-3   **XML 中属性定义的默认值**

值	解　释
值	属性的默认值
#REQUIRED	属性值是必需的
#IMPLIED	属性值不是必需的
#FIXED value	属性值是固定的

实体是用于定义引用普通文本或特殊字符的快捷方式的变量，其分为内部实体和外部实体。内部实体所定义的实体内容并不涉及外部文档，是指在 DTD 中定义的一段具体文字内容，通常在 XML 文档的元素中引用，也可在 DTD 语句中引用。在 DTD 中，声明内部一般实体的语法如下：

<! ENTITY［实体名］［实体内容］>

在 XML 文档或者 DTD 中引用内部一般实体的语法为 & 实体名。下例定义了 writer、copyright 两个实体，并进行引用。

```
<? xml version = "1. 0" encoding = "gb2312"? >
<! DOCTYPE website[
<! ELEMENT website（writer, copyright）>
```

188

```
<! ENTITY writer "Bill Gates" >
<! ENTITY copyright "Copyright W3School. com. cn"> ] >
</website>
<writer>&writer;</writer>
<copyright>&copyright;</copyright>
</website>
```

外部实体所定义的实体内容为外部独立存在的文件。在 DTD 中定义某个外部实体时需要指定该实体所对应文件的 URL。在 DTD 中定义外部一般实体的定义语法及其引用如下。定义语法为：

```
<! ENTITY[实体名] SYSTEM[实体 URL]>
```

例如，定义一个外部实体 book，其 URL 为"D：\ xml \ dtd \ book. dtd"，则定义该外部实体的语法为<! ENTITY book SYSTEM "D：\ xml \ dtd \ book. dtd">。

在 XML 文档中对外部实体 book 的引用为：

```
<? xml version = "1. 0" encoding+"utf-8" ? >
<! DOCTYPE books[
<! ENTITY book SYSTEM "book. dtd" >
<! ELEMENT books (# PCDATA | bookname | 作者) * >
<! ELEMENT bookname(# PCDATA)>
<! ELEMENT 作者(# PCDATA)>
]>
<books>&book;</books>
```

(5)XML Schema

DTD 在描述文档结构时，存在着缺乏数据类型的支持、描述能力有限、不能对 XML 文档做出更细致的语义限制等问题，为此，W3C 开发了 XML Schema，以解决 DTD 问题，其优点如下所述。[①]

---

① 宋炜，张铭. 语义网简明教程[M]. 北京：高等教育出版社，2004.

①一致性：XML Schema 直接采用 XML 语法来定义文档的结构，可以使用 XML 解析器来解读。

②扩展性：对 DTD 进行扩充，引入了数据类型、名称空间，具备较强的扩展性。

③互换性：能够书写 XML 文档及验证文档的合法性。通过特定的映射机制，将不同的 XML Schema 进行转换，以实现更高层次的数据交换。

④规范性：提供了一套完整的机制以约束 XML 文档中标记的作用，比 DTD 更规范。

XML Schema 称为 XML 模式，是用来定义和描述 XML 文档的结构、内容和语义的。XML Schema 声明了 XML 文档中允许的数据和结构，具体规定了 XML 文档中可以包含哪些元素，这些元素又可以具有哪些子元素，并可规定这些子元素出现的顺序及次数等。另外，XML Schema 还具体规定了 XML 文档中每个元素和属性的数据类型。

①Schema 根元素。在一个 XML Schema 文档的开头，必须声明一个且只能声明一个名为 Schema 的根元素。下列声明格式中指明 Schema 中使用的元素和数据类型来自"http：//www. w3. org/2001/XMLSchema"命名空间，也指定来自"http：//www. w3. org/2001/XMLSchema"命名空间的元素和数据类型必须附带前缀"xsd："，语法如下：

```
<xsd：schema xmlns：xsd = " http：//www. w3. org/2001/XMLSchema">
……
<xsd：schema>
```

②XML Schema 数据类型。数据类型是 XML Schema 中的一个重要元素，用于为元素类型及属性类型指定数据类型，它一般分为简单类型及复杂类型。若在数据中，一个元素中如果仅仅包含数字、字符串或其他数据，但不包括子元素，这种数据则被称为简单类型：如 XML Schema 中定义了一些内置的数据类型，常用的有 string、decimal、integer、boolean、date、time 等，这些类型可以用来描述元素的内容和属性值。定义简单元素类型的语法如下：

```
<xsd：element 元素名 ="xxx" 数据类型 ="yyy"/>
```

用户可以从现有的内置的类型通过限定（Restriction）元素定义简单类型，

限定用于为 XML 元素或者属性定义可接受的值。其中对数据类型的限定如表 5-4 所示。以下例子通过 simpleType 定义，将 simpleType 元素的 name 属性值作为该自定义数据类型的名称，使用枚举约束，限定取值为"男""女"。

<xsd：simpleType name = "mytype"＞

<xsd：restriction base = "xs：string"＞

<xsd：enumeration value ="男"＜/xs：enumeration＞

<xsd：enumeration value ="女"＜/xs：enumeration＞

＜/xsd：restriction＞

＜/xsd：simpleType/＞

表 5-4   XML Schema 中数据类型的限定

限定	描　　述
enumeration	定义可接受值的一个列表
fractionDigits	定义所允许的最大的小数位数，必须大于等于 0
length	定义所允许的字符或者列表项目的精确数目，必须大于或等于 0
maxExclusive	定义数值的上限，所允许的值必须小于此值
maxInclusive	定义数值的上限，所允许的值必须小于或等于此值
maxLength	定义所允许的字符或者列表项目的最大数目，必须大于或等于 0
minExclusive	定义数值的下限，所允许的值必须大于此值
minInclusive	定义数值的下限，所允许的值必须大于或等于此值
minLength	定义所允许的字符或者列表项目的最小数目，必须大于或等于 0
pattern	定义可接受的字符的精确序列
totalDigits	定义所允许的阿拉伯数字的精确位数，必须大于 0
WhiteSpace	定义空白字符(换行、回车、空格及制表符)的处理方式

复杂类型指包含其他元素及/或属性的 XML 元素，其定义主要通过 complexType 定义，将 complexType 元素的 name 属性值作为该自定义数据类型的名称。有四种类型的复杂元素：空元素、包含其他元素的元素、仅包含文本的元素、包含元素和文本的元素。每一种类型都可能包含属性。通过 XML Schema 指示器，控制在文档中使用元素的方式，其主要分为三类，如表 5-5

所示。

表 5-5   **XML Schema 指示器**

指示器类型	名称	用　　途
顺序指示器	ALL	规定子元素可以按照任意顺序出现，且每个子元素只能且必须出现一次
	<choice>	规定可出现某个子元素或者可出现另外一个子元素(非此即彼)
	<sequence>	规定子元素必须按照特定的顺序出现
频率指示器	<maxOccurs>	规定某个元素可出现的最大次数
	<minOccurs>	规定某个元素能够出现的最小次数
组指示器	Group	用于定义元素组相关的数批元素
	attributeGroup	用于定义属性组相关的数批元素

复杂元素类型的定义如下：定义 employee 复杂类型，其包含子元素 firstname、lastname，被包围在指示器<sequence>中，这意味着子元素必须以它们被声明的次序出现。

```
<xsd:complexType>
<xsd:sequence>
<xsd: element name = "name" type = "xsd:string"/>
<xsd: element name = " friend-of"
type= "xsd:string" minOccurs = "0" maxOccurs = "unbounded"/>
<xsd:element name = "since" type = "xsd:date"/>
<xsd:element name = "qualification" type = "xsd:string"/>
</xsd:sequence>
</xsd:complexType>
```

XML Schema 中所有的属性是以简单类型声明的，简单元素无法拥有属性；假如某个元素拥有属性，它就会被当作某种复杂类型。属性声明由 attribute 元素组成，attribute 元素至少包含一个 name 属性，且可以定义属性的数据类型、固定值和默认值、可选性与必要性、出现频率等，定义一个属性的语法及例子如下：

<xs:attribute 属性名 = "xxx" 数据类型 = "yyy"/>
<xs:attribute name = "lang" type = "xs:string"/>
<lastname lang = "EN" >Smith</lastname>

（6）XSL

XML 在更多的时候是一种数据文件，无法在浏览器显示，因此为了显示 XML 文档，必须有一个机制来描述如何显示文档。这些机制之一是 CSS（Cascading Style Sheet，级联样式表），但是 XSL（可扩展的样式表语言）是 XML 的首选样式表语言，它将 XML 中的数据用指定的显示格式输出，比 HTML 使用的 CSS 复杂得多。XSL 包括三个部分：XSLT 是用于转换 XML 文档的语言，XPath 是用于在 XML 文档中导航的语言，XSL-FO 是用于格式化 XML 文档的语言。

①XSL 声明。XSL 与 XML 遵循相同的语法规则，任何 XSL 文档的第一行实际上都是 XML 声明，在 XML 声明之后，就是 XSL 声明，声明中包含命名空间和 XSL 规范的版本，如：

<? xml version = "1. 0" encoding = "GB2312"? >
< xsl: stylesheet xmlns: xsl = http://www. w3. org/1999/XSL/Tansform version = "1. 0">
        ……
</xsl:stylesheet>

②模板或规则。XSL 样式表由一个或多套被称为模板（Template）的规则组成，每个模板含有当某个指定的节点被匹配时所应用的规则，模板的作用是承载 XML 文档中的数据，在模板中可以嵌套子模板，但最上层模板必须将 match 设为"/"。XSL 构建模板如下所示，match 属性用于关联 XML 元素和模板。match 属性也可用来为整个文档定义模板。

<xsl: template match = "/">……</xsl:template>

通常采用条件选择运算元素<xsl：choose>、<xsl：when>、<xsl：for-each>来选取指定的节点中的元素，其中<xsl：for-each>元素可用于选取指定的节点集中的每个 XML 元素。语法如下：

```
<xsl:for-each select = "…">……</xsl:for-each>
```

在确定节点后，需要提取选定节点的值，<xsl：value-of>元素用于提取某个选定节点的值，并把值添加到转换的输出流中，语法如下：

```
<xsl:value-of select = "pattern"/>
```

调用模板(块)：<xsl：apply-templates>元素将构造好的模板应用于当前的元素或者当前元素的子节点中，语法如下，select 确定在此上下文环境中应执行什么模板，即选取<xsl：template>标记建立的模板，order-by 以分号";"分隔的排序标准，通常是子标记的序列。

```
<xsl：apply-templates select = " pattern" order-by = " sort-criteria-list" >
```

创建图书目录样式表例子：

```
<? xml version = "1. 0" encoding = "ISO-8859-1"? >
<xsl:stylesheet version = "1. 0" xmlns：xsl = " http：//www. w3. org/1999/
XSL/Transform" >
<xsl:template match = "/" >
<html>
<body>
<h2>My Book Collection</h2>
<table border = "1" >
<tr bgcolor = "#9acd32" >
<th align= "left" >Title</th>
<th align = "left" >Author</th>
</tr>
<xsl:for-each select = "catalog/book" >
```

```
<tr>
<td><xsl:value-of select = "title"/></td>
<td><xsl:value-of select = "author"/></td>
</tr>
</xsl: for-each>
</table>
</body>
</html>
</xsl:template>
</xsl:stylesheet>
```

把 XSL 样式表链接到 XML 文档，进行输出表示。

```
<? xml version = "1. 0" encoding = "ISO-8859-1"? >
<? xml-stylesheet type = "text/xsl" href = "book. xsl"? >
<catalog>
<book>
<Title>Information Organization</title>
<author> Arlene G. Taylor</author>
<country>U. S. A. </country>
<price>31. 50</price>
<year>2008</year>
</book>
<book>
<title>Reference and Information Services: An Introduction</title>
<author> Richard E Bopp </author>
<country>U. S. A. </country>
<price>41. 79 </price>
<year>2000</year>
</book>
</catalog>
```

5.4.2 RDF 语言

RDF 作为描述网络资源及其关系的语言，用于描述网络资源的题名、作者、修改日期、版权、许可信息，以及某个被共享资源的可用计划表等。W3C 于 1999 年公布 RDF 的推荐标准，旨在提供一种用于表达语义信息，并使其能在应用程序间交换而不丧失语义的通用框架，是语义 Web 表示语义信息的资源。

在 RDF 中，资源表示所有在 Web 上被命名，具有 URI 的网页和 XML 文档中的元素等；描述是对资源属性(Property)的一个声明(Statement)，以表明资源的特性或资源之间的联系；框架是与被描述资源无关的通用模型，以包容和管理资源的多样性、不一致性和重复性。综合起来，RDF 就是定义了一种通用的框架，即资源-属性-值的三元组，以不变应万变来描述 Web 上的各种资源。其以一种机器可理解的方式表示出来，可以很方便地进行数据交换。RDF 提供了 Web 数据集成的元数据解决方案。通过 RDF，Web 可以实现目前还很难实现的一系列应用，如可以更有效地发现资源，提供个性化服务，分级与过滤 Web 的内容，建立信任机制，实现智能浏览和语义 Web 等。

(1)RDF 模型

RDF 基于这样一种设计思想：将被描述的事物看作资源，其具有一些属性(Properties)，而这些属性各有其值(Values)，这些值是文字或者是其他资源；对资源的描述可以通过对它做出指定了上述属性及值的声明来进行。因此 RDF 模式由以下四种基本对象类型组成。[①]

①资源。所有能用 RDF 表达式来表述的事物都可称为"资源"。资源可以包括网络可访问资源(如一份电子文档、一幅图片、一次服务)、非网络可访问资源(如人、公司、在图书馆装订成册的书籍)及非物理存在的抽象概念(如"作者"这个概念)。RDF 中资源通常是 URI 引用命名的，任何事物都有一个唯一的 URI 引用，URI 引用的可扩展性使得任何实体都可以获得一个 ID。

②属性。属性用来描述资源的某个特定方面，如特征、性质或者关系。每个属性都有特定的含义，规定了它的取值范围、所描述的资源类型，以及与其他属性的关系。在 RDF 中，属性是资源的一个子集，因此一个属性可能用另一个属性描述，甚至可以被自身描述。

③文字。文字是字符串或数据类型的值。字符串又称为平凡文字，可结合

---

① 陆建江，张亚非，苗壮，等. 语义网原理与技术[M]. 北京：科学出版社，2007：33.

可选的语言标签(RFC3066)说明其编码，数据类型的值又称为类型文字，一个RDF类型文字是通过把一个字符串与一个能确定一个特殊数据类型的URI引用配对形成的。RDF没有自己的数据类型定义机制，但允许使用独立定义的数据类型，如XML Schema中定义的数据类型。

④声明。一个RDF声明由一个特定的资源、一个指定的性质及资源的这个性质的取值组成。RDF用一套特定的术语来表达声明中的各个部分。这三个部分分别称为主体、谓词和客体。用于识别事物的那部分就叫作主体，而用于区分所声明对象主语的各个不同属性(如作者、创建日期、语种等)的那部分就叫作谓词，声明中用于区分各个属性的值的那部分叫作客体，客体(即性质的值)可以是另一个资源，也可以是一个常量，即一个由URI指定的资源或者一个简单的字符串，抑或是XML中定义的简单类型。

RDF表达式的潜在结构是三元组集合，即主体、谓词、客体。其可用具有节点和有向边的图来表示，称为RDF图，图中每个三元组表示为一个节点—边—节点的连接。RDF图的节点是主体和客体，其中资源用椭圆节点表示，文字用方节点表示，边代表谓词，具有方向性，总是由主体指向客体。任意一个三元组声明表明主体及客体各指代事物之间的联系，而一个RDF图可代表多个三元组，其实质是对应包含所有三元组的逻辑合取的声明。

例如，将John Smith的住址看成一个资源，然后发表关于这个新资源的声明。在RDF图中，为了将John Smith住址分解成它的各个组成部分，一个用来描述John Smith住址这一概念的新节点就随之产生了，并用一个新的URIref来标识，如http://www.example.org/addressid/85740(可缩写为exaddressid：85740)。把这个节点作为主体，RDF声明(附加的弧和节点)可用来描述附加的信息，如图5-6所示。[①] 其相应的三元组表示如下：

exstaff:85740	exterms:address	exaddressid:85740
exaddressid:85740	exterms:street	"1501 Grant Avenue"
exaddressid:85740	exterms:city	"Bedford"
exaddressid:85740	exterms:state	"Massachusetts"
exaddressid:85740	exterms:postalCode	"01730"

① RDF Primer[EB/OL]. [2021-05-11]. https://www.w3.org/TR/rdf-primer/.

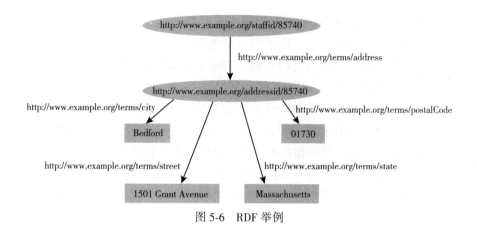

图 5-6　RDF 举例

然而，这种方法会产生很多的"中间的" URI 引用，比如 John's address 的 URI 引用 exaddressid：85740。这些概念可能从来不会被 RDF 图的外部引用，因此可能不需要"通用的"标识符，于是引入空节点的概念，如图 5-7 所示。①

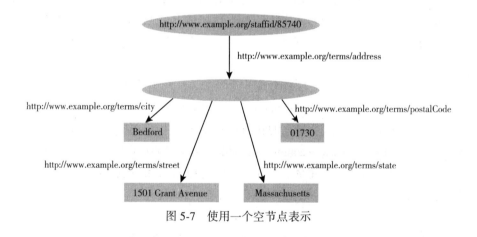

图 5-7　使用一个空节点表示

这个空节点虽然没有 URI 引用，但表达了它应该表达的含义，因为这个空节点本身提供了图中各个部分之间必需的连通作用。然而，为了把这个图表示为三元组的形式，就需要一个某种形式的能清楚表示那个空节点的标识符。通常使用空节点标识符，以"_：name"的形式来表示空节点。例如，在这个例子中，空节点标识符"_：johnaddress"可以用来表示空节点，那么相应的三元

---

① RDF Primer[EB/OL]．[2021-05-11]．https：//www．w3．org/TR/rdf-primer/．

组可以写成如下形式：

exstaff:85740	exterms:address	_:johnaddress
_:johnaddress	exterms:street	"1501 Grant Avenue"
_:johnaddress	exterms:city	"Bedford"
_:johnaddress	exterms:state	"Massachusetts"
_:johnaddress	exterms:postalCode	"01730"

在表示一个图的三元组中，图中每个不同的空节点都被赋予一个不同的空节点标识符。与 URI 引用和文字不一样，空节点标识符并不被视为 RDF 图的一个实际组成部分。空节点标识符仅仅是在把 RDF 图表示成三元组形式的时候，用来表示图中的空节点的（并且区分不同的空节点）。空节点标识符只在用三元组表示单一的图的时候才有意义。如果希望图中的一个节点需要从图的外部来引用，那么就应该赋予一个 URI 引用值来标识它。值得注意的是，因为空节点标识符表示的是（空）节点而非弧，所以在一个图的三元组表达式中，空节点标识符只能出现在三元组主体和客体的位置上，而不能出现在谓词的位置上。

（2）RDF 语法

RDF 提供了一种被称为 RDF/XML 的 XML 语法来书写和交换 RDF 图。与 RDF 的简略记法——三元组（triples）不同，RDF/XML 是书写 RDF 的规范性语法。任何一个 RDF 文档基本由声明部分和描述部分构成。

①声明部分。声明部分主要包括 XML 声明和名称空间声明。RDF 遵循 XML 的语法规则，因此任何 RDF 文档的第一行实际上都是 XML 声明，在 XML 声明之后，从<rdf：RDF>元素开始，到</rdf：RDF>为止，表明以下内容用于表达 RDF，其中包括其他声明，如所使用的命名空间和 RDF 规范的版本等，如：

```
<? xml version = "1.0"？ >
<rdf:RDF xmlns:rdf = "http://www.w3.org/1999/02/22-rdf-syntax-ns#"
        xmlns:exterms = "http://www.example.org/terms/" >
.........
</rdf:RDF>
```

②描述部分。描述部分表示 RDF 三元组中各个主体、谓词、客体。每个 RDF 声明用一个 rdf：Description 元素表示开始，其中用 rdf：about 属性的值表示声明主体的 URI 引用。声明的谓词作为 rdf：Description 的子元素出现，而客体是该子元素的属性或内容。如：

```
<rdf：Description rdf：about="http://www. example. org/index. html">
<exterms：creation-date>August 16,1999/<exterms：creation-date>
</rdf：Description>
```

一是空节点的描述。对一个以空白结点为主体的描述，在 RDF/XML 中可以用一个拥有 rdf：nodeID 属性的 rdf：Description 元素来描述。同样，一个以空白结点为客体的陈述可以用一个拥有 rdf：nodeID 属性的属性元素来描述。如：

```
<? xml version="1. 0"？>
<rdf：RDF xmlns：rdf ="http://www. w3. org/1999/02/22-rdf-syntax-ns#"
xmlns：exterms="http://example. org/stuff/1. 0/">
<rdf：Description rdf：about="http://www. example. org/staffid/：85740">
<exterms：address rdf：nodeID="John"/>
</rdf：Description>
<rdf：Description rdf：nodeID="John">
<exterms：street>1501 Grant Avenue</exterms：street>
<exterms：city>Bedford</exterms：city>
<exterms：state>Massachusetts</exterms：state>
<exterms：postalCode>01730</exterms：postalCode>
</rdf：Description>
</rdf：RDF>
```

二是类型文字描述。类型文字是指为表示属性元素的文字关联一个数据类型，RDF 不定义自己的数据类型，通常借助 RDF 的外部定义，如 XML Schema 定义的数据类型，由 URI 引用来确定，通过为属性元素增加一个 rdf：datatype 属性，并由此指定数据类型，如：

```
<? xml version = "1.0"?)
<! DOCTYPE  rdf: RDF  [ <!  ENTITY  xsd  " http://www.w3.org/2001/
XMLSchema#" >]>
<rdf:RDF xmlns:rdf ="http://ww.w3.org/1999/02/22-rdf-syntax-ns#"
        xmlns:exterms ="http://www.example.org/terms/" >
<rdf:Description rdf:about="http://www.example.org/index. html" >
<exterms:creation-date rdf:datatype ="&xsd;date" >1999-08-16
</exterms:creation-date>
</rdf:Description>
</rdf:RDF>
```

三是指派 URI 引用。在 RDF/XML 中，资源的标识是通过使用一个 rdf:
about 属性并用资源的 URI 引用作为属性值实现的。尽管 RDF 并没有规定或限
定如何为资源指派 URI 引用，但提供了一定的机制为一些有组织的资源指派
URI 引用。其采用一个 rdf: ID 属性，而不是 rdf: about 属性。rdf: ID 用于指
定一个片段标识符作为资源完整 URI 引用的简略形式，该片段标识符在 rdf:
ID 属性值中给出，如：

```
<rdf:Description rdf:ID="item10245" >
<exterms:model rdf:datatype = "&xsd;string" > Overnighter</exterms:model>
.........
</rdf:Description>
```

片段标志符 item10245 的解析是相对于基准 URI(base URI)而言的(在本例
中，基准 URI 为目录文档的 URI)。该文档的完整 URIref 是这样形成的：取
(目录的)基准 URI，在后面添加字符"#"(表明后面跟随的是片段标识符)和字
符串"item10245"，这样得到了绝对 URI 引用 http: //www.example.com/2002/
04/products#item10245. 。

③其他 RDF 表达能力。我们常常需要描述一组事物，如一门课程被多个
学生选修等，对此 RDF 提供了一组特殊的类和属性用来描述一组资源的描述
声明。

第一，容器。RDF 提供了容器词汇，包括三个预定义的类型及它们的一
些属性。一个容器是包含一些事物的资源，这些被包含的事物称为成员。容器

的成员可能是资源（包括匿名节点）或文字。RDF 定义三种类型的容器如下：
一是"rdf：Bag"：一个包表示一组可能包含重复成员的资源或文字，且成员之
间是无序的。例如，包可以用来描述对成员的添加或处理顺序没有特别要求的
组。二是"rdf：Seq"：一个序列表示一组资源或文字，其中可能有重复的成
员，而且成员之间是有序的。例如，序列可以用来描述一组必须按字母顺序排
列的事物。三是"rdf：Alt"：一个替换表示一组可以选择的资源或文字。例
如，序列可以用来描述一组可以互相替换的关于著作的不同语言的翻译，或者
描述一个资源可能出现的几个互联网镜像站点。在应用中，如果属性的值是一
个替换，就可以选择替换中任意一个合适的成员作为属性的值。一个简单的包
容器描述如下：

```
<s:students>
<rdf:Bag>
<rdf:li rdf:resource = " http://example. org/students/Amy"/>
<rdf:li rdf:resource = " http://example. org/students/Mohamed"/>
<rdf:li rdf:resource = " http://example. org/students/Johann"/>
<rdf:li rdf:resource = " http://example. org/students/Maria"/>
<rdf:li rdf:resource = " http://example. org/students/Phuong"/>
</rdf:Bag>
</s:students>
```

第二，集合。容器的一个缺点是没有办法封闭它，即没有办法说这些指定
成员是否是容器的所有成员，无法说明其他地方有其他成员的可能。RDF 以
RDF 集合（Collection）的形式提供了对描述特定成员组的支持。一个 RDF 集合
是用列表结构表示的一组事物，这个列表结构是用一些预定义的集合词汇表示
的。RDF 的集合词汇包括属性 rdf：first 和 rdf：rest，以及资源 rdf：nil，用
RDF/XML 表示如下：

```
<s:students rdf:parseType = " Collection">
<rdf:Description rdf:about = " http://example. org/students/Amy"/>
<rdf:Description rdf:about = " http://example. org/students/Mohamed"/>
<rdf:Description rdf:about = " http://example. org/students/Johann"/>
</s:students>
```

（3）RDF Schema

RDF 定义用于描述资源的框架，在描述资源属性时，会使用到许多词汇，这些词汇的含义与用法在 RDF 中并没有涉及。为定义词汇集，保证用户可以按照规范自定义词汇，便产生了 RDF Schema。它是一种 RDF 词汇集描述语言，定义如何用 RDF 描述词汇集，并提供了一个用来描述 RDF 词汇集的词汇集。其定义了用来描述类、属性和其他资源，以及之间关系的类和属性。RDFS 词汇分为类和属性，通常类用大写字母开头，属性的首字母小写，且类与属性都具有层次关系。

①类。RDF Schema 把事物的种类称为类（Class），与我们通常所说的类型或者分类基本相同，类似于面向对象编程语言中的类的概念。RDF 类可以用来表示事物的任何分类，如网页、人、文档类型、数据库、抽象概念等，其使得资源能够作为类的实例和类的子类来被定义。类可以通过 RDF Schema 中的资源（rdfs：Class 和 rdfs：Resource）及属性（rdf：type 和 rdfs：subClassOf）来表示。由于一个 RDFS 类就是一个 RDF 资源，我们可以通过使用 rdfs：Class 取代 rdf：Description，并去掉 rdf：type 信息，代码如下：

```
<? xml version = "1.0"? >
<rdf:RDF
xmlns:rdf = "http://www. w3. org/1999/02/22-rdf-syntax-ns#"
xmlns:rdfs = "http://www. w3. org/2000/01/rdf-schema#"
xml:base = "http://www. animals. fake/animals#" >
<rdfs:Class rdf:ID = "animal"/>
<rdfs:Class rdf:ID = "horse" >
<rdfs:subClassOf rdf:resource = "#animal"/>
</rdfs:Class>
</rdf:RDF>
```

②属性。RDF 属性通常描述主体和客体之间存在的特定的关系。在 RDF Schema 中，属性是用 RDF 类 rdf：Property，RDF Schema 属性 rdfs：domain（定义域）、rdfs：range（值域）及 rdfs：subPropertyOf（子属性）来描述的，其中 rdfs：range 用于表明某个特性的值（值域）是给定类的实例，rdfds：domain 用于表明某个特性应用于指定的类（定义域）。

```
<rdf:Property rdf:ID = "registeredTo">
<rdfs:domain rdf:resource = "#MotorVehicle"/>
<rdfs:range rdf:resource = "#Person"/>
</rdf:Property>
```

5.4.3　OWL

RDF Schema 可以对子类、子属性、属性的定义域和值域约束，以及类的实例进行描述，但用作一般的本体表示语言，其表达能力还不够，因此需要一种描述能力更强的本体语言。为此，W3C 于 2004 年提出了 OWL 扩展 RDF Schema，添加了更多的用于描述属性和类的词汇，如增加了类之间的不相交性、基数限制、等价性、丰富的属性特征、枚举类，通过提供更多具有形式语义的词汇，使 Web 信息拥有确切的含义，可被计算机理解并处理。

（1）OWL 语言类型

OWL 对于客观世界的描述主要从概念和属性两个方面，相应的描述手段是面向对象域的方式和面向数据类型域的方式。面向对象域的描述方式采用 RDFS 和 OWL 自身的语法进行，用于描述概念间分类化、层次化的继承关系以及相互间的关联关系。面向数据类型域的描述方式时，OWL 支持 XML Schema 的所有数据类型进行概念属性的定义和表达。因为 OWL 相对 XML、RDF 和 RDF Schema 拥有更多的机制来表达语义，因此 OWL 超越了 XML、RDF 和 RDF Schema 仅仅能够表达网上机器可读的文档内容的能力。[1]

OWL 提供了三种表达能力递增的子语言 OWL Lite、OWL DL、OWL Full，以分别用于特定的实现者和用户团体。[2]

OWL Lite 用于支持那些只需要一个分类层次和简单约束的用户。例如，虽然 OWL Lite 支持基数限制，但只允许基数为 0 或 1。提供支持 OWL Lite 的工具应该比支持其他表达能力更强的 OWL 子语言更简单，并且从词典（Thesauri）和分类系统（Taxonomy）转换到 OWL Lite 更为迅速。与 OWL DL 相比，OWL Lite 还具有更低的形式复杂度。

OWL DL 用于支持那些需要最强表达能力且需要保持计算完备性

① 李景. 本体理论在文献检索系统中的应用研究[M]. 北京：北京图书馆出版社，2005：26-36.
② 龚资. 基于 OWL 描述的本体推理研究[D]. 长春：吉林大学，2007.

(Computational Completeness, 即所有的结论都能够确保被计算出来)和可判定性(Decidability, 即所有的计算都能在有限的时间内完成)的用户。OWL DL 包括 OWL 语言的所有语言成分，但使用时必须符合一定的约束。例如，一个类可以是多个类的子类时，它不能同时是另外一个类的实例。OWL DL 这么命名是因为它对应于描述逻辑，涉及作为 OWL 形式基础的逻辑的研究领域。

OWL Full 支持那些需要尽管没有可计算性保证，但有最强的表达能力和完全自由的 RDF 语法的用户。例如，在 OWL Full 中，一个类可以被同时看作许多个体的一个集合，或将本身作为一个个体。它允许在一个本体中增加预定义的(RDF、OWL)词汇的含义。因此，不太可能有推理软件能支持对 OWL Full 的所有成分的完全推理。

在表达能力和推理能力上，每个子语言都是前面的语言的扩展。这三种子语言之间有如下关系成立，但这些关系反过来并不成立。

每个合法的 OWL Lite 都是一个合法的 OWL DL；

每个合法的 OWL DL 都是一个合法的 OWL Full；

每个有效的 OWL Lite 结论都是一个有效的 OWL DL 结论；

每个有效的 OWL DL 结论都是一个有效的 OWL Full 结论。

用户在选择使用哪种语言时的主要考虑的是：

选择 OWL Lite 或 OWL DL 主要取决于用户需要整个语言在多大程度上给出了约束的可表达性。

选择 OWL DL 或 OWL Full 主要取决于用户在多大程度上需要 RDF 的元模型机制(如定义类型的类型以及为类型赋予属性)。

在使用 OWL Full 而不是 OWL DL 时，推理的支持不可预测，因为目前还没有完全的 OWL Full 的实现。

OWL Full 可以视为对 RDF 的扩展，而 OWL Lite 和 OWL DL 可以看成是对一个受限的 RDF 版本的扩展。所有的 OWL 文档(Lite、DL、Full)都是一个 RDF 文档；所有的 RDF 文档都是一个 OWL Full 文档，但只有一些 RDF 文档是一个合法的 OWL Lite 和 OWL DL 文档。因此，用户在把 RDF 文档转换到 OWL 文档时必须谨慎。当 OWL DL 或 OWL Lite 的表达能力适当时，必须注意原来的 RDF 文档是否满足 OWL DL 或 OWL Lite 对 RDF 的一些附加的限制。其中，每个作为类名的 URI 必须明确地声明为 owl：Class(属性也类似)，每个个体必须声明为属于至少一个类，用于类、属性、个体的 URI 必须两两不相交。

OWL 除了自身所带的推理机制外，同时还拥有 XML 中合理的结构体系和 RDF 中带有浅层语义信息的资源描述标签体系，因此 OWL 可以更好地用于语义 Web 中语义信息本体描述。

（2）OWL 语法

①本体头部。OWL 建立在 RDF(S)基础上，利用了 RDF/XML 语法，因此 OWL 本体是一个 RDF 文档，其以一系列的关于本体的声明为开始，包含注释、版本控制、导入其他本体等内容，称为本体本部。Owl：Ontology 元素声明关于当前文档的 OWL 元数据，记录版本信息和导入文档相关信息，rdf：about 属性为本体提供名称和引用，取值为空表示本体的名称是 owl：Ontology 元素的基准 URI，owl：imports 元素指定所导入的本体的 URI。例如：

<owl：Ontology rdf：about = " " >
<rdfs：comment>
   Derived from the DAML Wine ontology at
http：//ontolingua. stanford. edu/doc/chimaera/ontologies/wines. daml
Substantially modified.
</rdfs：comment>
<owl：imports
rdf：resource = "http：//www. w3. org/TR/2003/PR-owl-guide-20031209/wine"/>
</owl：Ontology>

②类、个体、属性构造。按类、个体、属性关系，应处理好其中的关键问题：

第一，类。类是具有相同特点的个体的集合，类通过元素 owl：Class 声明，类名的首字母大写，且没有空格，可使用下划线。每一个创建的新类都是 owl：Thing(描述所有个体集合)的子类，可以用一个或多个关于"一个类是另一类的子类"的声明来创建一个类层次结构，通过元素 rdfs：subClassOf 定义。例如：①

---

① OWL Web Ontology Language Guide[EB/OL]. [2021-05-11]. https：//www. w3. org/TR/2004/REC-owl-guide-20040210/.

```
<owl:Class rdf:ID="PotableLiquid">
    <rdfs:subClassOf rdf:resource="#ConsumableThing"/>
</owl:Class>
```

第二，个体。个体为描述类的成员，引入个体，个体是类的实例，用 rdf:type 为个体声明多个其所属的类，个体定义如下：

```
<SweetDessert rdf:ID="Cake"/>
```

第三，属性。属性用于描述两个个体之间的关系，当前主要属性类型有对象属性和数据类型属性。对象属性连接两个个体之间的关系，数据类型属性连接个体与 XML Schema 数据类型值(datatype value)或者平面文字之间的关系。还有第三种属性，即标注属性或者注释属性(rdfs：label 表示)，用来表示类、个体、对象/数据类型属性的元数据信息。对象属性用 owl：ObjectProperty 定义，并用 rdfs：domain、rdfs：range 指明其定义域和值域。数据类型属性用 owl：DatatypeProperty 定义，用 rdfs：range 连接到 XML Schema 数据类型。如下例所示：

```
<owl:ObjectProperty rdf:ID="madeFromFruit">    <!一对象属性-->
    <rdfs:domain rdf:resource="#ConsumableThing"/>
    <rdfs:range rdf:resource="#Fruit"/>
</owl:ObjectProperty>
<owl:DatatypeProperty rdf:ID="hasAge">    <!一数据类型属性-->
    <rdfs:domain rdf:resource="#Person"/>
    <rdfs:range rdf:resource="xsd:nonNegativeInteger"/>
    </owl:DatatypeProperty>
```

可以用来对一个或多个陈述声明"某属性是另外一个或多个属性的子属性"，建立属性层次。通过 rdfs：subPropertyOf 定义如下：

```
<owl:ObjectProperty rdf:ID="madeFromGrape">
<rdfs:subPropertyOf rdf:resource="&food;madeFromFruit"/>
```

207

```
        <rdfs:domain rdf:resource="#Wine"/>
<rdfs:range rdf:resource="#WineGrape"/>
        </owl:ObjectProperty>
```

③复杂类区分。OWL 提供了一些类构造子用于创建复杂类，这些构造子包括基本的集合运算：交、并和补，它们分别被命名为 owl：unionOf、owl：intersectionOf 和 owl：complementOf。以下例子中的语句说明 WhiteWine 恰好是类 Wine 与所有颜色是白色的事物的集合的交集。这就意味着如果某一事物是白色的并且是葡萄酒，那么它就是 WhiteWine 的实例。

```
        <owl:Class rdf:ID="WhiteWine">
            <owl:intersectionOf rdf:parseType="Collection">
                <owl:Class rdf:about="#Wine"/>
                    <owl:Restriction>
                    <owl:onProperty rdf:resource="#hasColor"/>
                    <owl:hasValue rdf:resource="#White"/>
                    </owl:Restriction>
            </owl:intersectionOf>
        </owl:Class>
```

以下例子中表示 Fruit 类既包含 SweetFruit 类的外延，也包含 NonSweetFruit 的外延，是两个类的并集。

```
        <owl:Class rdf:ID="Fruit">
            <owl:unionOf rdf:parseType="Collection">
        <owl:Class rdf:about="#SweetFruit"/>
                <owl:Class rdf:about="#NonSweetFruit"/>
        </owl:unionOf>
        </owl:Class>
```

complementOf 定义不属于某个类的所有个体，只作用于一个类上。通常它将指向一个非常大的个体集合，以下语句表明类 NonConsumableThing 包含所有不属于 ConsumableThing 的外延的个体。

```
<owl:Class rdf:ID="NonConsumableThing">
    <owl:complementOf rdf:resource="#ConsumableThing"/>
</owl:Class>
```

第一，枚举类。OWL 提供了一种通过直接枚举类的成员的方法来描述类。通过使用 oneOf 结构来完成。值得注意的是，这个定义完整地描述了类的外延，除了列出的个体，其他任何个体都可能是它的实例。下面的例子定义了 WineColor 类，它的成员是 White、Rose 和 Red 这三个个体。

```
<owl:Class rdf:ID="WineColor">
  <rdfs:subClassOf rdf:resource="#WineDescriptor"/>
<owl:oneOf rdf:parseType="Collection">
    <owl:Thing rdf:about="#White"/>
    <owl:Thing rdf:about="#Rose"/>
    <owl:Thing rdf:about="#Red"/>
  </owl:oneOf>
</owl:Class>
```

第二，不相交类。使用 owl：disjointWith 可以表达类与类之间是不相交的。它保证了个体只属于一个类，而不能跨越两个或多个类。

```
<owl:Class rdf:ID="Pasta">
    <rdfs:subClassOf rdf:resource="#EdibleThing"/>
<owl:disjointWith rdf:resource="#Meat'"/>
    <owl:disjointWith rdf:resource="#Fowl"/>
<owl:disjointWith rdf:resource="#Dessert"/>
</owl:Class>
```

④属性特性和约束。属性特征约束应突出以下问题的处理：
第一，属性特性。OWL 属性可以声明具有传递属性、对称属性、函数属

性等特征,① 即在属性定义中用 rdf：type 属性声明属性特征，如下例所示：

```
<owl：ObjectProperty rdf：ID="adjacentRegion">
  <rdf：type rdf：resource="&owl；SymmetricProperty"/>
<rdf：type rdf：resource="&owl；TransitiveProperty"/>
<rdf：type rdf：resource="&owl；FunctionalProperty"/>
</owl：objectProperty>
```

传递属性(Transitive Property)。个体 A 与 B 借助属性 P 相连，B 与 C 借助属性 P 相连，则 A 与 C 借助属性 P 相连。如图 5-8 所示，存在传递属性 hasAncestor，由此可推导出 Matthew 的先辈是 William。如果一个属性是传递的，那它的逆属性也是传递的。

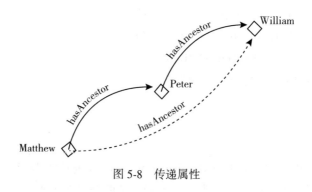

图 5-8 传递属性

对称属性(Symmetric Properties)。如果属性 P 是对称的，则连接个体 A 与个体 B 的属性 P 同样连接 B 与 A。如图 5-9 表示 Matthew 与 Gemma 是兄弟关系，则 Gemma 与 Matthew 也是兄弟关系。

函数属性(Functional Properties)。函数属性表明一个个体被声明最多只有一个值，即最多一个个体与之对应。如图 5-10 所示，函数属性 hasBirthMother 表明只有一个亲生母亲，由此推导出 Peggy 与 Margaret 是一个人。

① OWL Web Ontology Language Overview[EB/OL].[2021-05-11]. https：//www.w3.org/TR/2004/REC-owl-features-20040210/.

图 5-9　对称属性

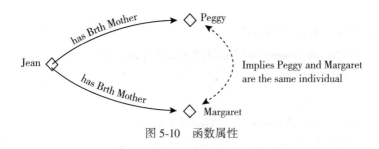

图 5-10　函数属性

逆属性(Inverse Properties)。每一对象属性都有其逆属性，如 hasParent 与 hasChild 是逆属性，如果 Matthew 的孩子是 Jean，那么通过逆属性我们可推出 Matthew 是 Jean 的父母亲。

反函数属性(Inverse Functional Properties)。此属性表明该属性的逆属性最多有一个值。由于 hasBirthMother 是函数属性，所以 isBirthMotherOf 是反函数属性。如图 5-11 所示，如果我们声明 Peggy 是 Jean 的亲生母亲，Margaret 也是 Jean 的亲生母亲，可推导出 Peggy 和 Margaret 是同一个体。

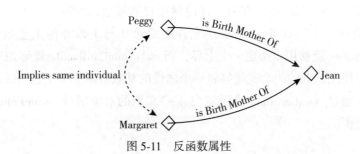

图 5-11　反函数属性

第二，属性约束。属性约束被用于限制属于某一类的个体，主要分为三种类型：量词约束、基数约束、取值约束。其描述的多种形式仅在 owl：Restriction 的上下文中才能使用，owl：onProperty 元素指出了受限制的属性。

量词约束属于局部性值域约束，定义有 owl：allValuesFrom、owl：

someValuesFrom。owl：allValuesFrom 表示对每一个有指定属性实例的类实例，该属性的值必须是由 owl：allValuesFrom 指定的类的成员。owl：someValuesFrom 表示类实例至少有一个指定属性的值是指定的类的实例。如下例所示，至少有一个 Wine 类实例的 hasMaker 属性是指向一个 Winery 类的个体的。

```
    <owl：Class rdf：ID = " Wine " >
<rdfs：subClassOf rdf：resource = " &food；PotableLiquid" />
    <rdfs：subClassOf>
    <owl：Restriction>
    <owl：onProperty rdf：resource = " #hasMaker" />
    <owl：someValuesFrom rdf：resource = " #Winery" />
    </owl：Restriction>
    </rdfs：subClassOf>
    ……
```

基数约束属于局部约束，它们是对一个属性应用于某特定类时的声明。也就是说，这类约束应用于某个类的实例时就会给出属性的基数信息。定义有 owl：cardinality、owl：minCardinality、owl：maxCardinality。owl：cardinality 这一约束允许对一个关系中的元素数目做出精确的限制。值域限制在 0 和 1 的基数表达式是 OWL Lite 的一部分，这使得用户能够表示"至少一个""不超过一个"和"恰好一个"。OWL DL 中还允许使用除 0 与 1 以外的正整数值。owl：maxCardinality 能够用来指定一个上界，而 owl：minCardinality 能够用来指定一个下界。使用二者的组合就能够将一个属性的基数限制为一个数值区间。如下例所示，通过"minCardinality"限定"Juice"实例的对象属性"madeFromFruit"至少有一个值。

```
    <owl：Class rdf：ID = " Juice " >
    <rdfs：subClassOf rdf：resource = " #PotableLiquid" />
<rdfs：subClassOf>
  <owl：Restriction>
  <owl：onProperty rdf：resource = " #madeFromFruit" />
```

```
<owl:minCardinality rdf:datatype=" &xsd;nonNegativeInteger" >
1
</owl:minCardinality>
</owl:Restriction>
</rdfs:subClassOf>
</owl:Class>
```

取值约束的定义有 owl：hasValue，其根据指定的属性值来标志类。如下例所示，"hasValue"限定对象属性"&vin；hasValue"的值，至少有个值是"Red"。

```
owl:Class rdf:ID=" PastaWithSpicyRedSauceCourse" >
<rdfs:subClassOf>
  <owl:Restriction>
    <owl:onProperty rdf:resource=" #hasDrink" />
    <owl:allValuesFrom>
      <owl:Restriction>
        <owl:onProperty rdf:resource=" &vin;hasColor" />
    <owl:hasValue rdf:resource=" #Red" />
    </owl:Restriction>
    </owl:allValuesFrom>
  </owl:Restriction>
</rdfs:subClassOf>
</owl:Class>
```

⑤本体元素间的映射。为了有效地实现本体重用与共享，建立本体之间的映射非常重要，OWL 提供了一些简单的本体映射功能，包括声明类和属性的等价、个体的相同与不同。OWL Lite 中定义有 owl：equivalentClass、owl：equivalentProperty、owl：sameAs、owl：differentFrom、owl：AllDifferent。Owl：equivalentClass 可以用来创建同义类，表示两个类可以被声明为等价，即它们拥有相同的实例。如下例所示，声明了一个"Wine"类，它与 wine 本体中的"wine"类是等价的。

```
<owl:Class rdf:ID = "Wine'" >
        <owl:equivalentClass rdf:resource = "&vin;Wine"/>
</owl:Class>
```

owl：equivalentProperty 可以被用来创建同义属性，表示两个属性可以被声明为等价，相互等价的属性将一个个体关联到同一组其他个体。owl：sameAs 被用来创建一系列指向同一个个体的名字，表示两个个体可以被声明为相同。Owl：differentFrom 表示一个个体可以声明为和其他个体不同。Owl：allDifferent 指出一定数量的个体两两不同。

5.5　本体在信息检索中的应用

当前，面对互联网上浩瀚的信息海洋和用户对信息检索要求的不断提高，传统的信息检索技术已经很难为用户提供满意的检索结果。本体作为共享的形式化概念模型，具有良好的概念层次和语义表达能力，其在信息检索中的重要作用已经越来越受到信息科学领域专家和学者的认可。因此，将本体技术引入信息检索系统的主要目的是使传统信息检索系统语义化，能够更加明确用户的真正信息需求、更加理解信息资源的真正语义，使信息资源与用户信息需求在语义层次上进行匹配，从而提高信息检索系统的查全率和查准率。

5.5.1　本体在信息检索中的作用

将本体应用到信息检索中，可起到以下两个方面的作用：

其一，本体应成为人和机器之间的桥梁。基于关键词的检索首先要求用户输入关键词，由于自然语言表达的灵活性，存在大量的同义词、多义词，那么如何消除计算机对自然语言理解和用户检索的真正意图就显得十分重要。这时，计算机要自动识别出检索关键词的准确含义，理解用户检索的真正意图就需要借助于特定的工具——本体，它作为人和机器之间交互的中介桥梁，可以帮助检索系统在多个可能的意义中选择最适合的意义。

其二，本体查询应注重提高查全率和查准率。查询模块可以对用户提交的关键词根据本体中的概念和概念关系说明进行查询语义扩展，使原本在基于关键词检索中遗漏的但又符合用户检索意图的信息资源被检索到，这样就大大提高了检索的查全率。另外，查询模块也可以在语义层次上对关键词消除不符合用户检索意图的含义，同时在返回结果时又进行进一步的过滤，把不符合的那部分信息去掉，因此也提高了检索的查准率。

概括地讲，Ontology 在信息检索中能够较好地改进信息检索系统性能，表现在：①具有集成结构化文档、半结构化文档和关系数据库的知识，提供机器能够理解的语义知识。②支持术语的语义推理，分析用户提问中所包含术语的意义，理解用户的问题。③通过概念间的关系来表示概念语义，从而能够提高检索的查全率和查准率。④在检索过程中和检索结果显示时可为用户提供语义提示，更好地实现与用户的交互。①

5.5.2　基于本体的语义检索技术

关于语义检索，目前学术界还没有一个确切的定义。有人认为：语义检索是把信息检索与人工智能技术、自然语言技术相结合的检索。它从语义理解的角度分析信息对象与检索请求，是一种基于概念及其相关关系的检索匹配机制。② 也有人将语义检索称为概念匹配，匹配在语义上相同、相近、相互包含的词语。③ 它是对检索条件、信息组织以及检索结果显示赋予了一定语义成分的一种新的检索方式。④ 本书比较赞同"语义检索是一种基于语义理解技术的智能信息检索"的观点，它是指应用先进的智能理论及其技术，对信息资源和用户提问进行一系列的语义解析，通过挖掘其深层含义，从而充分、精确地表达知识资源和用户需求，进而在各类异构的数据库、数据仓库、知识库中进行检索，并对检索到的信息进行智能化处理，之后返回到最相关的结果的检索机制。⑤ 本体作为一种知识库，在这种检索机制中扮演着重要的角色。

本体具有较好的逻辑推理功能，对于用户给出的检索词，利用其逻辑推理功能，判断其所属的可能领域，然后分别将该领域及其属下的相关概念与定义

---

① 乔燕鸿. 国内图书馆学情报学领域关于 Ontology 的研究综述[J]. 现代情报，2006（9）：121-124.

② 焦玉英，张璐. 基于 ONTOLOGY 的语义检索模型架构[J]. 图书情报论坛，2006：24-29.

③ 郑任儿. 基于本体的语义检索技术研究[D]. 上海：华东师范大学，2007.

④ 余传明. 语义检索的原理及其实现[J]. 情报理论与实践，2007(30)：182-184.

⑤ 陈琮. 基于 Jena 的本体检索模型设计与实现[D]. 武汉：武汉大学，2005.

以本体化的形式提供给用户。这样一方面可以帮助用户明确其信息需求，把未意识到的、未清晰表达的客观信息需求进一步显性化；另一方面让系统确定检索词在本体论中的确切位置，从而帮助机器理解用户的检索意图，为用户提供更精确、更相关的知识与信息。

基于本体的信息检索系统需要通过两个过程来达到上述目标：

①对信息资源的本体化。对从网络信息资源中搜索得来的文档，通过相关算法分析其内容，在本体知识的协助下，判断该文档属于哪种领域，并以此确定文档在本体及文档中的句子中在本体结构中的位置。

②用户检索请求的本体化。用户对信息需求的认识常常是模糊的，并且由于自然语言的固有特性，使得用自然语言表达的检索请求与机器用来描述的信息特征不匹配。所以，知识检索系统应该利用本体中的知识对用户的检索请求加以规范和引导，使用户既能清晰地表达检索需求，又能使机器很好地理解用户的意图。

5.5.3　基于本体的语义检索系统模型

按照信息检索模型的形式化定义，同时考虑实现基于本体的语义检索必须满足的信息资源本体化及用户检索请求本体化条件，综合文献，① 我们提出基于本体的语义检索系统模型。

（1）系统的设计思路

①建立相关领域的本体。通过对于研究领域中的概念及其相互关系的规范化描述，构建出该领域的基本知识体系和描述语言，为实现某种程度的知识组织、知识重用与共享和语义检索打下基础。

②建立本体对象库。建立本体对象库就是将信息源中收集来的数据，参照已建立的本体及元数据的统一模式将各类异构的文档转化为统一格式，并将其进行重组与整合，这样就基本上解决了异构性这个难题。

③检索请求。对用户检索界面获取的查询请求进行规范化，在本体的支持下创建一个能表达用户检索意图的查询表达式。然后，就可以从元数据库中匹

---

① 张明，王煜，杨敬伟，等．基于 Ontology 的智能信息检索研究[J]．河北大学学报（自然科学版），2005(5)：561-566；于江德，樊孝忠，汪涛，等．本体论在 Web 信息检索中的应用[J]．微电子学与计算机，2006(4)：160-161；邓志鸿，唐世渭，张铭，等．Ontology 研究综述[J]．北京大学学报（自然科学版），2002(5)：730-738；张佩云，孙亚民，吴江．基于本体的知识检索研究及实现[J]．情报学报，2006，25：553-558．

配出符合条件的数据集合。

④查询结果处理。利用领域本体对检索结果进行分析、过滤、转换以及相关处理后提交给用户。其中，查询结果的排序算法对信息检索系统至关重要，直接决定了查询结果对用户的有用性和重要性。

如果检索系统不需要太强的推理能力，本体可用概念图的形式表示并存储，数据可以保存在一般的关系数据库中，采用图的匹配技术来完成信息检索。如果要求比较强的推理能力，一般需要用一种描述语言表示本体，采用其逻辑推理能力来完成智能信息检索。

（2）系统的基本框架

在语义检索系统基本思路的指导下，本书给出一种基于本体的智能检索系统模型框架。系统共包括以下四个子系统：本体管理子系统、信息获取子系统、资源处理子系统、查询子系统。各子系统的功能如图 5-12 所示：

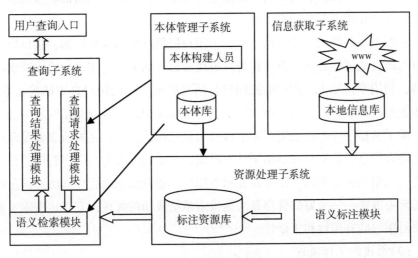

图 5-12 系统基本框架

①本体管理子系统的功能。该子系统在整个系统中处于核心地位，领域本体是对整个领域的知识进行组织，定义了领域内的概念、概念与概念之间的关系以及基于语义的推理规则，是其他子系统工作的基础。领域本体的构建需要有专家的参与和指导，构建好的本体以一定的格式存储形成领域本体库。该子系统具体作用于三个模块：第一，在对互联网信息资源进行语义处理时，作为

人和机器共同理解领域信息的中介，为互联网上半结构化/非结构化的信息资源赋予语义特征；第二，为查询子系统中的本体语义推理引擎提供推理规则和参照；第三，为查询子系统中的查询预处理模块中的查询问句的语义理解和查询式的构建提供参照。

②信息获取子系统的功能。信息检索的对象是信息，由于目前互联网上信息具有分布性、开放性、动态性等特点，给信息检索带来了极大的不便。该子系统采用目前信息检索系统中的信息获取技术，用 Robot 获取事先分布在互联网上各种存储介质中的信息，并存储在本地信息资源库中。

③资源处理子系统的功能。由于从互联网上获取并存储于本地信息库中的信息，大多是用 HTML/XML 形式表达，这是一种半结构化/非结构化的信息表达形式，机器很难对其在语义层次上进行处理，因而也就无法实现基于语义层次的信息检索。资源处理子系统的主要功能就是对半结构化/非结构化信息内容进行分析，参照已有的领域本体给它附加语义的标识，然后抽取该信息片的语义信息放在语义元数据库中。

④查询子系统的功能。该子系统为用户提供友好的检索界面，接口提供采用自然语言的表达方式。查询预处理模块参照领域本体对用户的检索请求进行处理，利用本体知识对用户的提问进行语义理解，明确用户真正的检索意图，构建新的查询表达式。语义检索模块利用本体库中的元数据及相应规则进行推理，除了从标注好的信息资源库中检索出显式的信息外，还可检索满足用户要求的隐含信息。最后是查询结果处理模块，主要功能按照与用户查询的相关度对查询结果的排序和以一定方式显示给用户。查询结果的排序算法对信息检索系统至关重要，一个好的排序算法是检索系统成功的保证，它直接决定了查询结果对用户的有用性和重要性。

（3）系统的工作流程

基于本体的语义检索系统与传统的信息检索系统相比，主要是多了信息资源的语义处理以用户查询预处理以及信息检索过程中的语义推理，这使得所构建的系统更加智能化、自动化。比如当数据库中没有满足用户查询条件的数据时，信息检索模块可以根据语义元数据库中知识进行查询扩展，而且根据本体库中的规则可进行推理，挖掘出符合用户要求的隐含信息。这些都是目前的搜索引擎或传统的信息检索系统所达不到的，充分体现了基于本体的智能信息检索系统的优势所在。系统的工作流程如图 5-13 所示。

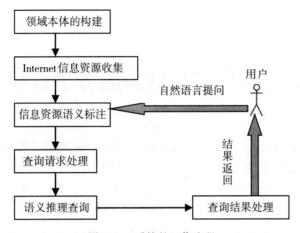

图 5-13 系统的工作流程

6 跨系统信息资源服务平台构建

在知识创新的社会发展中，人们的信息素养普遍提高，对于信息的需求逐步增大，而在不同管理体制、机制、技术、标准中建立起来的信息服务系统已越来越难以满足用户的需要，这就对信息服务提出了深层次的需求：建立跨系统信息资源服务平台，屏蔽部门之间的组织界限，提供一站式的透明服务。因此，需要在信息资源服务平台建设中进行跨系统服务协同，以实现信息服务系统之间的资源共享和服务互通。从这一思路出发，应从跨系统服务平台支持角度，进行信息资源服务平台的网络协同构架，实现系统之间的互操作。

6.1 跨系统信息服务平台的网络框架搭建

构建基于网络环境下的信息资源服务平台是实现平台服务的基础。利用国家骨干通信网络系统和现代技术手段，把有关的信息服务系统内的信息资源、管理条件、软硬件技术有机结合起来，通过分布式信息服务系统的动态集成，向跨地区、跨系统、跨学科、跨行业、跨部门的用户提供快捷有效的信息集成服务是当下的信息服务需求。

6.1.1 跨系统信息服务平台的网络架构

信息时代，信息服务的开放化已经成为当下的主题，目前我国某些地区和行业已就基于资源共享的跨系统联合协同服务进行了探索并取得了一定的成果，包括图书馆、科技信息部门在内的传统信息服务机构进行了新的服务定位，以此出发积极拓展网络合作服务业务。跨系统协同信息服务在全国范围内扩展必须建立和维持一个基于互联网的公开、透明、畅通的交流网络平台，通过技术制度化方式交换使用各方的信息和服务，否则将难以维持基于协同平台的跨系统联合运行。

分布式存储技术是云存储的核心技术，Hadoop 出现于 2006 年，是 Apache

下的一个开源项目，由谷歌、雅虎、IBM 等公司支持，并且被这些公司用作其"云计算"环境中的重要基础软件。HDFS 是基于 Hadoop 框架的分布式文件系统的英文缩写，能够为该系统下的数据存储提供核心技术。该系统最大的特点就是高容错性，十分稳定。① 在对外接口方面，HDFS 没有完全继承 POSIX 的要求，而是从 Hadoop 源生文件系统的 API，流式访问文件系统中的数据。HDFS 文件系统所具有的基本特点如下：② ①整个 HDFS 集群实现统一命名空间，管理方便。②集群上的数据以数据块为单位进行存储。③HDFS 的架构设计充分考虑了高容错性，原因在于集群环境不对设备性能做要求，这就存在部分部署在廉价机器上的节点出现故障的可能性，而且无法避免。因此，HDFS 的自检机制能够应对集群中任一节点故障，并以最快速度解决问题。④HDFS 中对数据的读写方式采用的是流式读写，能有效避免数据处理延迟，从而提高数据吞吐效率。

　　HDFS 为 Master-Slave 形式的架构，集群中有以下几个重要节点，包括客户端（Client）、名字节点（NameNode，以下简称 NN）、数据节点（DataNode，以下简称 DN）以及第二名字节点（SecondaryNameNode，以下简称 SNN）。它们以守护系统进程的形式分别运行在不同的服务器上，这些角色拥有各自特点和功能并且相互配合。③

　　在信息服务平台架构中，利用 HDFS 进行构架是具有科学性和现实性的选择。平台主体架构如图 6-1 所示，客户端是基于 Web 的浏览器与 HDFS 集群进行交互，开发技术满足 J2EE 规范，采用轻量级开源 Web 服务器 Tomcat，用户信息表存放在 MySQL 数据库中。选择集群中的一个个体作为主节点，其余机器作为从节点，然后采用开放式的体系结构，可以使网络易于扩充和调整。在信息化环境下，网络使用的通信协议和设备由于符合国际标准可以支持多层交换。同时，开放构架可以使平台对网络硬件环境、通信环境、操作系统环境的依赖性减至最小。这样，可以保证网络的互联，为信息平台的互通和应用互操作创造有利条件。为了安全、可靠，应选用性能优良的设备，利用设备冗余、端口冗余、网络稳定、防火墙、用户验证等手段维护各平台的数据安全，防范

---

① 袁国伟. HDFS 高可用性方案的研究与设计［D］. 杭州：杭州电子科技大学，2015.

② 田炽. 基于 HDFS 的高可扩展性云存储的研究与实现［D］. 广州：华南理工大学，2012；张海. 基于 HDFS 分布式存储技术研究与优化［D］. 天津：河北工业大学，2014.

③ 李宽. 基于 HDFS 的分布式 Namenode 节点模型的研究［D］. 广州：华南理工大学，2011.

非法用户的侵入。在实施中，应提供多种手段对网络进行设置、管理和灵活动态的监控。

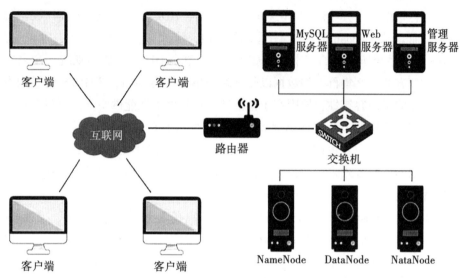

图 6-1 知识创新信息资源服务平台的网络架构

6.1.2 跨系统信息服务平台的结构模型

经典的云存储结构模型为四层模型，包括存储层、基础管理层、应用接口层、访问层。① 该模型可将各信息资源系统上的所有数据按照一定的规则，以统一的格式保存在云端，即实现数据和语义层面的协同，这样可以最大限度地释放本地物理存储压力，同时也方便进行信息资源的整合，避免多个平台中数据重复而导致的数据冗余。此外，在信息资源整合的基础上，不论是进行数据传输、数据管理、信息检索，还是实现用户交互操作都可以基于同一套服务管理体系来实现，也就达到了传输协议、功能层、应用层面的协同。

围绕信息资源的描述、组织、服务和长期保存的周期来规划和设计。根据信息资源服务平台各组成部分的结构和功能，可将服务平台的总体框架分为四个大层次：存储层、基础管理层、应用接口层、访问层，如图 6-2 所示。

① 许勇．云存储技术架构浅谈[J]．中国公共安全，2016(18)：88-91.

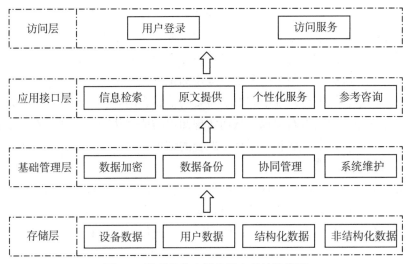

图 6-2 跨系统信息服务平台的结构模型

(1)存储层

存储层是云存储最基础的部分。处于最底层，是信息资源服务平台存在和运行的基本条件，是存储数据的一层。存储设备可以是 FC 光纤通道存储设备，也可以是 NAS 和 iSCSI 等 IP 存储设备，还可以是 SCSI 或 SAS 等 DAS 存储设备。[①] 云存储中的存储设备往往数量庞大且分布于不同地域，彼此之间通过广域网、互联网或者 FC 光纤通道网络连接在一起。存储设备之上是一个统一存储设备管理系统，可以实现存储设备的逻辑虚拟化管理、多链路冗余管理，以及硬件设备的状态监控和故障维护。

(2)基础管理层

基础管理层是云存储最核心的一层，同时也是最难达成的部分。基础管理层通过集群、分布式文件系统和网格计算等技术，实现云存储中多个存储设备之间的协同工作，使得多个存储设备可以对外提供同一种服务，以此来提供更加优秀的数据访问性能。CDN 内容分发系统、数据加密技术可以确保云存储中数据的隐秘性，通过加密技术，数据只对授权的用户进行开放。此外，为确保云存储自身的安全和稳定，可以选择使用数据备份和容灾技术等措施，以确保云存储系统中的数据在遇到紧急情况时不会丢失。

---

① 王刚. 计算机网络存储技术的分析[J]. 电子世界，2014(13)：157-159.

（3）应用接口层

应用接口层是云存储最灵活多变的部分，根据平台服务和功能的要求，面向用户提供信息检索、原文提供、个性化服务、研究学习、参考咨询、决策支持等多种服务功能，同时向用户提供可视化界面。其中，信息服务人员可以根据用户需求和解决特定问题的需要，运用知识挖掘、个性化服务、知识可视化等手段和技术，从平台系统中获取所需要的信息和问题解决方案；也可以在人与人的交流互动中获得新知识，从而实现知识增值。从功能实现上看，平台服务是资源建设、技术发展和应用相互融合的结果。

（4）访问层

访问层分为普通用户和管理员两种入口，任何一个授权用户都可以通过标准的公共应用接口来登录并使用信息资源服务平台系统的各项服务。其中，管理人员拥有数据的修改、删除等高级权限，普通用户仅拥有数据访问查找等基本权限。

6.1.3 跨系统信息服务平台的功能模块

跨系统信息资源服务平台需要通过不同的模块共同支持平台的基本运作和管理，以及对外提供服务等，各个模块负责自己的功能，它们相互独立，但又密不可分。基于平台的结构和主要功能，跨系统信息资源服务平台可划分为访问控制模块、信息预处理语义解析模块、信息集成模块、导航定位模块、负载控制模块等。

（1）访问控制模块

该模块是互操作平台与用户交互的开始，从模块功能来说，主要是对用户身份进行识别，保证平台的安全性，应用的技术是双身份认证中的平台访问认证方法。平台根据用户提供的用户名提取该用户信息，如果没有此用户名，则返回无此用户的信息；如果有此用户信息（包括用户名和加密后的字符串），将用户提供的密码进行加密，并与用户信息库中的字符串相比较，如果相同则确认身份的合法性，否则返回。

（2）信息预处理语义解析模块

信息预处理语义解析模块就是从语义的角度解析用户请求，尽量降低同义词对互操作的影响。该模块首先从 XML 文件中获取元素值，按照分类，逐次对关键词进行匹配。如果与标准表达术语相匹配，则不用转换；如果与同义词中的某一个相匹配，则将该词转换为标准表达术语；如果均没有匹配，则返回无此信息。

（3）信息集成模块

信息集成模块包含的内容比较丰富，在语义解析模块的基础上，该模块将用户请求转换成标准表达术语后，信息集成模块首先要获得文件的元素属性，经导航定位获得目的系统的物理信息后，经访问认证和负载控制优化，获取用户要查找的资源，作为信息输出模块的输入。

（4）导航定位模块

该模块的作用就是承上启下，对提高资源搜索效率起着至关重要的作用。该模块首先将 XML 文件元素节点提取出来，并逐一与语义路由表中的每个资源属性相匹配，如果与某个资源的属性集存在相等或被包含关系，则返回该目的系统的物理信息；否则返回无资源可用信息。经过数次循环后，可得到一个包含目的系统和信息的生成路由表，作为访问认证模块来输入。

（5）负载控制模块

该模块主要负责对服务端的负载进行控制，保证高优先级的用户能够及时访问服务端。根据导航定位和访问认证模块生成的路由信息表中，逐次取出目的系统信息。根据负载量化方法，计算服务端负载状况，如果负载值大于一个既定值，则需要提取正在访问用户的历史优先级，并进行排序，对于优先级较低的用户实施线程中止的命令，并创建线程转入资源获取子模块；反之，如果负载小于一个既定值，则直接创建进程转入资源获取子模块。

6.2 跨系统信息服务平台的协同服务

在分布和开放的网络环境中，跨系统的协同服务不仅是一个技术问题，即基于同一技术平台的跨系统资源组织与服务推进的技术实现问题，而且是面向创新需求的基于系统异构的资源协同组织和异构环境下的服务协同问题。在动态、开放的信息环境下，还存在着动态信息技术平台的构建和基于动态平台的服务拓展问题。①

从技术的动态协同上看，跨系统协同服务平台技术支持的目标在于将异构的信息服务系统，通过平台实现资源开发和服务共享。由于平台连接的是各自独立的信息服务系统，而各信息服务系统所采用的软件技术结构和资源结构存

---

① 赵杨. 国家创新系统中的信息资源协同配置研究[D]. 武汉：武汉大学，2010；瞿成雄. 跨系统知识创新信息保障平台构建与服务组织研究[D]. 武汉：武汉大学，2012.

在差异，因而通过多种技术协议和交换接口实现面向创新的信息融合和服务集成是重要的。

6.2.1　基于平台技术支持的跨系统信息服务协同

适应多元化信息需求和跨系统的信息组织的基础是形成跨系统信息服务协同环境，为此需要将各系统技术与资源匹配，屏蔽系统之间的差异和数据与服务组织上的差异，实现时空结构异构的信息系统之间的数据无缝交换和资源重组。从技术实现上看，这种跨系统信息服务协同技术支持表现为数据和服务的多样性问题的解决，具体表现为信息服务系统间的通信问题、异构服务系统间的访问控制等问题的解决。这说明，跨系统协同服务的各种障碍需要通过信息平台来解决。

（1）数据和服务的多样性与异构性

跨系统协同信息服务需要集成多个异构的信息服务系统，最基本的问题就是要屏蔽多个信息服务系统之间的差别，实现数据和服务的共享。从信息服务系统的构成因素来看，单个信息服务系统构成要素包含数字对象、资源集合、信息服务及组织管理等，如图 6-3 所示。[①] 而对于异构系统的信息资源组织，就不单单要求我们解决系统之间的信息组织关系映射问题，还要求我们跨越系统的边界，按照统一的标准进行信息描述、组织和整合，即通过技术协同规范实现面向用户的跨系统服务集成。

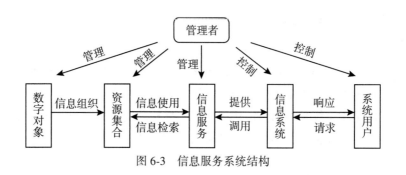

图 6-3　信息服务系统结构

数据的格式、句法及语义是信息资源的重要属性，要想实现信息系统之间的协同，需要从这三个方面进行信息组织上的协同和服务上的协同。这就要求

---

①　瞿成雄. 跨系统知识创新信息保障平台构建与服务组织研究［D］. 武汉：武汉大学，2012.

实现不同系统之间的服务连接和用户连接，基于服务协同进行互补集成，在不影响各系统原有服务的基础上实现服务联合。

(2)跨系统知识信息链接与访问介入

要想实现跨系统信息服务的整体化，需要有效解决用户的信息集中利用和信息异构分布之间的矛盾，这就要求平台除了实现系统之间信息资源交流和数据库交互利用之外，还需要将各系统用户作为一个整体来对待，在社会化服务中实现与用户的交互。从实现过程上看，实现数据交换、资源共享和服务互用，是实现系统信息服务整体化的关键。要想实现这一目的，就必须屏蔽基础硬件、数据处理、内容组织和服务操作上的差异，在基础设施和网络环境下达成信息交换和服务调用上的一致，以此构建具有逻辑功能的体系结构。这种体系结构应能适应跨系统信息链接、跨系统信息组织、实时数据传输和面向用户重组的需求，实现点对点的服务组织需要。

不同信息服务系统所采用的软件体系差异和信息处理方式上的差别是阻碍资源共享和服务融合的主要问题，解决这些问题可以通过技术协议的方式，在协同服务平台中插入协同化的信息交换空间，实现系统之间的互操作。

跨系统的信息服务集成要对异构分布的资源和服务系统进行调用，在此基础上实现协同信息服务，包括信息整合和信息管理(包括身份认证、使用授权、权益管理、审计与支付等)整合，形成专业的逻辑服务体系，而系统的自治性和开放性协调问题是阻碍信息服务集成的重要因素，由于各系统资源和服务以及访问接入、内容、方式和认证等由各系统自行处理，这就造就了系统之间的交往障碍，进而导致协同服务难以跨越独立自治的系统障碍。因此，协同服务不仅要考虑如何进行各系统之间的协同，确保系统间的兼容性，还需支持各信息服务系统的局部自治性，持续支持各个系统的自主建设与发展，在尽量不对原系统进行干涉和改变的情况下，有效保证对各系统资源的利用和管理，实现资源与服务的共享。

(3)动态的业务协同与服务协调

各信息系统之间的协同分为设计时协同与进行时协同，前者为静态协同，分布于跨系统信息资源服务平台构建过程中。它需要解决异构问题，如数据的格式、语法、语义关系等。人们在设计平台时就已经进行了协同规则制定，在没有特殊要求的情况下将一直以此状态延续下去，可以看作静态的协同。而进行时协同则是指在平台构建完成之后，一个好的平台并非单纯提供不变的服务，而是要根据用户的要求或者实际遇到的技术问题等进行实时改进的功能或服务。这就要求系统能够将各种变化迅速反映到现实系统平台上，根据需求变化进行技术整合和研发，从而实现新的动态信息组织，满足用户动态性的资源服务需求，进而完善业务功能，实现业务的自动化。由此可见，设计时协同偏重于各系统数据格式、语法、语义、服务质量等方面控制与协同，进行时协同偏重于开放系统的动态业务处理，相对而言，进行时协同的实现更为困难。

然而，这两种类型的协同都需要建立在标准规范的基础上。进行时协同除了与设计时协同要求的有关数据结构、格式、语法、通信协议等静态标准规范之外，还需要更多的服务过程、组合、注册、发现等方面的体系协同规范。协同服务系统对于不同资源库的整合，大多是进行现有各种资源站点的静态整合，整合结束之后，如果有新的系统加入，又要对原有整合系统进行调整，包括增加索引或修改服务器设置等。因此，要实现"事后的""动态的"进行时协同，必须在体系架构和解决方案的模块设计方面进行整合，而不能停留于系统层次上。

6.2.2　跨系统信息服务平台的层次结构

一般来说，单个的信息系统的构成要素具有一定的层次性，而构建跨系统信息服务平台的结构就要从各个层次出发，逐层实现协同，解决系统之间的异构问题。网络传输层是层次结构的最底层，也是跨系统平台解决异构的基础层，在此实现协同是跨系统资源进行传输的保障。向上为数据语义层，是基于语义的数据描述、协同进行信息组织的一层，主要进行数据的转化重组等。功能服务层面上的是系统对信息内容的逻辑组织和交互调用功能的实现，即业务服务的共享。基于跨系统的服务实现体现在信息与服务整合的过程层面上，而最终展现在用户面前的整合界面和功能表示则是表示层的内容。由于跨系统平台协同服务的复杂性，需要通过合理的层次结构优化平台资源组织和服务体系。

如图6-4所示，不同的信息服务系统在进行跨系统整合时，要从网络传输层、数据语义层、功能服务层、过程层和表示层等多个层面出发逐层进行信息组织与服务融合，由于各个系统采用的技术与环境存在差异，所以构成平台的系统越多，建立跨系统平台需要解决的异构种类和数量越多，需要考虑的协同要素则越复杂。

跨系统协同服务平台建设应在尽可能地保持原系统不变的情况下制定协同机制，明确非规范和个性化的信息组织行为，以此来实现技术、信息和服务上的交互。这就强调以下基本问题的解决：

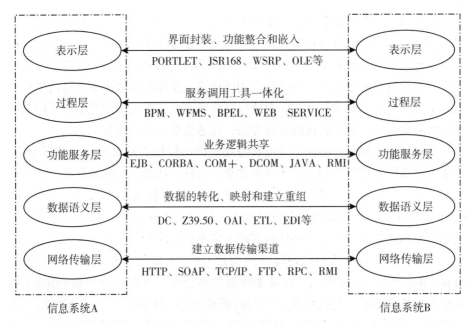

图 6-4 跨系统信息资源服务平台的层次结构

①网络传输层上的协同。网络传输层位于平台结构的基层，在网络信息组织上基本上按统一的协议进行，其协同目标在于确认协议的有效性和范围及更深层次的数据传输规范问题。面向知识创新的跨系统信息服务组织，在资源层面上应确认传输协议的有效性，在更深层次的知识挖掘和处理中应构建符合现有规范的网络传输体系。①

网络传输层主要提供多个服务系统之间的数据传递功能，其使用的同步通信技术包括事件中间件、HTTP、SOAP、TCP/IP、FTP、RPC、RMI 等。构建平台除了这些基础协议外，还需要同步处理系统互操作和服务互联问题，同时提供信息管理传输和用户信息支持。

②数据语义层上的协同。数据语义层上的协同是指在信息内容表达上的协同，包括原数据层面上的协同、信息内容组织上的协同和交互语义层面上的协同。数据的转化、映射和建立重组是在数据语义层面协同实现中要解决的主要问题，其中，系统语义数据库的构建和语义工具的开发是进行协同的

---

① 瞿成雄. 跨系统知识创新信息保障平台构建与服务组织研究[D]. 武汉：武汉大学，2012.

基础。

在进行跨系统的信息交换与服务共享时，定义数据的语法与语义是基础。通过建立统一的资源描述标准可以有效解决信息交换中语法中存在的问题；语义层的协同可以通过数据的参照、映射或其他方法，解决系统的知识表达问题，将各系统中的数据以同样的格式加以描述，从而使信息服务系统之间具有语义交互的能力。对于复杂的跨系统协同服务而言，语义协同是解决不同系统之间服务资源的传递和转换的有效方法，以达成系统间的交互。

③功能服务层上的协同。功能服务层上的协同核心是建立业务逻辑关系，要求做到各服务系统之间的业务逻辑共享；其核心功能在于通过分布组件封装来展示服务平台的业务逻辑关系，目前采用的技术包括 EJB、CORBA、COM+、DCOM 等。在智能化服务环境下，这些技术正处于不断变革之中，这就要求在基本业务逻辑关系确认的基础上实现核心功能的拓展。

当前，公共对象请求代理体系结构是 OMG 制定的分布对象结构，提供 Object Bus 组件的动态调用。在跨系统服务平台中，可以充分利用 CORBA 以及相关系统的跨语言支持优势，不同检索处理器、不同语言平台都可以利用 CORBA 框架来实现跨平台的互联互通。分布式组件对象模型（Distributed Component Object Model，DCOM）是微软公司定义的一整套计算规范和程序接口。利用这个接口，客户端程序对象能够请求来自网络中的 CA 另一台计算机的服务器程序对象。DCOM 的特点在于对微软平台的无缝链接，例如支持 VC. NET、VB. NET 和 C#NET 等语言。

④过程层上的协同。信息资源服务系统服务都是通过有序的信息组织和服务调用过程来实现的，不同系统的实现路径存在不同程度的差异，如各系统服务所选择的技术组件、环境和基于组建的服务、业务组织存在差异；但是此过程的进行一般利用通用技术来支持，所以这些差异在跨系统信息服务中是允许存在的。实现资源组织、服务调用工具与方法的通用化和一体化是实现过程层面的协同的有效手段，它能使得跨系统信息资源服务平台能够根据每一个用户需求和其自身情况进行服务组织，以提供个性化服务。

过程层上的协同基于平台的信息组织和服务调用流程来实现，而不是通过应用数据传输和转换或者相应的业务需求来定义。这种组织在业务流程管理系统（Business Process Management，BPM）的构建上有了很好的体现。业务流程管理集成了多个组件，而每个组件都有其对应的操作，不同操作组合构成了过程集成的不同方面，如通常通过建立图形化技术来实现的过程建模、包括过程安排和管理监控的过程管理、实现过程事件操作的过程流引擎。数据协同、服务协同是过程协同的主要内容，是通过综合运用低层集成技术支持协议、组件、数据集成适配和工作流管理系统(WFMS)流程化服务组合。

⑤表示层上的协同。表示层主要是为用户提供统一的操作界面，集成不同的应用程序，为用户提供一个整合的、具有多种功能的信息服务入口；将各个系统的独立分散的信息服务集合起来，形成一个新的统一的整体，保证用户可以通过门户方式访问不同的应用程序。表示层上的协同既能够保证用户从统一的渠道访问所需的信息，避免到不同系统访问的麻烦，也可以依据不同用户的需求来设置个性化服务。

表示层上的协同，一是基于平台的系统之间的协同表示，二是通过统一的协同界面代替各系统的不同界面或实现各系统界面与平台界面的无缝链接。对于相对通用的平台表示协同而言，目前采用的技术包括 PORTLET、JSR168、远程门户网站 Web 服务(Web Services for Remote Portlets，WSRP)、对象连接与嵌入技术(Object Linking and Embedding，OLE)等，技术的应用实现了界面和功能的嵌入。对于适应各系统的融合协同，则通过服务功能上的重组来实现，其基本要求是建立功能与界面的逻辑关系，方便用户自行组织信息。

6.2.3 跨系统平台技术支持的实现

根据技术协调层次，通常采用联邦、收割、调用、集成技术方法实现跨系统的协同信息服务。

①联邦。指通过一定的协议来支持实现跨系统平台服务的技术，各分立系统在技术上遵守基本的跨系统协议，实现基于协议标准的服务调用和合作。目前采用的基础协议是 Z39.50，使系统通过协议方式进行"联邦"关系构建。

②收割。跨系统平台服务收割通过元数据收割协议来实现，是一种面向数据的，解决不同系统之间的数据交换的协同服务技术。元数据收割协议提供基于元数据的交流框架，可以使不同系统以统一格式为用户提供增值服务。通过收割，各个成员系统将不需要遵守过多的复杂协议，只需针对各自的服务环境进行彼此间的协同即可。

③调用。跨系统平台服务调用是指通过一些开放的系统接口实现系统间的服务请求和服务组建调用。在此模式下，成员系统之间没有很高的集成，所以一般用来实现一些基本的功能协同，即各独立系统之间的服务调用和共享，使不同系统中的资源和服务的共享得以实现。

④集成。集成以信息源、信息内容、知识单元等不同层次的资源整合为基

础，汇集查询、检索、导航和获取等功能，进行面向用户的服务协同。① 事实上，信息资源服务平台构建本身就是信息与服务跨系统集成的结果，在这一框架下，"集成技术"的应用在于实现对各类资源和服务的个性化展现和交互式整合，从而在各系统界面上提供统一服务窗口。

集成不同信息系统的基础就是跨系统信息服务的协同组织。在如图 6-5 所示的调用结构中，两个应用系统只通过使用公开的 API 便可进行交互访问，因此，通过集成关系的确立可以最终实现系统的交互。在进行跨系统资源服务平台集成的服务组织中，为实现基于平台的请求响应交互，可以使用无障碍过程调用和交互技术，这种技术可以有效处理分布式数据的处理和服务融合问题。

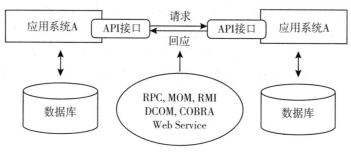

图 6-5　系统之间的交互示意图

如图 6-6 所示，系统之间的接口设计是在实现不同信息平台的跨系统协同服务中的重要问题。在对个 N 系统进行集成时，通常采用两种构建方法，第一种是各个系统互相进行对接，而按这种方法实现系统对接需要 N * N(N+1) 个专用接口；第二种是利用中间层，使用桥接的处理方式。在中间层中，只需要建立各个系统与桥接部件的接口，即总共开发 2N 个接口就可以实现要求。由于跨系统协同服务的组合性，难以通过 P2P 的方式达到集成要求，因而在设计中应引入中间层次。

协同服务的基本要求是使用户感觉其所需要的所有数据具有统一的来源。由于信息可能在不同地方以不同形式存储分布，且需要不同方式访问，因而体系结构设计的关键就是要把用户屏蔽于这个复杂关系之外，由此产生了数据合

①　胡昌平，张敏，张李义. 创新型国家的信息服务体制与信息保障体系构建(3)——知识创新中的跨系统协同信息服务组织[J]. 图书情报工作，2010，54(6)：14-17.

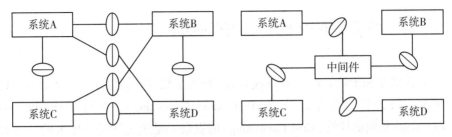

图 6-6　系统之间的接口设计

并和数据安排。这两种技术都以元数据定义为基础，在元数据保证一致性的前提下，从协同服务项目定义，到联合查询操作的整个过程进行构建。一套全面而具有逻辑一致性的元数据集，无论是在单个物理存储器中，还是分布于多个存储器中，对协同服务体系来说都是不可或缺的。因此，进行多层体系的信息基础建模的首要任务就是元数据建模，其中包括原有系统的元数据模型、拟建系统的元数据模型等。

由于跨系统协同服务系统构建的特殊性，需要综合考虑网络环境和信息平台集成化的要求，进行新的建模。具体说来，首先进行原有系统业务的元数据模型提取和基于信息平台的新业务系统的分析，然后进行基于平台的业务系统设计，同时参考原有的元数据模型，进行整体元数据模型的建模和中间层次的设计，最后实现中间层基础上的平台业务体系构建。

从跨系统信息平台建设中的体系结构演化过程看，协同服务系统之间正由紧密耦合向松散耦合方向发展。这是由于点到点的集成方案的基础架构较为脆弱，每一个连接都需要单独开发相应的接口程序，因而难以保证数据的及时传递和一致性利用。基于中间件的应用集成在灵活性和可扩展性上具有明显优势，但由于不同组件之间无法进行直接的数据交换和数据共享，因而组件之间的协同操作必须解决。

在协同操作的解决过程中，WebService 技术和面向服务的体系结构的发展，推动了体系机构由紧密合向松散密合的发展。WebService 作为一种分布式计算技术，其公共接口和绑定利用 XML 来定义和描述，协议上可以使用基于 XML 描述方式的交互，对于基于信息平台的跨系统协同服务而言，其技术应用是适时的。

6.3 跨系统信息服务平台的云存储技术

云存储是在云计算（Cloud Computing）概念上延伸和衍生发展出来的一个新的概念。云计算是分布式处理（Distributed Computing）、并行处理（Parallel Computing）和网格计算（Grid Computing）的发展，是透过网络将庞大的计算处理程序自动分拆成无数个较小的子程序，再交由多部服务器所组成的庞大系统，经计算分析之后将处理结果回传给用户。通过云计算技术，网络服务提供者可以在数秒之内，处理数以千万计甚至亿计的信息，做到可以提供和"超级计算机"同样强大的网络服务。①

作为一种新兴的网络存储技术，云存储由云计算延伸和发展而来，它通过集群应用、网络技术或分布式文件系统等功能，将互联网中海量的、不同种类的存储设备通过应用软件集合起来协同工作，一起对外提供数据存储和业务访问服务。②

构建跨系统信息资源服务平台，是要构建包括成数据储存、数据管理、数据检索、面向对象服务多功能的资源服务平台，这些功能都可以基于云存储服务来实现。

6.3.1 云存储系统类型

相对于传统存储而言，云存储改变了数据垂直存储在某一台物理设备的存放模式，通过宽带网络（比如万兆以太网或 Infiniband 技术）集合大量的存储设备，通过存储虚拟化、分布式文件系统、底层对象化等技术将位于各单一存储设备上的物理存储资源进行整合，构成逻辑上统一的存储资源池对外提供服务，从而在存储容量上得以从单设备 PB 级横向扩展至数十、数百 PB，由于云存储系统中的各节点能够并行提供读写访问服务，系统整体性能随着业务节点的增加而获得同步提升。③ 同时，通过冗余编码技术、远程复制技术，进一步为系统提供节点级甚至数据中心级的故障保护能力。容量和性能的按需扩

① 于洋洋．云存储数据完整性验证方法研究与实现[D]．上海：华东理工大学，2013．

② 史策．云存储与云存储平台搭建技术研究[D]．大连：大连交通大学，2017．

③ 许勇．云存储技术架构浅谈[J]．中国公共安全 2016(18)：88-91．

展，极高的系统可用性，是云存储系统最核心的技术特征。

在现在比较流行的云存储架构中，根据对元数据的管理模型，可以将通用云存储系统分为三种类型，即集中式元数据、分布式元数据和无元数据三种类型的云存储系统。[①]

(1)集中式元数据云存储系统

集中式元数据云存储系统是一种典型的非对称式系统，它通常具有一个中央元数据管理服务器，负责元数据的存储和处理查询与修改请求，同时存在大量的数据存储节点提供客户 I/O 数据的并行存储与访问。在这种架构中，客户端每次对数据流的 I/O 操作，都需要先向元数据管理服务器进行元数据查询，客户端在获得需要读写的数据块物理位置等信息后，对于数据的 I/O 操作则直接在客户端和数据存储节点之间进行。相对于传统存储系统，集中式元数据云存储系统将控制流和数据流进行了分离，系统在扩展性和处理性能方面获得了较大的提升，同时，由于元数据集中在一台服务器上进行管理，整个系统架构比较简单，降低了系统设计的复杂性。但在这种系统中，整个系统都完全依赖于元数据服务器，这就导致在数据规模足够大时，系统会存在性能瓶颈和单点故障的问题。

(2)分布式元数据云存储系统

分布式元数据云存储系统使用多台元数据服务器形成集群，通过集群工作的方式提供元数据访问服务。在集群中，任意一台设备都能够提供元数据访问服务，通过这种方式，系统的整体访问性能将得到有效提升，并且也能完全避免元数据服务器单点故障问题。但是，这种系统需要在全部的元数据存储节点之间同步操作元数据，这就导致了系统设计的极大复杂性，在同步期间往往需要进行各种加锁，而加锁机制限制了某些任务的同时运行，反而拉低了整个系统的性能。此外，假如元数据同步存在延迟，或者因为某些突发情况而被破坏，则会出现同文件或同对象的元数据不一致，进而导致上层应用在通过不同物理服务器访问文件或对象数据时出现数据不一致或读写错误的问题。随着云存储系统规模的扩大，这种风险也会随之增加。此外，为了确保元数据可以快速同步，还需要采用高性能、大内存并且配备固态驱动器的服务器，硬件成本十分高昂。

(3)无元数据云存储系统

无元数据云存储系统与前两种系统不同，舍弃了元数据，采用算法来对文

---

① 许勇. 云存储技术架构浅谈[J]. 中国公共安全 2016(18)：88-91.

件或对象进行定位，这种存储系统在每一个存储节点上都集成了该算法，这就使得无论从哪个存储节点进行数据访问都会返回同样的结果。在这种存储系统中，每一个存储节点都可以独立、并行地对外提供服务，系统的性能随存储的节点增多而增强，因为彻底取消了对节点间元数据的同步操作，系统的稳定性和可靠性有了极大的提高，而且对硬件要求不是很高，相比分布式元数据存储系统有很高的性价比。

6.3.2　云存储核心技术

云存储的核心技术涉及网络虚拟技术、分布式数字资源管理技术和负载均衡技术，其技术构成具有对网络环境的适应性。

（1）网络虚拟技术

存储虚拟化是指将具体的存储设备或存储系统同服务器操作系统分隔开来，为存储用户提供统一的虚拟存储池。把多个存储设备通过相应的技术统一管理起来，所有的存储设备就在一个存储池中得到了统一管理。这样可以将多种、多个存储设备统一管理起来，为使用者提供大容量、高数据传输性能的存储系统。存储虚拟化用来简化相对复杂的底层基础架构，将资源的逻辑映像与物理存储分开，管理员可以通过相应管理工具和软件查询系统虚拟资源状态。[①]

云计算的虚拟技术不仅仅是传统概念里的单一虚拟技术，它涵盖整个的云计算服务体系，包括资源、应用等系统完全虚拟化。通过将移动设备和数据分隔开来，可以更好地虚拟化利用各种资源，打破传统固有模式的界限。

虚拟化通常指服务器虚拟化，但实际应用中，虚拟化还包含存储虚拟化、网络虚拟化等内容。在实际应用中，对于云计算平台而言，各种内部计算资源都应被虚拟化。服务器虚拟化需要虚拟化 CPU、内存等常规硬件设备，而使用 I/O 虚拟化技术将网络、SCSI 设备虚拟化可使云平台资源的利用更加灵活。

（2）分布式资源管理技术

信息管理系统有时候在并发处理多个点的数据环境中，要保持信息管理系统在并发处理问题时的正确性，就必须保持并发数据的统一性。为了保持统一性，一些计算机公司提出了各种议案以达到此效果。例如，云计算高速的运算能力可以将这些海量数据进行分布式的管理，并发处理从而保持数据的一

①　姜海．虚拟化与分布式技术下的云存储[J]．电子技术与软件工程，2017（24）：184；谭文武，廖红艺．计算机技术中虚拟化技术及其应用研讨[J]．信息与电脑（理论版），2018（22）：30-31.

致性。

分布式文件系统(Distributed File System)是指文件系统管理的物理存储资源不一定直接连接在本地节点上,而是通过计算机网络与节点相连。分布式文件系统的设计基于客户机/服务器模式。一个典型的网络可能包括多个供多用户访问的服务器。另外,对等特性允许一些系统扮演客户机和服务器的双重角色。例如,用户可以"发表"一个允许其他客户机访问的目录,一旦被访问,这个目录对客户机来说就像使用本地驱动器一样。

(3)负载均衡技术

负载均衡是通过一系列技术手段或者算法,将系统内的各个部分的负载进行平摊、分摊到多个操作单元上执行。这样做的好处是可以有效利用系统内的各个资源,既不易产生闲置浪费,也不易产生高峰拥堵。负载均衡包括本地负载均衡和全局负载均衡。本地负载均衡是指对本地的服务器群做负载均衡,全局负载均衡是指对放置在不同的地理位置、不同网络结构的服务器集群间做负载均衡。①

本地负载均衡能有效地解决数据流量过大、网络负荷过重的问题,并且不需花费昂贵开支购置性能卓越的服务器,从而可以充分利用现有设备,避免服务器单点故障造成数据流量的损失。本地负载均衡灵活多样的均衡策略把数据流量合理地分配给服务器群内的服务器共同负担。即使是再给现有服务器扩充升级,也只是简单地增加一个新的服务器到服务群中,而不需改变现有网络结构、停止现有的服务。

全局负载均衡主要用于在很多不同区域拥有服务器站点,需要达到任意用户仅通过同一 IP 地址或网络域名就能访问到最优的服务器的应用需求。其主要有与地理位置无关、避免网络和服务器故障引起单点失效及解决网络拥塞的特点。

此外,云安全技术也是搭建平台中的涉及的关键技术之一。安全问题是信息系统的最重要问题之一,云技术作为一种鼓励资源共享的技术,其核心理念就是最大限度地共享利用系统内各种资源,它通过虚拟化技术实现资源共享调用,具有高资源利用率的优点,但是共享会引入新的安全问题,需要保障数据的安全性,包括保证用户资源间的隔离,防范病毒攻击,维持自身系统的稳定性,制定面向虚拟机、虚拟交换机、虚拟存储等虚拟对象的安全保护策略等,

---

① 郝昱文,王继娜,李晓雪. 基于分布式环境的存储负载均衡算法研究[J]. 信息技术,2016(9):55-58.

这与传统的硬件上的安全策略完全不同。在云资源共享带来风险的同时，也带来了新的技术思路，目前网络中的各种恶意程序及木马是威胁网络安全的主要因素，大数据环境下采用传统的特征库判别病毒显然已经力不从心。而依靠庞大的网络服务，实时进行采集、分析以及处理。整个互联网就是一个巨大的"杀毒软件"，只要某个网站被"挂马"或某个新木马病毒出现就会立刻被截获；参与者越多，每个参与者就越安全，而且整个互联网也会更安全。通过云安全技术的支持，及时发现危险，保护系统的安全是必不可缺的一环。

6.4 跨系统协同互操作实现

互操作是指一种能力，它使得分布的控制系统设备通过相关信息的数字交换，能够协调工作，从而实现一个共同的目标。传统上，互操作是指"不同平台或编程语言之间交换和共享数据的能力"。为了实现"平台或编程语言之间交换和共享数据"的目的，需要包括硬件、网络、操作系统、数据库系统、应用软件、数据格式、数据语义等不同层次的互操作，涉及运行环境、体系结构、应用流程、安全管理、操作控制、实现技术、数据模型等。[①]

基于平台的数字资源与服务系统的内在联系不是单向或线性的，而是呈多样的复杂关系，因此需多角度、多层次地揭示这些内在关系，可采用链接、集成、嵌入、组合等多种方法来实现服务的协同。对于基于信息平台的系统互操作而言，在标准、非标准和混合方法的应用中，形成了平台中系统互操作与服务协同的技术体系。就目前的实际应用而论，可分为三类：一是基于标准协议的协同服务技术，核心是解决系统间数据交换与互操作问题；二是软件技术，主要有中间件和体系结构等，核心是形成协同保障与服务环境；三是语义互操作技术，包括元数据和本体技术。

6.4.1 基于协议的互操作技术

跨系统信息服务的实现需要解决系统之间的协议互操作问题，其中基于协议的互操作是最基本的。基于信息平台的互操作在于向用户提供一致的服务，因此协议是实现互操作的一种最可行的方式之一。在平台信息资源整合与服务

---

① 王雄．构建互操作平台关键技术及实现方法研究［D］．北京：北京交通大学，2009.

中，信息系统互操作的实现需要相关协议的一致性应用，这种一致性应用体现在资源组织和服务协同上，目前所采用的如 Z239.50、WHOIS++、LDAP、OAI、OpenURL 等。

Z39.50（Informational Retrieval Service Definition and Protocol Specifications for Library Applications）是一种网络协议，它由一套用来控制和管理计算机之间通信过程中所涉及的格式和进程的规则所组成。它又是一种开放网络平台上的应用层协议，支持计算机使用一种标准的、相互可理解的方式进行通信，并支持不同数据结构、内容、格式的系统之间的数据传输，实现异构平台异构系统之间的互联与查询。同时，它还是一种基于网络的信息标准，允许用户检索远程数据库，但不局限于检索书目数据，在理论上可用于检索各种类型的数据资源。Z39.50 目前的版本 3 已于 1996 年被 ISO 正式确定为信息检索的国际标准（ISO23950）。Z39.50 产生于图书馆界，最初的目的是提供联机公共书目数据检索。至今，图书馆界仍然是 Z39.50 的主要应用领域之一。在互联网上，存在着大量的 Z39.50 服务器，这些服务器连接着世界上许多大型图书馆的馆藏书目数据。用户只要采用一种基于 Z39.50 的检索软件就可以在自己的计算机上同时对世界上多种异构数据库进行检索，共享信息资源。[1]

WHOIS++从最初作为目录服务开发，在分布式网络环境下逐渐演化为可扩展的服务查询和利用互操作开发。基于 WHOIS++协议的服务协同构架，将相应的系统服务器连接在跨系统平台上，从而构建一个分布的可扩展资源系统，以适应基于平台的跨系统多元化需求环境。基于该协议的互操作具有灵活性和可扩展性，在技术实现上可以通过相应的信息门户或主题网关进行系统之间的信息资源整合和数据集成，其基点在于通过分布式整合，构建一个整体上统一的数据资源环境，实现统一部署下的基于协议的平台服务协同。WHOIS++协议和 CIP 协议结合使用已成为当前的一个发展趋势，其技术实现在于实现查询路由和分布式索引，其协议应与一定的安全认证为基础，目前已在多个平台中得到了应用。在跨系统平台服务中，应以此为基础进行协议的拓展应用。

开放档案倡议（OAI）是一种独立于应用的、能够提高 Web 上资源共享范围和能力的互操作协议标准，其最初是为了学术性电子期刊预印本之互通性检索而设，因为数字图书馆所遇到的互通性检索问题与之相似，所以 2000 年上

---

① 瞿成雄.跨系统知识创新信息保障平台构建与服务组织研究[D].武汉：武汉大学，2012.

半年，为达成加强系统间之互通性的目的，更准确地取用学术性电子全文资源，OAI 协议的可操作版本元数据收割协议（Protocol for Metadata Harvesting，简称 OAI-PMH）应运而生。OAI-PMH 采用了基于 HTTP 协议的请求和 XML 格式的响应方式，信息的传输格式采用简单的 HTTP 编码，用 HTTP 或 Post 方法发送请求，返回响应，结果为 XML 格式。OAI 采用了简单的 Dublin Core 元数据结构，采用统一的元数据结构能够较容易地实现简单的粗粒度的跨领域的资源发现和共享，同时又允许多种元数据结构并存，不影响其原始的数据结构。①

OpenURL 即"开放链接"，是一种解决不同的数字资源系统互操作、进行资源整合的方法，也是一项技术标准。开放链接是一种附带有元数据信息和资源地址信息的"可运行"的 URL，可用来解决二次文献数据库到原文服务的动态链接问题。服务提供方维护的链接解析器能够在相关服务网页上动态生成开放链接，而基于平台的跨系统信息服务可以通过公开自己的链接接口，实现跨系统信息的链接服务。这种组织模式的应用拓展，可实现异构数据库之间的互操作。

6.4.2　信息系统软件互操作

软件互操作技术的核心是通过克服不同软件构件所采用的语言、运行环境和基本模式的差异，实现信息系统相互通信和协作，以完成某一项特定任务。

（1）外部协调或中间件互操作

跨系统协同平台的信息服务组织在技术实现上需要考虑信息系统的软件互操作问题，其软件互操作在信息描述、处理、组织上实现面向信息内容的互操作。这种互操作允许构成跨系统平台的各系统采用不同的软件，其互操作基点是通过外部协调或中间件方式实现各系统软件的利用协同。

外部协调或中间件通过不同的组织模式进行，其基本方式包括网关、封装件、中介系统、全局模式转换方式等。这些方式的应用具有针对性，在跨系统平台的服务上可以根据系统间的不同技术结构和功能，进行相应的外部协调或采用具有协同功能的中间件实现软件的交互应用。中间件处于客户机和服务器之间，因而是一种具有特别功能的系统软件，其运行在于通过对执行细节的封装将应用程序与系统所依附软件相隔离，使应用程序只需处理某种类型的单个应用程序接口，而其他细节则通过中间件来实现。在跨系统平台开发中，这种

---

① 吕亚男.基于 OAI 协议的空间元数据互操作研究［D］.太原：太原科技大学，2008.

中间件协同使用户无须清楚服务端的具体位置和细节，因而可以通过透明方式构建请求和响应模型。外部协调或中间件应具有良好的自治性，在平台服务中应克服增添服务的缺陷，其思路是重构相应的包装层。

(2)基于软件代理的互操作技术和基于分布式对象请求与描述的互操作

软件代理已成为系统间互操作的有效解决形式，它通过人工智能处理方式识别和代理相应的系统，实现系统之间的软件交互和数据转换。基于 Agent 软件代理可以有效地解决各系统的软件代用问题，各系统只需开发相应的代理接口或通过 Agent 的统一代理进行互操作交互。对面向知识创新的跨系统服务而言，其软件代理具有复杂性和差异性，这是由于系统之间技术应用的不平衡所引发的。例如在面向知识创新的知识组织服务中，国家科技图书文献中心(NSTL)成员系统之间在信息组织层次和技术层次上存在着差异，对信息层面的表层内容组织和知识层面的深层内容组织而言，高层次系统对低层次系统的兼容比较容易实现，而低层次向高层次兼容则难以有效实现。对此，可以采用基于云计算的信息处理方式进行内容的深层转化，即将云计算环境建设作为一项基础工作对待，以此来提升基于软件代理的互操作技术应用层次。对于分布式对象请求和基于描述的互操作，应根据分布式对象请求进行，其实质在于通过面向对象的请求处理，对程序数据进行描述，以此出发构建具有调用接口的应用系统，以便按标准请求关系在对象间进行跨系统程序调用，采用该方式的有公共对象请求代理体系结构(CORBA)等。基于分布式对象计算的 CORBA，是一种由对象管理组织(OMG)制定的规范，这种应用具有一定的实用性，它可以解决分布式处理环境中软硬件系统之间的互操作问题。分布式对象请求的目的是使对象和分布式系统技术进行集成，因而可以提供具有互操作功能的统一结构。对象处理中的内部操作细节应进行封装，其目的是向外界提供精确的定义。

利用描述的方法实现信息系统互操作，既不要求修改现有信息系统的体系结构，也不需要各信息系统遵从某种互操作协议，其技术实现只需要进行资源的开放描述。在这种环境下，各系统可以用语言描述各自的元数据，提供访问和服务。在服务实现上，其通用做法是将这些描述信息登记到一个中心并注册到服务器中，以供各系统调用。目前，描述方法具有普遍使用性，因而需要拓展应用空间。

6.4.3 语义层互操作

异构性是互操作需要解决的首要问题，异构性又可分为设计时互操作异构与运行时互操作异构，设计时异构主要是在统一领域内同义词语的匹配问题，而运行时互操作异构就要解决概念体系、数据结构、操作系统、数据库系统、应用系统、命名方式、元数据格式和元数据方面的问题。这里主要针对设计时异构的研究，这也是"设计时"互操作最需解决的问题；而语义问题解决不好，将在极大程度上影响未来系统之间互操作的能力。

（1）互操作的语义规则

语义的规范需要包括同义词的规定和所属属性。当系统发出请求时，平台会确认系统身份，而后允许进入平台内进行数据交互。平台在收到请求后，会逐次提取出文件中每一个名词与语义规则库的关键词进行匹配。如果匹配成功，则转换成系统标准表达名词，同时生成一个文件供导航定位模块使用；如若匹配不成功，则返回重新查询。在这一过程中，语义规则起到了至关重要的作用，这就需要对语义规则进行维护。当遇到部分系统更新，特别是数据库进行操作时，需要利用平台管理模块，对语义规则进行操作。在使用的过程中，应及时对使用情况进行跟踪，人工修订语义规则。

语义规则是可以对一个领域内同义词以及一般属性描述的一个集合，它适用于所有信息资源。制定该规则时要遵循如下原则：用户需求原则，从用户的角度出发制定语义规则，尽最大可能获取用户对各领域内的同义词；简单性原则，语义规则的管理遵循简单性原则，可以让管理部门在对新的语义情况进行维护；易转换性原则，语义规则必须立足互操作，目的是实现互操作，同义词之间的关系和联系要表达清楚，保证互操作时对语义较好较快地进行转换。语义规则库的建立是语义解析方法的重点，也是影响互操作结果的重要因素。

（2）互操作的语义解析

互操作的语义解析主要由两个部分组成：语义匹配和语义转换。前者就是对关键字与语义规则库进行精确匹配，后者是将请求进行属性值转换。转换具有同义的关键字，然后建立对服务端数据源的子查询，同时将集成的数据源查询返回的数据转换成一定的格式。

XML 即可扩展标记语言，它与 HTML 一样，都是标准通用标记语言。XML 是环境中跨平台、依赖于内容的技术，是当前处理结构化文档信息的有力工具。XML 也是一种简单的数据存储语言，使用一系列简单的标记描述数据，而这些标记可以用方便的方式建立，并且极其简单易于掌握和使用。考虑到 XML 的特性，平台选用 XML 作为语义转换的中间集成平台，返回成 XML 文档，最后返回给用户，提供统一的请求查询结果。

7 跨系统信息服务协同推进

信息资源服务平台不仅在于实现信息资源的跨系统共建共享，而且在于实现跨系统信息资源服务的协同，向用户提供协同信息资源服务。基于平台的协同信息资源服务由平台连接的诸多信息系统承担。各系统既是独立自治的实体，又存在基于平台的交互关系。在平台服务中，系统之间的协同直接关系到信息的跨系统整合和服务的集成化推进。因此，有必要对基于平台的跨系统信息资源服务协同机制进行研究。

7.1 跨系统信息集成与服务协同组织

信息资源服务平台的建设的基点是实现基于平台的跨系统信息集成和信息资源服务协同，其目的在于使信息资源和服务得以跨系统共享，提高各系统的资源组织和服务能力，向用户提供跨系统信息集成基础上各系统的协同化服务，即使用户得到跨系统的信息资源协同服务。

这里涉及两个概念，即跨系统的信息资源服务协同和跨系统的信息资源协同服务。跨系统的信息资源服务协同是指信息资源服务平台中不同信息服务系统的各种服务可以通过平台相互接入和调用，同时可以进行统一管理，实现跨系统多元化信息和服务保障。从功能实现上看，跨系统信息资源服务协同的目标是实现面向知识创新的信息整合和服务集成。用户只需提出自己的需求，平台能够连接任何一个服务系统，并自动进行分布式信息资源处理和用户服务受理。跨系统的信息资源协同服务则是信息资源服务平台中各信息资源系统服务功能相互配合与共同作用的结果或服务产品。从信息资源服务平台用户的角度来看，各用户在跨系统交互作用环境下，通过跨系统实现信息资源与服务的无障碍利用，最大限度地发挥平台中信息资源与服务的价值。由此可见，信息资源服务协同和信息资源协同服务是同一事物的不同方面，前者强调协同的过程或技术解决方案，后者强调协同的结果或服务产品；前者基于平台或系统的视角，后者则基于系统服务对象的视角。

7.1.1 协同服务中的信息集成

信息资源服务平台构建的目的在于进行跨系统的资源与服务协同组织，以实现面向用户的信息集成。从总体上看，信息集成包括数据集成、服务应用集成、服务功能集成、流程集成和环境集成。

在平台服务中，数据交换建立在系统之间的数据共享基础之上，要求数据变更及时，以提供总线式的集中数据共享交换保障。服务与应用系统集成是开展协同服务的基础，旨在为用户提供集成服务的应用接口，以利于个性化服务的开展；服务内容与功能集成目的是满足用户对内容处理的多元需求，其要点是以需求为导向构建面向用户的保障系统，业务流程集成利用工作流、协同等技术，实现跨系统的流程整合；环境集成的侧重点是如何从技术大环境角度，进行信息基础设施、计算机应用软件和信息组织环境集成，以此构建交互的、开放的和动态的包容不同系统的信息描述、组织、开发和管理环境。①

基于平台的信息集成服务，要求在信息保障平台上实现跨系统的服务协同。跨系统协同信息服务，指的是不同信息服务系统之间，运用技术手段，通过互动和合作，协调完成信息服务任务。这里的平台信息服务涉及各服务系统的业务开展，其要点是在各自的服务中，实现信息和服务的交互集成。基于平台的跨系统协同服务实质是一种通过交互，在各系统之间提供的资源与服务的整合。

从基于平台的跨系统集成信息服务实现来看，需要利用平台进行资源协同、技术协同和用户协同。从平台角度来看，信息资源集成在构建平台的各信息服务系统之中，这些系统具有分布式资源结构和服务上的互补性。为了实现服务整合，需从以下几个方面进行协同。

①面向用户的跨系统服务组织协同。跨系统协同信息服务支持用户的跨系统信息需求，因而是一种系统之间的服务合作。平台中的任一系统用户，可视为其他系统的虚拟用户。只要对某一系统提出需求，必然需要其他系统的配合。这说明，服务于知识创新的跨系统协同服务是一种基于平台的交互集成服务。面对用户的知识创新需求，平台中的各系统应支持跨系统的知识内容发展、分析、解释、交流和组织，以此来进行面向用户的服务组织协同。

②跨组织机构的管理协同。跨组织机构的管理协同在于使不同隶属关系的信息服务机构在面向用户的服务中相互配合，通过平台进行资源调配和业务组织，从而提升跨系统服务的效益。在跨组织的管理协同中，机构之间的配合是

---

① 何全胜，罗伟其，姚国祥. 信息集成若干方法的比较[J]. 暨南大学学报(自然科学与医学版)，2001(3)：52-56.

重要的，它要求在共同目标下实现以用户为中心的服务整合。不同信息服务机构结成特定的契约组织，是实现信息服务跨组织的协同管理的基础。

③异构信息组织的协同。就信息服务系统运行而言，系统之间的不同主体取决于系统本身与系统外界的交互关系或交互协议。平台所连接的信息系统作为一种开放系统，进行开放式信息资源交换的必要条件是建立系统之间的异构信息资源交互处理机制，实现资源组织上的合作，以屏蔽分布在多个系统之间的差别，达到数据和服务共享的目的。

④多要素的全面协同。跨系统的平台信息服务涉及多方面的问题，实现统一形态下的系统信息资源、组织资源、技术资源和服务资源的共用，这就需要将信息资源、机构资源、人力资源、技术资源集为一体，进行全面协同。这种协同是信息资源平台化共享和服务整体化组织的需要，表现为多系统服务面向服务对象的融合。

7.1.2 跨系统信息服务的协同组织

基于信息资源服务平台的跨系统协同信息服务应针对用户的需要，进行系统间的信息整合、信息定制、信息共享和信息传播，全面支持知识创新信息传递、沟通、处理及利用。基于这一目标，可以进行平台协同服务的功能设置并整合服务业务，如图 7-1 所示。

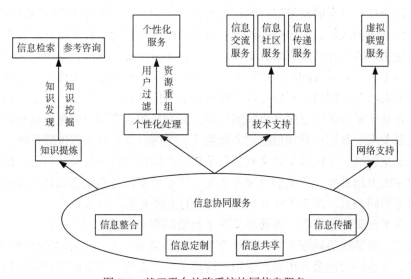

图 7-1 基于平台的跨系统协同信息服务

①信息整合服务。在知识创新信息资源服务平台中，信息服务的用户是从

事知识创新的部门和人员，包括科学研究人员、管理人员等。从协同服务组织对象上看，包括针对创新用户的全方位信息服务和针对知识创新项目与过程的信息服务。从服务业务组织上看，不同信息服务系统基于信息资源的交换和共享，通过知识发现、知识挖掘技术，实现基于知识重组和知识关联的服务，以提供参考和决策支持。基于平台的跨系统整合服务，拓展了服务功能，使用户对信息的利用从文献获取上升到知识利用。

②信息定制服务。提供可定制的、合乎创新用户特定需求的深层信息的服务是目前跨系统信息服务的发展趋势，其服务的协同要点是开展面向用户的灵活性组合服务，包括服务业务、服务功能、服务资源的重组。在个性化服务组织上，业务组织的重点是推送服务、个性化资源重组和用户过滤集成服务。由于不同知识创新用户具有不同的知识瓶颈，因此定制服务应适应定向创新的服务要求。

③信息共享服务。信息只有在共享中才能得到充分利用，社会化知识创新也只有在社会化信息共享的基础上才能实现。基于即时通信、虚拟社区等技术的应用，平台跨系统服务可以提供有利于用户交流的环境。如通过智能化的资源匹配和用户知识供需匹配，营造良好的氛围，促进灵活多样的用户交流，实现不同服务提供者、专家与用户群的协作，由此搭建系统和用户群之间的桥梁。

④信息传播服务。科技信息资源服务平台中的信息传播，是指科技创新知识和信息的传递与交流，是平台中各系统之间、系统与用户之间以及用户与用户之间通过有意义的符号进行的信息传递、信息接收或信息反馈活动的总称。科技创新知识或信息是传播的内容，而传播的根本目的是传递信息和知识，满足系统用户的科技情报需求，实现科技创新知识资源的价值，推动新的知识创新。基于平台各系统间的通信技术、互联网技术以及信息资源虚拟联盟各组织机构形成的合作网络，可以有效实现科技创新信息资源的传递、交流与利用。

在基于平台的信息服务协同组织中，面向科学研究用户的服务具有客观上的关联关系。就用户利用信息的来源而言，全国高等教育文献保障系统、中国科技信息系统、中国科学院文献信息系统、中国社会科学院文献信息系统、公共数字图书馆系统、行业信息服务系统、国家档案馆各系统之间具有面向用户的服务协同关系，图7-2展示了这种基本的关联关系。

从平台服务实施看，普通意义的平台协同服务结构如图7-3所示。① 对用户而言，跨系统协同服务旨在满足全方位信息需求，享用一站式的全程服务。其中，互通的协同服务机制，为用户构建了一个无缝、关联的信息服务门户。

　　① 张智雄，林颖，郭少友，等. 新型机构信息环境的建设思路及框架[J]. 现代图书情报技术，2006(3)：1-5.

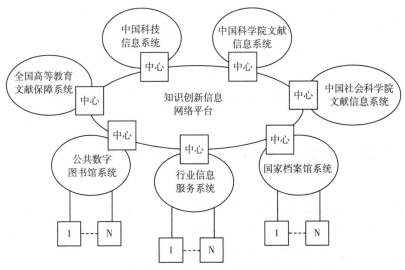

图 7-2 基于知识网络平台的跨系统协同信息服务系统

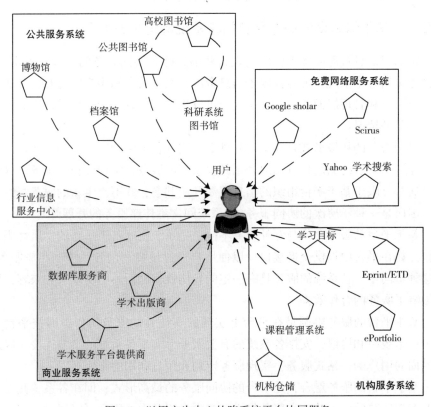

图 7-3 以用户为中心的跨系统平台协同服务

在复杂的信息环境中，信息平台与用户不是简单的服务提供与利用关系，而是基于平台的交互作用关系。在平台运行中，信息服务人员和用户交互共享信息资源和技术。因此，可以将信息服务系统嵌入用户创新环境，以促进双方的信息交流和协同技术共享。从这一意义上看，基于平台的跨系统信息服务并不是传统意义上的信息代理，而是将平台与用户融为一体的服务协同。

7.2 信息资源服务平台的协同服务关系与协同关系建立

基于平台的跨系统信息服务协同取决于多个信息服务系统的交互，通过信息交互，在多个合作者之间需要确立一种稳定的协同关系，以此形成信息组织规范、服务内容和技术支持上的规范。这种规范不仅维持平台运行，而且制约基于平台的各信息系统的信息资源、技术与服务管理。由此可见，完善信息平台的协同机制，确立合理的协同关系是不可或缺的。

7.2.1 基于信息资源服务平台的跨系统协同服务关系

跨系统信息资源服务平台的实现，并不意味着协同服务的完成。事实上，平台连接的各个系统，可能仅限于信息资源层面的共享和用户的交互，并非服务业务层面和管理层面的融合。据此，可以将基于信息平台的跨系统服务区分为以下几种情况：

协同服务的初级形式是在平台基础上，实现各系统的服务互补。在这一层次，允许某一系统的用户分离地利用其他系统的服务，实现互补性服务。这种服务通常仅限于基于平台组织的信息资源开放共享，并不产生新的服务组织方式，因而是一种浅层次的协同服务(如系统间文献传递服务的开展等)。

基于平台的服务合作与互补服务不同，是系统之间基于平台的实质性服务合作，如在平台中提供交换接口，以便用户通过接口利用各系统的相应服务。在这种协同中，各系统的服务具有一定的异构性，因而不能实现服务兼容，以致影响了服务的合作效果。

基于平台的服务协调是在平台上实现的实质性的服务协作，即按平台标准、技术规范和协议，安排各系统的有关服务，实现各系统的平台连接，以此提供面向用户的一站式服务，实现服务定制和信息利用的集成。

基于平台的服务融合，是平台的协同服务的最高形式，即在各系统交互基础上实现完整的资源共享和服务集成。在融合服务中，用户可以通过任何一个系统进入其他系统的服务，从而实现平台资源与服务的无障碍利用。

显然，基于平台的协同服务发展是一个连续的变化过程，从服务互补到服务融合，每一个阶段都以前一个阶段为基础，跳跃性的发展是不现实的。在基于平台的信息服务协同组织中，各系统信息服务互补和合作主要体现在信息资源的共建共享层面上，而服务协调和融合则是各系统服务的实质性协同，从总体上看，可以将信息资源共享服务视为协调服务，而跨系统融合服务可以归之为协同服务。可以说，它们的联系在于，信息资源共享是跨系统协同信息服务发展的必经阶段，跨系统协同信息服务是信息资源共享的进化。

在信息资源共享服务中，通常会建立跨系统的信息资源共享咨询委员会或工作组，它们在数字资产、元数据描述、技术框架和馆藏协调等方面发挥着主导作用。通常会形成信息资源共享协议，明确参与共享机构各自的责任和权力，共享的进度也被视为共享成功与否的标志。

在跨系统协同信息服务阶段，信息资源已实现无障碍共享，正式的协同协议也已达成。关键问题已不再是信息资源是否共享，而是这些共享后的信息资源能否用来创造新的服务，能否带来服务层面质的变化。在此阶段，信息服务机构之间的联系更为紧密，信息的交流更为频繁，信息服务机构之间的信任不断加强，由此促进了基于平台的信息服务机构的变革。

以上分析表明，跨系统协同信息服务与信息资源共享的区别在于：信息资源共享侧重于信息资源的机构间的共享互补，这种共享会涉及服务，但并不改变服务的结构，因此在目的性上两者存在本质的区别。信息资源共享依靠正式的协议进行，而跨系统协同信息服务除了要制定正式的协议，更要借助于信息服务基于平台的融合，需要信息服务机构之间进行整体化合作。信息资源共享是对信息资源量的增加，跨系统协同信息服务是一种质的飞跃，强调信息服务机构的流程变革，由此而带来的服务业务拓展非信息资源共享可比。

从跨系统协同信息服务的运作上看，在基于平台的服务组织中应以信任为合作基础，建立机构的独立平等关系，实现信息服务的平台化运作，确保服务的相对稳定性和开放性。

①信任合作基础。跨系统协同信息服务的运作管理主要有契约和信任两种形式。① 契约是借助正式的契约手段规范协同行为，如利用参与平台协同的信息服务协作组织架构、服务共享、运作流程、利益分配和冲突解决协议进行服

---

① 吴剑琳.建立虚拟企业合作伙伴信任关系的途径[J].经济管理，2007(17)：60-63.

务协作规范。契约是一种硬性约束，它可以规范平台协同服务的组织行为，减少风险。然而，由于跨系统协同信息服务中的多利益团体结构与服务异地分布的特点，仅仅依靠契约是不够的，因此建立跨系统协同信息服务的平台机构之间的相互信任，才能稳定地推进协同服务业务的开展。

②独立平等关系。跨系统协同信息服务所产生的效益远大于平台中各系统的单独运作效益，但在投入关系上却难以体现这一效益。就基于平台的跨系统协同信息服务而言，它实际上不是一个具有命令系统的组织，而是一种协议性的联盟组织，因而各系统独立性是其基本的特征。这说明，跨系统协同信息服务应在平等合作的前提下进行。在整个协同过程中，参与协同机构的地位都是平等的，各系统仍然保持着独立的地位，并没有明确的隶属关系。同时，一个信息服务机构也可以同时参与多个跨系统协同信息服务组织。

③服务的平台化运作。如果说信任合作基础是跨系统协同信息服务得以实现的软性条件，那么信息技术支持下的服务平台化运作则是跨系统协同信息服务得以实现的硬性条件。没有协同平台，信息服务机构之间的服务协同是不现实的。在服务的平台运作上，要求各系统实现基于平台的信息映射和服务衔接，以使各系统的服务得以融合。实际上，如果没有一个便利、快捷的信息化运作平台，跨系统协同信息服务则难以实现。同时，跨系统协同信息服务的关系维护、利益分配、冲突解决，也需要在运作平台上实现。

④稳定的组织保证。跨系统协同信息服务过程是一个动态、开放的组织过程，它的组织界限模糊，且不受地域限制，可以分布式扩张，这一点类似于企业的动态联盟。然而，与动态联盟具有的时效性相比，跨系统协同信息服务具有相对稳定性。其一，跨系统协同关系是比较稳定的，这是因为参与协同的信息服务机构之间的信任关系稳定。其二，跨系统协同信息服务仍是动态性的，但这种动态性是可预知和控制的，因此跨系统的协同信息服务的稳定是相对的。据此，可以构建具有动态稳定结构的组织管理体系。

在基于平台的跨系统信息服务中，信息服务系统之间协作关系的动态演变过程，是一个随着信息环境和用户需求变化而变化的过程。在关系演化中，不断进行协同目标、协同对象及协同对象之间的适应性调整是必要的。一方面，协同对象随用户需求可动态变换；另一方面，各协同对象之间的交互作用引起平台服务发生自组织演化。

⑤跨系统协同信息服务的开放性。在服务中，通过平台进行信息交换、技术共享和信息资源互用，从而使系统走向有序。信息服务系统之间各协同要素存在非线性作用关系。由于用户需求的变化，各要素随时间、地点和条件的不

同，体现不同的相互作用效应。技术因素的影响、用户需求的改变必然导致协同服务偏离原来的稳定状态。由此可见，跨系统的协同服务系统存在着自组织的演化。

平台连接的信息服务系统发展也是不平衡的，因而它们之间不可避免地存在着竞争协同作用。一方面，系统竞争使各系统趋于非平衡，这正是系统自组织的重要条件；另一方面，系统之间的协同在非平衡条件下趋于稳定。因此，在跨系统的协同信息服务实施过程中，必须认识到，协同服务系统追求的目标并不是建立一劳永逸的静态有序协同关系，而是要建立起具有活性的动态有序协同关系。同时，协同服务关系形成后，应在新的环境中寻求关系的合理变革和调整，以维持平台协同服务的有序发展。

7.2.2 基于平台的跨系统协同信息服务环境建设

协同环境建设是跨系统协同服务的必要条件，在基于平台的协同服务中，任何一个系统都不是孤立的；相反，它通过一定的机制在协同环境中开展服务。2007 年美国国会通过的《信息共享国家战略》（NSIS）提出了跨系统信息服务共享环境建设任务，旨在通过环境建设改变相互叠加和互补协调的状况。事实证明，在组织特定领域的信息服务中，确定程序化的协同管理体系、制定跨系统的协同信息服务需要统一的纲领；在各个系统中推进用户参与的服务协作，实现应用对应用的数据交换是重要的。跨系统信息共享环境（Information Sharing Environment，ISE）的技术架构，如图 7-4 所示。[1]

在平台服务的协同实现中，除政策和执行环境外，技术、数据与系统环境对平台运行环境产生直接作用。[2]

服务协同是在网络发展基础上的协同，它强调的是基于互联网的跨区域、跨组织、跨部门的平台协作。第二代互联网的互动性使其成为协同软件的应用平台，IPV6 的推广以及网络平台技术的应用可以实现实时与异步的信息流动与共享、知识采集与利用及其基于互动的知识管理等。

①以流程协同为主。流程管理是近年来非常重要的一种管理模式，平台协同流程管理在于，如何规范业务流程，促进平台服务发展。在以流程为主的协

---

① United States Intelligence Community. Information sharing strategy. [EB/OL]. [2012-03-09]. http://www.dni.gov/reports/IC_information_Sharing_Strategy.pdf.

② 胡昌平. 面向用户的信息资源整合与服务[M]. 武汉：武汉大学出版社，2007：132.

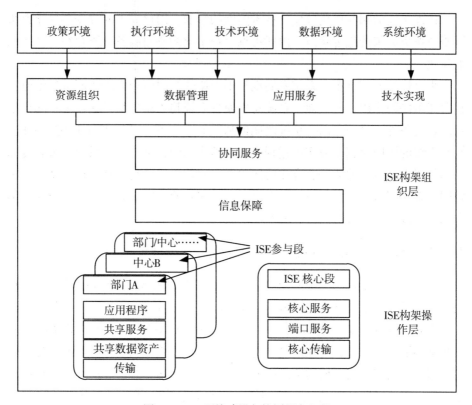

图 7-4　ISE 环境建设与协同服务组织

同技术应用中，流程已成为其串联各项事务管理的主线，且呈现出柔性化、可视化特征。这也是平台协同技术环境区别于其他信息技术环境的主要特征之一。

　　②以用户为中心。协同技术的核心是以用户为本，用户中心体现在协同应用系统的功能实现、流程组织和服务操作等方面。服务协同技术应用中的"人"可以是单个的自然人，也可以是部门、群组等。协同技术的"用户中心"特性主要体现在协同流程以人为中心来定义，它被赋予相应的协同操作权限，有利于实现用户与环境的协同。

　　平台协同服务得以发展的技术环境包括计算机及其网络技术环境，其中群组通信技术、协同控制技术、同步协同技术、协同系统的安全控制技术、协同应用共享技术、应用系统开发环境和应用系统集成技术环境的形成是必不可少的。在技术环境中，核心技术组件为跨系统协同服务的实现提供支持。

　　传统的信息系统协同采用应用集成技术，其中可集成的 Web 部件（如开放

API)可将系统部分功能延伸到系统之外,使信息服务系统在用户的操作上得以协同。基于平台的信息系统作为关联整体进行设计,这是跨系统用户行为对系统影响的必然体现。显然,技术环境的改变决定了服务中的用户参与。在用户参与下,基于平台的信息系统的交互,使平台服务具备内在的演化功能和对环境的动态适应功能。值得关注的是,基于平台的跨系统协同信息服务,随着服务的开放和环境的变化,其服务组织已跨越平台边界,从而形成了与整个信息生态系统的协同运作机制。

从环境的变迁中可知,基于平台的协同信息服务将进一步突破平台边界和系统的限制,在面向用户的开放化需求中,寻求与整个信息生态环境的融合。这一发展趋势,在平台开放协同服务中体现在泛在环境下的服务融汇上。

7.3 跨系统协同信息服务的组织

基于平台的信息服务系统之间的互相协作和协同不是线性的,而是呈网状关系,系统之间的服务组织,既有协同层次安排问题,也存在协同路径和方式问题。同时,用户的集成需求还提出了协同服务中的流程重组要求。

7.3.1 协同层次安排

跨系统的协同信息服务的最终目标是屏蔽异构分布式信息服务系统之间的差别,提供一致的服务。其实现通常按照信息资源、流程组织、服务实现层次进行整合和集成,这三个层次的协同在平台信息服务中是客观存在的,在系统协同上具有相互联系的互补关系。

信息资源层面的跨系统协同是指各系统信息资源的异构性或非一致性,需要平台进行格式转化,使之形成统一标准下的映射关系。这种协同实际上是信息转化和共用协同,需要具有平台协作关系的若干个信息提供者,按照一定的标准和形式,提供信息资源转化机制。在信息共享平台上,信息资源建设协同主要集中在数据共享方面。

在基于平台的 A 与 B 系统数据交换和共享中,需要数据的一致性作保障。如果 A、B 系统数据库存在异构,就需要按平台标准协议进行数据格式的转换或内容上的映射重组。如果 A、B 两系统的数据需要通过平台提供给第三方共享,其数据协同可采用虚拟数据库方式进行数据的跨系统聚合,然后以数据文件的形式按需提供给第三方。同时,基于平台的跨系统协同信息服务在接受集成数据的请求时，需要通过集成代理的方式进行数据获取，这就提出了基于接口的集成问题。可见，信息资源层面的协同组织具有多方面的要求。对于不同要求，有着不同的处理机制。

在基于平台的信息服务协同中，存在着数据程序调用、功能模块或处理工具的互用问题，这就需要在业务流程上进行协同。服务组织上的协同过程如图7-5所示。

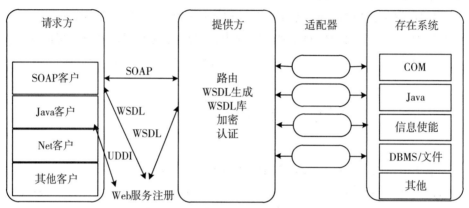

图 7-5 流程组织层面上的跨系统协同

流程组织层面上的跨系统协同，是通过调整业务层来实现的，具体体现为一种共享对象上的"功能"调用，在于实现动态的应用集成和平台范围内的业务逻辑共享。这种共享模块通过基础服务为多个系统所共享，可以位于集中服务器和分布服务器上，以标准的"Web 服务"来提供。在平台中，信息服务提供商（Application Server Provider，ASP）可以按照一定标准和协议，根据服务要求，动态封装为在线服务调用模块，提供协同使用功能。

服务实现层面的协同可以通过平台的标准接口来实现。标准接口即指Web 服务接口（Service Interface），它为互联网上的不同应用提供了语法互操作性支持，使得系统之间的应用交互从局部范围发展到全球范围并形成一系列可能的标准规范。可以认为，服务接口是一个自动化系统与另一个自动化系统或人之间的共享边界。利用 Web 服务技术进行交互的应用只需遵从相应的 Web 服务接口，而不需考虑各自的内部实现，从而极大地降低了交互应用之间的耦合度，提升了系统应用的灵活性。以国家科技图书文献中心（NSTL）为例，NSTL 规范服务接口（包括检索接口、全文传递接口、代查代借接口、嵌入式服务接口等）可进行跨系统的嵌入和链接协同服务的实现方式。① 基于标准接口规范，NSTL 网络服务系统在原有的主站、镜像站、服务站三种服务模式的基础上增加了"嵌入到第三方检索系统""检索结果链接到第三方""NSTL 文献传递"等协同服务方式。

7.3.2 协同服务的实现方式与框架

在基于平台的跨系统协同服务的实现上，存在着实现路径方式和构架问题。

（1）协同行为路径模式

从协同的行为路径看，跨系统的协同信息服务应该是有组织的协同，而不是自发的协同。有组织的协同是协同组织中的成员依据平台结构和组织制度相互协作完成组织目标，从各方的业务流程、组织结构、资源配置等方面入手，确定协同服务的行为路径。

从协同实施过程来看，协同服务可通过会话模式、过程模式、活动模式、层次模式开展业务活动。

①会话模式。会话模式是一种基本的协同方式，它将复杂的协作活动分解为一系列交互会话协作活动，从而实现群体协作。在跨系统的协同服务中，会话模式规定了信息服务机构之间的协作关系，表现为服务提供者之间、服务提供者与用户之间的交互协作过程。

②过程模式。过程模式可将任何一项复杂任务或操作分解为一系列相互关联而又相互独立的串行或并行的子任务或操作进行协同完成，以形成一个完整的工作流。过程模式严格规定了协同各方的任务、操作、规范等。

③活动模式。活动模式和过程模式相似，但它并不是将一个协同任务描述成多个操作协同步骤，而是将一个任务分解为多个按一定分工，具有一定目标的由主体和客体组成的活动。在此基础上，任务群体成员根据一定规则利用合适的工具一步步执行各个活动，协同完成任务。

④层次模式。基于平台的服务需要不同层次和不同方式的协作才能完成，由于单一协作模式不能满足对协同任务和协作过程的描述，因此，对一些具体任务需要采用多层模式的结合。

（2）协同工作方式与框架

按照平台协同服务战略，可以根据不同的目标，选择不同的协同方法。

①构架协同。构架协同是一种全局性宏观协同，指的是信息服务系统之间

---

① 张智雄. NSTL 三期建设：面向开放模式的国家 STM 期刊保障和服务体系［EB/OL］.［2020-11-22］. http：//www.chinalibs.net/Upload/Pusfile/2009/3/18/568049004.pdf.

所组成的新系统(平台)和原有系统的协同。这一协同方式的关键是元素的选择及各元素位置功能的设定,其核心元素是业务、资源、技术等,具体位置和功能由系统总体结构决定。

②元素自协同。这是平台服务中信息机构各元素自我解构、自我组织,从无序走向有序的过程。如服务过程中相互调剂服务要素、交互利用技术来实现服务协同,这种协同方式追求的是微观层次的协同。

③感应协同。这是一种强调外界影响的协同,它强调信息服务机构与外界环境之间的感应和对自然、社会环境造成的影响,更强调外部环境对信息平台服务的作用。在这一作用下,由信息服务机构和各类信息资源要素所构成的服务平台应不断接受外界刺激,调整自身的运作模式。

基于平台的跨系统协同信息服务是在协同动力机制的作用下,实现信息服务系统之间基于战略、管理、资源、流程和用户的协同过程。基于平台的跨系统协同信息服务的实现包括协同对象任务选择、协同要素整合、协同环境的构建等基本环节,其进行应按照一定的程序。在一般情况下,协同服务包括以下一些基本安排:

明确协同目的。这是协同活动的起点和指导整个过程的核心,亦是检验协同活动的依据。只有明确了协同目的,才能确定协同过程的其他方面活动。

确定协同任务。协同目的明确以后,就应该根据目的确定协同对象(客体)任务,即明确各系统在协同服务中应进行的工作和应展开的活动。

稳定协同关系。在平台建立的基础上进一步明确各系统的协同工作关系,在稳定关系的基础上规范各自的行为。

制定协同方案。在信息保障平台建设基础上,进行协同服务运作规划,按规划提出可行的协同服务运行方案,以便进一步明确各系统的工作。

实现服务协同。方案制定后,只有落实才能发挥其应有的作用。在方案实施过程中,要随时监督、调整方案的执行,以确保方案适应客观环境和主客观条件的变化。

检验实施效果。如果方案的实施效果达到了既定目标,则此方案就是成功的;否则,要在协同服务实践中查找原因,以便进行改进。

7.4 跨系统联合体的协同服务组织

信息服务系统之间的相互合作方式和协同内容是多种多样的,可以通过多种模式,从多角度或多层次实现跨系统协同信息服务。因此,需根据协同目的进行服务模式的选择。从基本平台的信息服务协同业务组织上看,可以将跨系统协同信息服务区分为联合体服务模式、协同定制服务模式、一体化协同服务模式和主题协同模式等。事实上,在跨系统协同信息服务实现过程中,还会存在多种服务模式的综合。

7.4.1 联合体服务框架

跨系统联合体协同服务模式是通过协议结成协同服务联盟所进行的基于机构联合的一种合作服务模式。跨系统的协同服务联盟成员之间同意支持一组共同的服务标准,以便于在成员之间实现互操作。联盟的成员只要支持共同约定的一组平台化的服务,就可以拥有完全不同的系统。

跨系统联合体协同服务模式的平台架构如图 7-6 所示。不同系统的信息服务机构以信息资源的共建、共享和共用为目标,在已有的分布资源基础上,通过标准规范将各系统信息资源和服务进行整合,这种整合在于重构具有分布结构的集成服务系统,从而向用户提供联合服务(包括统一检索、全文传递、参考咨询等协同服务)。

如图 7-6 所示,各系统的信息资源虽然分散于各自的系统中,由各系统自行管理维护;但是,跨系统平台却有效地解决了资源互用和服务融合问题,从而使信息资源与服务得以相互调用。在融合环境下,各系统可以进行数据库层面上的交换和共享。

基于信息共享的联合体协同服务模式具有如下特点:以信息资源的交换和共享为目的,实现多个服务系统的互换,其共享资源只有分布式结构特点;联盟中的各信息服务系统相对独立,彼此独立,相互关联,形成一种松散耦合结构;联盟中的系统,通过开发链接实现资源与服务的整合;在开发研究基础上组织面向用户的集成化服务;任何一个系统都是联合体协同服务体系中的有机组成部分,基于平台的有机融合在功能实现上遵循标准规范;跨系统的联合体服务以信息交换和共享为基础,因此跨系统的信息资源交换机制的构建是重要的。

在信息资源的交换和传输中,协同服务的联合体应建立联合仓储系统,以便将各信息服务系统的特色资源,甚至包括商品化资源和公共网络进行组织、集成、链接,以此形成一个异构的资源联合仓储系统,从而实现跨库检索和资源调度协同。根据数据共享的形式,联合体的协同服务方式大致可分为数据联合方式和数据整合方式。

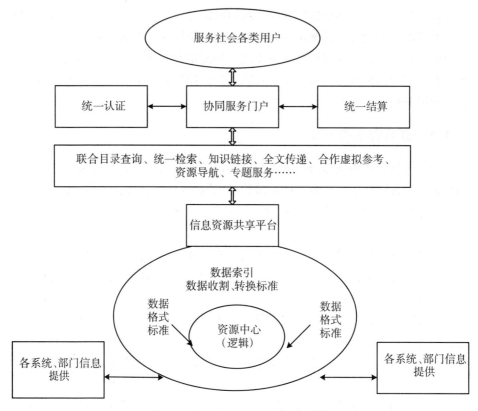

图 7-6　跨系统联合体协同服务模式

　　数据联合协同服务方式实现了处理分布式数据的同步实时集成。数据联合服务器提供了有效连接和处理来自异构信息的解决方案。数据联合服务器负责接收定向到各种来源的集成视图查询。并使用优化算法对其进行转换，从而将查询拆分为一系列操作，然后将其集成，最后将集成结果返回到原始查询，从而以同步方式实时完成服务协同。

　　数据整合在于将空间与时间上有关联的信息资源集成为具有多维立体网状结构的整体，对于不同结构、不同加工级别、不同物理存储位置的信息资源，在剔除重复与冗余部分后，通过关联知识的网络化，使相关资源构成一个统一的有机整体，以发挥信息服务机构资源的整体功能与效益。①

---

　　① Panteli N, Sockalingam S. Trust and Conflict within Virtual Inter-organizational Alliances：a framework for facilitating knowledge sharing[J]. Decision Support Systems, 2005, 39 (4)：599-617.

数据整合服务在各系统数据交换和共享的基础上，还要完成数据抽取、转换和装载过程，通过抽取和转换，可以对异构资源进行有效整合，从而屏蔽资源的异构性，提高现有资源的利用率。数据整合通过整合服务器收集或提取来自不同数据源的数据，然后对源数据进行集成转换，最后将经过转换的数据进行有目标的存储。这个过程可以重复，或者由业务流程重复调用。

联合体协同服务的开展以文献检索和传递服务为主，包括统一检索、本地知识库建设以及全文传递、代查等其他扩展服务。

统一的标准规范是跨系统的协同服务联合体构建服务调用的基础。协同服务联合体所遵循的标准规范包括：项目建设规范、各级门户建设规范、数据规范、接口和集成规范等。统一的基础信息包括统一文献信息和统一用户信息。统一的基础信息保证服务系统采用标准化的数据收割协议、规范统一的元数据标准支持外部信息服务与数据交换。

7.4.2　基于平台的服务联盟组织

随着知识创新的全球化发展，越来越多的组织不得不处理多个学科相互交叉、多种技术相互融合的问题，在高技术领域尤其如此。然而要求每一研发机构都具备多种必要的创新知识是不现实的，因此寻求信息保障平台上的知识创新是重要的。由此可见，基于平台的联盟是实现协同信息保障的可行方式。

按知识创新价值链的形成所构建的协同服务平台，由于面向知识链中的各用户主体进行服务组织，因此能够更好地服务于知识创新。[①] 基于此，新的环境下信息服务需要根据知识创新价值链的价值实现过程，围绕基础研究、应用研究、试验发展、产品设计、工业生产直至市场营销提供全程化的链式信息服务。因此，面向创新价值链的平台建设和协同服务的实现就显得十分重要。

面向创新价值链的跨系统协同信息服务的实现在于，将各服务系统的资源和服务进行协同，对业务流程进行重组，以实现服务的协同推进。[②] 服务联盟是以分布、协调合作的方式实现服务的一种新的组织模式。它将处于知识创新价值链中不同系统的信息服务提供者，按面向价值链的服务原则，通过平台结成服务联盟。由于联盟具有内在的关联关系，因而可以开展基于价值链的联合服务。

① 胡潜. 创新型国家建设中的公共信息服务发展战略分析[J]. 中国图书馆学报，2009，35(2)：22-26.

② 罗光灿. 我国网络信息政策法规体系构建研究[D]. 长沙：中南大学，2008.

知识创新价值实现过程涉及多个系统的创新主体，这说明创新本身具有跨越组织机构界限和相互渗透的特点，创新的实现过程也是主体之间核心资源的优化重组过程。相应的信息服务系统在服务于如此复杂的知识创新链的各个环节时，也应采取跨系统联盟的服务模式，这一选择是由知识创新实现过程的动态复杂性和联盟服务机制共同决定的。当前信息服务的网络化体系已经形成，在知识网络环境下，处于价值链中的服务机构完全可以在网络支持下实现虚拟联合。按虚拟服务融合机制，建立基于服务协同平台的联盟，其联盟成员可以超出现有信息服务网络的范围，实现一定规则下的服务内容与功能拓展。

从知识创造、转移、应用的全过程看，知识创新需要多元化、相互依赖和多向交流的信息服务系统支持，以促进信息在企业、研究机构以及政府等不同创新网络中的流动。这就要求在分布、异构和动态变化的资源和服务环境下，提供跨系统、跨部门、跨学科、跨时空的信息，实现创新资源和创新活动、创新人员紧密结合，保证创新价值链中工作流、信息流和知识流的流畅运行，从而促进创新价值链中各环节的耦合和互动。在知识创新价值链价值实现的过程中，每个环节需要的信息资源分散在不同的服务系统中，科学研究中需要用到的科技文献、科学数据等资源分布在高等学校和科技信息服务部门，而技术开发所用的标准、专利等信息存在于相关部门的系统之中，市场营销需要的客户需求信息往往又需要通过行业信息服务机构或专业的咨询公司获得。为了完成知识创新的价值实现过程，用户需要从不同的信息服务机构获取信息资源。然而，信息资源的分系统、分部门分散服务的现状却增加了用户获取信息的时间成本和经济成本，这就需要信息服务机构面向创新价值链的服务协同。

围绕基础研究、应用研究、试验发展、产品生产直到市场营销，信息服务系统应充分发挥联合服务优势，确保信息资源在创新价值链上的顺畅流动，在充分共享信息资源的同时，通过协同服务和创新合作实现信息资源价值的增值；通过协同管理和整合，要求把各个独立的资源系统融合成一个不可分割的整体，从而确保信息资源的整合不受系统、部门的限制，以实现全局性的协同服务优化。在信息服务面向价值链的平台组织中，要求能够跨越组织结构和部门系统的障碍，在技术上提供统一的平台界面，以满足知识创新各环节的资源需求。

知识创新价值链的运作和演化决定了信息服务联盟的变革方向。基于知识创新的价值链的信息服务规划、管理、组织与平台化推进，必然要求以创新价值链的价值实现为导向，进行科学的平台服务业务重构。围绕价值实现环节，协同服务平台应根据各个环节所需的信息进行服务业务的优化。针对信息服务的系统局限性，知识创新价值链导向下的信息服务协同旨在实现服务的升级和服务功能的集成，为不同创新主体提供有利于知识获取、挖掘、共享、利用的信息保障环境。①

跨系统服务联盟的业务流程协同关键，是将创新活动环节所需的服务业务分解为更小的业务环节，从而对信息服务系统的服务业务进行重新组合。在基于平台的协同中，现有服务系统可以将各自的业务进行分解，将其中更为细小的部分视为一个独立的系统组件，其中每个子服务独立自治，这样就可以围绕更小的业务单元进行服务的跨系统组织，从而达到服务优化的目的。

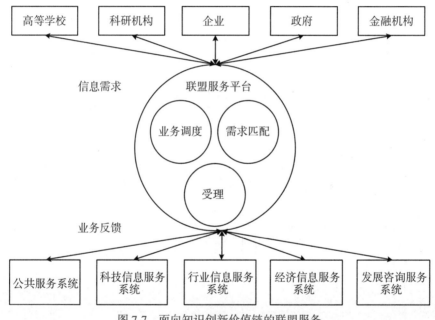

图 7-7　面向知识创新价值链的联盟服务

如图 7-7 所示，跨系统服务联盟的全程化服务组织包含两个方面的意义：一是围绕知识创新价值实现的过程提供全程服务；二是开展基于平台的各信息服务系统服务协同。根据知识创新价值链的价值实现过程，通过构建服务平台的方式组织跨系统全程化信息服务，可以将信息资源系统、服务业务系统和用

---

① Liu B, Liu S. Value Chain Coordination with Contracts for Virtual R&D Alliance Towards Service[C]//2007 International Conference on Wireless Communications, Networking and Mobile Computing. IEEE, 2007.

户系统融于同一网络空间中，从而按知识创新价值实现过程来组织、集成、嵌入服务，实现各类信息资源之间的链接、交换、互操作、协作和集成。

服务联盟平台能够及时处理和链接所有相关信息到创新价值链上的主体系统中，平台中心是连接信息服务系统和价值链的核心节点，具有数据存储、数据处理和存入/读取的功能。价值链上所有的创新主体和服务系统通过平台连接，形成了一个共享信息系统。由此可见，共享系统的协同应是信息服务机构之间以及服务机构与创新主体的全面协同。

8 面向用户的平台服务拓展

信息资源服务平台建设不仅在于进行信息资源的跨系统共享和服务的协同组织,以实现面向用户的跨系统信息组织与保障,而且在于基于平台的服务内容深化与业务的创新发展。因此,应在基于平台的信息资源整合与服务共享的基础上,在知识创新的需求下,向用户提供更深层次的知识服务或产品,包括信息集成检索、网络导航和跨系统个性化定制服务、信息互动与咨询服务以及基于知识图谱和可视化的知识导航服务等。

8.1 信息集成检索服务

网络信息环境的开放性、交互性、用户平等性和自主性等特点,使得用户所处的信息环境与传统信息环境相对发生了根本性变革。相应地,用户信息需求也随之发生变化,信息资源服务平台为用户提供的服务也应顺应变革而呈现出集成化发展趋势。

8.1.1 信息集成服务

集成平台用户希望可以通过"一站到位"的计算机界面,获得动态的、在时间和空间上一致的面向主题的信息服务。特别是从事高科技领域研究与开发的用户不再满足于为其提供一般性服务,而要求通过知识信息资源共享将分散在本领域及相关领域的专门知识信息加以集中组织,进行文献信息内涵知识的二次开发,甚至利用"基因工程"原理进行知识重组,从中提炼出对用户的研究、开发与管理创新思路,形成至关重要的"知识基因"供其使用。因此,网络环境中的信息服务必然由传统的集中服务或分散服务转向集成服务。

英文单词"integration",可用"集成""整合""综合"等词语表示。目前,"集成"一词用得最为广泛。关于集成的概念有不同的理解,在系统集成技术领域已基本取得共识,普遍理解为通过对系统要素、因素或元素进行整合,以求系统状态达到较优。也可理解为求得事物状态较优，对信息资源、技术资源和智力资源进行融合的过程。在管理领域正在逼近形成共识，虽然对"集成"的表述尚是各抒己见，但却共同强调要从着眼于组合转换到融合，从着重于要素的相互促进转换到要素的相互竞争、制约和依存，而且要把管理制度，以及具有创新能力的人看作具有较大权重系数的要素；在信息服务领域，集成服务是对集中服务或离散服务的否定。集成意味着集成后的服务总效益大于集成前的服务分效益之算术和。①

(1)信息集成与信息集成服务

对于系统而言，"集成"是指一个整体的各部分之间能彼此有机、协调地工作，以发挥整体效益，达到整体优化之目的。这里的集成具有两层含义，即集合与组成。所谓集合，就是将不同分布地的信息资源通过现代技术链接在一起，运用信息技术和应用软件，形成科技信息集成服务的环境。所谓组成，就是指将所集合的各种信息资源，按照用户的需求，通过各种信息技术和手段，进行规范、科学的组织，以供用户方便快捷地利用。简而言之，集成不是各要素或各模块的机械堆积，而是各要素或各模块的有机整体，是"整体大于部分之和"。

信息集成是一种或是针对某个既定目标，或是面向某项特定的任务，对信息进行组织和管理的理念，是一种使相关的多源信息有机融合并优化使用的理念。信息资源服务平台通过信息集成，对孤立的元素或事物，采用统一的标准、规范，通过某种方式改变其原有的状态，使其集中在一起构成一个整休，产生联系，实现全系统信息共享。②

信息集成服务是基于信息集成理念基础上的信息服务，它不是信息业务板块的机械拼凑，而是一个现代化的服务概念，是分布服务的飞跃，是对集中服务或分散服务的否定。具体而言，信息集成服务是指根据某一特定的主题，将相关信息从不同的信息源(无论其地理位置、数据结构和通信要求)有机地链接成一个整体，并以网络的方式将整个动态过程展示给它的用户，使用户能得到动态的、在时间和空间上一致面向主题的信息服务。开展信息集成服务是网络环境下分布信息资源有效服务问题的解决途径，是对网络信息资源的深层开

①　毕强，史海燕．网络信息集成服务研究综述[J]．情报理论与实践，2004(1)：20-24.

②　韩佳彤，金茹楠，杨丹．区域科技信息集成服务平台建设探究[J]．经营者(理论版)，2016，30(10)：32.

发与利用。

　　信息资源服务平台可以简化人们的信息获取行为，打破学科专业的限制，为用户提供内容全面、类型完整、形式多样、来源广泛的信息，使用户通过网络化的信息资源平台获得与自己职业工作各方面相适应的专业化的而不是非专业的一般信息。将信息资源共享平台中各构成部分的信息加以集中组织，进行信息内涵的二次开发，利用"基因工程"原理进行知识重组，从中提炼出对用户的研究、开发与管理创新思路，形成至关重要的"知识基因"供其使用，并为用户提供更具针对性、个性化的信息服务。

　　(2)信息集成方法与技术应用

　　目前一般采用两种基本的方法解决信息集成问题，即过程式(Procedural)的方法和说明式(Declarative)的方法。在前一种方法中，根据一组预先定义的信息需求，采用一种特殊的方式集成数据，设计适当的软件模型去访问数据源以满足预定义需求。采用这种方法的系统并不需要一个明确的集成的数据模式概念，而是依赖于两类组件：封装器(Wrappers)和中间件(Mediators)，如TSIMMIS(The Stanford IBM Manager of Multiple Information Source)。在后一种方法中，目的就是采用适当的语言建立信息源中的数据模型，构造一种一致的表示法。当查询一个全局信息系统时就采用这种表示法，通过适当的机制访问数据源和/或视图，响应用户查询，如 IM(Information Manifold)。目前分布式异构信息集成的方式主要有两种：结构方法和语义方法。结构方法的主要特点是实现起来比较简单、信息源相对比较固定。其缺点是扩展性差，不提供语义级检索。语义方法的主要特点是扩展性好、适应动态信息源、支持语义级查询，缺点是实现起来比较复杂。语义层集成主要有两种方式：自顶向下和自底向上。自顶向下方法是在领域专家参与下，建立全局概念模式，由全局概念模式来统一底层各信息源的语义。自底向上方法先是提取底层各信息源的局部数据模式，然后在局部数据模式上抽取局部概念模式，最后在局部概念模式上构造全局概念模式。

　　信息集成技术主要有异构数据库集成技术、基于中间件的信息集成技术和基于语义的 XML 信息集成技术。

　　①异构数据库集成技术。异构数据库集成主要有多数据库语言系统和模式集成两种方案。多数据库语言系统只提供了统一的多数据库操作语言和公共接口以访问成员数据库，各成员数据库高度自治，但没有解决语义异构问题，也未实现存取定位透明，用户必须指明所要访问的数据库；数据库之间的约束或依赖关系也必须由用户和应用程序负责定义和维护，该方法比较适合于集成少

量数据库。模式集成系统提供了一个全局模式，使客户可以透明地访问各成员数据库，成员数据库仍保持较高的自治性。模式集成比较适合于集成大量数据库，要求高的存取透明度。早期联邦数据库系统（FDBS，Federated Database System）仅指模式集成系统，后来被引申为包括没有全局模式的松散耦合数据库，如多数据库语言系统。Sheth 和 Larson 提出了 FDBS 的五层参考模型，即局部模式、成员模式、输出模式、联邦模式和外部模式。

②基于中间件的信息集成技术。随着信息技术在各行业的广泛应用，人们迫切需要集成大量半结构化或非结构化数据源中的信息，如 Web 信息，并要求系统具有可扩展性，以便集成新增数据源。由于基于模式集成的传统数据库集成方法已不适用于这种新的要求，对此人们开发了基于中间件的信息系统。

基于中间件的信息系统（MBIS，Mediator-based Information Systems）的体系结构通过在中间件（Mediator）和包装器（Wrapper）之间分割处理任务，可以提高查询处理的并发性，缩短响应时间。包装器对特定数据源进行封装，将其数据模型转换为系统所采用的通用模型，作为其输出模式，并提供一致的物理访问机制。中间件侧重于全局查询处理和优化，遵循一种使用通用模型描述的全局模式。它通过调用包装器或其他中间件来集成数据源中的信息，解决数据冗余和不一致性，提供一致协调的数据视图和统一的查询语言。包装器既可与中间件处于同一位置，也可与数据源处于同一位置，这取决于系统的性能要求、数据源的归属关系及其访问控制权限。

③基于语义的 XML 信息集成技术。XML 因其结构上的灵活性和易扩展性已经成为 Web 上异构数据转换和传输的标准，但是含有不同模式的 XML 数据源之间却很难进行互操作，这给 XML 数据检索带来了极大的不便。基于语义的 XML 信息集成技术先提出了一种从 XML 模式到 OWL 本体的映射算法，然后借助共享全局本体和同义词典实现多个映射后的本体在语义上的集成，从而解决 XML 结构异构的问题，最后利用语义集成进行 XML 语义查询的框架并初步实现。①

8.1.2 信息集成检索

信息集成检索是顺应用户的需求，本着界面无缝化、集成化、统一化的检索理念，为解决异构数据库的统一检索问题而提出的。

---

① 胡美慧，姚斐，冯磊，王楷.信息集成技术研究[J].科技经济导刊，2017(1)：29.

(1)信息集成检索的技术要点

信息集成检索，也称为联邦检索（Federated Search）、统一检索（Union Search）、跨库检索（Cross Search）、并行检索（Parallel Search）、分布式信息检索（Distributed Information Retrieval）、元搜索（Meta Search）、广播式查询（Broadcast Search）等，是以信息集成与服务集成为显著特征，以达到知识的共享为最大目的，实现对由互联网连接起来的数字资源库群的分布式管理及跨平台、跨语种的网络化存取方式。

信息集成检索的原理是通过统一的检索接口，将用户的检索请求转化为不同数据源的检索表达式，并发检索本地和远程的多个分布式异构数据源，并对检索结果加以整合，再根据用户的需求对结果进行过滤、去重和排序等方面的处理，最后以统一的格式呈现给用户。

从上述定义可知，信息集成检索的优点主要表现在提供统一的检索接口，减轻了用户学习检索不同数据源的认知负担；并发检索能节省用户总的检索时间；结果整合，呈现给用户的最终结果不仅格式统一，而且按统一标准排序，大大方便了用户的浏览和选择。[①]

(2)信息集成检索服务平台的特征

信息资源共享平台不仅仅是一个可对各类信息资源进行检索的界面，而且是一个有组织的知识发现工具。其对用户的帮助在于：协助用户发现与选择合适的资源；提供有效的检索界面、资源分类与资源描述框架以帮助用户确定最有用的资源；提供对各类多媒体资源（包括数据库、网页、图书馆目录等）的整合检索；整合与管理检索结果（如储存与输出检索结果，或进行文献传递等）。

相对于一般的检索而言，信息集成检索还具备较强的资源整合功能、信息服务功能和管理功能，可将多种资源和服务整合在一起；具有良好的开放性、扩展性、动态性与整合性；向用户提供智能化与个性化服务。所以，良好的信息集成检索服务平台还具备如下特征：

①资源的整合性与可选性。资源是平台赖以存在的基础，资源缺乏的平台好比一个没有灵魂的空壳。在现有信息系统的基础上，信息集成检索系统还应该支持 ORACLE、SYBASE、SQL、FOXPRO、ACCESS 等数据形式，将文字、表格、图像等非结构化数据集成，向用户屏蔽网络的各种物理差异；集成本地资源（档案、图像）、商业内容（包括电子期刊和电子图书）、本地 OPAC（多种

① 陈朋. 基于网络的集成化信息检索平台研究[D]. 武汉：武汉大学，2005.

OPAC 或 739.50 目录) 及文献和索引数据库(本地/异地)。集成检索能实现对这些数据库的同时检索,大大拓展了信息检索空间,有助于世界范围内的信息资源共享。

资源的丰富带来的一个负面效应就是虽扩大了检索范围,却降低了检准率。为了检索的方便与快捷,平台为用户提供资源列表,检索时,用户可根据主题、学科、语种等方式自由选择和组合相应范围。同时,平台针对特定用户(如学生、研究者、专家等)的特定需求(如爱好、专业、研究方向等),提供他们所需要的资源,甚至可以对定制的资源进行主动推送。

②检索的方便与快捷。这个特征具体体现在三个方面:检索界面、检索功能与检索结果。

检索界面简洁明了。采用图标、按钮、菜单、窗口式界面,用户只需输入一次用户名和口令,登录到统一的 Web 用户界面,通过统一窗口来操作各种不同的后台应用,不受不同终端设备的限制。也就是说,平台具有统一的用户入口,只要一次认证(Single Sign On)就能解决认证、检索、获取甚至结算等全部问题,免除用户反复登录不同系统、不同平台的繁琐,使用户的信息需求最小化。

检索途径多样化。检索途径包括简单检索和高级检索,前者包括自然语言检索、短语检索及布尔算符、位置算符、截词符和通配符等检索方法等;后者可提供多字段检索和多种限制选项,并可进行多条件的组合检索。另外,系统还应为颇有经验的用户或专业人员提供更精确操作的检索方式——专家检索(Expert Search),以满足他们的更高需求,使其充分利用自己的信息素养提高检索效率。

检索结果除可下载、打印、保存、E-mail 转发外,还可提供排序、去重、题名、显示级别、每页显示的记录数及分页功能。排序标准包括日期、数据库、作者、相关度等;去重标准包括题名、作者及不去重等;显示级别为简单与高级两种级别;可显示出题名、作者(作者所属机构)、结果显示(可分关键词、摘要、全文链接、刊名、卷期号、是否核心期刊、版本信息和出版信息),并能突出显示用户的查询串,便于用户判断是否下载全文或进行参考文献的链接等。平台还能在检索结果中显示各个库的检索状态、命中记录数、检索花费的时间。

③服务的个性化与智能化。利用现代通信网络与信息技术,检索系统可提供新一代的智能化、个性化代理服务。这些服务可按照用户的不同需要进行定制、细分。如最新目次报道服务、我的资源列表、我的检索历史、我的电子书

架、文献被引追踪服务等；按需定制、自动传送与全文链接等。通过这些个性化服务，用户可以添加自己的标记和修改颜色，放置数据库介绍和帮助文件；可保存检索策略、定期发送定题情报服务、E-mail 发送检索结果。此外，用户还可在检索页面中定义各种参数，包括排序标准、去重标准及每页显示的记录数，并按用户的定义进行显示。用户可以通过上下页的按钮进行跳转，也可以在文本框中输入想要跳转的页码，甚至可以根据自己的需要进行多种方式的显示。

④管理与维护的方便安全。系统管理员可很方便地设置和修改用户的访问权限，并针对不同用户调整不同的访问权限，或设置访问特权。由于数据库使用的数据是电子资源利用率的重要指标，因此信息集成检索系统应提供完善的统计功能，包括用户利用集成检索系统访问各数据库的各种使用数据，如访问各数据库的登录数、检索次数、下载题录文摘数、下载全文数(每种期刊、图书、数据库的使用频率)；特殊类型资料的使用率，如专利、学位论文等。还可提供各时间段、各用户 IP 或账户的使用统计与用户来源信息统计，如进入本系统的时间、地址及身份等。

(3)信息集成检索平台功能设计

信息集成检索平台建设中的关键是进行合理的功能设计，以实现面向用户的集成化信息检索目标。

①多形式、全方位的信息整合与链接功能。资源是平台赖以存在的基础，对资源进行有组织的、系统化的整合就成为建设集成化信息检索平台的一项重要工作，同时也是这个平台的必备功能之一。同时，信息集成检索平台的可检资源数据间的连接系统应兼容 CrossRef、OpenURL、SFX 等数据库，还应无缝链接技术或标准，使不同数据库之间的各种记录能互相链接，使得检索者可以跨越多种障碍，一次登录就可得到自己最需要的信息。可供选择的链接功能包括内部链接和外部链接。内部链接功能可以把参考资源链接到平台其他数据库中的全文，也可以链接平台所拥有的信息资源以及链接其他的服务(如平台的参考咨询服务、文献传递服务等)。外部链接功能以本平台为起点，向外链接到其他平台或网络站点。

②先进的、集成化的检索功能。信息资源服务平台的检索方式不再单一，既可直接输入检索词查找，又可进行分类浏览；既提供初学者及一般用户使用的简单检索模块，又提供各种形式的高级或复杂检索模块，以方便用户进行组配检索和精确检索。既能提供自然语言检索，又提供受控语言(主题词、叙词)检索，以弥补自然语言检准率不高的缺陷。同时，在检索字段的限定方

面，不仅能单独限定检索字段，例如文摘、关键词、主题词、著者、题名、刊名、出版商等，还可提供"文摘/题名/主题词""关键词/题名/文摘"以及"所有字段"等联合检索字段。

优化的信息资源服务平台应能支持更多的信息检索技术，除利用逻辑算符AND、OR 和 NOT 外，还应利用位置算符、通配符、词根符、优先算符等符号进行扩检、缩检和精确检索；能通过超文本链接方式进一步查找相关作者、相关主题词、相关分类号等文献信息、引文信息，以及浏览相关网站资源。此外，还应允许用户对不同的数据库、文档及可检字段进行选择与限定。如，对出版时间、文献类型、文献语种等进行自由选择与限定，可任意限定时间段检索。

在集成化的信息检索手段方面，信息资源服务平台应能支持跨库检索、多媒体检索、分布式检索、基于自然语言的概念检索以及智能检索等。

8.2 网络导航服务

所谓网络导航就是根据特定用户的信息需求，利用超链接技术，对网上信息进行搜集、筛选、分析、评价、组织、序化、发布、传递，建立起科学、系统的资源组织体系、动态链接、信息数据库和检索平台，利用计算机和网络检索，指引用户通过网络及时、准确地获取所需信息资源的过程。①

8.2.1 导航服务的组织

随着网络信息数量、类型的巨幅增长，网络信息导航已经发展成一个重要的研究领域。网络导航内容广泛，形式多样，有数据库导航、网站导航、电子文献导航、学科导航等。具体内容如下：

①数据库导航。随着信息资源的逐步数字化、电子化，各种实用数据库、专题数据库和特色数据库纷纷构建，为更好地开发、利用数据库资源，将不同系统中的数据库信息汇聚成一个集浏览、检索等多种功能于一体的导航系统，有利于多途径、多角度地提供检索与利用。

---

① 孟文辉. 网络环境下高校图书馆信息服务模式探讨[J]. 江西图书馆学刊，2010，40(3)：75-77.

在信息资源服务平台中，数据库导航可以按以下几种方式进行检索或浏览：第一，按数据库名称进行检索，直接输入所需要的数据库名称即可进入所需要的数据库。第二，按字母顺序浏览，即按英文字母从 A~Z 进行数据库浏览。第三，按学科浏览数据库，详细了解数据库所包含的学科后，可以分别按物理、化学、航天航空、材料等学科进行分类，且学科的分类要细致、全面。第四，按数据库类型浏览，类型包括期刊、图书、报纸、论文、参考工具书等，通过数据库导航，用户可以清晰地查找到最需要的数据库类型。数据库导航的建立可以节省用户查找所需信息资源的时间。

②网站导航。网站导航实质上是指引用户访问网站时所给出的标识系统。导航系统一般有站点地图、FAQ 和相关链接。网站导航形式上要求所有导航设置和链接有清晰的标识，以确保系统的可访问性、明确性和通用性；内容上要充分揭示提供的各类资源，链接各种搜索引擎、各类图书馆站点，以加强纵横联系，实现资源共享。

③电子文献导航。电子文献包括电子图书、期刊、报纸等电子出版物，其导航可借助搜索引擎和链接的网址，也可按检索系统中某种特征或顺序（如名称、主题、类号等）指导用户浏览、检索不同数据库和信息源中的电子出版物。

④学科导航。面对浩瀚的网络信息资源，尽管有各种检索工具和搜索引擎，有信息咨询和导航，但在个性化和专业化检索过程中，人们更呼唤那些具有学科性质的网络导航工具和检索环境，更期盼学科馆员对相应学科和专题信息进行识别、筛选、整序和评价，以满足个性化、专业化检索的需求，促进学科和专题的建设与研究。

8.2.2　网络导航服务的优化

通过各种形式的网络导航，使得信息资源由杂乱无序变得更加系统有序，有利于各类用户的信息查询，方便科研教学人员实时了解学科发展的现状，从而大大节约用户的时间、精力等，也能促进知识的转化与创新。

网络导航服务的优势表现在以下几个方面：

①通过对网上信息的筛选、分析、整序、链接，使得信息资源由分散到集中，由杂乱到系统，由无序变有序，由无为变实用。

②导航系统的建立将方便各类用户的信息查询，有助于教学科研人员及时了解相关学科的现状与发展，从而有效地节省用户的时间、精力和网络通信费用，使用户能方便、快捷地获取所需信息。

③可建立信息平台管理员与用户的联系，缩短平台与用户的距离，充分发挥平台信息资源的作用。

④可促进知识的转化与创新，它提供的信息产品和研究成果深化与拓展了平台的信息服务和咨询服务，它所具有的科学性和可操作性也促进了信息资源服务平台资源的开发与管理。

传统的网络信息资源导航服务在为用户带来信息浏览便利的同时，也存在一定的不足。

一是信息资源导航主题目录设置的粒度难以把握。对于信息资源数量庞大的信息资源共享平台，信息资源导航的主题目录如果庞大将会导致用户浏览信息时产生信息迷航。如果导航主题目录简化，则又会产生同一目录下资源数量过大，给用户筛选所需要的信息带来智力负担。

二是导航系统缺乏与用户的交互性。由于信息导航服务功能是由平台指向用户的单向服务，导致用户信息浏览过程中因无法与系统互动而不能及时得到帮助，常常会导致用户因导航路线问题而没有找到所需要的信息。

三是信息资源导航服务缺乏针对性。信息导航建立之后针对所有平台用户展示同一导航主题或分类目录，不能根据用户的兴趣和信息行为提供有针对性的导航服务。

8.3 定制与推送服务

个性化信息定制与推送服务是一种能够满足用户个性需求的信息服务，具体是指用户在数字化网络资源中根据自己的实际需求而选择信息的服务系统功能，该服务运用先进信息技术通过用户定制获取用户个人信息，了解和推测用户的需求，力求为用户提供更为精准的信息服务，以提高用户的满意度，进而通过与用户的直接或间接沟通，改善与用户的关系，增强用户的信赖感。用户可以根据自己的实际需求对该系统的相关参数和信息进行调整。由此可见，个性化信息定制与推送服务的实质就是根据用户的特点和需求为他们提供具有针对性的信息。

长期以来，个性化信息定制及推送服务已经形成了一套循序渐进的流程：提供服务→用户使用→每个人定制不同的服务→用户信息积累→发现个体用户兴趣趋向和行为特征→调整或扩展服务。

8.3.1 定制服务中的个性化模型构建

跨系统的信息资源服务平台对用户实现个性化信息服务，将用户感兴趣的、更符合用户需求的信息主动提供给用户，需要具备以下方面的能力：一是构建用户模型，即跟踪用户行为，学习、记忆用户兴趣及特点，通过描述用户的兴趣、偏好、行为特点等多维特征来建立个性化用户模型；二是构建个性化信息模型，即将个性化信息从全局信息空间中分离出来。此外，还需要有功能强大的网络信息搜索能力和友好的用户界面，因为它们既是构建个性化信息模型和用户模型的基础，也是实现个性化信息服务的保障。①

（1）用户模型的构建

构建用户模型是实现个性化信息服务的一个重要方面。用户模型是实现个性化信息服务的起点，个性化信息模型的构建将以此为依据；用户模型也是实现个性化信息服务的目标，个性化信息模型中的信息最终将被推向具有相应兴趣的用户。用户模型实际上是对用户个人信息、信息行为和兴趣偏好的特征描述。在大数据环境下，构建跨系统信息资源服务平台用户模型的实质就是基于数据挖掘与人工智能技术，描绘用户个体的标签和属性，包括分析用户的基本属性、信息行为属性、阅读属性和生活属性等，通过对用户产生的海量行为数据的挖掘与分析，抽象出与该用户的需求和偏好相关的标签化过程，这一过程被称为用户画像。

平台为用户构建画像的过程就是给用户贴标签的过程，由于用户产生的是一系列数字化操作和行为，所以需要通过数据挖掘和分析的方法对用户产生的行为信息进行高度提炼，从而获取与用户相关的特征标识，最终输出为用户标签。通过对用户多个方面的数据挖掘和分析产生的多维标签即可组成用户的精准画像。一般来说，由于用户画像是对用户的基本属性和行为的分析，所以通过用户的画像即可精准了解到用户的兴趣和需求，对其提供个性化推荐服务、营销服务和各种用户扩展服务。另外，还可通过构建用户画像形成可视化的统计描述、多维交叉分析以及用户知识图谱等智能化服务。②

在平台智能化管理中，构建用户动态精准画像的目的是真实还原用户的各

① 段其宪，曲常茂．基于 Web 的个性化主动信息服务[J]．情报杂志，2003(1)：74-75.

② 徐立宁．基于动态精准画像的图书馆个性化推荐服务研究[J]．图书馆学刊，2018，40(10)：112-116.

项信息，并通过动态精准画像来指导平台的信息资源推送服务，因此构建用户动态精准画像的数据来源于与用户相关的所有数据。一般来说，用于构建平台用户画像的数据通常来源于各种服务系统，由于这些数据在获取过程中存在无关联、无结构且相互独立的特性，因此要实现各种结构的数据间整合。在构建数据整合过程中，首先根据用户的基本信息和行为数据完成对用户的初步刻画，然后通过动态的行为数据对画像进行完善和修正。用户的数据分为动态数据和静态数据，其中用户的基本属性是静态数据，而用户在使用数据过程中产生的各种网络行为数据、互动数据和与其他用户之间相关的数据则属于动态数据。

静态数据来自用户注册信息，对这些信息的获取主要通过数据直接提取和数据清洗等工作。对用户的信息行为、兴趣特征相关的动态信息通常有三种方法来获取和发现：

①填问答表。这种方法要求用户将自己感兴趣的信息或在线文档分类后提供给系统，系统从这些文档或信息中发现用户的兴趣；或者用户提供自己的研究方向和其他的阅读爱好等信息，系统从这些信息中发现用户兴趣。

②用户行为监控。在用户没有明确参与的情况下系统通过观察用户行为来发现用户的兴趣。这种方法是通过用户已访问过的页面、停留时间等信息挖掘用户的兴趣。比如：网站通过对系统生成的用户cookie文件分析，可以得到一些内容提供者和市场营销人员感兴趣的信息，比如说网站上什么页面浏览最多以及用户在页面上逗留时间的"点击流数据"。通过对这些数据的有效分析，不但能够对网站的建设起到指导作用，增强网站的黏着度，而且也能够反映出企业在市场、销售、服务和财务等各个方面的状况。总之，对这些数据的深层次分析能够使网站改善客户关系、培养顾客忠诚、提升网上销售和提高服务质量。

③用户兴趣学习。用户兴趣的学习是根据用户对浏览信息的选择，采取某种学习方法来逐步明确用户兴趣的一个过程。实质上它是一个机器学习的过程，可以采用多种机器学习的方法来实现。例如可采用遗传算法来判断文档和用户兴趣的相关程度，也可使用模糊聚类和相似优先法来实现用户的分类。①

用户模型构建一般包括如下过程：用户登录、输入身份认证信息、认证授权系统进行验证。

---

① 欧洁，林守勋，刘桂林. 个性化智能信息提取中的用户兴趣发现[J]. 计算机科学，2001(3)：112-115.

如果是新用户，系统提示输入个人详细资料，存入身份认证授权数据库，完成用户登记。这主要是关于用户基本信息的记录。用户在经过身份验证登录后，可选择是否定制和进行哪些定制，系统根据该用户信息（如专业）提取相应的系统定制模板，供用户生成自己的定制模板并调用相近的系统定制模板完善定制；如果用户浏览其他用户的定制信息，则根据该用户特征和"个人定制数据共享控制表"提取相关的个人定制共享数据，以便于列出浏览选择的方式。新用户生成自己的定制模板后，要选择是否共享及共享程度存入学习者模型库。如果新用户没有进行定制，系统将跟踪用户行为，挖掘用户学习需求并存入用户模型库。

如果登录用户为已登记合法用户，系统将提取相关定制模板，生成个性化界面。当用户执行有关服务操作时，系统启用相关检索定制，有针对性地处理检索过程和结果。这样，用户就可以对系统所提供的资源进行相应的浏览和查找，系统会针对用户利用系统资源的行为和操作自动进行用户行为监控，从而发现用户的最新需求，更新学习者信息库，以便更加精确地为学习者提供个性化的信息服务。

（2）个性化信息模型的构建

个性化信息模型主要是将具有相同内容属性的信息聚类，是个性化服务内容提供的直接对象。一般可以通过界面定制技术、智能 agent 技术和信息过滤技术来实现。

①界面定制技术。界面定制个性化信息服务是根据用户需求对用户个体所需的系统界面、资源集合、检索工具与技术、检索利用服务过程、检索结果等进行定制。在理想情况下，系统应提供以下定制功能：方便实用的定制工具；用户能对系统提供的定制内容进行选择、引入，自定义定制内容、组合定制内容、调整定制结构；查看定制效果；对定制信息进行修改、存储和管理；根据用户使用选择倾向和历史统计自动修改定制信息。从个性化程度讲，定制应能充分支持和展示个人的特色，允许用户积极参与界面的定制。通过填写表格，用户指示出自己的需求和选择，并依次决定所需的内容和对话界面的外观。一般系统为用户提供一个基础模板，用户根据需要从中选择或添加相关内容。用户定制的数据存放在服务器端数据库里，在用户登录时系统确定用户身份，调用相关定制信息，并利用定制信息匹配系统数据或过程，动态生成个性化的系统形态和系统行为。

界面定制至少包括界面结构的定制和界面内容的定制。界面结构指对话界面的总体模块类别和布局形式，例如页面包括哪些模块或服务，各模块的布局方式(上下或左右或层次),有关图像、菜单等的位置设置,界面色彩设计等。而界面内容定制主要是对各个信息或服务模块的具体内容进行定制。这种形式定制的个性化信息服务效率依赖于用户定制的能力和动机,如果用户不愿花费力气建立复杂、准确的个性化特性,这项服务就不会发挥作用。而且所定制的界面是静止不动的,不会随用户的需求而变化,除非用户能及时调整和更新。

②智能 Agent 技术。Agent 是人工智能领域发展起来的一个概念,它是指具有感知能力、问题求解能力和与外界进行通信能力的实体。作为具有自主性的抽象实体,它能作用于自身和环境,并能对环境作出反映。智能 Agent 更具有代理性和主动性,能代表用户工作,遵循承诺采取行动,引导、代替用户访问资源,成为用户通达资源的中介。此外,智能 Agent 全面涵盖各个方面,即用户需求的定义、分析和存储以及信息的输入、需求匹配和结果发送。智能 Agent 在个性化主动信息服务方面主要解决三个问题:获得用户的信息需求、自动检索信息和检索结果信息的推送。通过 Agent 技术,在获得用户的信息需求后,系统就会不断地为满足用户的特定需求而工作,一旦找到合适的中介或最后结果,系统会主动通知用户,从而最大限度地扩展应用服务系统和最终用户间的信息交流。该技术解决了传统搜索引擎的不足,克服了在关键词检索浏览中由于一词多义等无法避免的因素造成的信息反馈不准确的缺陷,从而改善了因为互联网信息爆炸带来的信息获取困难的问题,可提高检索和推送的准确率,并可以根据用户的偏好和反馈自动检索,从而实现个性化服务。自主运行、及时获取用户喜欢的最新信息并能自动推送,从而实现了主动服务。

③信息过滤技术。信息过滤是根据用户的信息需求对动态信息流进行过滤,将满足用户需求的信息传送给用户,可以提高获取信息的效率。信息过滤是构建个性化信息模型的有效方法,根据一定的标准将不相关的信息单元滤掉,仅保存个性化信息。该方法根据自己的关键词域,提取几个权重比较大的关键词作为过滤标准(E-Profile),每个 E-Profile 描述一个方面的信息需求。E-Profile 是否符合标准,将在实践中不断被检验。那些对信息需求描述不准确的 E-Profile 个体在竞争中被淘汰;反之,E-Profile 将形成越来越大的规模,构成一个内容充实的个性化信息模型。

8.3.2 面向用户的信息资源组织

随着数字网络技术的发展,各种类型、各种媒体的信息资源数量急剧增加,人们获取信息资源的渠道和手段不断丰富。信息资源的类型、结构、存取和分布方式等发生了很大的变化,用户的信息行为和信息需求也有了很大改变。用户的基本信息需求已经从获取更多的信息资源转变为从海量的信息资源中迅速、准确地获取他们需要的信息资源。同时，用户不再满足于单纯的信息资源的查找和获取，而更期望能够发掘更多、更符合他们潜在需求的信息资源。因此需要组织来源于各种异构平台或数据库的信息资源，着力通过挖掘信息资源的深层次内涵，反映信息资源之间的关联，发掘用户的潜在需求，并以资源的利用为出发点，以资源的"发现"为主旨，引导用户"发现"更多的相关信息资源，从而有针对性地满足用户的信息需求。①

信息资源的组织包括：系统内部信息资源的组织以及系统信息资源以外其他系统的信息资源和网络信息资源的搜索和利用。系统信息资源的组织是通过信息搜索实现的，信息搜索功能是系统中信息流控制中心，其主要功能是接收其他部分传递过来的用户需求信息，然后区分出需求的是目前网络已存在的信息还是未存在的信息。前者到本地信息库查询，后者将需求传送到外部信息搜索与获取部分，以便到互联网上获取相应信息。内部信息的获取主要通过智能代理来实现，而外部信息的获取与利用则通过外部信息搜索与获取来实现。

8.3.3　基于用户画像的信息推送

个性化信息服务实际上就是个性化信息模型与用户模型的匹配过程，一旦个性化信息模型和用户模型成熟，即可通过两者之间的协作实现个性化信息推送服务。

信息推送服务是基于推送技术发展而出现的一种新型服务。推送技术（Push Technology），就是一种按照用户指定的时间间隔或根据发生的事件把用户选定的数据自动推送给用户的计算机数据发布技术。信息推送服务可分为两大类：一类是由智能软件完成的全自动化的信息推送服务；另一类是借助电子邮箱并依靠人工参与的信息推送服务。对收到的推送信息和服务，用户可能会有浏览、阅读、下载、点赞、评论或者置之不理等行为，系统可根据这些用户行为反馈信息来修正用户需求模型。

个性化信息定制与推送服务的上述三个部分构成了一个从用户需求表达到用户需求信息提供（包括用户浏览、检索信息）的循环。这个循环过程不是简单的重复过程，每经过一次循环，系统为用户提供的信息就更贴近用户的实际需求。这个过程是一个系统不断优化的过程，也是用户需求得到极大满足的过

---

① 彭佳，郑巧英. 信息资源聚合与组织研究——以发现系统为例[J]. 图书馆杂志，2016，35(3)：80-85.

程。该服务改变了跨系统信息资源服务平台以往所提倡的"我提供什么，用户就接受什么"的服务方式，开创了"用户需要什么，我就提供什么"的新服务模式，将用户进一步推向了"上帝"的宝座。显然，这样的模式能够为信息服务机构的竞争和发展带来更多的动力与支持。目前，许多信息服务机构推出了诸如个性化频道定制、个人智能化搜索代理等信息服务方式。①

8.4 信息互动服务

信息互动服务就是信息平台与用户通过自由交流，相互影响、相互作用，最大限度地满足用户的信息需求。网络环境下的信息互动服务强调平台与用户的双向交流，注重用户的体验与参与，并具有专业化和智能性的特点。通过交流平台，用户可以进行知识分享与传播，打破信息沟通障碍，拓宽知识的传播途径。专家问答、论坛、电子邮件以及用户意见反馈是跨系统信息资源服务平台常见的几种信息互动服务形式。

8.4.1 专家问答

随着互联网信息技术的发展，互联网用户进行信息交流的方式和对象逐渐多样化。当用户存在需要解答的问题时，可以通过多种方式获取答案。传统的方式包括使用例如电话、电子邮件或其他即时通信工具，向熟悉的或者相识的社交圈提出问题，从而获取答案。

其中常用的方式是，计算机网络用户可以在具有问答系统的网站上直接提交问题，例如在搜索网站上直接输入需要搜索的问题内容，由问答系统通过关键字匹配已有的问答数据库，给出检索结果。其主要的实现方式是问答系统首先建立属于自己的知识数据库，通过不同输入方式（文字、图像）等，以输入的关键字进行检索匹配，获取答案。

然而，上述传统方式无法突破熟悉或相识人群的限制，当所欲了解的问题在已有的通信圈之内无人知道答案或者联系不上时，无法获取答案。上述第二种方式即最近常用的方式虽然克服了传统方式的弊端，但只能通过关键字进行匹配，由此导致检索出的问题的答案与用户实际想获取问题的答案不相符。鉴

---

① 郭海明，刘昆雄. 数字图书馆个性化服务方式综述［J］. 津图学刊，2003（6）：33-36.

于此，则需要寻求该问题所属领域内专家的解答来获取问题的答案。

信息互动服务平台主要由知识库、问答库、问题库和提问库以及相应的程序、支持网络和软件构成，其中知识库用来存放有重复利用价值的咨询问答信息。用户可首先检索本平台中的知识库，如果仍不能解决自己的问题，可通过提问界面把问题提交到提问库。管理员将用户提交的问题进行筛选、整理后，存放到问题库并交由专家回答。可通过在线答疑或以 E-mail 的方式返回给用户，并连同提问信息一并存入问答库备查。对于有重复利用价值的问答，专家可以放入知识库以供检索与阅读。

8.4.2 论坛服务

随着互联网技术及其应用的快速发展，网络在工作、生活中必不可少。互联网用户需要在网络上发表自己的感想及和他人交流，BBS(Bulletin Board System)应运而生。论坛是现代社会大多数网站提供的供用户发表看法与交流信息的一种重要途径，是网络上除了 E-mail 之外，最为普遍的在线讨论系统，它来源于早期的 BBS 系统，随着互联网的发展，逐步演变成现在的形式——基于 Web 的论坛，是为广大用户提供交流经验、探讨问题的网上社区。论坛主要由以下几个模块组成：

①用户中心模块：用户可以查找自己所发的历史信息，并且可以编辑帖子信息，用户的基本信息和头像也可以编辑。

②浏览模块：用户登录之后，可以在前台浏览帖主所发的帖子，并可以看到帖子的跟帖数量和帖子的热度。

③编辑帖子模块：用户可以发布帖子，还可以引用他人的帖子进行回复，并且可以编辑自身所发的帖子。

④板块管理模块：在后台，管理员可以添加一个父板块，然后帖主可以在父板块中创建子板块。

⑤帖子分类模块：根据不同的需求对帖子进行分类，分类的方式可按类型、热度等来划分。

⑥系统管理模块：对帖主的信息进行管理，对帖子进行审核管理，帖子符合要求才能在前台显示，否则要通知帖主修改或删除。

用户可在论坛上发布自己遇到的问题，向其他用户寻求解决的办法；也可将对于某一问题的观点发布在论坛上，以供论坛上的用户之间互相交流，提出各自的看法和意见，从而为新的知识发现提供内在的潜能。

8.4.3 电子邮件服务的改进

电子邮件在当今的日常工作中有着广泛的应用，其主要功能包括：

①收发邮件。支持邮件回复、转发、预览、打印、附件预览和下载。

②文件夹管理。除收件箱、发件箱、草稿箱、垃圾箱外，用户可以根据需要新建、修改、删除、清空一个文件夹，并能够移动文件到指定文件夹中。

③地址簿。用户可以在地址簿中添加、编辑、删除联系人和联系组，还可共享地址簿给域用户。在写信时，系统支持自动搜索地址簿匹配用户输入的联系人地址。

④日程管理。允许用户制定约会、会议和重要事件通知；支持各种视图查看编辑日程，包括工作日视图、天视图、月视图。

⑤网络硬盘。用于网络保存用户的各种文件。支持文档、电子表格、图片、ppt、pdf 等格式文件，支持"共享网络硬盘"。

⑥用户设置。包括登录设置、个性化主题设置、常规设置、账户设置（密码、别名、外部账号）、邮件过滤器等功能。

⑦强大的后台管理功能。包括邮箱管理、域名管理、部门管理、权限设置、别名管理、账号管理、批量管理、用户导入导出、防垃圾设置、日志管理、统计管理等。

在电子邮件的使用中提供个性化推荐服务功能，是指根据用户的特点，提供符合其个性化要求的信息或服务。根据用户过去的检索情况，创建一个与信息和服务相关的用户数据库，并使得发送的电子邮件的内容体现出个性化特征，以满足用户搜寻信息的需要。同时，平台还可以通过让用户选择自身需要的特定信息，更好地满足用户的需求。此外，还提供发送个性化服务邮件，如生日祝福邮件、升级或特别服务提醒等。个性化邮件推荐系统能根据用户以往的检索行为，为其发送个性化的、一对一的电子邮件，更精准地向用户推荐个性化的信息，最大化地满足用户检索的需求。

8.4.4 用户推送反馈

跨系统的信息资源服务平台在信息资源收集、整理、分析、加工并使之有序化的基础上向用户提供满足其信息和服务，平台的资源和面向用户的推送服务是否满足了用户的需求，服务的质量和效率如何，用户的使用体验如何，用户对平台的建议和要求等信息是信息资源服务平台优化平台功能、提高服务水平以满足用户和团体知识创新需求的依据和动力。因此，面向国家创新的跨系统信息资源服务平台要注重与用户之间的交互，拓展平台的用户反馈机制和功能，有效利用与用户直接进行交互的渠道，重视用户反馈信息的收集和处理，以了解用户的真实需求，① 帮助用户获取知识、提高其解决问题的能力，帮助用户理性决策或者直接帮助他们解决问题。

拓展跨系统信息资源服务平台的用户推送意见反馈服务，可在平台系统中增加"用户意见反馈"页面、消息中心等，通过点击"用户意见反馈"按钮后跳转到填写反馈信息的页面，用户也可以在填写反馈信息的页面点击"历史反馈"查看某一时间段的所有用户的反馈记录，在登录情况下点击"我的历史反馈"（若没有登录，点击后跳转到登录页面）查看当前登录用户的历史反馈记录。系统根据用户反馈的问题类型，将反馈内容推送给相应的平台工作人员，推送的消息作为"代办任务"供工作人员处理，问题解决后再把处理结果推送给相应的用户，用户收到相应回复后，根据实际情况可以继续反馈或评价所推送的信息。用户也可以选择使用在线反馈功能，能够实现与客服人员的直接在线对话，这样反馈更加直接、迅速。

8.5 知识图谱服务

跨系统的信息资源管理平台向用户提供信息资源服务的实质是将信息资源所蕴含的信息和知识传递给用户供其使用。因此，信息服务工作的实质是传递知识、交流信息促进知识创新。随着知识经济社会对知识提出系统化、专业化的要求，知识服务体系逐渐从信息服务和情报服务中延伸和拓展出来，用以适应用户更高层次的信息需求。跨系统的信息资源平台的信息服务也必然需要从简单的文献或信息传递向为用户提供深层次的智力服务。

"知识服务"有广义和狭义之分。广义的"知识服务"是指一切为用户提供所需知识的服务（包括提供普通知识服务和提供专业知识服务等）。其中提供普通知识服务已在传统的图书情报服务中有所体现，如历史事件、成语典故、数据、公式的查询和提供等。狭义的"知识服务"应是指针对用户专业需求，以问题解决为目标，对相关知识进行搜集、筛选、研究分析并支持应用的一种较深层次的智力服务。它要对查询到的知识信息进行智力开发，通过分析、比

---

① 王娜，童雅璐. 网络知识服务平台用户反馈体系的构建[J]. 图书情报工作，2016，60(3)：90-98.

较，不仅要提炼出用户需要的知识，还要根据用户的现实需求，将提炼出来的知识结构进行描述和图谱化展示，使用户能够直接明确知识的来源和内容关联关系，以便更好地满足深层次知识需求。① 跨系统的信息资源服务平台的知识服务强调根据用户的问题需求和环境，利用现代技术对信息资源进行搜寻、组织、分析、重组以获得有针对性的知识及其关联关系，为用户提供知识图谱产品、辅助用户解决问题、参与用户问题解决过程、引导用户知识需求的过程性服务。②

由上述分析可知，信息服务是以向用户提供有用的显性信息为内容的可视化信息传播过程，是信息资源服务机构为了人们能够在特定时间获取所需要的特定信息而采取的服务措施。信息服务的基点和终点是信息资源的获取与传递，是基于用户简单提问和基于文献物理获取的服务；知识图谱服务则是从各种显性和隐性信息资源中，针对用户的不同的信息需求将有关知识信息内容提炼出来，以图谱形式提供给用户的过程。知识服务关注的焦点和最终评价不仅仅是向用户提供所需的信息，还要通过服务解决用户所面临的问题。知识服务以资源建设为基础，是面向内容的服务，也面向用户提供增值的信息服务。可以说，知识服务是知识图谱服务的基础，知识图谱服务是信息服务的深化和延伸。

8.5.1　知识图谱的类型

知识图谱是知识服务的演化，它针对用户的需要从各种显性和隐性信息资源中将有价值的信息提取出来，并按照一定方式清晰、有序地在一个统一的界面上展示出来，以供用户方便地查询与获取知识，再通过用户的思维，达到知识创新的目的。一个跨系统的信息资源服务平台，其知识图谱服务向用户提供的应是反映知识内容和概念关联的知识网络(也称为知识图谱，Mapping Knowledge Domain)。换言之，该知识图谱是将大量收集的数据整理成机器能处理的知识库，并实现可视化的展示。为此，本小节主要聚焦知识图谱构建和知识可视化的方法与技术。

自被提出以来，知识图谱的概念及其内涵随着时间的推移也发生了变迁。

---

① 戚建林.论图书情报机构的信息服务与知识服务[J].河南图书馆学刊，2003(2)：37-38.

② 张红丽，吴新年.知识服务及其特征分析[J].图书情报工作，2010，54(3)：23-27.

知识图谱最早起源于 1955 年加菲尔德提出的将引文索引应用于检索文献的思想。[①] 1965 年，普赖斯指出，引证网络—科学文献之间的引证关系，类似于当代科学发展的"地形图"。此后，分析引文网络（科学文献之间的引证关系网络）开始成为一种研究当代科学发展脉络的常用方法，进而形成了知识图谱的概念。[②] 这一阶段的知识图谱作为一种研究方法，能够通过数学和计量学的方法对某个学科领域的知识结构和发展特征进行可视化表示。这类知识图谱是通过聚类等数据挖掘算法形成的，可以揭示知识之间的内在关联，确定每个科学领域的研究热点和相应的研究演化路径，国内学者也常将其称为科学知识图谱。[③]

2012 年，Google 正式提出的知识图谱，主要用来支援下一代搜索和在线广告业务。此时的知识图谱，与最开始的用于可视化科学文献引用网络的知识图谱，在概念上已经有了较大的变迁。此时的知识图谱的实质是结构化的语义知识库，以符号形式描述客观真实世界中概念、实体及其关系，形成一张巨大的语义结构网络图，使各种庞杂无关的知识联系起来，从而达到便捷地获取知识的目的。三元组是知识图谱的一种基本表示方式，即 $G=(E, R, S)$，其中 $E=\{e1, e2, \cdots, e|E|\}$ 是知识库中的实体集，共包含 $|E|$ 种实体；$R=\{r1, r2, \cdots, r|R|\}$ 是知识库中的关系集，共包含 R 种关系；$S \subseteq E \times R \times E$ 代表知识库中的三元组集合。三元组的主要结构是实体—关系—实体，以及各种概念、属性和属性值等。其中，实体是其最基本的元素；概念主要指集合、类别、对象类型等；属性主要指对象可能具有的属性、特征、特性等；属性值主要指对象指定属性的值。实体可以通过特有的标签来表示，关系则用来联系两个实体。通过三元组的形式，把实体关系连接成一个网络，可以让计算机更好地存储和管理各种信息，为区别于信息计量领域的科学知识图谱，本书将此类知识图谱称为语义知识图谱。

当前，科学知识图谱和语义知识图谱并存，跨系统信息资源共享平台的知识导航服务所基于的知识图谱也兼指以上两类知识图谱，在信息资源获取与利用的不同阶段发挥作用。

---

① Garfield, E. Citation Indexes for Science: A New Dimension in Documentation through Association of Ideas[J]. Science, 1955, 122(3159): 108-111.

② 秦长江，侯汉清. 知识图谱——信息管理与知识管理的新领域[J]. 大学图书馆学报，2009, 27(1): 30-37, 96.

③ 孙雨生，常凯月，朱礼军. 大规模知识图谱及其应用研究[J]. 情报理论与实践. 2018, 41(11): 138-143.

8.5.2 知识图谱的构建

目前，基于文献计量的科学知识图谱构建，基本上是使用成熟的知识图谱绘制工具对收集的海量数据进行处理和统计分析，绘制科研合作网络、共现网络、引文网络和共被引网络等各类科学知识图谱，动态清晰、直观形象地全面解读学科或领域的国内外发展趋势、研究进展、热点与前沿；研究主体(核心作者、期刊、机构和国家等)及其之间的互引和合作关系、研究基础(核心文献、高被引文献和经典文献等)及其之间的动态演化关系(反映学科知识结构)、学科或领域的引文历史及其文献之间的互引关系等。这类知识图谱是通过聚类等数据挖掘算法形成的，可以揭示知识之间的内在关联，常用的图谱绘制工具有 CiteSpaceII、TDA、Ucinet、VOSviewer、Bibexcel、SPSS、Histcite 和 WordsmithTool 等。本小节重点关注语义知识图谱的构建。

语义知识图谱的构建方式可以分为自顶向下(top-down)和自底向上(bottom-up)两种方法。① 自顶向下的构建过程如图 8-1 所示，首先从数据源中

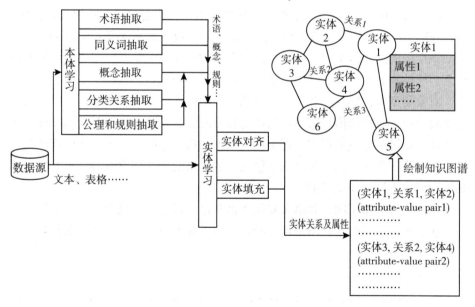

图 8-1　自顶向下构建知识图谱

---

① 李涛，王次臣，李华康. 知识图谱的发展与构建[J]. 南京理工大学学报，2017，41(1)：22-34.

学习本体，得到术语、顶层的概念、同义和层次关系以及相关规则，然后开始实体学习的阶段，将实体纳入前面的概念体系。自底向上的构建过程与此相反，从归纳实体开始，进一步进行抽象，逐步形成分层的概念体系。在知识图谱的构造过程中，可以先后混合使用两种方式，来提高实体抽取的准确度。

(1)本体学习

本体最早是一个哲学术语，代表一种客观存在。后来，在人工智能和信息技术的演进过程中引用了本体的概念，同时扩展了本体的含义。本体学习的过程一般包括术语、同义词、概念、关系以及公理和规则等的抽取。

①术语抽取。术语抽取的目标是找到用于表示概念、实体或属性的标记集合，实现方法有如下几种：基于字典的方法，通过定义一些包含术语的字典，从待处理文本中查找字典中定义的术语；基于规则的方法，通过定义术语在语法上的一些规则，从待处理文本中找到匹配规则的术语；基于统计的方法，一般是通过统计术语出现的次数来对待处理文本中的潜在术语进行预测；基于机器学习的方法，可以对术语的语法规则或者上下文的特征进行学习，从而实现对待处理文本的术语抽取。

②同义关系抽取。同义关系是指在概念层面上相同或相似的实体，如"old man, daddy, dad, father, maleparent"这一组词都有"父亲"的意思。同义关系抽取是为了将那些在语言学上表述方式不同但是表示同一个概念、实体或属性的术语进行统一化。随着统计语言模型和深度算法的逐渐成熟，对于寻找自然语言中的同义关系的任务通常可以取得较满意的正确率。

③概念抽取。概念的含义与实体相近，但在有的知识图谱系统中，有必要将概念和实体的含义相区别。概念的含义比实体的含义更加抽象，是比较普遍的想法、观念或充当命名实体、事件或关系的范畴，属于语义类。比如，城市是一个概念，而"深圳"应该作为一个实体。常见的概念抽取方法包括使用语言学的原理以及使用统计学的原理。基于语言学的方法也称基于规则的方法，当抽取的目标是具有语义知识的术语时，基于规则的方法准确率高、计算量小。但是该方法与具体的语言相关，因此，对语言有较高的依赖度。统计学的方法通常是基于假设的，其核心思想是认为词在领域内的相关程度可以用词在领域内出现的频率来代表，可以根据设定阈值，对于领域内的术语进行抽取。该方法能高效的识别概念，无须人工构建领域词典，没有语言限制。但是该方法计算量比较大，无法抽取低频术语，对于词组构成的术语抽取准确率不高。

④关系抽取。它是指从识别出的概念(实体)中抽取它们之间的关联关系。通过关系将实体(概念)联系起来，才能够形成网状的知识结构。关系抽取方

法主要有三种：一是基于词法模式原理抽取语义关系的方法。根据语句组成部分之间的语义联系，对整体的意义进行推断。比如通过对文本句法的分析，对于一个以动词为核心的短句，我们可以抽取出实体之间的潜在的关系。例如我们发现"中兴"与"深圳"的关系一般是"中兴，总部位于，深圳""中兴，总部设置于，深圳"以及"中兴，其总部建于，深圳"，然后我们知道"总部位于""总部设置于"以及"其总部建于"三个实体关系在语义上应该属于同一种关系。使用这种方式我们不需要事先定义实体之间关系的种类，但这也导致了实体的关系没有归一化的问题。二是基于共现分析的方法，综合使用定量与定性的方法进行预测。该方法先将待处理文本转化为数字形式表达的信息，然后使用不同的数学方法对文本进行定量计算和分析，最后结合定性分析的结果对文本中的分类关系进行综合的分析。三是基于开放链接数据和百科类网站的方法，该方法基于百科类等网站规则的知识分类体系，定义或者学习知识分类的规则和特征，从而对新的文本中隐藏的关系类型进行准确的抽取。

⑤公理和规则抽取。公理和规则的学习指的是对包含一定的实体和属性的通用句式或者模板规则进行学习的过程。常用的公理和规则的学习方法有自举法，即对每类关系先提取少量的模式或实体元组作为种子，在此基础上不断扩充新的模式或元组。比如，通过"X 是 Y 的首都"这种句式可以抽取出｛中国，首都，北京｝、｛英国，首都，伦敦｝等三元组实体关系，然后根据这些三元组实例对"中国—北京"和"英国—伦敦"发现更多的匹配的句式，像"X 的首都是Y""Y 是 X 的政治中心"等，从而利用新学习到的句式抽取得到新的三元组实例，如此迭代下去可以抽取得到更多新的实例和句式。这种自举法简易高效，但也存在引入噪音实例和模板，从而引起语义漂移的问题。对于这些问题，比较常见的解决方法是，同时给出扩充多个不同类别的实例，比如同时扩充动物、时间和人物，规定一个实例只允许属于其中一个类别，从而对抽取的结果进行有效监督。

（2）实体学习

实体学习，也可称为命名实体识别（Named Entity Recognition，NER），表示抽取出文本数据中所涉及的对象信息。对于实体学习，其关键的标准是能否准确把属于同一事物或概念的实体的不同表达方式进行归一化表示，能否区分同一表述方式在不同语境中指代的不同实体。其中，前者被称为实体对齐（Entity Alignment），后者可以通过实体填充来解决。

实体对齐是知识图谱构建以及更新过程中的重要工作之一。通过实体对齐，同一个知识图谱内部的实体得到了精简，使得知识图谱的运转更加高效。同时，通过不同的知识图谱系统之间实体的对齐，可以实现知识图谱之间的链接与合并，从而实现构建一个更大规模、服务范围更广泛的知识图谱系统。实体对齐实际上是涉及知识融合的过程，也就是对于物理世界中的同一个对象，我们要识别出它在多种语言、不同地域、多个数据源或者是同一个数据源下不同的表示形式，然后用一个全局唯一的编号来表征。实体对齐算法设计的主要思路是根据具体的知识图谱的特点和处理方法，利用不同的实体抽取技术来完成实体对齐的任务，有使用传统概率模型的方法，以及使用机器学习的方法。

实体填充，仅仅通过实体的名称往往不能准确把握实体的准确语义。为了使实体可以被人和机器所理解和区分，我们通常需要一定的方式来描述实体，包括实体的描述、图片、同义实体名和属性等。比如把"泰山"作为一个实体，当在搜索引擎上搜索"泰山"时，会出现泰山的简介、地理位置、海拔高度以及一个动画人物的图片、影片链接等信息，为每个实体填充属性值。实体填充技术能够从多种数据来源中采集特定实体的属性信息，实现对实体属性的完整勾画。

(3) 知识图谱软件

语义知识图谱的数据有两种存储方式。一种是通过资源描述框架(RDF: Resource Description Framework)进行存储。RDF 是由 W3C 组织定义的数据模型，形式上表示为 SPO(主语 Subject、谓语 Predicate、宾语 Object)三元组，在知识图谱中称为一条知识。支持 RDF 存储格式的图数据库包括 Jena、Titan 等，SPAR-QL(SPARQL Protocal and RDF Query Language)是基于 RDF 数据模型的查询语言。另一种是通过图数据库进行存储。采用图数据库进行存储时，较为常用的是 Neo4J 图数据库，其查询语言是 Cypher。在进行知识图谱构建过程中，由于 Neo4J 使用广泛、开源社区活跃、Cypher 语言方便易用，常被选作知识图谱存储和建模的软件。

8.5.3 知识图谱的应用

科学知识图谱和语义知识图谱应用于跨系统的信息资源共享平台，前者的应用价值体现在可为用户展示某一学科或领域研究全貌、便于追踪研究热点和把握学科前沿;[1] 后者则在智能搜索、智能问答与决策支持等方面发挥作用。[2]

---

[1] 胡泽文，孙建军，武夷山. 国内知识图谱应用研究综述[J]. 图书情报工作. 2013, 57(3): 131-137.

[2] 刘峤，李杨，段宏等. 知识图谱构建技术综述[J]. 计算机研究与发展. 2016, 53 (3): 582-600.

①展示发展趋势与研究进展。主要是根据学科领域研究文献的时间分布确定领域研究的发展趋势，基于关键词词频突变算法探测出反映领域研究前沿的突变专业术语，基于突变术语分析展示研究前沿及其在不同时间段的变化情况，梳理其演化的路径。同样，也可对领域的代表性人物、机构等做类似的梳理和分析以发现研究力量的发展规律。

②追踪领域研究热点。定期检索某一领域的研究文献，采用词频统计分析法(以高频关键词反映研究热点)、词共现法(以共现频繁的词聚类反映研究热点主题)和共被引聚类方法(以比较大的聚类反映研究热点主题)等，可识别领域研究热点。其中，共被引聚类方法是常用的方法。

③识别领域专家。根据领域研究作者之间的合著或共被引分析，能够识别出一个学科或领域的核心作者群及其之间的合作强度和互引关系，并为信息资源共享平台用户推荐领域专家及专家团队。与此同时，通过了解聚类内作者的研究主题，能够发现该学科或领域的知识结构和研究热点；通过作者共现或共被引聚类的时间演化图谱，能够发现学科或领域的研究前沿。

④智能语义搜索。语义知识图谱将各类信息、数据和链接关系聚合为知识，是大数据环境下知识的有效组织方法。由于事先进行了实体对齐、关系抽取等工作，当用户发起查询时，信息资源共享平台会借助语义知识图谱的帮助对用户查询的关键字进行解析和推理，进而将其映射到知识图谱中的一个或一组概念之上，然后根据知识图谱中的概念层次结构，向用户返回图形化的知识结构(其中包含指向资源页面的超链接信息)。与此同时，用户的搜索结果将具有层次化、结构化等重要特征，使人们从人工过滤网页寻找答案的模式中解脱出来。

⑤智能问答。在智能问答应用中，系统同样会首先在知识图谱的帮助下对用户使用自然语言提出的问题进行语义分析和语法分析，进而将其转化成结构化形式的查询语句，然后在知识图谱中查询答案。对知识图谱的查询通常采用基于图的查询语句(如 SPARQL)，在查询过程中，通常会基于知识图谱对查询语句进行多次等价变换，然后再进行推理变换，最终形成等价的三元组查询语句，据此进行知识图谱查询得到答案。

⑥决策支持。知识图谱能够把领域内的复杂知识通过信息抽取、信息挖掘、语义匹配、语义计算、知识推理等过程精确地描述出来，并且可以抽取知识的演化过程和发展规律，从而为研究和决策提供准确、可追踪、可推理的知

识数据。同时，可视化可以把复杂的信息以非常直观的方式呈现出来，从而令用户对隐藏信息的来龙去脉一目了然，为对研究对象的演化和发展进行预判、准确把握其走向提供支持依据。

9 科技资源管理平台发展

为推动科技创新的全面发展，我国政府充分整合各行业、部门和地方的科技资源，以平台方式提供各种类型的信息资源服务。中国科技资源共享网整合高校、科研院所、科研机构的科技文献、实验基地、设备、数据等丰富的资源，以实现科技资源共享服务。国家科技图书文献中心融合各成员机构的文献信息资源，以构建数字时代的国家科技文献资源战略保障服务体系。国家科技管理信息系统公共服务平台是一个跨多部门、多地区运行的综合性信息服务系统，旨在实现宏观科技管理、计划专项布局、专项组织实施、资金管理、评估评价、成果转化等功能。这些平台充分运用当前先进的信息技术手段，共同推动了我国面向创新的信息资源服务的发展。

9.1 中国科技资源共享网

中国科技资源共享网（https：//www. escience. org. cn/）是国家科技基础条件平台门户网站，该网站于 2009 年 9 月 25 日正式开通。网站依托北京航空航天大学，集合多方优势资源管理，由国家科技资源共享服务工程技术研究中心具体运行管理。

目前中国科技资源共享网已初步整合了行业、部门和地方的科技基础条件资源信息，形成了逻辑上高度统一、物理上合理分布的信息管理和服务架构，成为一个拥有丰富科技资源和强大应用服务能力的专业化科技资源共享门户网站。网站设立了科技资源信息数据库、科技信息动态、平台建设成果、科技资源网站导航等板块，已经发展成我国科技基础条件资源信息汇交的中心、信息发布和成果展示的窗口、开放共享服务的平台，并成为科技资源管理决策的支持系统和国内外科技资源信息交流的枢纽。

9.1.1 中国科技资源共享网络平台的体系构成

科技资源信息共享是一种复杂的经济和社会行为，它依托网络平台这个载体，实现科技人力、物力、财力、信息资源开放与共享，并通过国家政策、管理体制、运行机制、技术管理队伍来维护和确保其运行，从而最大限度地利用资源，提高资源使用效率。中国科技资源共享网络平台是一个逻辑上高度统一、物理上合理分布的信息管理和服务架构，并且是一个拥有丰富科技资源和强大应用服务能力的网络平台体系，是以科技资源共享为核心目的，依托互联网及现代信息技术建立起的网站门户系统、资源管理系统、信息服务系统及决策支持系统共同构成的集成系统平台。

目前，科技资源共享网络平台已经拥有丰富的科技资源和强大的应用服务能力，能够有效整合国家和地方的大学、科研院所、科研机构等的科技基础条件资源，从而对全社会科技资源进行优化配置，不仅促进了科技资源信息充分共享和高效利用，而且大幅提升了我国科技创新水平。

中国科技资源共享网络平台门户架构由三个部分组成。第一部分是服务功能，主要涉及资源信息管理、资源检索、评估检测和用户管理，用户通过注册可实现与其他科技资源网站的单点登录，"一站式"获得由资源拥有单位提供的各类资源。第二部分是资源服务信息，包括科技文献共享平台、科技数据共享平台、自然科技资源共享网络平台、网络科技环境平台、大型科学仪器设备与共享平台，以及科技成果转化公共服务平台等。这些平台跨地域(上海、重庆、江苏等)、跨部门(中科院、教育部等)、跨机构(科研院所、高校、行业协会、学会等)，并同国外相关资源信息合作交流。第三部分是保障体系，通过建立完善相关管理的规章制度、制定技术标准规范、提供软硬件的技术支撑以及配备一定规模的管理团队进行平台的日常运行管理，如图9-1所示。

中国科技资源共享网络产台的主要服务方式包括：资源管理与维护、资源导航检索、信息服务和评估监测。[①]

①资源管理与维护。针对目前我国科研资源共享效率较低的状况，按照"整合、共享、完善、提高"的平台建设方针，中国科技资源共享网络平台充分运用信息化网络化现代新技术，按照统一的标准规范，对科技资源进行有效管理，对现有各类重要科技基础条件的核心元资源数据进行整合、加工和处

---

① 张绍丽，郑晓齐，张辉，王德庆．科技资源共享网络模式创新与实践——以中国科技资源共享网为例[J]．科技管理研究，2018，38(13)：43-52.

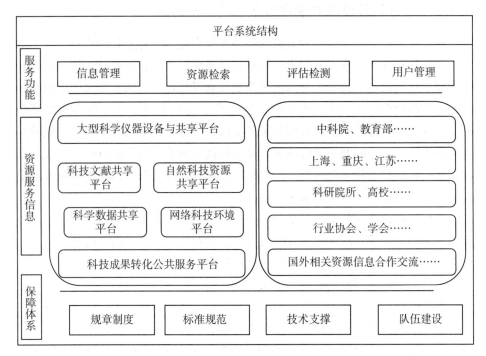

图 9-1　中国科技资源网络平台示意图

理，并建立资源"拥有单位自检，依托单位形式检查，平台中心组织专家审核"的三级核查制度，以保证信息的质量。同时还提供科技计划项目资源汇交系统的集成接口，实现了国家科技计划项目资源在共享网上的交汇、整合、共享。为了实现国家层面的科技资源优化配置，中国科技资源共享网络平台还加强行业、部门和地方科技资源的沟通与互动，并承担了地方、行业优质网站的加盟工作；通过以资源和服务加盟为主、网站链接加盟为辅的手段，不断促进资源规模的扩大、资源质量的提高。

　　②资源导航检索。为了充分利用平台中丰富的科技资源，方便科技人员在工作中准确地查找、定位资源，提高资源的使用率，中国科技资源共享网络平台应用了先进的科技资源检索与导航工具，将已有各科技资源应用系统的资源搜索功能有效地组织起来，方便用户按照分类体系直接定位到所需的元数据。与一般的检索系统相比，共享网络平台的科技资源检索与导航系统在对 Web页面、网络文献检索的基础上，增加了针对科学数据、自然资源、大型科学仪器设备等科技资源的检索与导航服务，支持按照资源类型分类导航检索科技数

据资源，提供资源高级检索功能，支持从多粒度、按多种条件检索资源数据，并提供资源在线下载服务。同时，采用个性化推荐服务，使科技人员能够以其方便和习惯的方式来访问和使用各种资源和服务。

③信息服务。在日常信息更新方面，中国科技资源共享网络平台力求科技相关资讯的更新与社会发展同步，与民生需求息息相关。通过对"国内科技动态"和"国际科技动态"的更新，为广大科技工作者提供国内外科技发展现状和趋势的信息；通过对最新的国外科研进展资讯的翻译与发布，促进国外科技资讯的传播和共享。同时，围绕国家发展重点和社会普遍关注热点，尤其是培育战略性新兴产业的需求，结合领域科技资源的特点，中国科技资源共享网络平台对各科技平台资源信息进行战略重组和优化，初步形成了一套针对海量科技信息资源信息的管理体系和服务模式，面对社会开展快捷、方便的专题式服务，以期提高科技资源的综合利用效益。目前，已向社会提供农村医疗服务、制造业信息化、国际开放期刊、世界科技动态、E-Science 会议与期刊等专题服务以及大型科学仪器设备、自然科技资源、科技数据、野外观测站等科技资源服务。

④评估监测。国家科技基础条件平台由海量数据异构分布的科技资源管理系统构成，系统庞大而且复杂。通过平台评估监测系统可为管理人员提供对资源站点的监测、评估和管理，帮助他们了解资源站点的运行状态、变化趋势和使用情况，及时对资源站点进行管理维护，改进服务与手段。同时，为国家主管部门提供有关科技资源的管理信息和决策依据，并为平台服务绩效考核工作提供支撑数据。监测的结果以图形、报表等多种可视化形式呈现，较为全面地反映了各平台的运行服务情况。

9.1.2 中国科技资源共享网络平台服务成效

中国科技资源共享网络平台的建设从整体上适应了跨系统科技信息资源共享需求，同时具有虚似环境下的服务拓展优势。平台的使用，成效显著，平台也因此在服务中得到进一步发展。

①用户使用量大幅提升。网络平台建立后逐渐转变传统的"坐堂式""单一化"的信息服务方式，开展有针对性、深层次的科技信息定制和推送服务，成为科技工作者手边的工具。截至 2015 年年底，正式注册用户总数达 10 余万人，年访问量超过 100 万人次，页面点击量超 1000 余万次。目前，访问量分布于 64 个国家/地区。

②资源整合量增长。截至 2021 年，已梳理形成 32 大类科技信息数据库，

涵盖大型科学仪器设备、研究实验基地、自然科技资源、科学数据、科技文献（主要为标准文献）、科普资源六大领域的大量资源。同时，一些资源丰富、服务良好的地方平台单位已经加盟上线，逐渐使各科技资源单位形成了战略联盟关系。这些举措促进了我国跨部门、跨地区、跨领域的重要资源信息的有效集成，盘活了全国的优质科技资源存量，如表 9-1 所示。

表 9-1　　　　　　　　　平台整合资源类别及数量(简表)

项目	类别	整合量
大型科学仪器设备	科学仪器设备资源信息	1.7 万台(套)单价 50 万元以上
	风洞试验设备信息	47 座
	计量基准资源信息	19 万余条
	分析测试方法	20 万多条
	分析方法、技术标准	2 万多条
	应急数据	1.5 万多
研究实验基地	国家重点实验室	220 多个
	国家实验室	6 个
	野外台站和试验站	80 余个
	国家工程技术研究中心	170 多个
	国家大型科学仪器中心	14 个
	国家分析测试中心	14 个
	质量检测机构	6500 多个
自然科技资源	植物种质资源	3.5 万份描述，21 万份图像
	动物种质资源	14 大类，共有 11422 个
	标本资源	6 大类，326 万件
	微生物菌种资源	9 大类共有近 14 万种
	实验材料资源	3 大类共有 2127 个
	标准物质资源	4 大类共有 7750 个
科学数据	林业科学数据	8 大类数据，45GB
	医药卫生	7 大类共有 700 多个数据库/集
	地球系统	11 大类共有 1151 个数据库/集
	交通数据	4 大类共有 1722 个数据库/集
	农业数据	12 个大类共有 734 个数据库/集
	气象数据	87 个数据库，数据量达 2000GB
	地震数据	51 个数据库

项目	类别	整合量
科技文献(主要为标准文献)	国家、行业和地方各类标准资源信息	66 余万条
	ISO\IEC\DIN\BSI\VF\JIS\GB 数据库	部分
	美国联邦法规全文数据库	部分
	部分地方标准等的文摘数据库建设和强制性国家标准	部分
	国内行业标准数据库	部分
科普资源	专题馆	90 个
	专项资源库	9 个
	数据量	1TB
	资源量	占国内现存同类资源的 90%

③信息服务及时更新。建设在线服务响应系统，每年更新"国内科技动态"和"国际科技动态"3000 余条，每年翻译英文资讯 40 万~50 万字，为各类大学、科研院所、科研机构中的广大科技工作者提供国内外科技发展现状和趋势的最新信息。

④专题服务作用凸显。在平台建设中，完成了农村三级医疗卫生服务专题、先进制造信息化专题、食品安全专题、国际 OA 期刊专题、国外科技动态专题等数个专题的建设服务。例如农村三级医疗卫生服务专题，已经在河南省光山县、湖北省英山县、陕西省安塞区、江西省井冈山市等地开展了试点工作，取得了比较好的效果。

⑤评估监测初见成效。中国科技资源共享网络平台通过检测系统对 23 家网站资源站点的运行、用户访问和分布等情况进行全程监控，并将监测内容以分析报告的形式定期发布。这样不仅能够反映各平台应用系统、资源信息、网络基础设施、安全系统、制度保障等方面的具体情况，而且还有助于提升各资源站点的服务管理水平和用户满意度，这也为国家有关主管部门的科技决策提供了支撑数据。

9.2　国家科技图书文献中心

国家科技图书文献中心（NSTL）是 2000 年 6 月依据国务院领导批示建立的一个基于网络环境的科技文献信息资源虚拟服务机构。由中国科学院文献情报中心、中国科学技术信息研究所、机械工业信息研究院、冶金工业信息标准研究院、中国化工信息中心、中国农业科学院农业信息研究所、中国医学科学院医学信息研究所、中国标准化研究院标准馆和中国计量科学研究院文献馆九个文献信息机构组成。

在 2003 年，NSTL 被纳入国家科技基础条件平台建设项目，主要负责科技文献平台建设，一大批科技期刊、图书等科技文献资源借助网络化、集成化手段形成了国家科技文献资源保障体系及网络服务体系。2011 年，该中心组织实施的科技文献共享平台通过科技部、财政部认定，成为首批国家科技基础条件平台之一。

NSTL 主要融合各成员机构的文献信息资源，以构建数字时代的国家科技文献资源战略保障服务体系为宗旨，按照"统一采购、规范加工、联合上网、资源共享"的机制，采集、收藏和开发理、工、农、医各学科领域的科技文献资源，面向全国提供公益的、普惠的科技文献信息服务。该中心的发展目标是建设成数字时代的国家科技文献信息资源的保障基地、国家科技文献信息服务的集成枢纽、国家科技文献信息服务发展的支持中心。

该中心利用现代网络信息技术，及时发现和跟踪国内外本领域发展的最新动态、学术热点、研究重点和发展趋势等，以信息门户的方式为用户提供信息保障。作为国家级公益服务机构的建设项目，门户提供的各项服务均不收取任何费用。经过近 20 年的建设，该中心已发展为国家科技文献资源战略保障基地，大幅提升了面向全国科技界和产业界的文献服务能力，是国家科技文献保障体系的核心组成部分，也是我国科技信息服务业服务科技创新和社会发展的重要典范。

9.2.1 NSTL 的资源建设

在科技部和财政部等部门的指导和支持下，NSTL 坚持理事会领导下的主任负责制这一创新管理体制，坚持跨部门跨单位的共建、共享机制，建成了印本文献与电子文献、订购文献与开放获取资源协同建设的国家科技文献信息资源保障体系。

（1）NSTL 的文献资源库建设

NSTL 主要提供的文献信息资源类型有：中国标准、外文会议、中文会议、国外科技报告、外文学位论文、中文期刊、西文期刊、中文学位论文、国外标准以及中国专利、国际科学引文数据库等。在资源所覆盖的学科领域方面，国家科技图书文献中心的成员单位的馆藏，分别代表着科技文献的不同学科/领域，包含理学类(中科院)、工程类(中信所)、医学类(医科所)、农业类(农科所)、机械领域(机械所)、化工领域(化工所)、冶金领域(冶金所)、标准化类(标准化类馆)、计量学(计量学领域馆)等。

截至 2018 年，NSTL 拥有各类外文印本文献 26903 种，属国内最多，居新兴国家之首位。其中，外文科技期刊 17000 余种，外文回忆录等文献 9000 余种。学科范围覆盖自然科学、工程技术、农业科技和医药卫生四大领域的 100多个学科和专业。以国家授权、集团采购和支持成员单位订购等方式购买开通网络版外文资源数据库 149 个，其中重点学科网络版期刊超过 2 万种。[①] 采集连续性开放获取(OA)文献资源 6000 种，以国家授权方式面向公益机构开通的3018 种重要回溯外文科技期刊有效弥补了我国外文文献的结构性缺失。通过以印本为主的资源建设方式，对国外核心科技文献实现了全覆盖收藏，可以不受外界干扰进行长期保存和使用，解除了高校图书馆全面数字化转型的后顾之忧。

近年来，NSTL 二次文献数据量达 2.1 亿，引文数据 3.2 亿条。国际科学引文数据库(Database of International Science Citation，DISC)是国家科技图书文献中心以科学引证关系为基础的外文文献数据服务系统。系统集成了 NSTL 外文期刊文献数据库(来自 17000 多种外文期刊)和优选的理、工、农、医各学科领域的部分优秀西文期刊(来自 3000 多种西文期刊)的引文数据，并揭示和计算了文献之间的相关关系和关系强度，为科研人员提供了检索发现世界上重要的科技文献、了解世界科学研究与发展脉络的强大工具。

(2)数字业务平台构建

NSTL 的构建打破了我国现行的条块分割的行政体系，淡化了行政隶属关系，推进跨系统、跨部门、跨地区的文献信息机构的合作与协调，实现了政府与专家的结合、科学家与文献信息专家的沟通，建立起网络化、集成化的全国共享的文献信息服务体系，开拓了一种科技信息资源共建共享的全新发展模式。组织制度的保障是 NSTL 发展的基础，为了保障 9 家单位协同工作，NSTL成立了由各单位相关业务人员组成的资源建设、数据加工、文献服务、网络运行四个工作组，理顺了文献资源采集、数据加工、文献信息服务等各项工作流程。

---

① 曾建勋. 基于发现系统的 NSTL 用户服务体系思考[J/OL]. [2020-11-22]. http：//kns. cnki. net/kcms/detail/61. 1167. G3. 20201013. 1654. 002. html.

在资源建设工作中，制定了文献采访流程规范，建立了预评估和后评估相结合的评估机制以加强文献资源年度订单管理，审核各单位的文献订购计划和订购落实情况。与此同时，制定并推行服务质量标准及服务流程规范，最终形成了主要由文献综合管理系统、联合编目系统、数据联合加工系统、网络服务系统、回溯数据服务系统、引文服务系统等构成的过程控制规范的数字化业务管理与服务平台，如图9-2所示。①

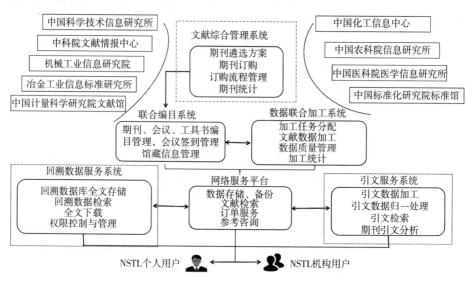

图9-2　NSTL 数字化业务管理与服务平台

9.2.2　NSTL 服务类型

NSTL 是一个由国家支持的公益性文献信息机构联盟，其特点决定了需要从两个方面来深化和拓展自身的服务：一方面，可通过加强自身资源建设，改进网络系统服务功能来实现服务的深化和拓展；另一方面，可通过扶持成员机构或其他层级的信息服务机构来深化和拓展服务。为此，NSTL 构建了知识库，为各机构提供联合信息发现和揭示的服务。

---

① 曾建勋，邓胜利．国家科技图书文献中心资源建设与服务发展分析［J］．中国图书馆学报，2011，37（2）：30-35.

知识库可以部署在 NSTL 中心站点、镜像站或服务站，以及与 NSTL 联合服务的机构。通过 NSTL 检索集中揭示资源，以此带动各机构自身资源的发现和服务。用户在信息检索的过程中，系统将本地资源和 NSTL 的资源集中向用户揭示，引导用户尽可能地从本地获取更便捷的文献服务。①

由此可见，NSTL 首先是资源的发现者，其次才是资源最终的保障者，这进一步体现了 NSTL 在国内科技文献服务领域的保障和支撑作用。

通过多年的发展，NSTL 改变了以往服务模式单一的状况，拓展了服务对象和服务领域，变原有封闭式的系统为开放式的系统，构建可嵌入的 NSTL，提升了 NSTL 对我国科技信息服务的支撑作用，成为我国科技文献情报系统的坚强后盾。在有效保障基础性文献服务的同时，推进了专题性、知识化服务。面向全国用户提供特色化、个性化与协同化的文献信息保障服务，为提升我国科技创新能力和国际科技竞争能力作出了应有的贡献。通过情景敏感服务，增强对用户所在单位本地资源的服务与揭示能力，激活用户电子或印本馆藏信息，提高本地资源的利用能力，从而带动了更多的机构参与到全国科技文献情报的服务中，提高了行业整体的服务能力和水平。

(1)NSTL 科技文献资源服务保障体系的建立

为调动全国各级各类科技信息机构的积极性，充分发挥 NSTL 资源在地方或行业科技文献共建共享中的作用，推动区域创新和行业科技进步，NSTL 以网络服务系统为核心，依托地方和行业科技信息机构，合作建立了辐射全国的科技文献信息服务体系。到此，NSTL 已建设 8 个镜像站、40 个服务站、30 多个面向军工单位的专题内网镜像、30 个面向高校的用户管理平台、40 个面向集团用户的用户嵌入接口。除 NSTL 主站服务外，形成了覆盖我国大陆各个省份的科技文献用户服务体系，全面提升了公益保障能力；为全国用户更加充分地利用中心的科技文献信息资源创造了便利条件，提升了地方科技文献信息的保障能力和服务水平，有效地提高了各类用户机构和个人发现与利用信息的能力，有力助推了地方资源共享平台的建设。

在大数据环境下，NSTL 将继续坚持"战略保障、创新引领、共建共享、公益普惠"的原则，推进"资源保障、知识服务、人才强业"三大战略，为国家科技创新体系建设作出新的贡献。

---

① 张志平. 国家科技图书文献中心的网络服务系统[J]. 中国信息导报, 2006(4): 48-51.

（2）NSTL 文献服务

文献服务是 NSTL 的一个主要服务项目，其具体内容包括：文献检索、全文提供、网络版全文、目次浏览、目录查询等。非注册用户可以免费获得除全文提供以外的各项服务，注册用户则可以获得全部服务。

文献检索项目向用户提供各类型科技文献题录或文摘的查询服务。文献类型涉及期刊、会议录、学位论文、科技报告、专利标准和图书等，文种涉及中、英、日、俄等。提供普通检索、高级检索、期刊检索、分类检索、自然语言检索等多种检索方式。

全文提供是在文献检索的基础上延伸的一项服务内容，根据用户的请求，以信函、电子邮件、传真等方式提供全文复印件。此项服务是收费服务项目，要求用户注册并支付预付款。网络版全文服务提供 NSTL 购买的网络版期刊全文的免费浏览、阅读和下载。电子版图书的借阅服务，是面向部分西部个人用户提供的一个服务项目，需要申请授权，希望获得此项服务的用户要填写《中国西部地区方正 Apabi 网上数字图书馆系统个人账户申请表》。

目次浏览项目提供外文科技期刊的目次页浏览服务（Current Contents），报道内容均为 NSTL 成员单位收藏的各文种期刊。用户可通过期刊的目次页，浏览期刊的内容，查询相关文摘，进而请求查询全文。

目录查询项目提供外文期刊、外文会议、外文图书等文献类型的书目数据查询服务。报道内容均为 NSTL 成员单位馆藏文献。通过该栏目用户可及时了解文献的到馆情况。

（3）特色服务

NSTL 目前可提供的特色服务包括：国际科技引文服务、元数据标准服务、代查代借服务。另外，未来还会提供科技知识组织共享与科研实体名称规范等特色服务。

①国际科技引文服务。国际科学引文数据库系统基于引文的文献发现与引文检索功能，用户可以从集成的大规模的外文文献数据集合中检索和浏览信息。为帮助用户更好地定位需要的文献，系统提供检索结果的可视化分析功能，即可以通过检索结果分组、关键词云图、论文发表年代分布、被引年代分布、作者合作关系状态、引用强度等可视化分析图形，实时联机分析检索结果，帮助用户在大量的检索集合中根据文献间的相关关系找到自己需要的文献。同时，系统也提供引文检索功能，以发现一篇文献的被引用情况，一个作者的论文影响力，一种期刊、图书、专利等文献的影响力，从而获取在科学研

究中产生重要影响的有价值的文献信息。该系统与 NSTL 文献原文传递和代查代借系统无缝链接，支持用户快速获取文献全文。

②元数据标准服务。提供元数据标准服务的元数据登记系统(http：//spec.nstl.gov.cn/)，对元数据规范、元素集、元素及属性进行发布、登记、管理和检索，支持开放环境中元数据规范的发现、识别、调用以及在此基础上的元数据映射、挖掘和复用。

③代查代借服务。代查代借服务面向注册用户提供各类型文献全文的委托复制服务，每篇文献按照 NSTL 内收费标准预扣复制费和服务费，发送原文后按照实际页数和 NSTL 外实际发生费用收取复制费。用户填写"代查代借请求申请表"后，NSTL 的工作人员将根据申请表提供的文献线索及用户所限定的地域、时间与费用，依次在 NSTL 成员单位、国内其他文献信息机构和国外文献信息机构查找用户所需文献。如果 NSTL 成员单位馆藏范围内有用户所需要的文献，那么在用户提交申请表后，工作人员将在 2 个工作日内按照用户所请求的方式发送原文。如果需要到国内其他文献信息机构或国外信息机构查找文献，那么发送原文的时间将视具体情况而定。目前 NSTL 只向中国大陆地区的预付款用户提供此项服务，使用网上支付的用户可以通过"自助中心"的"用户账户充值"功能交纳预付款后使用本服务。我国西部地区用户服务费和 NSTL 内代查代借的文献复制费享受半价优惠政策。

(4)专题服务

①重点领域信息门户。重点领域信息门户是由 NSTL 组织建设的网络信息资源服务栏目之一。该门户是面向科学研究团队、科研管理工作者、情报服务人员等不同人群，按领域专题定制的知识服务平台。平台基于不同领域的国内外相关机构(政府机关、科研机构、学/协会、科技企业、学术会议、个人主页等)网站，自动搜集、遴选、描述、组织和揭示各机构发布的重大新闻、研究报告、预算、资助信息、科研活动等，提供内容浏览、专题定制和邮件自动推送等服务，可帮助用户快速了解和掌握领域内科研发展态势，掌握同行或竞争对手的科技活动动向，发现领域重点及热点主题，把握领域发展概貌，辅助科技决策。

②国家重大战略信息服务。"国家重大战略信息服务"围绕"一带一路""长江经济带""京津冀协同发展"国家三大战略的共性需求和个性需求，整合资源优势、人员优势和经验优势，打造三大战略建设与实施的一站式信息服务通道与信息情报保障解决方案。NSTL 国家重大战略信息服务平台包括一个总平台

和四个子平台，子平台分别展示"丝绸之路经济带""海上丝绸之路""长江经济带""京津冀协同发展"相关内容。用户可以通过服务获得国家三大战略的动态信息、重大政策、情报资源、信息产品、研究成果等资源与信息。

③专题信息产品。专题信息产品旨在兼顾科技决策和管理者，科技战略专家和领域科学专家的信息需求，聚焦国家重大战略、重要项目和重点领域，介绍特定研发领域的进展动态和发展态势。

9.2.3　NSTL 服务效益分析

NSTL 的效益不仅体现为直接服务，其更多地体现在延伸服务上。例如，在服务对象方面，除自身的服务以外，更多地体现在对成员单位以及第三方机构的服务支撑上；在资源采集方面，除自身的资源采集外，更多地体现在对其他单位订购资源的减重上；在系统构建方面，更多地体现在对其他系统的开放和集成揭示以及各省科技文献平台对 NSTL 系统的集成利用上。①

（1）面向科技创新的基础文献保障服务效益

NSTL 成立多年来，科技文献资源不断增长，目前已拥有国内最大的科技文献实体馆藏，在我国科技文献资源保障体系中占据着举足轻重的地位。2009年，NSTL 订购印本外文期刊 17300 种，占目前国内用户订购国外自然科学领域印本期刊总量（23400 种）的 71%。按理、工、农、医四大学科领域被引 10次以上期刊来分别计算，满足了我国科技人员引用外文期刊的 73.03%、76.85%、78.21%和 67.66%的需求，说明 NSTL 收藏的期刊对国内核心需求的支撑能力达到了较高的水平。

目前，Elsevier、Wiley、T&F、Springer、Inderscience、CUP、OUP 等著名出版社出版的自然科学类期刊，NSTL 已基本收藏齐全。截至 2009 年，NSTL收录 Elsevier、Wiley 和 Springer 三家知名出版社的期刊已超过 3000 种，占资源总量的 20%，具体分布如图 9-3 所示。SCI、EI、INSPEC、CA（CORE）、Medline 和 BP 均是国际知名的二次文献数据库，其来源文献基本涵盖了各学科领域国际权威的学术期刊。截至 2010 年，NSTL 收藏的外文期刊对这些数据库来源期刊的平均覆盖率已经达到 70%以上，NSTL 收录的主要的二次文献数据库期刊如表 9-2 所示。

---

　　①　曾建勋，邓胜利.国家科技图书文献中心资源建设与服务发展分析[J].中国图书馆学报，2011，37（2）：30-35.

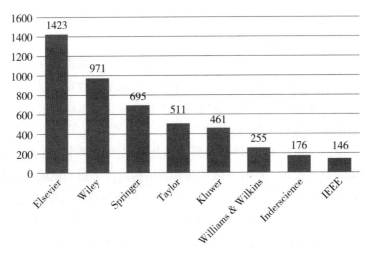

图 9-3　NSTL 收录的外文期刊出版机构分布

表 9-2　　　　　　　**NSTL 收录的主要的二次文献数据库期刊分布**

数据库	数据库期刊(种)	NSTL 收录期刊(种)	占比(%)
SCI	6623	5765	87. 05
EI	3036	2499	82. 31
INSPEC	3897	2627	67. 41
CA(CORE)	1406	1035	73. 61
Medline	5074	3580	70. 56
BP	5131	3431	66. 87
CABI	7161	3927	54. 84

　　NSTL 订购了外文会议录等文献 4200 套/7000 余种，在中外文学位论文、中文会议文献等方面的收集数量上也位居全国首位。

　　NSTL 网络服务系统文献检索和全文传递服务量以及各单位自身提供的服务量逐年递增。2008 年检索访问量达到 7000 万人次以上，比上一年增长近50%，是 2001 年的 13 倍。2008 年提供全文服务 100 万篇，其中 NSTL 网上全文传递 33 万篇，比上一年增长近 70%，是 2001 年的 10 倍，且 99%以上的全文传递在 24 小时内完成。截至 2009 年，NSTL 网络服务系统检索访问总量已达 2.9 亿人次。这些数据表明，随着服务能力的增强，我国外文科技文献信息资源极度匮乏和服务单一的局面已得到根本缓解，中国科技界对文献信息的迫切需求得到了基本满足。①

（2）加强数字资源建设，形成了全国性使用

鉴于数字资源的诸多优势和用户使用习惯的变化，国内外众多的信息资源机构也顺应时代发展和用户需求，增加了电子资源采集数量。以服务为主的大学图书馆，正快速增加数字化信息资源，大幅度减少印本资源的订购数量，甚至有的大学图书馆采用"电子版优先"原则，即只要有电子版即停止订购印刷版。清华大学图书馆从 1996 年开始引进国外网络版数据库，并逐年增加了电子资源采集经费的投入，同时对纸本期刊的结构进行了适当调整，图书馆拥有的电子资源比纸质文献资源更为丰富，可利用的数字资源总量已超过 2 万种，印本期刊则由早期的 2000 多种减少到不足 200 种。为了适应数字时代的发展，NSTL 构建印本和电子版兼收并蓄的新型资源保障体系，坚持"藏用并举"原则，在统一资源采购、削减资源重复的同时，重点加强结构性缺失的科技文献数字资源建设，面向全国科研与学术服务；加强电子版载体期刊的补充建设；加强对低保障率资源、低使用率资源的国家保障；推动"国家许可"模式的数字科技文献资源引进和服务；重点加大对国外学/协会资源的国家许可服务的建设力度，积极推进中小型供应商数字资源的国家许可服务，对"国家许可"资源实行直接公共服务。②

近几年来，面向全国非营利性学术科研机构，NSTL 开通全文电子期刊500 多种，以补贴的形式为成员单位订购全文电子期刊 7000 余种。另外，还订购了中文电子图书 20 余万种，中文电子期刊 11000 种，订购各类文献数据库 113 个。以国家买断的方式购买了 Springer、OUP（英国牛津大学出版社）、IOP（英国物理学会）、Nature 出版集团、Turpion 出版社 5 家出版社或机构的回溯全文数据资源，共有 1000 多种期刊回溯文档，有些甚至可回溯到创刊年。NSTL 正在建立面向科研和教育用户开放的回溯数据服务系统，面向国内科研机构免费服务，使用户对这部分信息资源的需求得到满足。回溯文档除弥补国内数字资源缺藏年代外，还可进行较长时间跨度的相关文献的检索和揭示，在正文信息和参考信息之间建立关联关系，方便"追根寻源"或扩大视野，受到

①　王海艳，李迁廷. CALIS 文献传递系统与 NSTL 文献传递系统分析[J]. 现代情报，2005(11)：154-157.

②　张晓林，刘细文，孙坦，等. 国家科技图书文献中心的效用形式及其评价[J]. 图书情报工作，2008(3)：62-65.

了全国科技人员的普遍欢迎。①

（3）网络服务系统的接口开放与第三方接入的支持

NSTL 对全国的服务保障作用，更多地体现在对成员单位和第三方机构的支持和服务上。为此，NSTL 以数字环境下文献信息服务战略研究为先导，加强了开放式、集成化资源与服务平台建设，NSTL 三期网络服务系统增加了多种 Web 服务接口（包括检索接口、全文传递接口、代查代借接口、嵌入式服务等），支持第三方扩充资源和服务能力。与传统的封闭式系统不同，NSTL 三期网络服务系统不仅面向个体读者开放，还面向国内各信息服务机构开放，全面支持第三方信息服务机构对 NSTL 资源的调用，使那些资源不全、资金不充分的机构能有机会更加便捷地获取 NSTL 资源，为全国的文献服务机构提供了有效的技术和资源支撑。

鉴于此，很多省市平台依托 NSTL 系统，建设地方科技文献共享平台，将 NSTL 资源嵌入自身系统，纳入当地科技信息共享服务平台的建设；将 NSTL 资源作为其重要组成部分和外文文献主要支撑体加以组织整合，将 NSTL 服务的宣传和资源推广工作与本地科技文献保障与服务系统相结合，从而使得 NSTL 资源与服务得到地方各级各类机构的使用与推广。当前，国内许多科技文献信息服务机构（如高校图书馆等）以 NSTL 为参照系统，停订了 NSTL 已经购买的国外科技原版期刊，把 NSTL 的资源和服务能力作为自身的最终获取保障。在这种情况下，NSTL 的资源服务面临着更高的要求。如何充分发挥 NSTL 的信息保障作用，使得各类信息服务机构的用户能够像使用本机构的服务系统（如 Google Scholar 之类的公共信息服务系统）那样利用 NSTL 的资源和服务，是 NSTL 当前迫切需要解决的问题。②

9.2.4　开放融合环境下 NSTL 平台资源建设组织

随着我国自主创新能力的不断提升，国际范围内的科技竞争必然会表现为科技信息竞争与封锁。若资源存放在国外，一旦发生自然灾害、国际纷争等不可抗力事件，我国对外文科技文献的访问和使用将遭遇重大阻碍。③ 随着科技

①　国家科技图书文献中心. 国家科技图书文献中心 2000—2007 年度报告［R］. 2007.

②　李广建. 面向信息机构的嵌入式 NSTL 资源集成服务系统的设计与实现［J］. 现代图书情报技术，2009(6)：1.

③　曾建勋. 开放融合环境下 NSTL 资源建设的发展思考［J］. 大学图书馆学报，2020，38(6)：63-70.

文献保障的国际形势日益严峻、安全风险日益增大，国家基础平台保障作用将更加突出。国家科技文献保障体系需要在保证印本资源订购的同时，对纯电子出版的数字资源、网络资源、开放获取资源等进行完整采集和本地保存，并实现本土化平台访问和保障。

(1)新时期平台信息资源建设的开放融合新生态

图书馆系统的发展历程，从相互之间无关联的图书馆自动化系统，到实现机读目录，到出现联邦检索、OCLC 的联合目录，再到现今的资源发现系统，实际上贯穿着一种渐进式开放融合的理念。就资源发现系统来说，其实质是在继承搜索引擎原理等的基础上，发扬图书馆联合目录的优势，不仅为图书馆之间提供开放协同服务，还扩展到数据库商、出版社之间的开放获取和协同服务；资源发现系统在实现图书馆数据聚合、业务系统整合、服务协同以及工具融合的基础上，将信息检索、文献获取与图书馆用户认证系统、借还书系统、原文传递系统、代借代查系统等服务协同链接起来，并利用开放应用程序接口(Application Programming Interface，API)服务、开放链接和大数据、云计算、知识组织和人工智能等技术，最终实现了集资源发现、文献获取或传递、收录引证、学科分析、科研评价于一体的一站式集成服务。发现服务的兴起标志着一种新型的开放融合生态正在跨界形成。

①开放获取正在形成信息传播新机制。开放获取运动的出现，开放创新、开放科学、开放评价、开放出版、开源社区的蓬勃兴起，导致开放资源、开放数据、开放期刊、开放仓储越来越多。开放存取作为一种全新的学术传播机制，正在推动学术资源和科研成果的自由传播，提升公共信息的利用水平。目前，许多国家和组织已经出台强制性开放获取政策，要求公共资金资助科研成果存储到开放知识库，实行开放共享。同时，开放获取期刊和论文资源迅猛增长，不仅涌现出 Pubmed Central、PLoS 等开放获取出版平台，牛津大学出版社等传统出版机构也逐步开展开放获取实践。在开放存取模式下，科研人员不需要通过付费订阅就能访问学术信息的全文，阅读、下载、拷贝、传递、打印、检索、超链接该文献，这彻底改变了用户获取和使用学术信息的渠道、方式、需求甚至观念。开放存取资源免费向公众开放，消除价格障碍，降低资源建设和文献获取的门槛，打破资源建设和服务的原有格局，将对图书馆传统的资源建设资源存储、知识产权管理、资源保障服务模式造成巨大冲击。

②API 应用正在推进信息服务新业态。通过 API 实现跨界的开放式调用，形成了开放、灵活、自主、优化的合作体系。通过数据交换对价值链进行整合、重塑与创新，实现信息服务业的"互联网+"融合发展，将大大减少数据和

应用"孤岛"，释放更多计算能力，实现价值重塑。它意味着将图书馆馆藏数据、数据商出版数据、网络开放数据等数据资产化，将图书馆、数据商和相关单位知识库等拥有的数据、服务和业务能力以 API 的形式开放给生态系统各参与方，实现业务能力的互联互通，带动数据—软件开发—信息服务整条产业链的创新发展。例如，滴滴平台调动社会车辆提供租车共享服务；维基百科借助社会力量构建百科知识服务于公众；百度文库资源众筹共享。这些表明无论是基于服务保障的全文长期保存，还是基于登记注册的元数据集成融合，抑或是基于开源的软件工具融合，都可以通过图书馆、出版社、数据库商、开发商之间的合作，借助 API 应用共同构建，使更多的资源拥有者、标注者、开发者参与到资源共建共享中来。通过实现交流或交易的媒介功能、信息服务功能、产业组织功能和利益协调功能，来拓展新的价值网络，带动信息服务业态创新，加快信息服务转型升级。

③数据融合正在塑造产业的新模式。科技文献出版正在从印本出版、印本与电子资源并存，发展到纯电子出版，甚至语义出版，新型出版方式和出版物形式不断涌现，非正式交流形式日益丰富，学术博客、网络社区、即时交流工具等蓬勃兴起，媒体融合呈现出立体化出版趋势，既反映了全球科技发展轨迹变化和时代创新特征，又反映了数字信息形态变革和科研范式变化。知识单元不仅包括图片、表格、公式、人物、机构等，还包括知识点、概念、等级、本体关系等复杂关系。这些知识单元通过 XML 系列置标语言进行描述和标记，并在知识组织体系中的公理、命题的基础上，与特定领域以及跨系统的各种知识组织工程相结合，支持可计算、可推理的智能语义检索与语义知识发现。越来越多的出版机构正在推进语义出版、支持各种细粒度的知识单元关联与计算。如 Springer 推出科研图谱(Scigraph)服务，将传统集中式、以文献为中心的出版平台转换为分布式、以事件为中心和以 RDF 为基础的复合语义架构。除 Springer 外，还有一大批国际学术出版商已经在语义出版方面进行了丰富的实践，无论是 Wiley 的"Smart Article"，还是 Elsevier 的"Article of the Future""ClinicalKey"都成效卓著。同时，数字技术和数字环境在颠覆传统资源形态的同时，使文献资源的揭示程度从书目层级逐步深化到篇章、图表、科研实体等知识单元，出版传播手段从文本拓展到了交互文本、可执行论文、音视频等。各种载体、数据、内容、工具资源的跨界融合越来越强烈，出版商、集成商在拓展原有数据库、元数据应用模式的同时，也在深化文献的资源描述与信息服务，全面改造信息资源建设与服务模式。

④大数据技术正在注入信息时代的新动能。

大数据、云计算、人工智能等新兴技术的迅猛发展，给科技文献保障体系建设带来了前所未有的技术挑战。在大数据环境下，海量数据存储、复杂数据处理、大数据深度挖掘和预测分析服务对图书馆的数据存储能力、计算能力、知识组织能力、数据分析能力提出了严峻挑战，并将极大地改变图书馆信息资源建设、资源存储和保护、信息发布和传播、知识化服务的现有模式。云计算作为一种以数据为中心的新型网络计算方式，将资源、计算能力和领域知识组织有机融合，形成认知计算型知识组织工程，并与出版融合应用，形成基于计算、分布存储的动态数据云服务，将深刻地影响未来图书馆的互联网运作和服务模式，改变图书馆信息获取、存储、检索和共享的方式与理念。当前人工智能已成为引领未来的战略性技术。如深度学习、人机协同、自主操控、知识学习、自主智能等人工智能技术在深刻改变人类社会生活的同时，将给图书情报行业的技术策略、技术体系、技术基础设施、业务系统、智能化服务带来革命性变化。人工智能在信息智能获取、智能参考咨询智能检索、语义数字图书馆、图像识别等领域的直接应用，将推动科技文献信息保障和服务从"互联网+"进入"智能+"时代。

总之，各类新技术的复杂性和颠覆性，对图书馆的技术应用能力和知识服务能力带来了前所未有的技术挑战，必将颠覆图书馆传统业务模式和技术体系，催生图书馆新机制、新业态、新模态和新动能。开放是颠覆性技术，更是颠覆性机制，构建开放融合生态环境支撑的数据融合和语义组织体系，推进基于智能认知和知识组织的开放服务体系是大势所趋。当下，数字图书馆、数字出版、学术搜索引擎在语义环境下走向融合归一。在不断开放融合的生态环境里，图书馆需要认清自身功能定位，塑造科技信息保障核心能力。

(2)开放融合环境下 NSTL 平台资源建设策略

科技文献信息的生产、组织、分析、传播和服务等正进入数据化、工程化、智能化、聚合化和可计算的新时代，需要基于开放共享理念，实现跨系统、跨产业、跨领域的协同发展，重组信息资源建设格局，形成从出版社、图书馆到终端用户高度开放融合的有机整体。为此需要资源建设树立"资源即数据""系统即服务""用户即资源"的新理念，强化元数据规模化建设，实现大规模语义化、关联化知识组织，工程化数据处理，构建具有知识关联特征的知识服务系统。

NSTL 资源建设总体策略如图 9-4 所示，目前需要重构文献信息资源建设渠道，推进元数据战略，适应开放融合环境，建设国家元数据库体系。与此同时，一方面需要构建全文保障协同服务机制，适应国家信息安全保障需要，建设立体化资源本土长期保存体系；另一方面需要构建多层级知识组织流程和工具体系，适应高层次的科研管理需求，建立知识单元开放关联的结构体系。而这些都需要重构数字业务管理体系，适应知识发现服务潮流，提升资源建设的效率和效益。

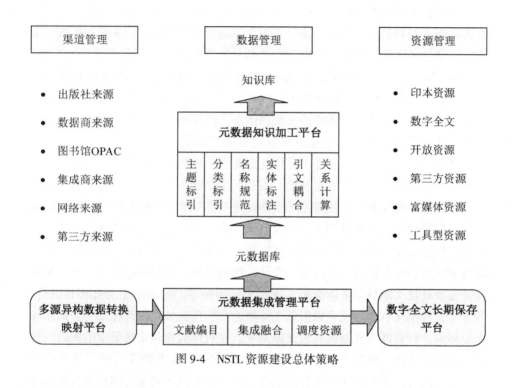

图 9-4 NSTL 资源建设总体策略

①实施元数据战略，建设国家元数据库体系。经过数十年的建设，国内高校图书馆、公共图书馆和科技图书馆均积累了丰富的未经集成的元数据资源。NSTL 作为国家级保障机构，需要全面实施科技文献国家元数据战略，最大限度地构建国家元数据库，通过开放国家资源目录，同各公共馆、高校馆、专业馆一道，构建统一的元数据集成联盟；探索基于知识产权管理、市场化激励措施的元数据登记注册集成共享机制，大力拓展元数据的多来源获取渠道；加强对订购资源、开放资源、网络资源等元数据的及时发现、采集、规范和保存，实现图书馆、出版社、集成商等多源异构文献元数据的集成融合，编制外文科技文献联合总目录，建立中国科技信息资源的"大"元数据体系。按照元数据收割/导入、转换、校验、集成、查重、归一等环节设计元数据集成融合流程，制定元数据统一标准规范和描述模型，实行多来源元数据格式的映射登记，建

309

立元数据集成融合系统，实现多来源元数据在数据、信息和语义三个层面的集成整合，形成覆盖元数据资源采集获取、集成整合、信息服务等全流程的功能模型，并不断提高元数据采集的完整性和更新的及时性，形成国家元数据库的可持续发展机制。

当前，文献资源的揭示粒度不断细化，元数据的本质内涵不断加深，早已不再局限于书目揭示，转而形成一个包含多层级内涵的体系。在统一标准框架下，构建了多来源、多载体数据相融合的元数据战略体系，集国家印本资源、国家数字资源、第三方馆藏、第三方全文保存于一身的全文协同保存体系，集原文传递、代查代借、链接获取于一体的资源调度体系，集分类法、叙词表、机构文档、母体文档于一体的语义组织体系，以及面向用户本体和用户画像的用户实名注册管理系统。

②基于全文协同保障，建设立体化资源本土长期保存体系。构建我国自主可控的科技文献信息开放生态环境，需要调动全社会相关力量拓展资源采集渠道，建立元数据注册登记的集成仓储机制、数字全文分布保存与协同保障机制。在构建联合目录的基础上，联合各家实现原文多途径的协作保障，大范围地推进馆际互借，构建更广泛的共享空间；构建基于公共资金权益保障的数字资源本土长期保存格局，通过分工合作，吸引高校、科研院所共同参与，推动国际重要科技文献数字资源全部实现本土长期保存，形成集中与分布相结合、数字全文长期保存和原文获取服务于一体的数字资源长期保存体系与协同服务保障格局；针对西方限制的科技文献品种，在巩固商业化市场渠道的同时，开拓民间交流渠道，强化"卡脖子"资源的长期保存；提升数字资源长期保存的自我管理能力，实现我国原生数据资源、国外引进数字资源、网络开放资源等资源的长期保存和可持续更新，增强抵御信息风险的能力。

在保障中外文期刊、会议、学位论文、科技报告等一次、二次文献采集的基础上，增加智库资源、年鉴、进展、综述、述评等三次文献的采集；规划新媒体、科学数据、可视化图谱等新兴资源建设，适时推进富媒体学术资源、事实型数据资源、术语型组织资源、软件型工具资源等建设和保障，形成媒体融合时代的立体化资源保障体系；在巩固完善面向学术研究的资源建设基础上，大力开拓面向产业创新的资源建设，加强市场报告、产业分析、统计手册等资源采集，形成学术信息资源与产业信息资源相融合、适应知识增长和创新需求变化的一体化创新资源体系，有序地向多元化载体和新型信息内容资源建设拓展。

③推进多层级元数据的语义知识组织，提升大数据增值效应。通过人工智

能技术与语义知识组织的优势互补和深度融合，强化元数据集成、数字知识表示、语义组织关联和用户认知模型研究，加强知识组织体系及其工具的开放应用，深化多粒度的科技文信息深度组织与知识揭示，大力支持第三方应用服务开发；强化科技文献资源与科学数据、科技项目、科研机构等资源的关联，对文献目录、章节知识点、内容提要、实体、表格、图片、公式、概念等进行细粒度加工和关联，提升对现有资源的揭示力度，不断提高文献大数据的知识处理能力；构建高附加值资源，通过可泛化的知识学与计算工具，采用新一代科技文献智能知识关键技术与产品，实现大规模语义知识库自动构建、知识计算推理与知识服务可视化交互等，形成统一集中的科技文献资源聚合管理服务体系；推进文献资源的深度聚合，按照预先设计的语义框架揭示术语表示时的资源语义关系，逐步形成可检索、可关联、可计算的一体化开放知识体系。

④构建适应发现服务的数字业务管理体系，引领资源建设新模式。在大数据环境下，图书馆的业务流程正在发生翻天覆地的变化，未来的服务管理平台不是一种简单的统一集合，而是一个包含多元工具、算法、应用的融合集成系统，需要实现知识组织体系的开放应用，如自动标引、识别和分类、导航、评估、链接、计量等新业务，以及分析工具协同开发与开放应用，如需求感知、主题监测、用户画像、个性推送、精准服务等新服务的开拓与深化。需要构建适应大数据的数字业务新流程，在海量元数据集成的基础上，通过书目一体化管理系统、元数据集成管理系统和知识加工处理系统完成对元数据的规范统一、语义化处理；通过高度模块化、可扩展、可定制、个性化应用的信息服务平台，采用 App 方式实现图书馆各业务管理和服务功能模块的按需安装使用。需要强化文献资源建设业务系统间的相互协同和衔接，在对 NSTL 现有的综合管理系统、联合目录系统、开放资源管理系统、非析出加工系统、数据加工系统、引文加工系统进行功能增强的优化改造基础上，按照元数据系统标准规范和描述模型，建立多源异构元数据集成融合与规范加工系统，构筑支持各类数据的加工、融合、计算和管理的大数据基础设施，提升数据管理能力。这样才能加快推进 NSTL 资源建设从采购管理向渠道管理转变，推动数据管理业务从简单数据加工向数据集成融合转变，推动文献征订遴选、联合编目、资源加工、数据仓储等业务系统重组整合，构建新型的基于数字资源、兼顾印本资源管理的全新数字业务管理体系。

随着开放融合新生态的形成，原有的图书馆体系在重构之中也会焕发新生，将打破现有公共图书馆、科技图书馆、高校图书馆的格局，集合国家馆、公共馆、高校馆、出版社及网络资源，形成"全覆盖"馆藏，转型为由研究规划型图书馆、资源建设型图书馆、技术开发型图书馆和信息服务型图书馆组成的宝塔形的新格局，推进嵌入团体的相关文献服务、知识服务、智库服务、分析服务、数据服务等。走进新时代，NSTL 将继续坚守国家科技文献资源保障的初心，完善可持续发展的开放创新机制，坚持国家科技文献元数据战略，实施国家科技文献本土化长期保存战略，加强三次文献、新媒体资源、开放资源、科学数据、工具算法资源的集成融合，佐之以实名认证的发现系统，拓展基于情景敏感的知识化、智慧化、个性化服务方式，支持非营利性服务，孵化市场化服务，打造出融合多源异构大数据的本土化公益服务平台。随着越来越多的图书馆元数据、数字资源及其业务系统、服务系统逐步实现云端化，NSTL 将在开放融合新生态中携手内容行业各类主体，不断壮大和完善国家科技信息资源发现服务体系，形成互利共赢的科技文献保障命运共同体，携手建立科技文献保障服务的"新业态"，开创科技信息资源保障事业发展的新篇章。

9.2.5　NSTL 未来的发展思路

近年来，各种集成技术正把分布的信息资源和服务有机链接起来，用户信息系统和社会化信息服务日益成为用户获取信息的主环境和主渠道。由于网络化集成信息服务的日益普及、用户需求的变化、用户科研环境的变革、地区发展和学科信息的差异性、产业服务的特殊性等，需要用科学发展观统领科技文献资源建设与服务工作，需要重新审视数字网络环境下的科技文献国家保障体系，将科技文献服务方式与科技创新和社会经济发展紧密结合起来，思考如何将 NSTL 丰富的各类资源和服务转化为社会普遍的信息能力，把各类资源与服务有机地整合融入用户本地信息利用环境，嵌入科研与创新过程，并有效地渗透到欠发达地区，覆盖企业和中小型机构。需要适应问题驱动和市场化个性化的需求，将目前 NSTL 主要集中于资源建设和文献检索获取的服务，转移到新一代互联网环境下的数字化信息服务。

（1）可持续规划国家层面的数字资源战略

保障数字资源已经成为科研教育的主流资源，数字环境已经成为科技创新的主要科研条件，面对未来科技文献资源的数字化与多元化发展趋势，如何与各类科技文献机构的现实以及未来信息环境有机融合，需要 NSTL 进一步加强数字文献资源的长期保存和持续获取的支撑作用，建立国家层面的科技信息资源统筹规划和协调机制。一方面，在继续巩固完善纸本科技文献资源基础保障的同时，防范数字资源结构性缺失的风险，加强数字资源的服务能力；另一方面，进一步提升 NSTL 国际上重要期刊的采购量，加强学科布局的均衡性，提升科技文献资源总体保障的完整性和可靠性。同时，有机整合国家、地区、行业和本机构资源与服务，通过 NSTL 平台逐步集成地方/行业特色资源，挖掘和利用各类特色资源与服务，促进 NSTL 和其他平台资源的有效集成。

（2）第三方文献信息服务能力的拓展

当前科研互动交叉融合，协同创新趋势明显，科研条件和交流环境的日趋网络化、数字化，强烈要求提供桌面化、网络化、个性化的科技信息服务。用户需要对分布的多元资源进行集成检索，需要进行知识获取、问题求解，这些新的变化需要我们全面提升 NSTL 在新形势下的服务能力，按个性化需求动态检索、关联、链接和集成各类信息内容，支持需求驱动、情景敏感、流程耦合、无缝链接的服务。要继续支持第三方信息服务机构的增值服务能力，将 NSTL 资源、服务与其他机构的本地文献检索、文献传递和信息咨询等服务有机链接，使 NSTL 资源、服务成为其本地文献服务的组成部分，最大限度地提高最终用户利用 NSTL 资源服务的便捷性；支持第三方机构对 NSTL 资源与服务进行二次开发和深度定制集成，形成新的文献信息服务能力。

（3）基于深度揭示和关联的知识组织体系

数字信息网络正在颠覆原来的孤立、分散、与用户知识创造过程割裂的文献服务机制。集成分布的多方资源、连接多元的服务流程、设计和支持个性化的文献服务环境、挖掘利用多类技术和服务来提供知识服务，已成为科技信息服务发展的主要方式。所以，需要我们发挥 NSTL 在关键服务创新和公共服务工具支持上的引导推动作用，加强知识组织体系建设，提高文献内容的深度揭示和关联服务，更加关注基于文献内容的知识挖掘能力。

需要进一步开展基于网络的、联合和交互的知识组织体系建设，进行知识组织体系开放应用技术与工具的研究试验，拓展和提高 NSTL 的知识发现与知识组织功能，逐步支持各级各地科技文献服务体系，灵活调用 NSTL 资源来支持自身的内容抽取、分面聚类、关联检索、集成组织。同时，应发挥 NSTL 协调文献机构的组织优势，开展知识单元、知识自动获取、知识组织与存储、知识融合与服务系统相关的理论、方法、技术与应用的研究，开展多层次多领域的知识组织工具的研究和建设，包括跨专业和领域的新型科技知识组织工具建设、中外文科技词典和语料资源建设、跨语言理解分析工具开发与应用能力建设；应将科技词汇知识资源与计算机网格技术相结合，向各类科技信息服务机构、企业和社会公众提供高性能的科技词汇知识服务环境；积极应用可视化检索技术，开发和推广应用基于通用资源的公共可视化工具，支持按多维分面、结果聚类等方式的内容可视化检索和发现。

(4)科技信息服务模式的创新

通过多年的建设，国内已经形成了信息服务机构、信息资源供应商和网络信息服务供应商等多方参与，国家公益性投入为主导、市场商业运行为补充的联合服务，多元保障的科技文献服务体系；初步形成了以 NSTL 为主，各类机构相互补充的国家外文科技文献资源保障体系。然而，我国科技文献资源与服务还存在着严重的不平衡，NSTL 和地区/行业文献服务体系还没有有效集成，未能有效覆盖到欠发达地区和渗透到企业和中小型机构；尚未把各类资源与服务有机整合融入用户本地信息利用环境，也未建立嵌入科研与创新过程的服务机制。

因此，需要发挥 NSTL 的国家协调统筹能力，强调科技信息服务体系的联合共建共享以及多元保障作用，组织协调各地各级科技文献服务机构开展联合服务和推广增值服务。与此同时，应充分探索国内各类各级文献传递服务体系的联合服务机制，联合进行科技信息服务宣传与培训行动，探索联合咨询机制，大力发展灵活多样的科技信息服务方式，针对科技园区、重点企业、重点服务项目，定点跟踪服务和定制产品，提供专门的信息服务与情报服务，逐步完善定点对口服务机制。

9.3 国家科技管理信息系统公共服务平台

2014 年 12 月，国务院发布《关于深化中央财政科技计划(专项、基金等)管理改革方案》(国发〔2014〕64 号)，要求建设完善国家科技管理信息系统，通过统一的信息系统，对中央财政科技计划(专项、基金等)的需求征集、指南发布、项目申报、立项和预算安排、监督检查、验收结果等进行全过程信息管理，并主动向社会公开非涉密信息，接受社会监督。同时，实现与地方科研管理系统的互联互通。由此可知，建设国家科技管理信息系统是加强我国科技资源统筹、提高科研管理水平、增强创新支撑能力的重要举措。

2015 年 9 月，由中国科学技术信息研究所建设运行并提供相关技术服务的"国家科技管理信息系统公共服务平台"开通试运行，该平台是跨多部门、多地区运行的综合性信息服务系统和信息技术应用体系。该平台运行于互联网，承载各类面向专业机构、评估机构、评审专家、科研人员、社会公众的管理服务模块，主要包括项目管理、信息公开公示、项目申报以及有关资源服务模块。

9.3.1 国家科技管理信息系统的基本架构

国家科技管理信息系统一方面与各部门、各地区相关科技业务管理信息系统衔接，保障各类科技管理业务的相互衔接和业务协同，实现业务信息、科研项目数据的互联互通；另一方面承载各类跨部门宏观决策、综合管理和专项业务的统筹管理功能，保障跨部门、跨地区的综合管理业务，形成统一的科技数据资源目录，实现宏观科技管理、计划专项布局、专项组织实施、资金管理、评估评价、成果转化等环节的统一规范管理。

目前，中国科学技术信息研究所有四个部门负责国家科技管理平台相关工作，科技计划管理支撑中心负责项目申报流程管理，科技报告中心负责科技报告和科技成果管理，技术支持中心负责科技管理平台数据服务，信息资源中心负责科技项目档案收集管理。

国家科技管理平台是以国家科技计划管理的战略目标为导向，以提高项目实施效率和效益为目的，支持决策分析、控制执行、过程管理的人机交互系统。[①] 构建公开统一的国家科技管理平台，能够实现跨地区、跨部门、跨行业、跨学科、跨系统的协同，在为科技计划管理体制优化提供制度性基础服务的同时，还可以为科技创新提供全程化科技情报服务。按照新的国家科技计划管理流程要求，国家科技管理平台需要实现从服务科技管理者向全部创新主体的转变，从政府科技计划管理向综合服务平台的转变，从面向科技创新链的单向信息服务模式向融合产业链、创新链与资金链的综合信息与数据服务模式的转变，形成公开统一、功能完整、互联互通、安全高效的科技管理与信息服务平台。[②] 为达到这些要求，国家科技管理平台不仅需要全面支撑科技计划推进中的指南编制、项目申请、项目评审、项目实施各个环节，而且需要形成全面涵盖科技活动主体、科技资源、科研条件、创新要素等各类实体的科技信息大数据中心，实现全国科技信息高度共享，为各类创新主体和各级科技规划管理主体提供智能化、精细化的决策支持服务，发挥

---

① 沈杰. 构建图书馆个性化智能信息服务系统的基本路径[J]. 图书馆理论与实践，2021（2）：80-84.

② 戴国强. 国家科技管理信息系统建设专题序言[J]. 情报学报，2016，35（9）：899-899.

资源统筹、过程控制、科研评价、绩效考核、知识服务、归档保存等作用，提升科技治理与服务的信息化水平，促进科技决策科学化、治理现代化、监管社会化、服务信息化。

（1）国家科技管理信息系统的业务流程

构建公开统一的国家科技管理信息系统，需要基于我国科技计划改革管理目标、管理模式，面向科技项目生命周期的全过程进行系统的整体架构设计，将业务信息的处理、科技信息的管理、科学数据的分析、过程监管流程和决策支持需求，以及不同层级间信息交互等纳入系统架构；融合国家新五类科技计划、地方科技计划和基层单位科研项目管理，统一纳入国家科技信息管理范畴进行整体规划。①

科技项目实施的全生命周期，指项目的产生、成长、发展、成熟、衰老、结束、完成等阶段，在实践中表现为项目定义与决策、项目计划与设计、项目控制与实施、项目完工与交付、项目运营与维护、项目分解与拆毁等项目管理的全过程。因此，基于科技项目全生命周期的国家科技管理信息系统业务流程主要包括：指南发布、项目申请、项目审查、专家评审、立项管理、中期检查、项目验收、成果转化。同时，还需配备一系列的相关服务，如主题监测、项目立项查新、项目文本内容与语义查重、专家识别、专家遴选与回避、表单定制、可视化报表、多维统计分析、留痕与日志管理、知识产权管理（水印条码）、科技项目全过程管理中的定期提醒、科研信用监管、资金预决算监管、仪器设备开放等，如图9-5所示。

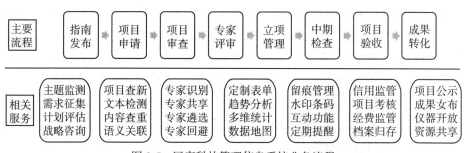

图9-5　国家科技管理信息系统业务流程

---

① 曾建勋，曹继东，苏静. 国家科技管理信息系统构建及其对科技情报工作的影响[J]. 情报学报，2016，35（9）：900-910.

（2）国家科技管理信息系统的数据结构

国家科技管理信息系统的数据结构分四个层次，如图9-6所示。第一层为数据层，主要是系统中产生和使用的相关数据资源，可分为指南库、项目库、专家库、成果库、信用库、财务库、报告库、文献库等。数据层需要执行统一标准规范，实现数据互联互通。第二层为业务层，以科技计划管理为目标，以科技项目全生命周期的过程监控为主线，围绕项目发布、项目申请、项目评审、项目执行、监督评估等项目管理过程进行功能模块化设计，既要满足科技管理过程监控和决策支撑需要，又要方便科研人员在项目实施过程中进行项目申请和材料上传。第三层为服务层，基于战略咨询、项目管理、绩效评价、监督监察、信用管理、科技监测、协同创新、数据汇交、资源共享、科技转化等功能需求，设计为科技管理人员和科研创新人员提供优质服务的模块。第四层为用户层，包括科技管理机构（中央主管部委、地方科技部门、专业管理机构）、项目承担机构（各类高等院校、专业科研院所、科技创新企业、科技转化机构）、科技人员（科研人员、转化人员、管理人员）和社会公众。要统一机构用户和个人用户的实名认证注册，给予各级各类用户不同认证身份、不同使用权限，继而在遵循项目实施单位和科技人员知识产权利益的框架下，提供良好的人机交互界面和亲和的服务体验，提供项目查询、信息交互、文献保障等

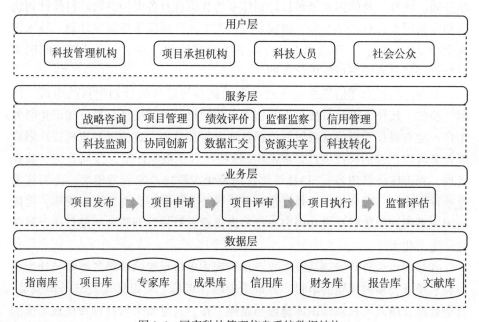

图9-6　国家科技管理信息系统数据结构

公益服务，提供基于大数据的项目内容查重、科技查新、区域优势分析、团队识别、主题趋势和技术路线分析、技术现状综述、项目实施论证、信用管理评估等增值服务。

9.3.2 国家科技管理信息系统的组织架构与管理架构

结合现有科技管理体制，国家科技管理信息系统可以分成"国家—地方—基层"三级组织管理体系，由科技部负责国家科技管理信息系统的统筹规划、顶层设计、标准制定、组织协调和监督运行，设立科技管理信息系统国家统筹协调机构，负责全国范围内科技管理信息系统的开发、运行和维护工作；各地方应将科技管理信息系统建设纳入地方科技管理程序；基层科研单位应建立自身的科研管理信息系统。

（1）国家科技管理信息系统的组织架构

国家科技管理信息系统平台按科技系统部门的管理规范进行构架，其服务面向各系统进行功能设计，平台系统服务按面向对象的原则进行组织。

①国家科技管理信息系统主要负责管理国家科技计划项目的申报、评审、验收、转化，以及科技报告与档案采集归档、科技统计分析、知识化服务工作，需要与现有相关系统、地方科技信息管理系统和基层单位科研管理系统互联互通。此外，新的国家级科技计划体系将我国现有各类中央财政科技计划统一划分为国家自然科学基金、国家科技重大专项、国家重点研发计划、技术创新引导专项（基金）、基地和人才专项五类科技计划，并纳入公开统一的国家科技管理信息系统进行流程化管理。

②地方科技管理信息系统主要负责承担各地区科技计划项目的申报、评审、验收、转化，以及科技报告与档案采集归档、科技统计分析、知识化服务工作。地方科技管理信息系统要依据各地方科技计划设置情况制定科技计划管理业务流程，包括科技项目管理模块（科技项目申报、评审、合同管理、验收管理、查询统计管理等）、科技评奖管理模块、科技专家管理模块、高新技术企业评审模块、后台统计与数据维护模块和公共信息查询与发布模块等，实现与国家系统间的数据交换和内容查重，提高地方科技计划管理的信息化、科学化、透明化水平。

③基层单位科研管理系统主要负责管理本单位承担的各级各类科技计划项目和承接社会横向课题的申报、评审、验收、考核、成果转化及其承担人员、资金管理、绩效考核和知识库建设与服务工作，这是整个科技管理信息系统的基础。基层单位科研管理系统既可以通过专业管理机构与国家科技管理信息系

统实现对接和关联，也可以与地方科技管理信息系统直接对接，实现互联互通，共同形成整个国家系统的组织架构体系。

（2）国家科技管理信息系统的管理框架

国家科技管理信息系统的管理框架由制度、标准、平台和资源四个方面组成，如图9-7所示。该系统实际上是科技计划改革的信息化管理手段，服务于科技计划项目管理与实施，所以需要按照我国科技管理法律法规、科技计划管理改革要求，设计科技计划项目的信息化业务流程，按照"统一数据标准、统一业务流程、统一信息服务、统一组织工具"的要求，构建"电子化科技部"和"数字科技管理平台"。

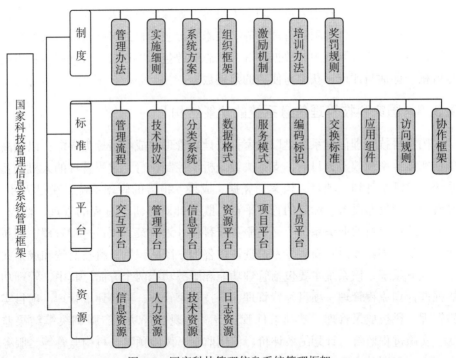

图 9-7　国家科技管理信息系统管理框架

在制度层面，要维护系统运营，制定相关系统管理制度和具体实施方案，确立科技管理信息系统建设主体、运营主体、申报主体、审核主体和服务主体等，以提升项目从申报、立项到实施、验收、转化全过程的管理效率和效益，从而协同推进整个系统的良好运行。

在标准层面，国家科技管理信息系统应实行统一的具有适应性、可伸缩性的数据标准，确保系统接口规范、数据关联统一、业务流程统一，为互联互通提供基础。主要包括管理流程、技术协议、分类系统、数据格式、服务模式、编码标识、交换标准、应用组件、访问规则、协作框架等。同时，在标准制定执行时要兼容地方部门的实际情况，逐步衔接、关联，有序过渡。

在平台层面，国家科技管理信息系统需要创新科技管理信息化工具和手段，除系统本身外，还要建设一系列的相关平台，如交互平台、管理平台、信息平台、资源平台、项目平台、人员平台等，成为多平台的综合运行体。

在资源层面，国家科技信息管理系统主要包括信息资源、人力资源、技术资源、日志资源。信息资源涉及项目、主题、领域、专业、学科、区域等相关数据信息，如科学数据、调研资料、科技档案、科技报告、科学文献等。人力资源包括研发人员、管理人员、辅助人员等，如课题负责人、项目参与者、评审专家、计划管理者、项目管理者等。技术资源包括自然科技资源、大型科学仪器设备、野外观测资源、数据库等，日志资源包括项目管理流程中各种申报与审核、评估与评审、获取与使用的痕迹数据。

9.3.3 国家科技管理信息系统的功能结构①

国家科技管理信息系统是以国家科技计划管理的战略目标为导向，以提高项目实施效率和效益为目的，支持决策分析、控制执行、过程管理的人机交互系统。它既是计划、项目、档案、凭据、成果、报告的管理系统，又是人才、经费、大型仪器设备、绩效的管理平台；既是针对科研全过程的管理、监控、关联和统计分析的业务系统，又是服务于科技计划决策、项目过程管理、创新业绩评估、创新成果查新、专家遴选评审咨询、团队识别、科技监测和成果共享的服务系统。该系统主要包括管理功能和服务功能两个方面。其中，管理功能强调计划流程管理、项目经费管理、科技专家管理、项目评审管理、项目实施管理、科技成果管理、基础条件管理等，体现监督功能，强调决策结果监管、实施过程监督、计划绩效评价、信用监管、风险预警、机构监管等。服务功能强调资源共享服务、决策支持服务、立项申请服务、项目实施服务、统计分析服务、增值信息服务等，体现传播功能，强调科技信息共享、科技政策发布、科技项目公示、科学知识普及、科技成果展示、创新方法宣传。

系统功能采用模块化开发技术，具有开放性、安全性、友好性、可拓展

---

① 曾建勋，曹继东，苏静. 国家科技管理信息系统构建及其对科技情报工作的影响[J]. 情报学报，2016，35(9)：900-910.

性、可复制性，能够快速响应、组装和维护。这就要求该系统既具有满足基本需求的通用模块，如项目信息填报、项目信息检索、立项任务签约、专家同行评审、预决算管理、成果汇交汇总、数据统计分析、用户交互、后台管理等，又具有专用模块，如科技报告版权登记管理、用户统一实名注册与权限管理、课题经费及相关资产管理、机构知识和专家库管理、绩效考评管理等，从而为科研项目从招标到结题的全生命周期管理提供强大有效的技术支持。因此，结合科技计划管理所需的各项业务功能，国家科技管理信息系统的整体架构包括以下功能模块和相关子系统，如图9-8所示。

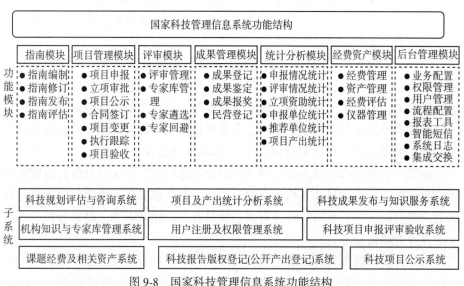

图 9-8 国家科技管理信息系统功能结构

信息化管理业务子系统主要包括科技项目的指南、申报、立项、中期评审、年度评审、项目验收、成果转化等功能模块，能够面向科技管理人员进行计划指南发布、项目受理审核、项目立项签约、项目中期检查、项目验收申请受理等，面向科研人员与科研单位进行用户注册、项目信息申报、材料提交、项目服务提醒等，面向科技专家提供项目评审功能模块。

科技项目公示系统是实现科技信息发布管理的业务子系统，主要包括公开公示、重要发布、通知公告、申报指南、工作动态等功能模块，能够面向社会公众提供计划公示、项目公示、服务引导、成果信息，面向科研人员与科研单位提供申报信息。

机构知识与专家库管理系统是实现对专业机构、科研单位、专家信息维护的业务子系统，主要包括机构和专家的专业领域分级分类、身份认证、机构文档规范、信息维护等功能模块，能够面向社会公众发布科研机构的职能职责以及专家的研究领域、业务水平、创新能力、科研诚信等信息，面向科研单位进行单位信息注册、科研人员授权和相关信息查询；面向科技专家进行个人信息更新、申请退出、密码修改、意见反馈。

科技规划评估与咨询系统是对科技规划进行评估咨询的信息化管理业务子系统，主要包括科技规划主题分析、计量评估、科技态势预测、科技价值评估、产业趋势预测、技术路线预测、科技咨询等科技决策支持的功能模块。

课题经费及相关资产系统是实现对课题经费及相关资产的信息化管理业务子系统，主要包括对各类大型科研仪器设备、试剂、文献数据库订购、论文出版以及经费决算的管理功能模块。

科技报告版权登记(公开产出登记)系统是实现对科技报告版权登记的信息化管理业务子系统，主要包括科技报告、学位论文、软件和数据等灰色作品的版权登记，以及论文、专利、标准、专著等出版作品的线索登记。

科技成果发布与知识服务系统是实现科技知识资源开放服务的信息化共享子系统，主要包括信息检索查询、全文获取等功能模块，可以按照计划、项目、地区、学科领域、地方部门和承担单位等进行导航和统计分析，能够面向社会公众提供科技项目及其相关产出资源的公益信息服务，面向科研人员与科研单位提供包括关联数据、科技查新、项目查重、团队识别、趋势分析、评价咨询等各类增值服务。

用户注册及权限管理系统是实现对用户实名注册与权限分配、用户分类与授权管理的业务子系统，用户注册对象不仅包括课题申请者或承担人、评审人、管理人、分析人、公众等，还包括各类相关机构用户。不同用户有不同特征和不同使用权限，需要采用统一的用户信息系统，实行统一的身份认证，对用户身份进行全生命周期(注册、注销等)的识别管理，对用户使用权限进行分级分类管理。

9.3.4　国家科技计划领域分类体系构建

创新是引领发展的第一动力，是建设现代化经济体系的战略支撑。① 我国要建设创新型国家，需要深入实施创新驱动发展战略，大幅提升科技实力，持

---

① 曾建勋，贾君枝，吴雯娜．国家科技计划领域分类体系研究［J］．情报学报，2018，37(8)：796-804.

续提高各类创新主体的科技创新能力。国家各类科技计划(专项、基金等)是政府支持科技创新活动的重要方式。为优化科技资源配置,减少资金的重复投入,提高动态管理效率,国务院于 2014 年部署国家科技计划管理改革,将100 多个科技计划整合成国家自然科学基金、国家科技重大专项、国家重点研发计划、技术创新引导专项、基地和人才专项五大类科技计划(专项、基金),旨在建立公开统一的国家科技管理平台,构建总体布局合理、功能定位清晰的科技计划体系。① 国家科技管理平台不仅能够对科技计划(专项、基金)项目的征集、发布、立项、结题进行全过程管理,而且保证社会可以公开存取项目、成果、专家信息,以提高科技信息交流效率,并实施有效的社会监督。然而各类科技计划涉及的领域既涵盖相关的科技项目或课题任务、科技人员或专家,又包含产出的相关论文、专利等科技成果、科技产品。而原有的科研项目管理系统,面对各个科技计划形成的科研项目、产品及成果数据和科技人员信息等,存在着多种分类体系并存而导致的数据无法互联互通以及互访共享的问题。因此,在国家科技管理平台设计与实现中,需要构建多种适应国家创新发展战略规划,便于科技计划管理实施的科技计划领域分类体系,实现对国家科技计划中科技项目及其产生的科技成果和科技产品,以及承接项目课题的科研单位和科技人员等数据的统一分类标引,从而满足网络化信息语义组织、数字信息资源智能检索、科技要素关联统计的要求,② 为进一步实现科技资源统一管理与开放共享奠定基础。

基于此,通过梳理科技计划项目的领域分布、科技成果的学科分类、科技产品的行业划分和科技人才的专长特征,分析各相关分类体系的结构与特点,可使科技计划组织者、科技项目管理者、科技创新研发者和科技绩效评估者等对科技计划领域有统一的基本认识,提出科技计划领域分类体系的设计思路,并对分类体系的构建步骤进行详细系统的阐明。

(1)国家科技计划领域分类对象的特征分析

国家科技计划领域分类体系面对的分类对象主要有四种:①国家科技计划项目或课题(有时涉及子课题或任务);②科技计划项目的评审专家、申请者或研发人员;③科技计划项目或课题产生的科技成果,如论文、专著、标准、

---

① 国务院印发关于深化中央财政科技计划(专项、基金等)管理改革方案的通知_政府信息公开专栏[EB/OL]. [2021-05-19]. http://www.gov.cn/zhengce/content/2015/01/12/content_9383.htm.

② 王军,卜书庆. 网络环境下知识组织规范研究与设计[J]. 中国图书馆学报, 2012(4): 39-45.

专利；④科技计划项目形成的产品或研发单位所属行业等。所以科技计划领域分类不仅仅针对项目或课题，还要针对评审项目的专家或项目研发骨干，更要针对项目或课题产出的成果（论文、专利、专著、标准）和产品及其服务的行业等。这样通过统一的分类体系将项目或课题，人才或专家，成果、产品或所服务行业都联系起来，可以更紧密地进行过程化管理和监控，更有利于数据的语义识别和关联分析。

科技计划项目或课题是科学研究活动开展的重要形式，国家科技计划旨在落实创新驱动发展战略要求，以项目形式支持各类机构及人员积极开展基础研究、应用研究及技术研发、产品设备创造等，以提升国家原始创新能力和集成应用能力。项目所涉及的元数据项如图9-9所示，包含来源、名称、机构、人员、成果、研究计划、时间、类别、领域、研究层次等，每一元素又可划分为若干子元素。根据国家科技计划的目标和内容，可将研究层次划分为三大类，即基础研究、应用研究和集成开发研究，如国家重点基础研究发展计划（"973计划"）、国家高技术研究发展计划（"863计划"）、国家科技支撑计划就分属以上三类。由于项目类型多，涉及多个学科范畴、行业领域、专题任务等，对其类目进行归属具有一定的难度；随着学科交叉融合的趋势增强，跨学科、跨行业的项目逐渐增加，往往一个行业任务涉及多个学科知识，而一个学科范畴又会应用到多个行业之中，仅归于一个类目存在一定的难度，需要通过设置多个分类维度来体现其研究领域的多样性。

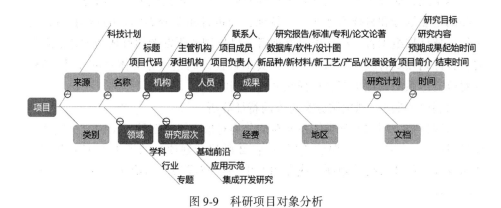

图9-9　科研项目对象分析

项目申请者及科研人员是从事科研活动的主体，所涉及的元数据项如图9-10所示，包含出生、教育、项目、职业、领域、成果、地区等，从专家从事领域及其所学专业角度看，从事领域及其所学专业既涉及学科方向，又涉及行业范畴，同时有的科研人员或专家偏重基础研究，有的偏重应用研究，有的主要进行集成开发或临床检验等，还有所谓小同行和大同行之分。而科研人员所从事的学科方向与项目产出成果所属学科范畴，则集中分布在二级、三级类目。

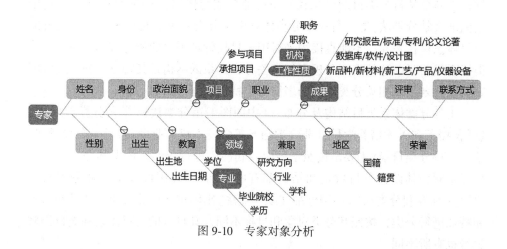

图 9-10 专家对象分析

科研成果是科研活动的最终结果，所涉及的元数据项如图 9-11 所示，包含人员、项目、机构、类型等，成果类型表现为研究报告/论文、标准、专利等多种形式。不同类型的项目所产生的结果形式不一样，科学研究类项目产出以科研论文、研究报告居多，应用开发及成果转化类项目以专利、标准和产品居多。科研产品和仪器设备等是科技项目成果转化应用的具体形式和科技效益表现形态，与国民经济行业划分密不可分。多样化的产出形式要求分类体系具有多维性，需针对科研成果特征从多角度揭示其科学属性和行业归属。

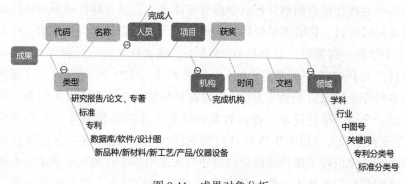

图 9-11 成果对象分析

（2）当前分类体系结构及特点

目前与科技计划领域相关的分类体系有《中国图书馆分类法》《学科分类与代码》《学位授予和人才培养学科目录》《普通高等学校本科专业目录》《国家自然科学基金学科分类目录》《国民经济行业分类与代码》《国际专利分类法》《中国标准文献分类法》等。每一个分类体系由于分类对象和目标不同，其设置的类目体系存在差异，不能直接用来对国家科技管理平台的所有数据对象进行分类标引或关联。这就需要分析现行相关分类体系的结构及其特点，找出我国国家科技计划领域相关分类对象的多维分类特征依据。

①各分类体系类目结构及分布。《中国图书馆分类法》《学科分类与代码》《学位授予和人才培养学科目录》《普通高等学校本科专业目录》《国家自然科学基金学科分类目录》主要是按照学科内容和性质进行分类，依据其分类对象和目标不同，其设置类目数量和结构都有所不同；而《国民经济行业分类与代码》《国际专利分类法》《中国标准文献分类法》则侧重于按照行业、产品的内涵和特征进行分类，按照其分类对象和目标不同，其自身的类目体系和类目详略数量也有所不同。

《中国图书馆分类法》（简称中图法）作为综合性分类法，广泛应用于图书馆的图书期刊资源分类标引。类目深度达 11 级，共有 52917 个类目。《国家自然科学基金学科分类目录》（简称自然基金目录）以自然科学为核心来划分类目，且作为科研项目划分的主要依据，注重将基础理论与应用研究相结合，成为项目申请中标准化程度高、应用较广泛的类目体系。子类划分依据项目所覆盖的重点领域进行设定，没有过多考虑系统性和全面性。其类目主要分为八大类，大类下共设 86 个二级类目，最深达到三级类目。

《学科分类与代码》（简称学科表）是 2009 年发布的国家标准，其按照知识体系的某些共性特征进而划分形成学科分类体系，直接为科技政策和科技发展规划以及科研项目、科研成果统计和管理服务。学科表包括自然科学、社会科学共 62 个学科一级类目，总类目有 3532 个，除去社会科学学科领域的 19 个一级类目，共有 43 个一级类目，961 个二级类目，2529 个三级类目。《普通高等学校本科专业目录》（简称专业表）是设置和调整专业、实施人才培养、安排招生、授予学位、指导就业，进行教育统计和人才需求预测等工作的重要依据。《学位授予和人才培养学科目录》（简称学位表）是国家进行学位授权审核与学科管理、学位授予单位开展学位授予与人才培养工作的基本依据。专业表和学位表的学科门类基本一致，分别设有 12 个学科门类，类目深度三级，总类目数在 300 个左右。这三个分类表相似度高，都可实现从学科层面对人才的划分，主要大类有：哲学、经济学、法学、教育学、文学、历史学、理学、工学、农学、医学、军事学、管理学、艺术学。相对而言，中图法和学科表类目设置注重科学性、系统性及完整性，类目细分度高。

《国民经济行业分类与代码》(简称行业表)是2011年发布的国家标准，其规定了社会经济活动的分类与代码，适用于国家统计、计划、财政、税收、工商管理。行业类分为20个大门类，类目深度为四级，共有类目1424个。《国际专利分类法》(简称IPC)是针对专利文献而设计的等级列举式分类法，作为面向功能的分类法，强调将各种技术和工艺按照它们的基本作用划分，分为8个部类，约7万个复分类，类目划分非常具体。《中国标准文献分类法》(简称中标法)是针对标准文献设计的分类法，也应用于专业(行业)标准的编号。由于技术标准内容集中，法规性强，数量有限，因此类目规模小，一级类目有24个，总类目有1825个。这三个分类表主要覆盖的行业领域有：农林、采矿、制造、电力、热力、燃气及水生产和供应、建筑、交通运输、信息传输、软件和信息技术服务等。相比于IPC，中标法与行业表类目相似度高，行业表涉及领域全面，而中标法更侧重于制造、能源、交通、电子等行业。

以学科表、行业表、自然基金目录为例，各个分类表层级类目分布情况如图9-12所示。从覆盖的领域看，学科表与行业表完全相同的领域占17%，主要分布在畜牧、矿业开采、毛皮与制革工程、三废处理与综合利用、运输、邮政、水利管理、教育学、社会工作、体育科学、社会保障研究、国际组织。

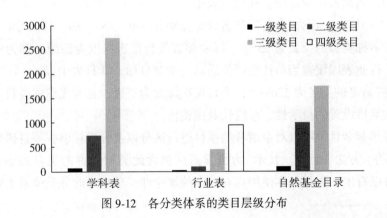

图9-12　各分类体系的类目层级分布

②各分类体系类目详略度。不同分类体系的类目划分标准及深度决定了类

目详细程度。以国家自然科学基金目录的 8 个大类①作为基准，如图 9-13 所示，可以看出，不同分类体系类目数分布并不均衡，工程与材料科学在三个分类体系中的交叉覆盖领域较多，行业表与自然基金目录、学科表在其他领域交集小，自然基金目录在化学及化工、信息科学、医学领域的类目数远多于学科表，学科表在数理、工程与材料的类目数明显多于自然基金目录。

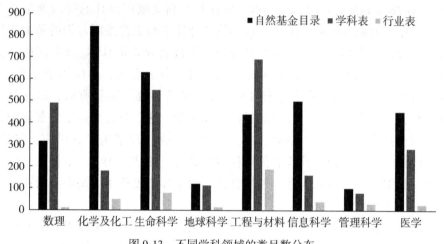

图 9-13　不同学科领域的类目数分布

③各分类体系类目名称特点。行业表的类名特征明显，多是主谓式结构，如蔬菜加工。在词组构成中，很多为"名称+动词"；而学科表中类名多为偏正式结构，名词占主要部分。在行业表中，其中以"＊＊制造""＊＊服务""＊＊加工""＊业""＊活动"命名的类名数量分别为 540、153、89、176、28 个，其中机构名称类型的类名为 55 个。行业类表类目层次深度为四级，都为先组式类目。行业表以覆盖当前社会经济活动为主要目标。学科表中以"＊学"或者"＊学科"命名的类名为 2269 个，类目层次深度为三级，都为先组式类目。学科表注重类目设置的科学性、系统性及完整性。

自然基金目录用以对申请者的项目进行区分以及分类标引，项目研究通常以"问题、方法、理论、技术"为出发点，包含此类型名称的类目如表 9-3 所示。可以看出，类目名称使用具有一定的规律性，反映出此分类体系主要用来

①　即数理科学部、化学科学部、生命科学部、地球科学部、工程与材料科学部、信息科学部、管理科学部、医学科学部。

分类标引科研项目。类目体系以学科作为划分类目的主线，因此包含"学"字的类名所占比例高达41%，有1147个类目。类目名称的科学性与规范性还有待进一步提高。比如类目"新概念、新原理、新方法"指代不清，范围过于宽泛。带有"新"的类目有71个，带有"其他"的类目有51个，带有"相关"的类目有41个，带有"意义"的类目有3个。

表9-3　　　　　　　　　　　类目名称特点

类目中的特定词汇	类目数	类目举例
学	1147	数学、运筹学
技术	151	多重网格技术及区域分解 离子束核分析技术
理论、论	133	单复变函数论、公共管理基础理论
工程	133	岩土与基础工程、岩土工程减灾
方法、法	100	控制论中的数学方法 力学中的基本问题和方法
分析	97	几何分析、语法分析
应用	52	绝缘与功能电介质材料的应用基础、电力电子器件及其应用
问题	33	物理学中的数学问题与计算方法、金属材料的界面问题
研究	27	管理复杂性研究、肿瘤研究体系新技术

④各分类体系之间的类目差异。由于类目设置目的与原则有差异，导致各分类体系之间也存在着较明显的差异。从所完成的类目映射数据看，相关分类体系之间的映射匹配度不高。学科表到行业表的映射中，完成映射数目814个，占总类目的22%，有2855个类目在行业表中找不到类目。行业表到学科表的映射中，映射数目为1372个，占总类目的96%，但完全匹配的映射有68个，只占映射类目的5%，等级映射占比数量最大，达80%，学科代码中的自然科学部分，以及社会科学中的哲学、法律、军事等与行业代码无对应。行业代码中的批发零售、住宿餐饮、房地产、租赁和商业服务、居民服务、修理服务、科技服务等无对应的学科代码。可以看出，行业领域的概念侧重于应用，外延明显小于学科表的概念。

自然基金目录全部在学科表中建立了对应，等同映射有527个，占映射类目的19%；上位映射1932个，下位映射173个，等级映射占比75%；相关映射有 170 个，占比 6%。自然基金目录有明显的主题缺失，自然科学部分无"天文学"，"工程与材料科学部"不包括"纺织""仪器仪表""车辆""船舶""航空航天""兵器""核技术"，而"环境"与"安全"未专门列类，分散在各部类之中，社科部分只涉及"管理"和部分"经济"的内容。可以看出，学科表的类目体系比行业表更接近自然基金目录，但是自然基金目录更突出学科领域重点研究方向或研究专题，概念外延小于学科表的概念外延。

现行各分类体系并不能满足国家科技管理平台所需的科技计划领域分类的需求，面向国家科技计划中多样复杂化的分类对象，需要有机地将系统性与关键主题统一，体现科技计划的学科性与行业性特征，展示学科与行业的交叉性与动态性。这样构建一部新型科技计划领域分类体系就显得极为必要。

（3）国家科技计划领域分类体系设计思路

国家科技计划领域分类体系需充分考虑科研项目、科研人员及其科研成果的各种特征，既要照顾学科特征，又要体现行业属性；既要表征个人专业特长，又要体现学科规律，既要考虑理论与方法体系，又要涉及行业应用成果，从而加深了类目体系设计的复杂性。

①确保类目独立性与体系完整性。由于当前学科、行业之间交叉日益显著，一个类目可能在多个学科或行业出现。各个学科类目体系的完整性是满足专业领域用户需求的最佳手段，而构建类目体系之间丰富的语义关系是解决项目及成果的跨领域、跨学科问题的最好方法。为了保障各领域类目的完整性及其系统性展示，使科技计划项目及其产出成果、研发人员等有符合自身特征或属性的领域划分，需要在现有的分类系统中既考虑处理单个类目多重分类的情况，采用交替类目的方式将该领域类目在各个学科或行业中同时予以体现，又要考虑理论研究与实践应用的结合，将特定领域的基础原理方法与工程技术类目统一集中展示，如将化学与化学工程类目合并在一起。

②体现关键主题，及时反映学科或行业变化。在不影响类目系统性的前提下，可将一些关键主题的类目单独列类，以突出其重要性及其发展性或前沿性。比如信息科学本应放于工程与技术学科类下，考虑其在当前信息社会的重要性及应用渗透性，将其单独设类。国家科技计划立项目的通常是解决新理论、新方法及新技术问题，依据各类项目的申报情况明确其重点方向对应的关键主题。① 因此在分类体系构建中，可通过增加一些新类名与及时更新

---

① 中华人民共和国国家质量监督检验检疫总局，中国国家标准化管理委员会. 中华人民共和国学科分类与代码国家标准 GB/T 13745-2009[S]. 2009.

类目的方法，以充分反映这些新兴概念，以及时反映、把握学科前沿或行业趋势。

③注重类目名称的规范性和概念含义的明晰性。类目名称能够基本反映类目的含义，表达明确，应尽可能去除表达意义不明确的词汇，如"意义、其他、相关、新"等。类名表达应前后一致，形式力求简明，类名长度尽可能在15个字以内。为了进一步说明类目的含义、范围及其与其他类目之间的关系，可增加类目的注释，这样既能对类目进行补充说明，又能帮助明确类目的含义及范围，以进行正确归类。

④实现学科特征与行业属性的多维展示，适应多重管理。分类体系应通过增加揭示的维度，使得其应用的系统成为一个可以从多个角度查检和集中资源的系统。① 分类体系之间的互操作是将不同特色分类体系进行整合的有效手段，能够较好地解决多维入口浏览及检索的问题。分类主题一体化既可以实现以主题词为入口的检索，又可为实现自动标引提供充足的语料支撑。现有分类体系主要以一个分类目标为导向构成，而国家科技计划领域分类体系需要实现项目、成果、人员等多重管理和分类，需要以项目划分为主体目标，继而兼顾科技成果、科技专家和科技产品或行业划分，依此设置类目体系。由于《中国图书馆分类法》是科技文献分类标引的主要工具，将领域分类体系与其建立映射关系，可保证科技成果的类目划分；由于科研人员信息主要涉及学科范畴、研究方向，将领域分类体系与学科表建立相对应，可形成对科研人员或专家的特征映射；将研究方向的关键词和类目范畴概念集中纳入领域类目对应的相关术语集，可方便后续进行主题分类一体化应用。这样通过构建多个入口，可以实现从不同侧面识别或获取到所需科技项目、科研成果或科研人员等的特征信息。

⑤通过分类标引验证类目体系设置的合理性。随着国家对科技创新的支持力度逐年增加，国家科技计划项目及其科研成果已积累了一定数量。为了更好地验证科技计划领域分类体系的可行性及合理性，可对项目及科研成果进行标引，如通过标引的结果测试对其的评价，重点考虑无法入类、类目含糊不清导致的归属困难、多重入类等问题，以此完善类目结构，及时调整更新类目，以不断适应分类标引的动态需求。

---

① 詹世革，张攀峰，孙中奎，等. 2016 年度力学科学处基金项目受理情况介绍[J]. 力学学报，2016，48(3)：739-740.

（4）国家科技计划领域分类体系构建

国家科技计划领域分类体系旨在面向国家科技计划实施的各种类型资源如项目、成果、人员进行特征分析和分类标引，从而形成语义关联的分类检索系统，确保从领域分类途径检索到自己所关注的项目及其成果、专家和产品等，为有效组织国家科技管理平台的资源提供便利，为科技规划、科技管理和科技创新提供信息支撑和决策统计依据。所以，需结合当前科技计划项目及其研究成果特点，借鉴已有分类体系，以领域为核心，既考虑学科属性又兼顾行业特点，既系统完整地设置类目整体框架，又动态适时地监测前沿主题类目，并充分揭示类目之间的关系，按照国家科技计划支持和重点发展领域分层展开类目体系，形成新型多维揭示的领域分类体系。

①选择可参考借鉴的分类体系。通过对已有的分类体系调研分析，发现可以作为参考使用的主要分类体系有：中图法、学科表、自然基金目录、行业表。其中自然基金目录作为科技计划领域较为成熟的分类体系，可以适时地在项目分类中予以更新应用，作为重要参考源。除了这些分类表外，出于数据语义组织和检索浏览需要，还可参考其他适于数字资源的相关分类体系，如专题数据库的导航系统、数学评论的 Mathscinet 数据库、英国物理学会的 IOPscience 数据库、英国皇家化学学会的数据库、ACM 数字图书馆、Medline 数据库等。数据来源越丰富，越能为构建新的分类系统提供充足的材料支撑。

②构建分类体系的基本大类。通过对 2017 年国家科技计划项目进行调研，可以发现现有国家科技计划重要关注领域集中在信息和通信等 11 个领域大类，如图 9-14 所示，约有 10 个科技计划项目涉及信息和通信、生物和医药、环境和环保、机械和制造、能源和节能、农业。可以看出，一些新兴研究领域如大数据、云计算、空天技术及其跨学科领域如智能电网和智能制造成为重点支持的项目。

主体类目体系的科学性及系统性是保证分类系统质量的重要体现，也是二级、三级类目得以展开的基础。类目体系是按照类目之间的从属关系而构建的类目集合。整个类目体系深度分为三个层次：基本大类、二级类、三级类。各个基本大类的排列需按照一定的逻辑顺序进行，考虑到国家科技计划项目支持自然科学及以科学为核心，依照学科的发展轨迹及学科间的相互依存关系，按基础科学和应用科学分别设类。基础科学遵循从简单到复杂、从低级到高级的演化顺序排列出物理、化学、生物、天文地球学。考虑到材料科学、能源科学与技术、机械制造、环境科学与安全科学在国家科技重大专项、国家重点研发计划中占有重要地位，将其单独设类。应用科学首先罗列围绕生物、农业和医

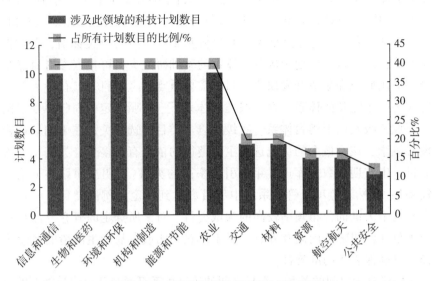

图 9-14 各科技计划项目的支持领域

学，再将工业技术门类分别排列其后，信息科学与技术渗透到各个领域，列在工程技术类之后，环境科学、安全科学从人类环境优化角度放于此类之后，最后将管理学、现代服务业列于层端，作为自然科学与社会科学相结合的学科，旨在提高人类参与活动的效率。依此共划分出 14 个基本大类，基本能覆盖国家科技计划所涉及的相关领域，设置顺序如下：数理科学、化学与化学工程、生物、农业、医学、天文学与地球科学、材料科学、能源科学与技术、机械制造、工程技术、信息科学与技术、环境科学与安全科学、管理科学与工程、现代服务业。

　　③细分各级类目。各个细分类目在基本大类下合理展开，遵循由总到分、一般到具体、理论到实践的原则逐层合理展开。类目设置注意采用统一的划分标准，并且尽可能穷尽被划分类的外延，使划分后的子类之和与母类外延尽可能相等，以确保各类型资源可以有对应的类目标引。划分后的各子类之间相互排斥，以确保标引的唯一性。二级类目体系将会形成各个领域类目展开的基本框架，并决定科研资源的排列组织方式。因此构建二级类目体系应该充分考虑分类对象自身属性特征及其语义识别与关联需求，吸收各分类体系的优势，将学科逻辑及产业逻辑两者有机统一，将各个领域下关于制造、服务的主题充分罗列。类目体系的科学合理性、系统完整性与实用性、前沿性是二级类目关注的重点，这样既能体现按学科组织科技要素，又能充分覆盖各行业关键主题。

当前分类体系如中图法、学科表、自然基金目录的分类对象和使用目的并不完全一致，中图法面对的是图书馆和文献管理用户，学科表更多地面向教育科研用户，而基金表的构建完全是为了对自科基金项目进行分类标引，针对性较强。因此，国家科技计划领域分类体系的基础研究类目可重点参考自然基金目录，应用研究和集成开发研究类目则需要重点参考学科表、行业表等，并使之成为一个完整的体系。在二级类目体系下，按照一定的划分原则依次展开，形成三级及以上类目体系。三级及以上类目的选择关键在于抽取该领域的核心概念，核心概念的优先选择主要遵循的依据有：多个分类表相互重合的类目；中文期刊数据库近 5 年标引频率高的类目（证明当前该类下论文成果较多）；自然基金项目管理系统中项目数达到一定比例的类目；国家科技报告系统中关键词分布频率较高的领域类目。对于所选定的概念，需注意表达的规范性，明确其内涵及外延，对于语意不明或者易产生混淆的概念添加注释，以确保表述的准确性。

④构建概念之间的关系。类目之间的等级关系已通过类目层层展开的方式得以构建。为保证类目体系的完整性及其多维展示，对一些隶属于多个学科方向的类目采用多重展示方式，确定一个归属类目为正式类目，其他类目设置为交替类目，两者采用"U"建立对应关系。对具有一定语义关系的类目建立相关关系，用参照方式"C"互相参考。

⑤生成基本类目对应的术语集。为实现分类主题一体化，提高后续自动分类标引的效率，三级及以上类目应标明其对应的关键词或主题词集合，术语主要来源于《中国分类主题词表》、中文期刊数据库所推荐的相关词集、《汉语主题词表》的叙词、相关标准之术语等，还包括所抽取的作者研究方向关键词。这些所收集的术语未来可以作为自动分类标引、文本聚类实现的依据，同时也可帮助科研人员明确自己的研究方向及其所申报项目所属领域对应的类目名称。

⑥建立与已有分类体系的映射。将所构建的国家科技计划领域分类体系与已有的分类体系如中图法、学科表、自然基金目录、行业表、专利表等建立映射，有助于实现不同分类体系的互操作，以实现从领域、学科或行业多角度同步揭示科技项目、科研人员和科技成果、科研机构等的特征属性，确保科技要素及其相对应资源在领域分类体系下进行统一的关联和查询。

⑦生成类目体系表。类目表的字段包括以下部分：类号、中文类名、注释、映射关系、相关术语。类号由数字构成，两位数字表示一个层级，由系统自动生成。类目注释是类目的定义或补充说明，主要来源有百度百科、维基百

科、辞典百科、期刊论文等，以帮助标引者及其用户更好地明确类目含义。映射关系的构建基于人工映射完成，可以确保映射的准确性。

⑧类目体系复核。所构建的领域分类体系是否科学合理需进一步验证。这主要运用国家工程技术图书馆的科技论文、科技档案相关数据、国家科技报告系统的科技报告和科技项目数据等验证设定类目的合理性。将所构建的类目名称作为检索入口，输入数据库中，以各个学科领域所输出检索结果数量作为判断依据。如果检索数量少于 100 条或大于 5000 条，则该类目需要做进一步的合并或者拆分。如果选取类下的标引数量高于几千篇文献，则需对类目进行进一步细分。如果科技计划项目或相关科技报告无法使用现有的类目体系进行标引，需考虑是否有必要设置新类目以满足实体识别的需求。通过定期对类目体系检查，可实现及时地动态更新。

9.3.5　国家科技管理信息系统的服务方式

为实现基于科技管理平台的科技情报服务，国家科技管理信息系统将科研项目管理过程和科技信息服务过程相融合，以实现科研全生命周期的过程跟踪服务和资料汇集服务，塑造数字科研空间，提供科研创新各环节的知识保存服务和科研数据管理服务；实现科研过程中的信息资源融合，实现公开出版资源和科研灰色资源的整合，全面推进资源发现服务和获取服务；在数据融合的基础上，支持第三方用户的数据分析，实现知识服务和数据服务；强化各类分析工具和可视化工具的融合与应用，实现分析服务、智慧服务，推进系列情报分析报告的产出。① 由于科技管理平台与科技情报工作具有统一的服务对象，都是科研人员、科研机构、项目管理者、决策规划者，在整个数字科研环境之中，对不同对象有着不同的服务方式，在不同环节有不同服务内容，如图 9-15 所示。

信息资源是科技创新发展的基石和国家重要科技战略资源，直接影响着一个国家科技创新能力的增强和可持续发展能力的提高。随着我国创新驱动发展战略的深入实施，建设并不断发展完善科技信息资源服务平台，大力促进科技资源的获取和共享，对于提升国家创新能力和知识传播利用效益具有战略性意义。

---

① 曾建勋. 基于国家科技管理平台的科技情报事业发展思考[J]. 情报学报, 2019, 38(3)：227-238.

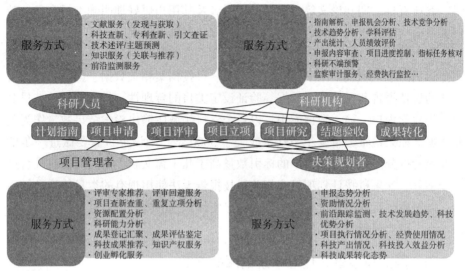

图 9-15　国家科技管理信息系情报服务模式

9.3.6　基于国家科技管理平台的科技情报事业推进策略

　　基于科技管理平台的科技情报事业发展，需要以科技创新效率提升为目标，以基于生命周期的科技项目全程化监控为主线，围绕指南发布、项目申请与评审、项目执行、效果评估等关键环节进行信息流程再造。首先，需要构建国家科技管理平台，服务于科技项目过程监控和科技规划，方便科研人员的项目申报、科研阶段的材料上传和验收评审等。① 其次，需要构建国家科技文献服务中心，对科技管理平台产生的和社会上公开的科技信息等进行统一收集整理，针对指南、项目、课题、专家、人才、成果、档案、经费、仪器等，构建统一的科研实体数据库体系，为各级服务主体提供项目查询、信息交互、文献保障等公益服务。最后，需要构建国家科技情报研究系统，在利用各类型数据库的基础上，进行统一的大数据挖掘和情报分析，提供项目内容查重、科技查新、区域优势分析、团队识别、主题演化、研究综述、方案论证、信用评估等增值服务。国家科技管理平台与国家科技文献服务中心、国家科技情报研究系统三者联合起来，形成了统一服务于科研创新的知识服务总体框架。针对科技规划决策、创新研发过程和成果转化环节，为科研项目的全程化管理提供信息

---

　　① 曾建勋. 基于国家科技管理平台的科技情报事业发展思考[J]. 情报学报, 2019, 38(3): 227-238.

服务支持，形成了拥有统一的用户环境、面对统一用户群体的既分工又融合的大系统。基于国家科技管理平台的科技情报事业从五个方面推进，如图 9-16 所示。

（1）发展科技管理信息系统工程

国家科技管理平台分为三个层次，即国家与地方的科技计划管理信息系统，以及科研院所、高等院校和企业研发机构等基层单位的科研管理系统。科技项目或课题组既要向各自单位科研管理系统填报相应项目课题档案信息，又要按照项目课题管理要求向相应的项目课题管理系统提交相关项目课题档案。目前，我国科技管理平台建设相对滞后，尤其是科技管理平台的组织结构不成体系，科技计划管理信息化运行不规范，科技资源数据体系的关联网络尚未形成，以科研院所、高校、企业、科研人员为主体的服务模式缺失，极大地制约了我国科技计划管理与服务的功效。因此，需要设计国家科技管理平台整体架构，围绕科研人员、科研项目、科研过程、科研环境、科研产出等关键创新要素，并利用科技情报工作方法流程，推进国家科技管理与信息服务一体化建设。

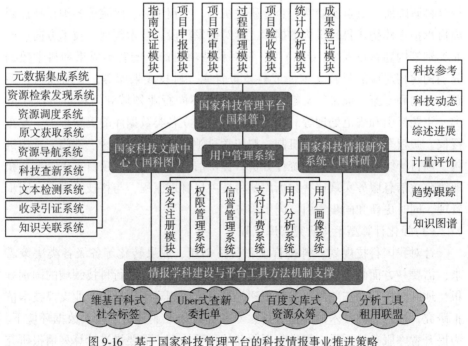

图 9-16　基于国家科技管理平台的科技情报事业推进策略

国家科技管理平台是科研创新过程的监控治理系统,需要将其中的申报验收系统与科技报告系统、科技档案系统、科技成果登记系统和专家评审系统结合起来进行,在科技计划项目从指南发布、申报立项到验收结题的流程管理中,同步进行科技计划项目档案的收集管理和验收,同步采集科技报告和科技成果,同步实现专家评审和专家库更新,结合科技计划本身的特征和管理目标,面向科研人员与科研单位提供项目信息申报、材料提交、科研进展提醒等服务,面向社会公众提供计划公开、项目公示、服务引导、信息查询等功能,形成各种信息资源的一站式采集、整理、验收、审核和信息统计、文本查重、趋势图谱、知识推荐等服务。

(2)夯实科技文献信息基础工程

科技情报工作融入国家各级科技管理平台需要基于科研全生命周期的信息链管理,实现基于统一标准的各类数据库建设。针对国家科技管理平台中的各类信息流和知识对象,需要按照统一的标准规范,分门别类地构建既满足于科技管理评估,又适宜于科技创新信息需求的各类专业数据库。例如,针对项目、课题、子课题、研发任务等构建科技项目(课题)数据库,针对科技计划、科技项目、科技领域、科技活动等构建科技档案数据库,针对包括如高等院校、科研院所、重点实验室、企业研发机构、工程中心、医院等各类科技计划项目承担主体构建科研机构数据库,针对研发阶段、技术领域、技术方向、产业类别等构建科技人才(专家)库,针对科技项目产出的各类成果和科学数据分别构建相对应的科技文献库或科技报告库、科技成果库等,并对项目、课题、机构和专家、成果、文献、报告等按照不同行业领域和学科进行统一分类、主题标引和规范处理等。在此基础上,建立各类数据库的更新维护、发布授权、版权登记和信息注册机制,按照学科领域、计划、地区、部门、承担机构、项目等维度进行导航和统计分析,提供信息检索查询、项目查重、全文获取等公益信息服务实现这些数据库随科技项目管理流程,与科技管理平台同步管理,同时更新和同步索引、同步服务。

(3)强化计算型情报研究智库工程

针对我国科技规划、科技管理和科技创新、成果转化等各级各类决策需求,需要一方面侧重于学科或地域支撑战略情报研究,进行科技领域的国别分析、地区分析和动态监测、趋势预测,另一方面侧重于领域和产业支撑技术情报研究,进行关键技术的演化分析、专利分析和产业分析。在大数据环境下,为提升智库服务的质量,推进数据驱动的科学治理,需要推进计算型情报研究智库工程,在利用各类科技信息数据库的基础上,借助语义分析、内容抽取、数据挖掘、语义标注等技术手段，进行科研人员、机构、主题、参数、指标等的标注、关联与计算，提取出高频或高影响力的科研实体，建立科研主体关系网络和主题关联地图，构建计算型科技情报协同分析系统，发挥科技监测与创新趋势分析、国家科研投入评估和人员绩效考核系统的功能。与此同时，还需要基于国家或地方战略需求建立科技计划、科研项目、科研团队的计算型科研评估评价体系，基于分领域的科研能力、科研成果、科技产业评估评价模型，利用文献计量和知识组织方法进行科研项目、科研机构、科技人才的科技实力分析评估，不断提升科学计量、科技进展、科技预测和科学评价的水平和能力。

(4) 推进情报方法工具的集成应用工程

科技情报工作融入社会创新环境，嵌入科研管理过程，服务于科技战略规划、计划项目管理和创新研究，首先需要强化情报学理论与方法创新，构建基于大数据的工程化知识组织理论体系和基于人工智能的情报研究方法论，引领情报学科建设与发展；其次需要强化核心技术的研发和把控，提升情报系统和信息集成平台的设计与支撑，深化蕴涵特色情报方法的工具开发与集成应用，提升自身在内容和智库行业的竞争力；最后需要构建互联网环境下基于众包模式的信息开放服务机制。[①] 借鉴共享经济的理念，可以推进科技情报资源建设、信息组织专题服务和情报研究的社会化共建共享。[②] 例如，百度学术本身并不占有学术资源，其通过信息集成技术实现规模化信息搜索服务；"滴滴出行"本身不拥有小汽车，其通过约车平台，发动车主参与租车服务。同理，可以构建科技查新委托平台，实现科技查新的联合服务；构建维基百科式的社会标签平台，实现文献标引的专业人士参与；构建分析工具的租用联盟，实现情报研究的协同分析。

(5) 建立统一实名注册的用户服务工程

针对科技管理平台、科技文献服务中心和科技情报研究系统所面向的统一的科技人员队伍，应在整个流程管理与服务中，实现统一的用户实名注册、权限分配与信誉等级管理，以强化用户信息权益保障和数据资源的公共认证机制。注册用户不仅包括各类自然人用户等，还包括各类项目管理、咨询、承担

---

① 张卫东，韩效东. 图博档数字资源的众包模式研究[J]. 情报理论与实践，2016，39(10)：74-79.

② 赵宇翔. 科研众包视角下公众科学项目刍议：概念解析、模式探索及学科机遇[J]. 中国图书馆学报，2017，43(5)：42-56.

的机构。通过统一的实名认证程序，将用户分成不同类型、领域、地域、层级，并赋予不同权限。同时，为保障数据安全，需要对数据进行密级划分并采取差异化保障措施，对于涉密信息均按照国家规定进行安全管理；对于涉及知识产权的信息，要严格按照相关著作权法控制使用；对于其他不会危及国家安全和影响政府政务的数据和信息则应按照"完全开放"的原则进行管理。还可以在遵循项目实施单位和科技人员知识产权利益的框架下，提供不同服务方式和数据内容，为各级各类服务主体在系统界面设置相应的接口或入口，以提供良好的人机交互界面及亲和服务体验。国家科技管理平台既是科研项目及其产出的管理平台，又是各类科研要素和绩效的管理系统；既是全过程覆盖的科研项目管理、监控和统计分析业务平台，还是服务于科学研究、科研管理和成果共享与应用的信息平台。在云计算和大数据环境下，通过嵌入国家科技管理平台，将使我国科技情报工作在借鉴苏联模式基础上，进一步融合美国的科技报告服务模式，实现科技情报工作与科技创新体系、政府科技项目管理的融合，嵌入科研机构和科技人员的创新环境，进而有利于重新组建科技情报业务并覆盖各科研管理层级的科技情报网（站）体系，重新塑造具有主体业务范畴的主流用户群体，集成公开和灰色文献以构建更具价值的科技信息资源体系，再造基于数字科研环境的信息资源组织流程和情报分析协同平台，推进科技信息资源开放共享，深化科技情报服务层次，开创科技情报服务新模式，创新科技项目的过程管理与评价考核机制，进而提升科技创新的效率和效益。

中国科技资源共享网、NSTL 国家科技文献共享平台和国家科技管理信息系统公共服务平台作为国家级战略性信息资源服务平台，其建设与服务是我国科技资源、科技文献资源和科技管理资源领域信息资源服务平台的典型代表。本章介绍了上述国家级公益性信息资源服务平台的资源现状，详细分析了各平台的体系结构、功能、向用户提供的各类服务以及系统中不同功能和服务之间的协同等问题，希望可为国内各类各级面向科技创新的信息资源服务平台的建设和发展提供指导性参考。

参 考 文 献

[1]贾君枝. 信息资源在国家可持续发展战略中的作用[J]. 情报科学, 2006
　　(3)：338-341.

[2]乐庆玲, 胡潜. 面向企业创新的行业信息服务体系变革[J]. 图书情报知
　　识, 2009(2)：33-37.

[3]程鹏. 社会信息化与可持续发展关系分析[J]. 情报学报, 1997(6)：
　　471-475.

[4]黄连庆, 肖希明. 数字信息资源的服务形态与经营模式[J]. 大学图书馆学
　　报, 2008(2)：59-63.

[5]胡昌平, 张敏, 张李义. 创新型国家的信息服务体制与信息保障体系构建
　　(3)——知识创新中的跨系统协同信息服务组织[J]. 图书情报工作,
　　2010, 54(6)：14-17.

[6]张妤, 孟兰, 孙成东, 高敬伟, 高玉江, 路明. 浅析农业科研单位图书馆
　　个性化信息服务——以吉林省农业科学院图书馆为例[J]. 东北农业科学,
　　2020, 45(5)：112-114, 131.

[7]吴文光. 数字环境下高校图书馆化学学科书籍文献信息服务分析——评
　　《大数据时代高校图书馆智慧化学科服务研究》[J]. 化学工程, 2021, 49
　　(1)：4.

[8]郑书娟. 大数据背景下精准科研信息服务体系的构建研究[J]. 情报杂志,
　　2021, 40(5)：193-200.

[9]沈杰. 构建图书馆个性化智能信息服务系统的基本路径[J]. 图书馆理论与
　　实践, 2021(2)：80-84.

[10]赵杨, 王娟. 基于用户体验的移动信息服务运作机制探究[J]. 情报资料
　　工作, 2013(2)：89-93.

[11]钟学燕, 陈国青, 孙磊磊, 张明月, 刘澜. 基于多视角特征融合的移动信
　　息服务模式挖掘[J]. 系统工程理论与实践, 2018, 38(7)：1853-1861.

[12]严炜炜, 刘倩. 移动信息服务用户个人信息安全保障行为意愿影响因素研

究[J]. 图书馆学研究, 2020(4): 68-77.

[13] 张继东, 蔡雪. 基于用户行为感知的移动社交网络信息服务持续使用意愿研究[J]. 现代情报, 2019, 39(1): 70-77.

[14] 黄长伟, 陶颖, 孙明. 高校图书馆参与智库信息服务保障体系建设研究[J]. 图书馆工作与研究, 2018(7): 11-14.

[15] 赵莉娜, 徐士贺. 区块链技术下高校图书馆精准信息服务路径研究[J]. 图书情报工作, 2021, 65(10): 31-37.

[16] 杨锴. 用户视角下高校智库信息服务评价方法及应用[J]. 图书馆, 2020(12): 20-26.

[17] 王婵. 省级公共图书馆智库型信息服务产品调研[J]. 图书馆理论与实践, 2021(4): 72-78.

[18] 刘速. 智库化、智能化双驱动的公共图书馆决策信息服务——以天津图书馆为例[J]. 图书馆学研究, 2020(23): 47-52, 101.

[19] 赵益维, 赵豪迈. 大数据背景下"一带一路"新型智库信息服务体系研究[J]. 电子政务, 2017(11): 72-80.

[20] 任佳妮, 李鹏, 辛一, 杨阳. 陕西省科技智库建设研究——以科技信息服务机构为支持[J]. 科技管理研究, 2017, 37(24): 45-49.

[21] 杜玉霞. 区域科技协同创新信息服务平台的理论界定——以盐城市区为例[J]. 农业图书情报学刊, 2018, 30(3): 137-141.

[22] 唐麟. 面向协同创新的公共信息服务平台构建[J]. 黑龙江科技信息, 2015(28): 165.

[23] 张敏, 应峻. 信息服务促进高校知识产权高质量发展——以复旦大学知识产权信息服务中心为例[J]. 中国高校科技, 2020(S1): 67-69.

[24] 朱佩, 张雅群. 构建多方合作知识产权服务新生态——以浙江大学知识产权信息服务中心为例[J]. 中国高校科技, 2020(S1): 73-74.

[25] 姜宇飞, 李小龙. 以知识产权信息服务助力老工业基地振兴[J]. 中国高校科技, 2020(S1): 34-37.

[26] 王晓珮, 于正河, 单晓红, 王宝燕, 陆婕. 开展知识产权信息服务支撑高等学校学科发展——以青岛大学知识产权信息服务中心为例[J]. 中国高校科技, 2020(S1): 75-77.

[27] 孙会军, 秦晴, 左文革. 高校知识产权信息服务探索与实践——以中国农业大学知识产权信息服务中心为例[J]. 中国高校科技, 2020(S1): 78-80.

[28]王从军，杨锋，费盛华. 构筑同济特色的知识产权信息服务体系[J]. 中国高校科技，2020(S1)：25-26.

[29]高翊. 图书馆微信信息服务生态系统模型构建研究[J]. 图书馆理论与实践，2021(3)：58-64.

[30]张善杰，陈伟炯，袁倩，石亮，陆亦恺. 面向产业技术创新的高校图书馆专利信息服务体系构建[J]. 情报科学，2021，39(4)：75-84.

[31]宋丹辉，庞弘燊. 高校图书馆专利信息服务体系构建与实践探索[J]. 数字图书馆论坛，2021(3)：66-72.

[32]严哲，罗钧. 基于生命周期的高校图书馆专利信息服务体系构建与实践——以南京大学"智能图书盘点机器人"项目为例[J]. 图书馆学研究，2021(1)：51-57.

[33]孙波，邹云龙，吴闯，白璐，李海斌，王春蕾. 服务群体视角下高校图书馆知识产权信息服务探索——以东北师范大学知识产权信息服务中心为例[J]. 图书馆学研究，2020(24)：43-50.

[34]熊回香，冯姗，胡春，王学东. 大数据环境下战略性新兴产业信息服务平台服务模式创新研究[J]. 情报理论与实践，2020，43(7)：81-87.

[35]郝青. 服务于战略性新兴产业的科技中介服务平台架构[J]. 改革与开放，2018(12)：11-12.

[36]向模军，邹承俊，张霞. 基于大数据的农产品信息服务云平台设计[J]. 软件工程，2021，24(4)：60-62.

[37]黄巍，唐友. 物联网+区块链的饲料供应链金融信息服务平台[J]. 吉林农业大学学报，2021，43(2)：218-223.

[38]冯茂林，董坚峰. 大数据环境下的农村信息服务平台建设研究[J]. 农业图书情报学报，2021，33(7)：63-71.

[39]冯海旗，宫运晓. 农村创业创新信息服务平台研究与构建[J]. 西南农业学报，2019，32(5)：1194-1200.

[40]刘磊，张西森，潘云平，任保才，侯正红，王玉洁，张苗. 农业技术信息服务平台——农管家的创建及推广应用[J]. 中国农技推广，2017，33(2)：14-17，39.

[41]李艳. 江苏基层农村农业信息服务平台现状分析及改进建议[J]. 农业图书情报学刊，2015，27(11)：168-170.

[42]曾建勋. "十四五"期间我国科技情报事业的发展思考[J]. 情报理论与实践，2021，44(1)：1-7.

[43]陈则谦, 白献阳. 我国科技信息事业发展的轨迹——从信息服务走向知识服务. 现代情报, 2007(12): 11-15.

[44]汪传雷, 刘新妍, 汪涛. 科技信息资源开发利用法规政策演进研究[J]. 情报理论与实践 2012, 35(1): 123-128.

[45]曾建勋. 花甲之年的惆怅: 科技情报事业60年历程反思[J]. 情报理论与实践, 2017, 40(11): 1-4.

[46]谢薇, 卢胜军, 丛姗, 欧渊. 我国科技信息机构学术交流工作现状及创新研究——新常态下TECPPA机制[J]. 情报理论与实践, 2015, 38(9): 47-50, 13.

[47]曾建勋, 曹继东, 苏静. 国家科技管理信息系统构建及其对科技情报工作的影响[J]. 情报学报, 2016, 35(9): 900-910.

[48]戴国强. 推进竞跑阶段的创新情报研究[J]. 情报学报, 2019, 38(8): 771-777.

[49]曾建勋, 魏来. 大数据时代的情报学变革[J]. 情报学报, 2015, 34(1): 37-44.

[50]傅平, 邹小筑, 吴丹, 叶志锋. 回顾与展望: 人工智能在图书馆的应用[J]. 图书情报知识, 2018(2): 50-60.

[51]曾建勋. 基于国家科技管理平台的科技情报事业发展思考[J]. 情报学报, 2019, 38(3): 227-238.

[52]曾建勋. 基于发现系统的资源调度知识库研究[J]. 图书情报知识, 2019(6): 12-18.

[53]贺德方. 我国科技情报行业发展方向的探讨[J]. 情报学报, 2008, 27(4): 483-489.

[54]赖茂生. 新时期新格局呼唤新战略——对我国科技情报事业发展战略的思考[J]. 情报理论与实践, 2020, 43(8): 1-8.

[55]严真旭, 唐嘉骏. 科研管理标准化与数字化研究[J]. 科技创业月刊, 2020, 33(5): 47-50.

[56]张满年, 曾建勋. 构建服务自主创新的科技文献共享体系[J]. 情报杂志, 2009, 28(12): 151-153, 133.

[57]吴燕, 张志强. 泛在智能与图书馆的未来发展[J]. 情报科学. 2007, 25(1): 25-29.

[58]张晓林. 科研环境对信息服务的挑战[J]. 中国信息导报. 2003(9): 18-22.

［59］李春旺. 学科化服务模式研究［J］. 图书情报工作. 2006，50（10）：14-18.

［60］张会田，黄玉花. 基于用户的数字图书馆服务创新体系建设［J］. 情报理论与实践 2005，28（5）：491-494.

［61］王莉. 建立无所不在的文献信息服务机制［J］. 图书情报知识. 2007（6）：86-89.

［62］张晓林. 建立面向变化和可持续创新的发展管理机制［J］. 中国图书馆学报 2006，32（1）：13-18.

［63］王频. 现代图书馆服务模式及其发展研究［J］. 成都大学学报（自然科学版）2005，24（2）：153-155.

［64］贾君枝，陈瑞. 共享经济下科技资源共享模式优化［J］. 情报理论与实践，2018，41（3）：6-10.

［65］吴长旻. 浅析"科技资源共享"［J］. 科技管理研究，2007，27（1）：49-51.

［66］陈瑛，李彦春. 西安市科技资源共享模式探究［J］. 科技资讯，2015，13（21）：192-194.

［67］杨雅芬，张文德. 科技资源共享信息中介的模型设计——基于"委托-代理"模式［J］. 图书情报工作，2009，53（10）：83-86.

［68］孙凯. 科技资源共享可行性分析及对策建议［J］. 西北大学学报（哲学社会科学版），2005（3）：109-112.

［69］吴松强，沈馨怡，刘晓宇，等. 发达国家科技资源共享的经验与借鉴［J］. 实验室研究与探索，2014，33（6）：139-143.

［70］颜婧宇. Uber（优步）启蒙和引领全球共享经济发展的思考［J］. 商场现代化，2015（19）：13-17.

［71］郑志来. 共享经济的成因、内涵与商业模式研究［J］. 现代经济探讨，2016（3）：32-36.

［72］杨海燕. 云计算在图书馆领域内的应用［J］. 经济研究导刊，2011（9）：200-201.

［73］江友霞，赵文升，张聪. 资源配置理论下图书馆信息资源共建共享引入市场机制的探索研究［J］. 图书馆研究，2015，45（5）：11-15.

［74］王宏起，李力，李玥. 区域科技资源共享平台集成服务流程与管理研究［J］. 情报理论与实践，2014，37（8）：69-73.

［75］白君礼. 信息资源共享效率影响因素分析［J］. 高校图书馆工作，2012，32（3）：58-64.

［76］曾建勋，丁逎劲. 基于语义的国家科技信息发现服务体系研究［J］. 中国

图书馆学报, 2017, 43(4): 51-62.

[77] 彭以祺, 吴波尔, 沈仲祺. 国家科技图书文献中心"十三五"发展规划 [J]. 数字图书馆论坛, 2016(11): 12-20.

[78] 窦天芳, 姜爱蓉. 资源发现系统功能分析及应用前景[J]. 图书情报工作, 2012, 56 (7): 38-43.

[79] 聂华, 朱玲. 网络级发现服务——通向深度整合与便捷获取的路径[J]. 大学图书馆学报, 2011, 29(6): 5-10, 25.

[80] 袁玉英. 常用几种资源发现系统对比分析研究[J]. 图书馆工作与研究, 2015(9): 38-41.

[81] 建华. 图书馆选择资源发现系统的策略分析——以资源发现系统与学术搜索引擎的比较为视角[J]. 情报科学, 2015(6): 91-94, 105.

[82] 彭佳, 郑巧英. 信息资源聚合与组织研究——以发现系统为例[J]. 图书馆杂志, 2016(3): 80-85.

[83] 许丽媛, 吴振新, 谢靖. 图书馆主流资源发现平台分析[J]. 图书馆学研究, 2015(8): 33-38.

[84] 包凌, 蒋颖. 图书馆统一资源发现系统的比较研究[J]. 情报资料工作, 2012(5): 67-72.

[85] 中国科学院文献情报中心选用 ProQuest Summon 发现服务支撑科研信息查找[J]. 图书情报工作, 2015, 59(2): 146.

[86] 殷红, 刘炜. 新一代图书馆服务系统: 功能评价与愿景展望[J]. 中国图书馆学报, 2013, 39(5): 26-33.

[87] 贺德方, 曾建勋. 基于语义的馆藏资源深度聚合研究[J]. 中国图书馆学报, 2012, 38 (4): 79-87.

[88] 盛东方, 孙建军. 基于语义搜索引擎的学科知识服务研究——以 GoPubMed 为例[J]. 图书情报知识, 2015(4): 113-120.

[89] 涂新辉, 何婷婷, 李芳, 等. 基于排序学习的文本概念标注方法研究[J]. 北京大学学报(自然科学版), 2013, 49(1): 153-158.

[90] 曾建勋, 王立学. 面向知识评价的规范文档建设方法[J]. 图书情报工作, 2012, 56(10): 101-106.

[91] 赵杨. 创新型国家建设中信息资源配置发展与变革[J]. 情报理论与实, 2010, 33(3): 17-20.

[92] 胡昌平, 张敏, 张李义. 创新型国家的信息服务体制与信息保障体系构建(3)——知识创新中的跨系统协同信息服务组织[J]. 图书情报工作,

2010, 54(6)：14-17.

[93] 贾君枝, 李鸣娟. 企业信息流规划[J]. 图书情报工作, 2006, 4(8)：63-66.

[94] 杨宏, 陈金荣, 杨梅. 规范内部信息流强化企业信息管理[J]. 冶金经济与管理, 2001(3)：14-16.

[95] 黄清芬. 用户信息需求探析[J]. 情报杂志, 2004(7)：38-40.

[96] 黄科舫, 刘红英, 王丽君. 论企业信息流的传播机制及其控制方法[J]. 情报杂志, 2001(10)：33-34.

[97] 李纲, 杨君. 信息流程重组与业务流程重组[J]. 中国图书馆学报, 2004(2)：36-39.

[98] 贾君枝. 图书情报事业的信息资源系统结构分析[J]. 情报资料工作, 2006, 4(3)：46-49.

[99] 贾君枝. 我国图书情报事业发展中信息资源战略目标定位[J]. 情报理论与实践, 2005, 4(4)：349-351.

[100] 高波. 文献信息资源共建共享模式新论[J]. 中国图书馆学报, 2002(6)：24-27.

[101] 吴巧珍. 图书馆文献信息资源小共建大共享模式探讨[J]. 图书馆界, 2003(1)：37-39.

[102] 胡昌平, 杨曼. 国家网络信息资源组织的系统化实施[J]. 情报杂志, 2003(1)：16-17.

[103] 张晓林. 开放数字图书馆的设计与实现：CSDL 的实践[J]. 情报学报, 2003, 22(5)：520-525.

[104] 张敏, 邓胜利. 面向协同创新的公共信息服务平台构建[J]. 情报理论与实践, 2008(3)：382-385.

[105] 储节旺, 邓方云. 国外研发平台建设经验及对我国的启示[J]. 安徽科技, 2012(10)：55-56.

[106] 胡昌平, 胡吉明. 网络信息资源集成化配置模型及实现研究[J]. 情报探索, 2008(3)：3-6.

[107] 徐金铸. 信息源及其分类研究[J]. 现代情报, 2001(6)：39-40.

[108] 周晓英, 曾建勋. 情报学进展系列论文之四网络世界的信息组织[J]. 情报资料工作, 2009(2)：5-10.

[109] 姜吉栋, 赵辉, 刘润达. 科学数据共享平台网站中的信息组织——以国家人口与健康科学数据共享平台为例[J]. 信息资源管理学报, 2012, 2

(4)：52-56.

[110]张娟，陈人语.语义网背景下基于单元信息的知识组织框架研究[J].国家图书馆学刊，2018，27(6)：54-59.

[111]贾君枝，闫晓美，武晓宇.政府信息公开的自动标引的设计与实现[J].情报理论与实践，2012，35(2)：109-113.

[112]关慧芬，师军，马继红.网络爬行技术研究[J].郑州轻工业学院学报：自然科学版，2008，23(6)：69-73.

[113]吕雪锋，陈思宇.自然灾害网络舆情信息分析与管理技术综述[J].地理与地理信息科学，2016，32(4)：49-56.

[114]刘冬瑶，刘世杰，陈宇星，张文波，周振.新闻文本自动分类技术概述[J].电脑知识与技 2017，13(35)：87-91.

[115]曾建勋，赵捷，吴雯娜，等.基于引文的知识链接服务体系研究[J].情报理论与实践，2009，32(5)：1-4.

[116]曾建勋.开放式知识链接服务体系研究[J].情报理论与实践，2013，36(1)：48-52.

[117]贺德方.知识链接发展的历史、未来和行动[J].现代图书情报技术，2005(3)：11-15.

[118]张卫群.知识服务中的知识元链接[J].情报探索，2006(12)：56-58.

[119]姜永常.基于知识元的知识仓库构建[J].图书与情报，2005(6)：73-74.

[120]文庭孝，侯经川，龚蛟腾，等.中文文本知识元的构建及其现实意义[J].中国图书馆学报，2007(6)：91-95.

[121]顾东蕾.论学科知识网络的理论基础[J].图书情报工作，2008，52(9)：32-35.

[122]张晓林.走向知识服务：寻找新世纪图书情报工作的生长点[J].中国图书馆学报，2000(5)：30-35.

[123]张丽华.知网节与知识网络[J].现代图书情报技术，2006(9)：85-88.

[124]姜永常，杨宏岩，张丽波.基于知识元的知识组织及其系统服务功能研究[J].情报理论与实践，2007(1)：37-40.

[125]王渝丽.建设开放的知识元数据库是社会发展的需求[J].术语标准化与信息技术，2004(3)：28-30.

[126]杨秀丹.基于关系的信息组织[J].情报理论与实践，2004(5)：544-546.

[127]张岚.浅析数据库技术的发展趋势[J].信息与电脑(理论版)，2012(10)：137-138.

[128]明智勇. 数据库技术的现状与发展趋势探索[J]. 产业与科技论坛, 2013, 12(1): 80-81.

[129]郭京, 唐珂馨. 刍议数据库技术现状与发展趋势[J]. 计算机光盘软件与应用, 2013, 16(14): 313-315.

[130]高晶, 王粟. 数据库技术的发展现状与趋势研究[J]. 无线互联科技, 2018, 15(3): 35-37

[131]张刚, 刘悦, 郭嘉丰, 等. 一种层次化的检索结果聚类方法[J]. 计算机研究与发展, 2008(3): 542-547.

[132]卢仁猛. 检索结果聚类算法研究综述[J]. 计算机光盘软件与应用, 2014, 17(18): 109-110.

[133]刘炜, 张亮. 数字图书馆的体系结构与元数据方案[J]. 情报学报, 2003, 22(2): 148-154.

[134]扈书刚. 谈数据库互操作问题的实现途径[J]. 科技咨询导报, 2007(28): 33.

[135]王建, 胡翠红. 信息资源整合中的相关知识产权法律问题研究[J]. 情报杂志, 2013, 32(3): 155-158.

[136]胡潜. 跨系统的行业信息整合平台构建与集成服务推进[J]. 信息资源管理学报, 2012, 2(1): 67-73

[137]陈伟. 浅析区块链技术在网络安全中的应用[J]. 通讯世界, 2019, 26(4): 151-152.

[138]徐子明. 大数据云计算环境下的数据安全分析[J]. 电子技术与软件工程, 2018(20): 193.

[139]贾君枝, 赵洁. DDC 关联数据实现研究[J]. 中国图书馆学报, 2014, 40(4): 76-82.

[140]贾君枝. 简单知识组织系统与汉语主题词表[J]. 中国图书馆学报, 2008, 34(1): 75-78, 84.

[141]曾新红. 中文知识组织系统形式化语义描述标准体系研究(一)——扩展 SKOS 实现传统受控词表全描述[J]. 中国图书馆学报, 2012, 38(3): 57-68.

[142]吴雯娜, 鲍秀林. 国家叙词库的体系结构与数据模型[J]. 中国图书馆学报, 2016, 42(2): 81-96.

[143]乔燕鸿. 国内图书馆学情报学领域关于 Ontology 的研究综述[J]. 现代情报, 2006(9): 121-124.

[144]焦玉英，张璐.基于 ONTOLOGY 的语义检索模型架构[J].图书情报论坛，2006：24-29.

[145]余传明.语义检索的原理及其实现[J].情报理论与实践，2007(30)：182-184.

[146]张明，王煜，杨敬伟，等.基于 Ontology 的智能信息检索研究[J].河北大学学报(自然科学版)，2005(5)：561-566.

[147]于江德，樊孝忠，汪涛，等.本体论在 Web 信息检索中的应用[J].微电子学与计算机，2006(4)：160-161.

[148]邓志鸿，唐世渭，张铭，等.Ontology 研究综述[J].北京大学学报(自然科学版)，2002(5)：730-738.

[149]张佩云，孙亚民，吴江.基于本体的知识检索研究及实现[J].情报学报，2006(25)：553-558.

[150]许勇.云存储技术架构浅谈[J].中国公共安全，2016(18)：88-91.

[151]姜海.虚拟化与分布式技术下的云存储[J].电子技术与软件工程，2017(24)：184.

[152]谭文武，廖红艺.计算机技术中虚拟化技术及其应用研讨[J].信息与电脑(理论版)2018(22)：30-31.

[153]王刚.计算机网络存储技术的分析[J].电子世界，2014(13)：157-159.

[154]郝昱文，王继娜，李晓雪.基于分布式环境的存储负载均衡算法研究[J].信息技术2016(9)：55-58.

[155]何全胜，罗伟其，姚国祥.信息集成若干方法的比较[J].暨南大学学报(自然科学与医学版)，2001(3)：52-56.

[156]张智雄，林颖，郭少友，等.新型机构信息环境的建设思路及框架[J].现代图书情报技术，2006(3)：1-5.

[157]吴剑琳.建立虚拟企业合作伙伴信任关系的途径[J].经济管理，2007(17)：60-63.

[158]胡潜.创新型国家建设中的公共信息服务发展战略分析[J].中国图书馆学报，2009，35(2)：22-26.

[159]毕强，史海燕.网络信息集成服务研究综述[J].情报理论与实践，2004(1)：20-24.

[160]韩佳彤，金茹楠，杨丹.区域科技信息集成服务平台建设探究[J].经营者(理论版)，2016，30(10)：32.

[161]胡美慧，姚斐，冯磊，王楷.信息集成技术研究[J].科技经济导刊，

2017(1)：29.

[162] 孟文辉. 网络环境下高校图书馆信息服务模式探讨[J]. 江西图书馆学刊，2010，40(3)：75-77.

[163] 段其宪，曲常茂. 基于 Web 的个性化主动信息服务[J]. 情报杂志，2003(1)：74-75.

[164] 徐立宁. 基于动态精准画像的图书馆个性化推荐服务研究[J]. 图书馆学刊，2018，40(10)：112-116.

[165] 欧洁，林守勋，刘桂林. 个性化智能信息提取中的用户兴趣发现[J]. 计算机科学，2001(3)：112-115.

[166] 彭佳，郑巧英. 信息资源聚合与组织研究——以发现系统为例[J]. 图书馆杂志，2016，35(3)：80-85.

[167] 郭海明，刘昆雄. 数字图书馆个性化服务方式综述[J]. 津图学刊，2003(6)：33-36.

[168] 王娜，童雅璐. 网络知识服务平台用户反馈体系的构建[J]. 图书情报工作，2016，60(3)：90-98.

[169] 戚建林. 论图书情报机构的信息服务与知识服务[J]. 河南图书馆学刊，2003(2)：37-38.

[170] 张红丽，吴新年. 知识服务及其特征分析[J]. 图书情报工作，2010，54(3)：23-27.

[171] 秦长江，侯汉清. 知识图谱——信息管理与知识管理的新领域[J]. 大学图书馆学报，2009，27(1)：30-37，96.

[172] 孙雨生，常凯月，朱礼军. 大规模知识图谱及其应用研究[J]. 情报理论与实践，2018，41(11)：138-143.

[173] 李涛，王次臣，李华康. 知识图谱的发展与构建[J]. 南京理工大学学报，2017，41(1)：22-34.

[174] 胡泽文，孙建军，武夷山. 国内知识图谱应用研究综述[J]. 图书情报工作，2013，57(3)：131-137.

[175] 刘峤，李杨，段宏，等. 知识图谱构建技术综述[J]. 计算机研究与发展，2016，53(3)：582-600.

[176] 张绍丽，郑晓齐，张辉，王德庆. 科技资源共享网络模式创新与实践——以中国科技资源共享网为例[J]. 科技管理研究，2018，38(13)：43-52.

[177] 曾建勋. 基于发现系统的 NSTL 用户服务体系思考[J]. 情报杂志，2020，

39(11)：134-138.

[178]曾建勋，邓胜利. 国家科技图书文献中心资源建设与服务发展分析[J].
中国图书馆学报，2011，37(2)：30-35.

[179]张志平. 国家科技图书文献中心的网络服务系统[J]. 中国信息导报，
2006(4)：48-51.

[180]王海艳，李迁廷. CALIS 文献传递系统与 NSTL 文献传递系统分析[J].
现代情报，2005(11)：154-157.

[181]张晓林，刘细文，孙坦，等. 国家科技图书文献中心的效用形式及其评
价[J]. 图书情报工作，2008(3：6265).

[182]李广建. "面向信息机构的嵌入式 NSTL 资源集成服务系统"专辑序[J].
现代图书情报技术，2009，179(6)：1.

[183]曾建勋. 开放融合环境下 NSTL 资源建设的发展思考[J]. 大学图书馆学
报，2020，38(6)：63-70.

[184]戴国强. 国家科技管理信息系统建设专题序言[J]. 情报学报，2016，35
(9)：899-899.

[185]曾建勋，曹继东，苏静. 国家科技管理信息系统构建及其对科技情报工
作的影响[J]. 情报学报，2016，35(9)：900-910.

[186]曾建勋，贾君枝，吴雯娜. 国家科技计划领域分类体系研究[J]. 情报学
报，2018，37(8)：796-804.

[187]王军，卜书庆. 网络环境下知识组织规范研究与设计[J]. 中国图书馆学
报，2012：39-45.

[188]中华人民共和国国家质量监督检验检疫总局，中国国家标准化管理委员
会. 中华人民共和国学科分类与代码国家标准 GB/T 13745-2009[S].
2009.

[189]詹世革，张攀峰，孙中奎，等. 2016 年度力学科学处基金项目受理情况
介绍[J]. 力学学报，2016，48(3)：739-740.

[190]曾建勋. 基于国家科技管理平台的科技情报事业发展思考[J]. 情报学
报，2019，38(3)：227-238.

[191]张卫东，韩效东. 图博档数字资源的众包模式研究[J]. 情报理论与实践，
2016，39(10)：74-79.

[192]赵宇翔. 科研众包视角下公众科学项目刍议：概念解析、模式探索及学
科机遇[J]. 中国图书馆学报，2017，43(5)：42-56.

[193]贾君枝. 面向数据网络的信息组织演变发展[J]. 中国图书馆学报，

2019, 45(5): 51-60.

[194] Caracciolo C, Stellato A, Morshed A, et al. The AGROVOC linked dataset[J]. Semantic Web, 2013(4): 341-348.

[195] Ming Li, Yong-Cheng Luo. Research on "University-Government-Agency" science and technology innovation information service mode: take Jiangsu coastal development planning area as an example[J]. Design, Manufacturing and Mechatronics: Proceedings of the 2015 International Conference on Design, Manufacturing and Mechatronics (ICDMM2015), 2015: 1495-1502.

[196] Lin HenI, Liou JeLiang, Chang TingHuai, Liu HaoYang, Wen FangI, Liu PoTing, Chiu DingFong. Economic Assessment of Meteorological Information Services for Aquaculture in Taiwan[J]. Atmosphere, 2021, 12(7).

[197] Yu Su, Fei Hou, Mingde Qi, Wanxuan Li, Ying Ji. A Data-Enabled Business Model for a Smart Healthcare Information Service Platform in the Era of Digital Transformation[J]. Journal of healthcare engineering, 2021: 5519891.

[198] Yu Su, Fei Hou, Mingde Qi, Wanxuan Li, Ying Ji. A Data-Enabled Business Model for a Smart Healthcare Information Service Platform in the Era of Digital Transformation[J]. Journal of healthcare engineering, 2021: 5519891

[199] Jiao L, Xiao H P, Zhu X Z, et al. Factors Influencing Information Service Quality of China Hospital: The Case Study of since 2017 of a Hospital Information Platform in China[J]. Computational and Mathematical Methods in Medicine, 2020: 1-17.

[200] Shi X, Chen T. Evaluation Model of Tea Industry Information Service Quality [J]. International Conference on Computer and Computing Technologies in Agriculture, 2015.

[201] Shi X, Chen T. Evaluation Model of Tea Industry Information Service Quality [J]. International Conference on Computer and Computing Technologies in Agriculture, 2015.

[202] Liu D P. The Hierarchy Grey Comprehensive Evaluation Model of the Information Service Capability in Colleges and Universities [J]. DEStech Transactions on Engineering and Technology Research, 2017(sste).

[203] Ma H. The Construction Path and Mode of Public Tourism Information Service System Based on the Perspective of Smart City[J]. Complexity, 2020, 2020 (1): 1-11.

[204] Uk A, Sew A, Sp A, et al. Co-producing Climate Information Services with Smallholder Farmers in the Lower Bengal Delta: How forecast visualization and communication support farmers' decision-making [J]. Climate Risk Management, 33.

[205] Fu J, Zhang Z, D Lyu. Research and Application of Information Service Platform for Agricultural Economic Cooperation Organization Based on Hadoop Cloud Computing Platform Environment: taking agricultural and fresh products as an example[J]. Cluster Computing, 2018.

[206] Dai W. Rural Financial Information Service Platform Under Smart Financial Environment[J]. IEEE Access.

[207] Hibberd B J, Evatt A. Mapping Information Flows: A practical guide[J]. Information Management Journal, 2004(1): 58-64.

[208] Oppenheim C. Managers'use and Handling of Information[J]. International Journal of Information Management, 1997(4): 239-248.

[209] Hammond M S. Career Centers and Needs Assessments:Getting the information you need to increase your success[J]. Journal of Career Development, 2001(3): 187-197.

[210] Adabi S, Movaghar A, Rahmani A M, et al. Market_based Grid Resource Allocation Using New Negotiation Model[J]. Journal of Network and Computer Applications, 2013, 36(1):543-565.

[211] Gruber T R. Toward Principles for the Design of Ontologies used for Knowledge Sharing? [J]. International journal of human-computer studies, 1995,43(5-6):907-928.

[212] Berry M W, Drrmac Z, Jessup E R. Matrices,Vector Spaces, and Information Retrieval[J]. SIAM Review, 2004(41):335-362.

[213] Alam M,Buzmakov A,Napoli A.Exploratory Knowledge Discovery over Web of Data[J].Discrete Applied Mathe-matics,2018,249(20): 2-17.

[214] Zeng M L. Knowledge Organization Systems (KOS) [J]. Knowledge Organization,2008,35(2/3): 160-182.

[215] Hjorland B. Concept Theory [J]. Journal of the American Society for Information Science & Technology,2019,60(8):1519-1536.

[216] Panteli N, Sockalingam S. Trust and Conflict within Virtual Inter-organizational Alliances: a framework for facilitating knowledge sharing[J].

Decision Support Systems, 2005, 39(4):599-617.

[217] Garfield, E. Citation Indexes for Science:A New Dimension in Documentation through Association of Ideas[J]. Science, 1955, 122(3159):108-111.

[218] Mike U, Michael G. Ontologies Principles Methods and Applications [J]. Knowledge Engineering Review, 1995,11(2): 93-155.

[219] Alexander M, Steffen S. Ontology learning for the semantic web[J]. IEEE inteligence system, 2001,16(2): 72-79.

[220] Zeng M L, Mayr P. Knowledge Organization Systems (KOS) in the Semantic Web: a multi-dimensional review [J]. International Journal on Digital Libraries,2019,20(3):209-230.

[221] Gruber T R. A Translation Approach to Portable Ontologies[J]. Knowledge Acquisition, 1993,5(2): 199-220.

[222] 胡潜. 面向企业创新发展的行业信息服务重组研究[D]. 武汉:武汉大学, 2009.

[223] 乐庆玲. 国家创新发展中的信息服务制度建设研究[D]. 武汉:武汉大学, 2010.

[224] 罗光灿. 我国网络信息政策法规体系构建研究[D]. 长沙:中南大学, 2008.

[225] 张琼妮. 网络环境下区域协同创新平台模式与机制及政策研究[D]. 杭州:浙江工商大学, 2014.

[226] 邹佳利. 基于云计算的科技资源共享问题研究[D]. 西安:西安邮电大学, 2013.

[227] 赵杨. 国家创新系统中的信息资源协同配置研究[D]. 武汉:武汉大学, 2010.

[228] 贾君枝. 我国图书情报事业发展中的信息资源战略研究[D]. 武汉:武汉大学情报学, 2004.

[229] 严炜炜. 产业集群创新发展中的跨系统信息服务融合[D]. 武汉:武汉大学, 2014.

[230] 刘炜. 基于语义分析的主题信息采集技术的研究[D]. 武汉:武汉理工大学, 2009.

[231] 周芝芬. 基于数据仓库的数据清洗方法研究[D]. 上海:东华大学, 2004.

[232] 孙骏雄. 基于网络爬虫的网站信息采集技术研究[D]. 大连:大连海事大学, 2014.

［233］张红云.基于页面分析的主题网络爬虫的研究［D］.武汉：武汉理工大学，2010.

［234］邰杨芳.基于法律框架网络本体的语义检索研究［D］.太原：山西大学，2008.

［235］甘雨.面向创新型湖南建设的信息资源协同配置研究［D］.湘潭：湘潭大学，2016.

［236］奚洋洋.京津冀农产品信息资源协同配置机制研究［D］.保定：河北大学，2017.

［237］李捷佳.关联数据的词表重用策略研究［D］.太原：山西大学，2019.

［238］郭丹丹.法律框架网络数据库 OWL 语言自动生成研究［D］.太原：山西大学，2008.

［239］龚资.基于 OWL 描述的本体推理研究［D］.长春：吉林大学，2007.

［240］郑任儿.基于本体的语义检索技术研究［D］.上海：华东师范大学，2007.

［241］陈琼.基于 Jena 的本体检索模型设计与实现［D］.武汉：武汉大学，2005.

［242］袁国伟.HDFS 高可用性方案的研究与设计［D］.杭州：杭州电子科技大学，2015.

［243］田炽.基于 HDFS 的高可扩展性云存储的研究与实现［D］.广州：华南理工大学，2012.

［244］李宽.基于 HDFS 的分布式 Namenode 节点模型的研究［D］.广州：华南理工大学，2011.

［245］赵杨.国家创新系统中的信息资源协同配置研究［D］.武汉：武汉大学，2010.

［246］瞿成雄.跨系统知识创新信息保障平台构建与服务组织研究［D］.武汉：武汉大学，2012.

［247］于洋洋.云存储数据完整性验证方法研究与实现［D］.上海：华东理工大学，2013.

［248］史策.云存储与云存储平台搭建技术研究［D］.大连：大连交通大学，2017.

［249］王雄.构建互操作平台关键技术及实现方法研究［D］.北京：北京交通大学，2009.

［250］吕亚男.基于 OAI 协议的空间元数据互操作研究［D］.太原：太原科技大学，2008.

［251］陈朋.基于网络的集成化信息检索平台研究［D］.武汉：武汉大学，

2005.

[252]张海. 基于 HDFS 分布式存储技术研究与优化[D]. 天津：河北工业大学，2014.

[253]Borst W N. Construction of Engineering Ontologies for Knowledge Sharing and Reuse[D]. Enschede：University of Twente，1997.

[254]胡昌平. 面向用户的信息资源整合与服务[M]. 武汉：武汉大学出版社，2007.

[255]Paul Dickson. Think Tanks[M]. New York：A-theneum，1971.

[256]中国科学技术信息研究所. 中国科技信息事业 55 年(综合卷)[M]. 北京：科学技术文献出版社，2011.

[257]武蘅. 当代中国的科学技术事业[M]. 北京：当代中国出版社，1991.

[258]张新红. 分享经济——重构中国经济新生态[M]. 北京：北京联合出版公司，2016：232.

[259]杨新涯. 图书馆文献搜索研究[M]. 重庆：重庆大学出版社，2015：115.

[260]Baeza-Yates R. 现代信息检索[M]. 王知津，译. 北京：机械工业出版社，2005.

[261]马文峰，等. 数字资源整合[M]. 北京：北京图书馆出版社，2007.

[262]贾君枝，邰扬芳，刘艳玲，郭丹丹. 汉语框架网络本体研究[M]. 北京：科学出版社，2012.

[263]Lee T. B. Weaving the Web[M]. London：Orion Books，1999.

[264]Antoniou G, Harmelen F. V. A Semantic Web Primer[M]. Massachusetts：The MIT Press Carmbridge，2004.

[265][美]大卫·伍德，玛莎·扎伊德曼，卢克·鲁思，迈克尔·豪森布拉斯. 关联数据：万维网上的结构化数据[M]. 蒋楠，译. 北京：人民邮电出版社，2018.

[266]DAVIES J, FENSEL D. Towards the Semantic Web：Ontology-driven Knowledge Management[M]. New Jersey：John Wiley & Sons，Ltd，2003.

[267]宋炜，张铭. 语义网简明教程[M]. 北京：高等教育出版社，2004.

[268]李景. 本体理论在文献检索系统中的应用研究[M]. 北京：北京图书馆出版社，2005.

[269]陆建江，张亚非，苗壮，等. 语义网原理与技术[M]. 北京：科学出版社，2007.

[270]王卷乐，谢传节，游松财. 数据共享中的元数据互操作技术探讨：全国地

图学与 GIS 学术会议[C], 中国福州, 2004.

[271] 胡良霖, 黎建辉, 等. 科学数据库元数据互操作的类 OAI 模型: 科学数据库与信息技术论文集(第七集)[C]. 北京: 中国环境科学出版社, 2004.

[272] Zarrin J, Aguiar R L, Barraca J P. A Self-organizing and Self-configuration Algorithm for Resource Management in Service-oriented Systems [C]// Computers and Communication (ISCC), IEEE Symposium on. IEEE, 2014.

[273] Summers E, Isaac A, Redding C, et al. LCSH, SKOS and Linked Data[C]// International Conference on Dublin Core and Metadata applications, 2008: 25-33.

[274] Liu B, Liu S. Value Chain Coordination with Contracts for Virtual R&D Alliance Towards Service [C]//2007 International Conference on Wireless Communications, Networking and Mobile Computing. IEEE, 2007.

[275] Li M, Luo Y C. Research on "University-Government-Agency" Science and Technology Innovation Information Service Mode: take Jiangsu coastal development planning area as an example [C]//International Conference on Design. 2015.

[276] Guo Yajun. Study on Information Requirement in Enterprise Innovation[C]. Wuhan: 7th International Conference on Innovation and Management, 2010.

[277] Xu X T, Yang C, Dai G H, et al. Information Service Quality Evaluation Study of Cloud Computing Environment Based on Big Data [C]//IEEE International Conference on Cloud Computing & Big Data Analysis. IEEE, 2017.

[278] Guan L, Zhao H, Ping X, et al. Problems and Suggestions of Rural Information Service Platform Construction in China [C]//2017 2nd International Conference on Automation, Mechanical and Electrical Engineering (AMEE 2017). 2017.

[279] Zhao W D, Li F F, Zhang Y D. Research on Application of Logistics Information Service Platform Based on Mobile Terminal[C]//International Conference on Electronics. 2017.

[280] 张智雄. NSTL 三期建设: 面向开放模式的国家 STM 期刊保障和服务体系 [EB/OL]. [2020-11-22] http://www.chinalibs.net/Upload/Pusfile/2009/3/18/568049004.pdf.

[281] 国务院印发关于深化中央财政科技计划(专项、基金等)管理改革方案的

通知_政府信息公开专栏[EB/OL].[2021-05-19]. http://www.gov.cn/zhengce/content/2015-01/12/content_9383.htm.

[282] Cathro W,Collier S. Developing Trove:the policy and technical challenges[R/OL].[2016-03-13]. http://pandora.nla.gov.au/pan/21336/20110629-1337/www.nla.gov.au/openpublish/index.php/nlasp/article/download/1666/2025html.pdf.

[283] Vocabularies[EB/OL].[2021-04-23]. https://www.w3.org/standards/semanticweb/ontology.

[284] Information and Cocumentation-Thesauri and interoperability with other vocabularies-Part 2:Interoperability with other vocabularies:ISO 25964-2:2013[S/OL].[2021-04-24].https://www.Iso.org/standard/53658.html.

[285] Information and Documentation-Records Management Processes-Metadata for Records-Part 1:Principles:ISO 23081-1:2017[S/OL].[2021-04-24]. https://www.Iso.org/standard/73172.html? browse=tc.

[286] Hodge G. Systems of Knowledge Organization for Digital Libraries:beyond traditional authority files[EB/OL].[2021-04-24]. http://www.Clir.org/wp-content/uploads/sites/6/pub91.pdf.

[287] RDF primer[EB/OL].[2021-03-10]. http://www.w3.org/TR/rdf-primer.

[288] RDF/OWL representation of wordNet[EB/OL].[2021-03-10]. https://www.w3.org/TR/wordnet-rdf.

[289] FOAF vocabulary specification 0.99[EB/OL].[2021-03-10].http://xmlns.com/foaf/spec.

[290] National Cancer Institute Thesaurus[EB/OL].[2021-03-10]. http://bioportal.bioontology.org/ontologies/NCIT.

[291] Library Linked Data Incubator Group Final Report[EB/OL].[2021-03-10]. http://www.w3.org/2005/Incubator/lld/XGR-lld-20111025.

[292] RDF Primer[EB/OL].[2021-05-11]. https://www.w3.org/TR/rdf-primer/.

[293] OWL Web Ontology Language Guide[EB/OL].[2021-05-11]. https://www.w3.org/TR/2004/REC-owl-guide-20040210/.

[294] OWL Web Ontology Language Overview[EB/OL].[2021-05-11]. https://www.w3.org/TR/2004/REC-owl-features-20040210/.

[295] Summon 网络级发现服务简介及功能说明[EB/OL].[2017-01-13]. http://lib.csu.edu.cn/pubnew/zndxtsgnew/summon/Summoncpjs.pdf.

[296]SKOS Core Vocabulary Specification[EB/OL].[2021-03-24].https://www.
　　　w3.org/TR/swbp-skos-core-spec.

[297]Linked Open Vocabularies[EB/OL].[2021-03-24]. https://lov.linkeddata.
　　　es/dataset/lov/vocabs/skos.

[298]United States Intelligence Community. Information sharing strategy.[EB/OL].
　　　[2012-03-09]. http://www. dni. gov/reports/IC _ information _ Sharing _
　　　Strategy.pdf.